马克思主义世界观略稿

杜运辉 著

本书出版得到北京市『人才培养共建项目』、『河北省百名优秀创新人才支持计划』(SLRC2019015)、北京语言大学教育教学改革项目（XJGZ201906）资助

河北出版传媒集团
河北人民出版社
石家庄

图书在版编目（C I P）数据

马克思主义世界观略稿 / 杜运辉著. -- 石家庄 : 河北人民出版社，2021.11（2022.4重印）
ISBN 978-7-202-15704-6

Ⅰ. ①马… Ⅱ. ①杜… Ⅲ. ①马克思主义哲学—世界观—研究 Ⅳ. ①B0-0

中国版本图书馆CIP数据核字(2021)第187760号

书　　名　马克思主义世界观略稿
　　　　　Makesizhuyi Shijieguan Lüegao
著　　者　杜运辉

责任编辑　王　琳
美术编辑　王　婧
封面设计　百舸设计
责任校对　付敬华

出版发行　河北出版传媒集团　河北人民出版社
　　　　　（石家庄市友谊北大街 330 号）
印　　刷　河北新华第二印刷有限责任公司
开　　本　787 毫米×1092 毫米　1/16
印　　张　31
字　　数　455 000
版　　次　2021 年 11 月第 1 版　　2022 年 4 月第 2 次印刷
书　　号　ISBN 978-7-202-15704-6
定　　价　98.00 元

目　录

专题一　马克思主义观

第一节　知人论世：马克思的生平

我们从小学就接触马克思、恩格斯，但他们又好像是“熟悉的陌生人”，似乎距离我们的现实生活很遥远。中国古代讲“知其人”“论其世”（《孟子·万章下》），我们学习和研究马克思主义，首先要了解马克思、恩格斯的时代背景、生活经历和历史地位。

卡尔·海因里希·马克思（Karl Heinrich Marx）生于1818年5月5日，逝世于1883年3月14日，享年66岁。他的最亲密战友弗里德里希·冯·恩格斯（Friedrich Von Engels）比他小两岁，生于1820年11月28日，逝世于1895年8月5日，享年76岁。200多年来，不同国家、不同身份的人从哲学、社会学、经济学、政治学、文学、法学、语言学、军事学等多学科角度评价马克思的学术贡献，赞誉他是“千年第一思想家”；还从人类发展史、国际共产主义运动史等角度评价他的政治活动，赞誉他指明了人类解放的现实道路。

那么，作为中国人，我们能不能从中国历史传统、中国哲学和文化——比如春秋时期的“三不朽”——来评价马克思、马克思主义呢？这是一个饶有兴趣的话题。

一、“三不朽”视野中的马克思

《左传》有鲁国贵族叔孙豹（穆叔）与晋国政治家范宣子的一次谈话：

穆叔如晋，范宣子逆之，问焉，曰：“古人有言曰，死而不朽，何谓也？”……穆叔曰……“豹闻之，太上有立德，其次有立功，其次有立言。虽久不

废，此之谓不朽。”（《左传·襄公二十四年》）

“立德”“立功”“立言”是评价人生价值的崇高标准。按照我国现代著名哲学家张岱年的解释，所谓“太上”就是最有价值；不朽即有长久的价值；“立”即有所创造、有积极的贡献。只有对人类社会作出杰出贡献，人生才能不朽。

（一）“立德”——“民到于今称之”

什么叫“立德”呢？“立德”是以崇高人格和道德境界垂范后世。孔子说：“齐景公有马千驷，死之日，民无德而称焉。伯夷、叔齐饿于首阳之下，民到于今称之。”（《论语·季氏》）孟子倡导民本思想，他说：“乐民之乐者，民亦乐其乐。忧民之忧者，民亦忧其忧。忧以天下，乐以天下。”（《孟子·梁惠王下》）孟子主张“配义与道”而涵养“至大至刚”的“浩然之气”（《孟子·公孙丑上》），这是中华民族崇尚气节、刚正自强的珍贵思想。

马克思少年时代就志存高远。1835年，年仅17岁的马克思在中学毕业论文中写道：

在选择职业时，我们应该遵循的主要指针是人类的幸福和我们自身的完美。

如果我们选择了最能为人类福利而劳动的职业，那么，重担就不能把我们压倒，因为这是为大家而献身；那时我们所感到的就不是可怜的、有限的、自私的乐趣，我们的幸福将属于千百万人，我们的事业将默默地、但是永恒发挥作用地存在下去，面对我们的骨灰，高尚的人们将洒下热泪。①

马克思真正做到了知行合一，他献身于人类解放和自由的伟大事业，“为人类福利而劳动”了一生。1883年3月17日，恩格斯在马克思墓前的讲话中说：

①《马克思恩格斯全集》第40卷，人民出版社1982年版，均为第7页。

现在他逝世了，在整个欧洲和美洲，从西伯利亚矿井到加利福尼亚，千百万革命战友无不对他表示尊敬、爱戴和悼念，而我可以大胆地说：他可能有过许多敌人，但未必有一个私敌。[①]

2018年5月4日，习近平在纪念马克思诞辰200周年大会上指出：

马克思的一生，是胸怀崇高理想、为人类解放不懈奋斗的一生。……马克思一生饱尝颠沛流离的艰辛、贫病交加的煎熬，但他初心不改、矢志不渝，为人类解放的崇高理想而不懈奋斗，成就了伟大人生。

马克思主义是人民的理论，第一次创立了人民实现自身解放的思想体系。马克思主义博大精深，归根到底就是一句话，为人类求解放。在马克思之前，社会上占统治地位的理论都是为统治阶级服务的。马克思主义第一次站在人民的立场探求人类自由解放的道路，以科学的理论为最终建立一个没有压迫、没有剥削、人人平等、人人自由的理想社会指明了方向。马克思主义之所以具有跨越国度、跨越时代的影响力，就是因为它植根人民之中，指明了依靠人民推动历史前进的人间正道。[②]

（二）“立功”——“民到于今受其赐”

什么叫“立功”呢？孔子说：

管仲相桓公，霸诸侯，一匡天下，民到于今受其赐。微管仲，吾其被发左衽矣。（《论语·宪问》）

孔子高度评价管仲对华夏百姓的卓越贡献。“立功”，是为人民根本利益、

①《马克思恩格斯文集》第3卷，人民出版社2009年版，第602-603页。

②《十九大以来重要文献选编》（上），中央文献出版社2019年版，第421、424页。

社会进步作出杰出贡献。

马克思是全世界无产阶级和劳动人民的革命导师。在马克思主义指导下，列宁领导十月革命取得胜利，人类开始了超越、扬弃资本主义制度而建设社会主义新社会的自觉实践。在马克思主义指导下，中国共产党领导中国人民已经实现从“站起来”到“富起来”的伟大飞跃，正走在“强起来”的历史新阶段。正如习近平在纪念马克思诞辰200周年大会上提出：

马克思的一生，是为推翻旧世界、建立新世界而不息战斗的一生。……马克思毕生的使命就是为人民解放而奋斗。为了改变人民受剥削、受压迫的命运，马克思义无反顾投身轰轰烈烈的工人运动，始终站在革命斗争最前沿。

马克思主义不仅深刻改变了世界，也深刻改变了中国。

马克思主义为中国革命、建设、改革提供了强大思想武器，使中国这个古老的东方大国创造了人类历史上前所未有的发展奇迹。①

（三）“立言”——“究天人之际，通古今之变，成一家之言”

什么叫“立言”呢？汉代史学家司马迁讲过一句话：“究天人之际，通古今之变，成一家之言。”（《汉书·司马迁列传》）“立言”，是发现客观规律而贡献原创性的理论学说。恩格斯说：

正像达尔文发现有机界的发展规律一样，马克思发现了人类历史的发展规律。

马克思还发现了现代资本主义生产方式和它所产生的资产阶级社会的特殊的运动规律。由于剩余价值的发现，这里就豁然开朗了，而先前无论资产阶级经济学家或者社会主义批评家所做的一切研究都只是在黑暗中摸索。②

通过艰苦的学术研究，在批判继承和扬弃、兼综前人思想成果的基础上，

①《十九大以来重要文献选编》（上），中央文献出版社2019年版，第422、426、427页。

②《马克思恩格斯文集》第3卷，人民出版社2009年版，均为第601页。

马克思不仅第一次发现和论证了“人类历史的发展规律”，创立了唯物史观，为探索人类历史、预测未来趋势提供了科学指南；而且在唯物史观指导下进行实证研究，发现和论证了“资产阶级社会的特殊的运动规律”，创立了剩余价值理论，论证了社会主义取代资本主义的历史必然性，指明了人类超越和扬弃资本主义制度、进入共产主义的前进方向与现实道路。马克思创造了学术研究的经典范例，为人类思想宝库作出巨大的原创性贡献。不仅如此，恩格斯还指出：

马克思在他所研究的每一个领域，甚至在数学领域，都有独到的发现，这样的领域是很多的，而且其中任何一个领域他都不是浅尝辄止。①

比如，北京语言大学的很多同学是学习语言的，那么马克思的语言学造诣如何呢？马克思的母语是德语，他还精通英语、法语、意大利语、西班牙语、拉丁语，晚年又学会了俄语、罗马尼亚语。他用法语写了《哲学的贫困》，亲自逐字逐句地校阅和修改了《资本论》第一卷的法译本；用英文写了《福格特先生》一书，还用英文给美国《纽约每日论坛报》写了很多文章。马克思在学习和运用多语种的亲身实践中认识到，研读外文版原著、掌握有关语言的语法和词汇是学习外语的成功经验。他说：

就像一个刚学会一种新语言的人总是要把它翻译成本国语言一样；只有当他能够不必在心里把新语言翻译成本国语言，能够忘掉本国语言而运用新语言的时候，他才算领会了新语言的精神，才算是运用自如。②

他在《政治经济学批判（1857—1858年手稿）》中说：

观念不能离开语言而存在。观念必须先从本族语言翻译成别族语言才能

①《马克思恩格斯文集》第3卷，人民出版社2009年版，第601-602页。

②《马克思恩格斯文集》第2卷，人民出版社2009年版，第471页。

流通，才能进行交流，这种场合的观念才可作较多的类比；但是这种类比不在于语言，而在于语言的异族性。[①]

马克思的理论成果不仅得到其后继者们的高度评价和创新发展，而且也得到西方资产阶级学者的高度重视。如英国思想家以赛亚·柏林（Isaiah Berlin，1909—1997）说：

没有任何一位19世纪的思想家能与卡尔·马克思一样对人类产生如此直接、透彻和深远的影响。[②]

美国当代学者艾伦·赖安说：

对于这个为了机器牺牲人类的社会，这个只会用金钱来衡量文化，容忍自己被市场那无情而抽象的力量所统治的社会，马克思做出的哲学批判永远不会也同样过时或者消失。[③]

2018年，习近平在纪念马克思诞辰200周年大会上指出：

马克思的一生，是不畏艰难险阻、为追求真理而勇攀思想高峰的一生。

马克思给我们留下的最有价值、最具影响力的精神财富，就是以他名字命名的科学理论——马克思主义。这一理论犹如壮丽的日出，照亮了人类探索历史规律和寻求自身解放的道路。

只有在整个人类发展的历史长河中，才能透视出历史运动的本质和时代发展的方向。……马克思的思想理论源于那个时代又超越了那个时代，既是那个时代精神的精华又是整个人类精神的精华。

---

①《马克思恩格斯文集》第8卷，人民出版社2009年版，第57页。

②［英］以赛亚·柏林著，李寅译：《卡尔·马克思》，译林出版社2018年版，第2页。

③［英］以赛亚·柏林著，李寅译：《卡尔·马克思》，译林出版社2018年版，第17页。

在人类思想史上，没有一种思想理论像马克思主义那样对人类产生了如此广泛而深刻的影响。

马克思主义极大推进了人类文明进程，至今依然是具有重大国际影响的思想体系和话语体系，马克思至今依然被公认为“千年第一思想家”。①

综上所述，马克思是人类历史上“立德、立功、立言”的卓越代表，为我们树立了崇高的人格典范。这个评价，也同样适用于马克思的最亲密战友恩格斯。

二、“先立乎其大者”：马克思、恩格斯的理想信念

马克思、恩格斯在1848年发表《共产党宣言》的时候，他们是多少岁？他们为什么能在“而立之年”就有如此深邃的历史眼光和惊人的理论造诣，对人类命运产生如此重大而深远的影响呢？中国人非常强调立志，孟子说：“先立乎其大者，则其小者不能夺也。”（《孟子·告子上》）马克思、恩格斯不仅很早就确立了崇高理想，而且在理想指引下不懈奋斗，这是他们迅速成长的重要原因。

卡尔·马克思的父亲亨利希·马克思是犹太人律师，精通法律，熟悉古典文学和哲学，推崇启蒙思想，希望在普鲁士出现法国式的自由主义宪法和民主制度。因为家境比较宽裕，少年时代的马克思过着无忧无虑的生活，还有幸遇到了一位慈祥而睿智的老人、他未来的岳父路德维希·冯·威斯特华伦，他可以说是马克思的精神导师，经常教他背诵古代和近代作家的名作，使他终生热爱莎士比亚。马克思很早就表现出独立思考的创造性特质，尤其关心社会进步和人类命运。他在17岁时的中学毕业论文中还写道：

如果我们生活的条件容许我们选择任何一种职业，那么我们就可以选择

①《十九大以来重要文献选编》（上），中央文献出版社2019年版，第421、423、423、425、426页。

一种能使我们最有尊严的职业；选择一种建立在我们深信其正确的思想上的职业；选择一种能给我们提供广阔场所来为人类进行活动、接近共同目标（对于这个目标来说，一切职业只不过是手段）即完美境地的职业。

历史承认那些为共同目标劳动因而自己变得高尚的人是伟大人物；经验赞美那些为大多数人带来幸福的人是最幸福的人。①

在马克思看来，考虑职业的标准是“能使我们最有尊严”“人类的幸福和我们自身的完美”“最能为人类福利而劳动”，而不是金钱和地位。他此后在波恩大学、柏林大学学习法律、历史和哲学；大学毕业到《莱茵报》编辑部工作后开始关注经济问题，在恩格斯等影响下深入研究政治经济学，晚年又研究古代史和人类学等新领域，力求完整而客观地把握人类发展史。马克思真是活到老、学到老、创造到老的楷模。

如孟子所说，人类历史上的许多伟大人物都是“苦其心志，劳其筋骨，饿其体肤，空乏其身，行拂乱其所为，所以动心忍性，曾益其所不能”（《孟子·告子下》）。马克思为了人类解放事业，主动放弃了很好的工作机会和生活环境。他忍受、克服了种种常人难以想象的艰难和痛苦，这既有生活的极端贫困、疾病的折磨、幼子夭折的悲痛，也有各国政府的政治迫害、驱逐，各种庸人的嘲讽、污蔑、欺骗。他经常没钱买面包，没钱付房租，不得不靠典当衣物和家具来维持生活。比如，1847年12月，马克思在致安年科夫的信中说：

我的妻子和孩子们都在生病。我的经济状况目前也十分危急，我的妻子可以说正受到债主们的围攻，她处于极端严重的经济困境。

我毫不客气地、坦率地把这种情况告诉了您，如果您能给我的妻子寄去100—200法郎，那您真是救了我，使我免遭极大的不幸。

但是，您在信中不能让我妻子看出，我从伦敦给您写了信。②

①《马克思恩格斯全集》第40卷，人民出版社1982年版，第6、7页。

②《马克思恩格斯全集》第47卷，人民出版社2004年版，第503、504、504页。

又如，马克思的第二个儿子亨·吉·马克思在1850年11月19日突然夭折，马克思极为痛苦，他致信恩格斯：

你的信对我的妻子起了很好的作用。她处于非常危险的激动和疲惫状态。她亲自为这个孩子哺乳，并且在极困难的条件下为了他的生存作出极大的牺牲。想到这个不幸的孩子是家庭生活困难的牺牲品，更加使她难过。①

1859年2月，他在致魏德迈的信中写道：

近两年来，我的情况不是好了，而是坏了。……由于需要抽出许多时间来研究我的政治经济学（下面再详谈），不得不拒绝（虽然很不乐意）人们在伦敦和维也纳向我提出的收入极其可观的建议。但是我必须不惜任何代价走向自己的目标，不允许资产阶级社会把我变成制造金钱的机器。②

在极其艰辛的生活中，马克思写出了许多伟大著作，比如1852年《路易·波拿巴的雾月十八日》就是他在生病和贫困的极端困难中写作的。在写作《资本论》的过程中，他白天为《纽约每日论坛报》写稿，只能晚上进行研究，"我现在发狂似地通宵总结我的经济学研究"，"我的工作量很大，多半都要工作到早晨四点钟"③。在1872年《资本论》法文版序言中，马克思深切地说：

在科学上没有平坦的大道，只有不畏劳苦沿着陡峭山路攀登的人，才有希望达到光辉的顶点。④

①《马克思恩格斯全集》第48卷，人民出版社2007年版，第137页。
②《马克思恩格斯全集》第29卷，人民出版社1972年版，第550-551页。
③《马克思恩格斯文集》第10卷，人民出版社2009年版，第140、141页。
④《马克思恩格斯文集》第5卷，人民出版社2009年版，第24页。

马克思用自己的一生，印证了这一人生真谛。

我们再来看恩格斯。马克思有非常好的家教，在著名的柏林大学获得博士学位；而恩格斯则是自学成才的典范。恩格斯在中学就表现出“独立的思想”；他十分喜爱外语，认真学习拉丁语、希腊语、法语，通过阅读、翻译原著来掌握外语词汇和语法知识。他希望继续读大学，但身为工厂主的父亲在1837年9月让恩格斯弃学从商。在不来梅工作之余，恩格斯广泛阅读英、法、荷兰、西班牙、意大利等国的报刊，研究哲学、政治和语言学。他在一封信中有点儿卖弄地使用了好几种语言：

优美的意大利语，它像和风一样温柔清新，它的词汇犹如最美丽的花园里的百花（意大利文）；也用西班牙语，它仿佛林间的清风（西班牙文）；也用葡萄牙语，它宛如长满鲜花芳草的海边的细浪（葡萄牙文）；也用法语，它好似小溪一样湍湍而流，水声悦耳（法文）；也用荷兰语，它如同烟斗里冒出的一缕香烟，显得多么舒适安逸（荷兰文）；然而我们可爱的德语呀，则是所有这些语言的集大成。①

1841年，恩格斯在柏林服兵役，经常到柏林大学旁听。1842年11月到英国曼彻斯特后，他“走进英国生活的深处”，经常深入调查英国工人的实际工作和生活状态，他说：

我愿意在你们的住宅中看到你们，观察你们的日常生活，同你们谈谈你们的状况和你们的疾苦，亲眼看看你们为反抗你们的压迫者的社会的和政治的统治而进行的斗争。我是这样做了。我抛弃了社交活动和宴会，抛弃了资产阶级的葡萄牙红葡萄酒和香槟酒，把自己的空闲时间几乎都用来和普通的工人交往；对此我感到高兴和骄傲。高兴的是这样一来我在获得实际生活知

①《马克思恩格斯全集》第47卷，人民出版社2004年版，第170页。

识的过程中有成效地度过了许多时间，否则这些时间也只是在客厅里的闲谈和讨厌的礼节中消磨掉；骄傲的是这样一来我就有机会为这个受压迫受诽谤的阶级做一件应该做的事情……[①]

恩格斯最早与工人运动相结合，这对马克思有直接而深刻的影响。大约1843年9月底至1844年1月，恩格斯创作了《国民经济学批判大纲》，这是第一部马克思主义经济学著作，对马克思产生重大影响。恩格斯和马克思一样都有旺盛的求知欲，在经济学、历史学、语言学、军事学、人类学等多个领域作出卓越贡献。

司马迁赞誉孔子说：

《诗》有之："高山仰止，景行行止。"虽不能至，然心向往之。余读孔氏书，想见其为人。……天下君王至于贤人众矣，当时则荣，没则已焉。孔子布衣，传十余世，学者宗之。（《史记·孔子世家》）

司马迁引用《诗经·小雅·车辖》中"高山仰止，景行行止"而改变其原意，比喻对高尚品德之仰慕。汉代郑玄把"景行"解释为"明行"即"高尚的德行"，朱熹则解释为"大道"。对照马克思、恩格斯等伟人，生活在当下的中国，我们的理想是什么呢？是追求"人类的幸福和我们自身的完美"，还是不自觉甚至有意识地成为"精致的利己主义者"？职业不仅是我们谋生的手段，也是我们成长、"成人"的重要途径。只有献身于人类幸福、"每一个个人的全面而自由的发展"的解放事业，我们的日常工作、平凡生活才能富有仁爱智勇、悠久博大而高明。

三、好朋友是如何炼成的

马克思和恩格斯是亲密战友，在长期的共同奋斗中形成了真诚而伟大的

①《马克思恩格斯全集》第2卷，人民出版社1957年版，第273页。

友谊。

（一）理想上志同道合，思想上高度共鸣

1842年9月，恩格斯服兵役期满，在德国科隆见到《莱茵报》的主编马克思。马克思听说恩格斯与只会说空话、骗取别人信任、自吹自擂的“青年黑格尔派”中的“自由人”组织来往甚密，非常不满。因此，他们的第一次见面很冷淡。孔子说：“人不知而不愠，不亦君子乎？”（《论语·学而》）恩格斯并未责怪马克思，而是主动向马克思主编的《德法年鉴》投稿。他的《国民经济学批判大纲》指出私有制导致了资本主义的一切荒谬矛盾，这使马克思深受启发，感到自己对政治经济学研究不够，只有深入剖析资本主义经济结构的矛盾才能为共产主义学说建立理论基础。这是促使马克思转向政治经济学研究的重要动力，使马克思能够真正超越黑格尔唯心主义辩证法而创立唯物辩证法、超越费尔巴哈“直观唯物主义”而创立唯物史观。由此，马克思彻底改变了对恩格斯的态度。

1844年8月28日，恩格斯与在巴黎流亡的马克思再次见面。这次会面，他们在哲学、经济学、历史、当代资本主义等种种重大问题上都几乎完全一致；而且发现彼此互补：马克思的理论思维更深刻，以深入的、彻底的批判态度去把握事物的本质；恩格斯则更敏锐，总能迅速地发现和关注新现象、新事物。两人相见恨晚，一拍即合，开怀畅饮了十天之久，“在一切理论领域中都显出意见完全一致”①。从此，开始了他们长达四十年的完美合作。两人的分工既明确而又紧密补充，马克思主要研究经济学，恩格斯研究哲学、自然科学、军事学、语言学等。马克思经常帮助恩格斯在大英博物馆寻找和摘录各种资料，恩格斯深入地参与了马克思经济学思想的创建。1867年8月16日深夜两点，马克思在校对完《资本论》第1卷后，激动地致信恩格斯：

> 这样，**这一卷就完成了**。其所以能够如此，我只有感谢**你**！没有你为我作的牺牲，我是决不可能完成这三卷书的巨大工作的。我满怀感激的心情拥抱你！

①《马克思恩格斯全集》第21卷，人民出版社1965年版，第247页。

十五英镑收到了，非常感谢。

我的亲爱的、忠实的朋友，祝你好！[①]

1933年，哲学家张申府把这封信译为中文，以《马克思的情书》为题发表，认为：

这是马克思校完他一生的大作《资本论》（第一卷）后写给恩格斯的一封短信，——一封真的情书。由此，一则可见马克思在自己校对完了自己的大著时是如何地高兴；再则可见马克思与恩格斯的交情是如何地厚；三则也可见马克思的感激恩格斯是如何地深，恩格斯的帮助他又是如何地重。并也可见西洋人对于真朋友是如何地诚至朴实。《资本论》已是现在全世界大多数人的名贵的经典了。此信虽属寥寥数语，很是值得注意的。[②]

晚年的马克思深受病痛折磨，而且他更为关注人类社会形态演变的多样性和复杂性，把大量精力投入到历史学和人类学研究，生前仅出版了《资本论》第1卷。马克思去世后，恩格斯用三年多的时间，亲自指导、翻译《资本论》第一卷的英译本，1887年1月在伦敦出版；1890年再次校订、出版了《资本论》第1卷德文第4版。此后，他在1885年7月整理、出版了《资本论》第2卷，1894年12月出版了《资本论》第3卷，使马克思的学术思想获得了完备的理论形态。列宁说：

奥地利社会民主党人阿德勒说得很对：恩格斯出版《资本论》第2卷和第3卷，就是替他的天才朋友建立了一座庄严宏伟的纪念碑，无意中也把自己的名字不可磨灭地铭刻在上面了。的确，这两卷《资本论》是马克思和恩格斯两人的著作。[③]

①《马克思恩格斯全集》第31卷，人民出版社1972年版，第328-329页。

②《马克思的情书》，《大公报》1933年6月8日第11版《世界思潮》第41期。

③《列宁选集》第1卷，人民出版社2012年版，第95页。

马克思、恩格斯是马克思主义的共同创始人，是马克思主义经典著作的共同奠基者。《马克思恩格斯全集》《马克思恩格斯文集》《马克思恩格斯选集》等等，都生动地表明这两个名字是永远不可分开的。

（二）情感上心心相印，生活中相携相扶

恩格斯深知马克思的理论头脑对共产主义事业的无上价值。为了保证马克思能够正常生活和工作的最低条件，他作出一个重大抉择：1850年11月到曼彻斯特他父亲的公司，重新从事他深恶痛绝的“鬼商业”，从那时候起他尽力接济马克思，从一英镑到后来上百英镑的大额汇款，一直持续了20年。两人的通信中，经常有汇款的信息。

20年来，恩格斯寄给马克思的钱，总共达到了3000英镑，这在当时是一个天文数字。1英镑是20先令。19世纪30—50年代，一个熟练的工厂男工的平均月薪是18先令；伦敦年轻的女裁缝每年收入约12—20英镑；东印度公司的中级官员每月工资6英镑。《简·爱》（*Jane Eyre*）中，简·爱在桑费尔德庄园里做家庭女教师，年收入是30英镑（第十章，“the salary is thirty per annum”）。戴维·麦克莱伦说：

从今天（20世纪70年代中后期——引者注）的货币价值来看，恩格斯为马克思和他的家庭提供的资助超过了10万英镑。①

比如1850年11月25日恩格斯致信马克思：

我很遗憾，今天还不能把上封信中答应今天给你寄去的两英镑寄去。……希望第一张支票已按时寄到。

本星期内我将给你的夫人寄去一包棉线，希望她会喜欢。②

①［美］戴维·麦克莱伦著，臧峰宇译：《恩格斯传》，中国人民大学出版社2017年版，第96页。

②《马克思恩格斯全集》第48卷，人民出版社2007年版，第138-139、139页。

1851年1月6日，马克思致信恩格斯：

如果你能立即寄钱给我，我将非常感激。我的女房东很穷，我已经是第二个星期没有付房租给她了，她逼着要钱，逼得很紧。[①]

1852年9月，马克思致信恩格斯：

我的妻子病了，小燕妮病了，……医生，我过去不能请，现在也不能请，因为我没有买药的钱。八至十天以来，家里吃的是面包和土豆，今天是否能够弄到这些，还成问题。[②]

苦难的生活先后夺去马克思的四个孩子。1855年4月，马克思8岁的儿子埃德加尔病逝，马克思极为痛苦，他致信恩格斯：

我永远不会忘记，你的友谊在这个可怕的时刻怎样减轻了我们的痛苦。我对孩子有多大的悲伤，你是理解的。我的妻子向你致最友好的问候。

简直无法形容，我们怎能没有这个孩子。我已经遭受过各种不幸，但是只有现在我才懂得了什么是真正的不幸。我感到自己完全支持不住了。

在这些日子里，我之所以能忍受这一切可怕的痛苦，是因为时刻想念着你，想念着你的友谊，时刻希望我们两人还要在世间共同做一些有意义的事情。[③]

马克思与恩格斯有着深厚的情谊，比如1851年2月11日，马克思致信恩格斯：

①《马克思恩格斯全集》第48卷，人民出版社2007年版，第154页。
②《马克思恩格斯全集》第28卷，人民出版社1973年版，第126页。
③《马克思恩格斯全集》第28卷，人民出版社1973年版，第441、442、442页。

对这封信我也请你尽快回复。我在这里几乎只和皮佩尔交往，过的完全是与世隔绝的生活。因此你可以理解，我在这里是多么想念你，需要和你说说心里话。[①]

1857年2月，马克思致信恩格斯：

你是在哭还是在笑，是在睡觉还是醒着？最近三个星期，我往曼彻斯特寄了各种各样的信，却没有收到一封回信。但是我相信信都寄到了。[②]

马克思1851年接受美国《纽约每日论坛报》的邀请，担任该报驻英国通讯员并为其撰稿。他一方面设法宣传自己的政治、经济观点，一方面赚取稿费来改善生活。但他正在紧张地研究经济学，有时候来不及撰稿，就只好请恩格斯帮助。恩格斯虽然很忙碌，但仍然挤出时间替马克思写作，比如著名的《德国的革命与反革命》等，都是以马克思的名义发表。当时马克思还没有很好地掌握英语，恩格斯就把马克思的稿件翻译成英文再寄给他。1852年10月他致信马克思：

要替你翻译全篇文章，我的身体不行。我是今天早晨收到文章的。整天在办事处，脑袋都忙昏了。今天晚上七、八点喝完茶才把这篇东西读了一遍。然后动手翻译。现在是十一点半，我译到文章自然分段的地方，并把译好的这一部分寄给你。十二点文章必须送到邮局。因此，你将收到我尽自己的力量所能做到的一切。[③]

对恩格斯的巨大牺牲，马克思深为感激和愧疚，他在1867年5月7日致

①《马克思恩格斯全集》第48卷，人民出版社2007年版，第190页。
②《马克思恩格斯全集》第29卷，人民出版社1972年版，第102页。
③《马克思恩格斯全集》第28卷，人民出版社1973年版，第157页。

信恩格斯：

我希望，并且坚信，再过一年我会成为一个不愁吃穿的人，能够根本改善我的经济状况，并且终于又能站稳脚跟。没有你，我永远不能完成这部著作。坦白地向你说，我的良心经常像被梦魇压着一样感到沉重，因为你主要是为了我才把你的卓越才能浪费在经商上面，使之荒废，而且还要分担我的一切琐碎的苦恼。①

1868年11月，在决定结束商业工作时，恩格斯首先想到的是安排好马克思的生活，他致信马克思：

亲爱的摩尔：

请你尽量**十分准确地**答复下面两个问题，并且要立即答复，……

（1）你需要多少钱才能还清你的**全部**债务，把你完全解脱出来？

（2）你**平时的**正常开支，每年三百五十磅是否够用（治病和意外的紧急开支除外），就是说，这样你是否就无需借债了。如果不够，请你把需要的数额告诉我。②

列宁指出：

流亡生活极端困苦。……马克思及其一家饱受贫困的折磨。如果不是恩格斯牺牲自己而不断给予资助，马克思不但无法写成《资本论》，而且势必会死于贫困。③

1870年9月20日，恩格斯从曼彻斯特迁居到伦敦，住在马克思家附近，

①《马克思恩格斯文集》第10卷，人民出版社2009年版，第256页。

②《马克思恩格斯全集》第32卷，人民出版社1974年版，第201页。

③《列宁选集》第2卷，人民出版社2012年版，第416-417页。

两位朋友在分离20年后终于生活在一起。他们经常一起散步、讨论问题，在马克思的书房里走来走去。

1883年3月14日马克思去世后，恩格斯非常悲痛，“我失去了一个相交四十年的最好的、最亲密的朋友，他给我的教益是无法用言语形容的”[①]。他说：

我们之所以有今天，都应归功于他；现代运动当前所取得的一切成就，都应归功于他的理论和实践的活动；没有他，我们至今还会在黑暗中徘徊。[②]

马克思、恩格斯谱写了人类友谊的美好篇章，是人类伟大友谊的崇高典范。列宁说：

古老传说中有各种非常动人的友谊故事。欧洲无产阶级可以说，它的科学是由这两位学者和战士创造的，他们的关系超过了古人关于人类友谊的一切最动人的传说。恩格斯总是把自己放在马克思之后，……他对在世时的马克思无限热爱，对去世后的马克思无限敬仰。这位严峻的战士和严正的思想家，具有一颗深情挚爱的心。[③]

我国古代有许多交友的优良传统，如春秋时代钟子期和俞伯牙的“知音”佳话：

伯牙善鼓琴，钟子期善听。伯牙鼓琴，志在登高山。钟子期曰：“善哉！峨峨兮若泰山！”志在流水。钟子期曰：“善哉！洋洋兮若江河！”伯牙所念，钟子期必得之。……伯牙乃舍琴而叹曰：“善哉，善哉！子之听夫！志想象犹吾心也。”（《列子·汤问》）

①《马克思恩格斯全集》第23卷，人民出版社1972年版，第30页。
②《马克思恩格斯全集》第35卷，人民出版社1971年版，第457页。
③《列宁选集》第1卷，人民出版社2012年版，第95页。

盖钟子期死，伯牙终身不复鼓琴。何则？士为知己者用，女为悦己者容。（《汉书·司马迁列传》）

《论语》很重视“朋友”：

益者三友，损者三友。友直，友谅，友多闻，益矣。友便辟，友善柔，友便佞，损矣。（《论语·季氏篇》）

子曰:“君子成人之美，不成人之恶。小人反是。”（《论语·颜渊篇》）

曾子曰：“吾日三省吾身：为人谋而不忠乎？与朋友交而不信乎？传不习乎？”（《论语·学而篇》）

孟子进一步把“朋友”作为五伦之一，“使契为司徒，教以人伦：父子有亲，君臣有义，夫妇有别，长幼有序，朋友有信”（《孟子·滕文公上》）。马克思、恩格斯不仅是“知音”，而且在共同的伟大事业中彼此“成人之美”，这种交友之道对我们有深刻启发。

马克思、恩格斯既是伟大的革命家、思想家，也是有血有肉、有情有义的人。他们有痛苦、有烦恼，也有欢笑，甚至经常在信中骂一些庸人为“蠢驴”。他们的最伟大品格，是为了人类解放、实现每个人的自由而全面发展的伟大事业而矢志不渝地创造、奋斗。

习近平在纪念马克思诞辰200周年大会上指出，马克思的一生是“胸怀崇高理想、为人类解放不懈奋斗的一生”“不畏艰难险阻、为追求真理而勇攀思想高峰的一生”“为推翻旧世界、建立新世界而不息战斗的一生”，这是值得我们深长思之的。我们要经常反思：人的一生应该怎样度过呢?“路漫漫其修远兮，吾将上下而求索。”（屈原《离骚》）我们学习马克思和恩格斯，不仅要学习他们的思想——马克思主义；而且要学习他们的为人，如何对待生活的考验、如何对待友谊……

第二节　什么是马克思主义？

一、马克思主义是完整的科学的世界观

1845年《关于费尔巴哈的提纲》、1845—1846年《德意志意识形态》、1846年《马克思致安年科夫》等著作，标志着马克思主义的正式诞生。

我们学习一门课程，首先要界定其基本概念。“马克思主义”的概念界定不仅是基本的学术问题，也是重大的实践问题。2008年，胡锦涛把“什么是马克思主义、怎样对待马克思主义”作为“三十年来，我们党的全部理论和全部实践”的四个重大问题之首。[①]“什么是马克思主义、怎样对待马克思主义”，就是“马克思主义观”的根本问题。[②]那么，什么是“马克思主义”呢？马克思、恩格斯把他们所创立的新学说称之为“世界观”，也就是“包含着一连串互相衔接的阶段的发展过程”[③]的世界图景。简单说来，“马克思主义是一个完整的科学的世界观”[④]。

恩格斯在1888年《路德维希·费尔巴哈和德国古典哲学的终结》序言中指出：

我在马克思的一本旧笔记中找到了十一条关于费尔巴哈的提纲，现在作为本书附录刊印出来。这是匆匆写成的供以后研究用的笔记，根本没有打算付印。但是它作为包含着新世界观的天才萌芽的第一个文献，是非常宝贵

① 胡锦涛：《在纪念党的十一届三中全会召开三十周年大会上的讲话》，《十七大以来重要文献选编》（上），中央文献出版社2013年版，第808-809页。其他三个问题是“什么是社会主义、怎样建设社会主义，建设什么样的党、怎样建设党，实现什么样的发展、怎样发展”。

② 田心铭：《论学习马克思主义》，中国社会科学出版社2014年版，第32页。

③《马克思恩格斯文集》第10卷，人民出版社2009年版，第560页。

④ 段若非：《马克思主义及其在当今中国的运用和发展》，人民出版社2017年版，第11页。

的。[①]

马克思《关于费尔巴哈的提纲》写于1845年春天。他精辟地阐述了新实践观的基本原理，提出：

人应该在实践中证明自己思维的真理性，即自己思维的现实性和力量。

人的本质不是单个人所固有的抽象物，在其现实性上，它是一切社会关系的总和。

全部社会生活在本质上是**实践的**。

新唯物主义的立脚点则是人类社会或社会的人类。

哲学家们只是用不同的方式**解释**世界，问题在于**改变**世界。[②]

恩格斯在1859年《卡尔·马克思〈政治经济学批判。第一分册〉》的书评中提出：

我们党有个很大的优点，就是有一个新的科学的世界观作为理论的基础，制定这个世界观就已经够忙了……[③]

恩格斯在《反杜林论》第2版序言中提出：

……对马克思和我所主张的辩证方法和共产主义世界观的比较连贯的阐述，而这一阐述包括了相当多的领域。我们的这一世界观，首先在马克思的《哲学的贫困》和《共产主义宣言》中问世，经过足足20年的潜伏阶段，到《资本论》出版以后，就越来越迅速地为日益广泛的各界人士所接受。

本书所阐述的世界观，绝大部分是由马克思确立和阐发的，而只有极小

①《马克思恩格斯文集》第4卷，人民出版社2009年版，第266页。

②《马克思恩格斯文集》第1卷，人民出版社2009年版，第500、501、501、502、502页。

③《马克思恩格斯文集》第2卷，人民出版社2009年版，第599页。

的部分是属于我的，所以，我的这种阐述不可能在他不了解的情况下进行，这在我们相互之间是不言而喻的。在付印之前，我曾把全部原稿念给他听，而且经济学那一编的第十章（《〈批判史〉论述》）就是马克思写的，只是由于外部的原因，我才不得不很遗憾地把它稍加缩短。在各种专业上互相帮助，这早就成了我们的习惯。①

恩格斯在1895年3月11日致韦尔纳·桑巴特的信中再次强调：

马克思的整个世界观不是教义，而是方法。它提供的不是现成的教条，而是进一步研究的出发点和**供**这种研究**使用**的方法。②

马克思、恩格斯运用唯物主义辩证方法研究19世纪自然科学、社会科学和哲学的最新成果，创立了新世界观的基本框架，“马克思主义世界观本来是系统的、立体的、多层次的、动态的、开放的，是世界本来发展进程的理论概括”③，这个基本框架是对自然界、人类社会和思维运动过程的一般看法，包括自然观、实践观、认识观、历史观、资本观、价值观、文化观、人生观等。

在明确马克思主义是完整的科学的世界观之后，还要进一步思考：如何比较准确地界定马克思主义世界观的基本内涵呢？马克思主义学者段若非认为：

马克思主义是关于世界演变的普遍规律，特别是关于社会历史演变普遍规律，更特别是关于资本主义演变和转变为社会主义以及社会主义演变普遍规律的科学。④

①《马克思恩格斯文集》第9卷，人民出版社2009年版，均为第11页。

②《马克思恩格斯文集》第10卷，人民出版社2009年版，第691页。

③ 段若非：《马克思主义及其在当今中国的运用和发展》，人民出版社2017年版，第21页。

④ 段若非：《马克思主义及其在当今中国的运用和发展》，人民出版社2017年版，第23页。

这个界定包括层层递进的三个基本层次，比较完整、准确地揭示出马克思主义理论特质，强调马克思主义不是具体科学、具体观点的总汇。（一）“关于世界演变的普遍规律”，是关于自然、社会、思维的本质和发展过程的普遍规律，如世界的物质统一性、物质世界的辩证运动等等。（二）“特别是关于社会历史演变普遍规律”。“关于世界演变的普遍规律”可以分为关于自然、社会、思维三大领域的普遍规律，如思维领域中实践与认识的运动规律、逻辑与历史相统一规律等，其中最重要、最核心的是社会领域的唯物史观。（三）“更特别是关于资本主义演变和转变为社会主义以及社会主义演变普遍规律”，这是对唯物史观的进一步运用和发展，揭示近代以来人类历史演变的基本趋势和基本规律，如资本主义社会运动规律、社会主义必然代替资本主义的运动规律等。发现和论证唯物史观和社会主义必然代替资本主义的基本规律，是马克思主义最富有原创性的两大贡献。

马克思主义世界观为我们探索、研究现实世界提供了科学指南，但正如列宁所指出的：要确定马克思主义真理“应用于某一问题上的确切意义”，而不能在“一般真理的单纯逻辑发展中去寻找具体问题的答案，这是把马克思主义庸俗化，并且完全是对辩证唯物主义的嘲弄”[①]。列宁还指出：“马克思的学说……是用深刻的哲学世界观和丰富的历史知识阐明的**经验总结**。”[②]我们不能从马克思主义一般原理中直接引申出当前实践中新问题的具体答案，而只能把马克思主义世界观的基本原理与不同时期的具体实际相结合，由此产生诸多具体结论、具体观点，这就使马克思主义呈现为多层次的理论体系。其中既有“关于世界演变的普遍规律”的最一般原理，有自然界、社会历史、思维三大领域的一般原理，也有局部范围的局部原理和个别问题上的具体观点，“弄清楚不同层次的原理的时空界限，是我们准确理解和正确运用马克思主义的首要前提”[③]。马克思主义世界观随着科学发展而不断充实、发展，而

① 《列宁专题文集 论资本主义》，人民出版社2009年版，第2、2-3页。

② 《列宁选集》第3卷，人民出版社2012年版，第134页。

③ 段若非：《马克思主义及其在当今中国的运用和发展》，人民出版社2017年版，第32页。

运用这种世界观所得到的具体结论可能会随着实践发展而过时或改变。恩格斯指出："很可能我们还差不多处在人类历史的开端，而将来会纠正**我们**的错误的后代，大概比我们有可能经常以十分轻蔑的态度纠正其认识错误的前代要多得多"，对世界的真理认识"只有通过人类生活的无限延续才能完全实现"[①]。比如马克思主义论证了社会主义代替资本主义的基本规律，但马克思和恩格斯在社会主义取代资本主义的具体时间问题上则多次犯错误。恩格斯在1895年总结说：

历史表明，我们以及所有和我们有同样想法的人，都是不对的。历史清楚地表明，当时欧洲大陆经济发展的状况还远没有成熟到可以铲除资本主义生产的程度；历史用经济革命证明了这一点，从1848年起经济革命席卷了整个欧洲大陆，在法国、奥地利、匈牙利、波兰以及最近在俄国刚刚真正确立了大工业，并且使德国简直就变成了一个头等工业国——这一切都是以资本主义为基础的，可见这个基础在1848年还具有很大的扩展能力。[②]

探索社会主义取代资本主义的具体方式、途径和时间，是马克思主义世界观与人类社会发展的具体实际相结合的时代课题。同样地，马克思主义指出扬弃资本主义社会的未来社会中"每个人的自由发展是一切人的自由发展的条件"[③]，但"社会主义并没有定于一尊、一成不变的套路，只有把科学社会主义基本原则同本国具体实际、历史文化传统、时代要求紧密结合起来，在实践中不断探索总结，才能把蓝图变为美好现实"[④]。

只有准确把握马克思主义世界观和辩证方法，才能成为真正的马克思主义者。俄国阿·沃登在1893年拜访恩格斯：

① 《马克思恩格斯文集》第9卷，人民出版社2009年版，第91页。

② 《马克思恩格斯文集》第4卷，人民出版社2009年版，第540页。

③ 《马克思恩格斯文集》第2卷，人民出版社2009年版，第53页。

④ 习近平：《在纪念马克思诞辰二百周年大会上的讲话》，《十九大以来重要文献选编》上册，中央文献出版社2019年版，第434页。

恩格斯希望俄国人——不仅仅是俄国人——不要生搬硬套马克思和他（恩格斯）的话，而要根据自己的情况像马克思那样去思考问题，只有在这个意义上，“马克思主义者”这个词才有存在的理由。①

“像马克思那样去思考问题”，既是我们学习马克思主义的基本要求，也是我们学习马克思主义的最高境界。

二、马克思主义理论体系是一个有机整体

通常说，马克思主义涵盖马克思主义哲学、马克思主义政治经济学、科学社会主义三个基本组成部分。那么，这种说法是怎么来的呢？这三个部分之间是什么关系？

从马克思本人的思想历程来说，他对以康德、黑格尔、费尔巴哈等为代表的德国近代哲学，对亚当·斯密、大卫·李嘉图、威廉·配第等为代表的英国和法国政治经济学，对英国和法国空想社会主义等都有深入研究和批判扬弃。一般来说，马克思扬弃德国古典哲学而创立唯物辩证法，运用唯物辩证法研究政治经济学而创立唯物史观，又运用唯物史观具体剖析资本主义社会而发现剩余价值规律，实现了从空想社会主义到科学社会主义的飞跃。因而，在马克思这里，政治经济学、哲学和科学社会主义本来就相互渗透、浑融一体。

（一）恩格斯的《反杜林论》

从历史上来看，把马克思主义划分为三部分的说法，直接来自恩格斯1876—1878年完成的名著《反杜林论》(*Anti-D ühring:Herr Eugen Karl Dühring’s Revolution in Science*)。杜林是谁呢？柏林大学的私人讲师杜林是一个投机家，他伪装成社会主义者，实际上却投靠普鲁士实权统治者俾斯麦。他在1871年

① 参见阿·沃登：《和恩格斯的谈话》，《智慧的明灯》，人民出版社1983年版，第91页。

出版《国民经济学和社会主义批判史》，1873年出版《国民经济学和社会主义教程》，1875年出版《哲学教程——严格科学的世界观和生命形成》，宣布自己是“一切时代最伟大的天才”，自己的思想是“最后的、终极的真理”。当时德国工人政党的理论水平还不高，伯恩施坦等领导人都受到杜林这些谬论的影响，甚至认为他比马克思还要高明。一些头脑清醒的领导人和哲学家如白拉克、李卜克内西等对这种情况深为不满和忧虑，多次请求马克思、恩格斯进行批判。在马克思支持下，恩格斯用两年时间写作《反杜林论》，彻底揭露了杜林的理论实质和严重危害，同时从正面阐明了马克思主义的一些基本原理。恩格斯把自己的著作分为《欧根·杜林先生在科学中实行的变革。一、哲学》和《欧根·杜林先生在科学中实行的变革。二、政治经济学·社会主义》两编，后来合为一本专著。恩格斯说：

> 虽然如此，我还是过了一年才下决心放下其他工作，着手来啃这一个酸果。这是一只一上口就不得不把它啃完的果子；它不仅很酸，而且很大。这种新的社会主义理论是以某种新哲学体系的最终实际成果的形式出现的。因此，必须联系这个体系来研究这一理论，同时研究这一体系本身；必须跟着杜林先生进入一个广阔的领域，在这个领域中，他谈到了所有可能涉及的东西，而且还不止这些东西。
>
> 本书所批判的杜林先生的“体系”涉及非常广泛的理论领域，这使我不能不跟着他到处跑，并以自己的见解去反驳他的见解。①

也就是说，恩格斯是按照杜林的思想体系去逐个批判，因而就呈现为哲学、政治经济学、科学社会主义三个部分。这是恩格斯受杜林思想的限制，而不得不采取的理论表达方式。恩格斯的《反杜林论》虽然也从正面阐述了他与马克思的一些观点，但主要是剖析、批判杜林的观点和论据。我们可以设想：如果没有杜林这样的理论构成，马克思、恩格斯会以何种形式来阐明

①《马克思恩格斯文集》第9卷，人民出版社2009年版，第7–8、10–11页。

“马克思主义”的整体思想呢?

值得注意的是，恩格斯虽然分别论述了哲学、政治经济学和科学社会主义，但他认为这三者是完整的、不可分割的。我们看一个例子，就是《反杜林论》“引论”的第一段：

> 现代社会主义，就其内容来说，首先是对现代社会中普遍存在的有财产者和无财产者之间、资产者和雇佣工人之间的阶级对立以及生产中普遍存在的无政府状态这两个方面进行考察的结果。但是，就其理论形式来说，它起初表现为18世纪法国伟大的启蒙学者们所提出的各种原则的进一步的、据称是更彻底的发展。同任何新的学说一样，它必须首先从已有的思想材料出发，虽然它的根子深深扎在经济的事实中。①

这段话堪称马克思主义的经典表述。它由三句话构成，是三个层次。

(1)“现代社会主义，就其内容来说，首先是对现代社会中普遍存在的有财产者和无财产者之间、资产者和雇佣工人之间的阶级对立以及生产中普遍存在的无政府状态这两个方面进行考察的结果。”

这句话是运用马克思主义政治经济学和哲学来剖析“现代社会主义”思潮的现实根源。“有财产者和无财产者、资产者和雇佣工人”“阶级”“生产中普遍存在的无政府状态”都是政治经济学的基本术语；“现代社会主义”是对这些社会现实生活“进行考察的结果”，生动地体现了社会存在决定社会意识这个唯物史观基本原理；对“现代社会主义”和资本主义社会的剖析，则必然导致消灭私有制、消除阶级对立的科学社会主义的结论。因而，这句话本身就是哲学、政治经济学和科学社会主义的交融。

(2)“但是，就其理论形式来说，它起初表现为18世纪法国伟大的启蒙学者们所提出的各种原则的进一步的、据称是更彻底的发展。”

这句话讲“现代社会主义”是18世纪启蒙思想的继承和进一步发展。这

---

①《马克思恩格斯文集》第9卷，人民出版社2009年版，第19页。

既体现了意识形态这种上层建筑的相对独立性和特定时代性，又体现了人类思想的传承性与创新性、连续性与变革性之统一，马克思主义包含着对近代启蒙思想的积极扬弃和创新发展。而且，第一句话从“内容”来讲，第二句话从“理论形式”来讲，又生动地体现了事物的内容与形式之间的辩证关系。

(3)“同任何新的学说一样，它必须首先从已有的思想材料出发，虽然它的根子深深扎在经济的事实中。”

这句话与前两句话是什么逻辑关系？是总结、概括前两句话，从而形成一个严密的整体。第一，任何新的学说，都是“从已有的思想材料出发”，是概括第二句话；第二，“它的根子深深扎在经济的事实中”，是概括第一句话。因此，在这简短的一段话中，恩格斯已经把哲学、政治经济学、科学社会主义有机地融为一体了，三者相互渗透、彼此贯通，是不能机械割裂的。

（二）列宁的《马克思主义的三个来源和三个组成部分》

1913年3月，列宁发表《马克思主义的三个来源和三个组成部分》一文：

马克思主义……绝不是**离开**世界文明发展大道而产生的一种故步自封、僵化不变的学说。恰恰相反，马克思的全部天才正是在于他回答了人类先进思想已经提出的种种问题。他的全部学说的产生正是哲学、政治经济学和社会主义极伟大的代表人物的学说的直接**继续**。

马克思学说具有无限力量，就是因为它正确。它完备而严密，它给人们提供了决不同任何迷信、任何反动势力、任何为资产阶级压迫所作的辩护相妥协的完整的世界观。马克思学说是人类在19世纪所创造的优秀成果——德国的哲学、英国的政治经济学和法国的社会主义的当然继承者。[①]

在列宁看来，马克思主义虽然可以分为哲学、政治经济学和科学社会主义三个主要部分，但它更是一个“完备而严密”的“完整的世界观”。他说：

①《列宁选集》第2卷，人民出版社2012年版，第309、309-310页。

> 只有马克思的哲学唯物主义，才给无产阶级指明了如何摆脱一切被压迫阶级至今深受其害的精神奴役的出路。只有马克思的经济理论，才阐明了无产阶级在整个资本主义制度中的真正地位。①

毛泽东也认为，马克思主义的哲学、经济学和科学社会主义“三部分不能分割，而应视为马克思主义的三个有机联系的组成部分”②。从恩格斯、列宁、毛泽东等的论述可以看出：

第一，我们虽然可以把马克思主义划分为哲学、政治经济学、科学社会主义三个部分，但是三者是有机联系、相互渗透的有机整体，贯穿其中的灵魂就是马克思主义世界观。

第二，把这三个部分加以割裂，比如马克思主义哲学在哲学系、政治经济学在经济系、科学社会主义在政治学系，分成三个二级学科来单独教学、研究，这样做不利于对马克思主义的完整理解。因此，张雷声等学者非常强调“马克思主义基本原理的整体性”，我们对马克思主义的学习和运用要牢牢把握“实现无产阶级解放并最终解放全人类”这一思想主旨。③而且，我们需要对“生产力”“经济结构”“上层建筑”与“物质生活”“社会生活”“政治生活”“精神生活”，对“物质”“社会存在”“实践”等马克思主义的基本概念、命题有一个通贯性的把握。

第三，马克思主义不仅仅包括哲学、政治经济学和科学社会主义，而且涵盖社会生活和学术研究的广阔领域。习近平在2016年5月17日哲学社会科学工作座谈会上指出：

> 马克思主义理论体系和知识体系博大精深，涉及自然界、人类社会、人类思维各个领域，涉及历史、经济、政治、文化、社会、生态、科技、军事、

①《列宁选集》第2卷，人民出版社2012年版，第314页。

②《毛泽东文集》第8卷，人民出版社1999年版，第5页。

③ 张雷声主编：《马克思主义基本原理专题研究》，中国人民大学出版社2018年版，第25页。

党建等各个方面。

因而，在现实生活和学术研究中，我们都能够从马克思主义中获得重要启迪。

三、马克思主义的立场、观点和方法

学习和研究马克思主义，既要研读经典著作文本，又要着重把握蕴含在其中的基本立场、基本观点和基本方法。

（一）马克思主义的基本立场

毛泽东1942年在延安文艺座谈会上一针见血地指出："为什么人的问题，是一个根本的问题，原则的问题。"[①]习近平2017年在党的十九大报告中指出："全党必须牢记，为什么人的问题，是检验一个政党、一个政权性质的试金石。"[②]那么，什么是"立场"呢？简单来说，立场就是我们看待事物和问题、作出判断和评价、采取行动的立足点和出发点。立场的实质，就是代表谁的利益、维护谁的利益。

什么是马克思主义的基本立场呢？马克思1845年在《关于费尔巴哈的提纲》中提出："新唯物主义的立脚点则是人类社会或社会的人类。"[③]马克思、恩格斯1848年在《共产党宣言》中提出：

共产党人不屑于隐瞒自己的观点和意图。他们公开宣布：他们的目的只有用暴力推翻全部现存的社会制度才能达到。让统治阶级在共产主义革命面前发抖吧。无产者在这个革命中失去的只是锁链。他们获得的将是整个世界。[④]

①《毛泽东选集》第3卷，人民出版社1991年版，第857页。
②《中国共产党第十九次全国代表大会文件汇编》，人民出版社2017年版，第36页。
③《马克思恩格斯文集》第1卷，人民出版社2009年版，第502页。
④《马克思恩格斯文集》第2卷，人民出版社2009年版，第66页。

马克思、恩格斯还指出：

代替那存在着阶级和阶级对立的资产阶级旧社会的，将是这样一个联合体，在那里，每个人的自由发展是一切人的自由发展的条件。[①]

……去发展社会生产力，去创造生产的物质条件，而只有这样的条件，才能为一个更高级的、以每一个个人的全面而自由的发展为基本原则的社会形式建立现实基础。[②]

“人类社会或社会的人类”是无产阶级（工人阶级）为代表的“社会化的人，联合起来的生产者”[③]。马克思主义坚持无产阶级（工人阶级）为主体的人类立场，认为只有通过无产阶级革命、建立和建设社会主义和共产主义社会，才能消灭剥削、奴役而实现人类解放、每个人自由而全面的发展，真正开始“人的历史”。简洁而言，马克思主义的基本立场就是坚持人民本位、以人民为中心。

（二）马克思主义的基本观点

马克思在《资本论》第1版序言中提出：

我的观点是把经济的社会形态的发展理解为一种自然史的过程。不管个人在主观上怎样超脱各种关系，他在社会意义上总是这些关系的产物。同其他任何观点比起来，我的观点是更不能要个人对这些关系负责的。[④]

恩格斯在《路德维希·费尔巴哈和德国古典哲学的终结》中进一步提出：

①《马克思恩格斯文集》第2卷，人民出版社2009年版，第53页。

②《马克思恩格斯文集》第5卷，人民出版社2009年版，第683页。

③《马克思恩格斯文集》第7卷，人民出版社2009年版，第928页。

④《马克思恩格斯文集》第5卷，人民出版社2009年版，第10页。

一个伟大的基本思想，即认为世界不是既成**事物**的集合体，而是**过程**的集合体，其中各个似乎稳定的事物同它们在我们头脑中的思想映象即概念一样都处在生成和灭亡的不断变化中，在这种变化中，尽管有种种表面的偶然性，尽管有种种暂时的倒退，前进的发展终究会实现。

自然界也被承认为历史发展过程了。而适用于自然界的，同样适用于社会历史的一切部门和研究人类的（和神的）事物的一切科学。……在这里也完全像在自然领域里一样，应该通过发现现实的联系来清除这种臆造的人为的联系，这一任务，归根到底，就是要发现那些作为支配规律在人类社会的历史上起作用的一般运动规律。①

马克思主义把世界特别是人类历史理解为一个有内在规律的客观过程，虽然社会中的个人都在追求自己的利益和目的，但最终体现为历史的合力而具有比较稳定的趋向。

在这个基本观点之中，又包含着马克思主义关于自然界、人类社会、人类思维发展的一般规律的诸多观点，如物质统一性原理、社会存在决定社会意识原理、实践与认识辩证关系原理等等。

（三）马克思主义的基本方法

马克思1873年在《资本论》第2版跋中指出，他运用的“实际方法”就是“辩证方法”，并精辟地指出：

辩证法在对现存事物的肯定的理解中同时包含对现存事物的否定的理解，即对现存事物的必然灭亡的理解，辩证法对每一种既成的形式都是从不断的运动中，因而也是从它的暂时性方面去理解；辩证法不崇拜任何东西，按其本质来说，它是批判的和革命的。②

恩格斯在《路德维希·费尔巴哈和德国古典哲学的终结》中也明确指出：

①《马克思恩格斯文集》第4卷，人民出版社2009年版，第298、301页。
②《马克思恩格斯文集》第5卷，人民出版社2009年版，第22页。

“我们发现了这个多年来已成为我们最好的工具和最锐利的武器的唯物主义辩证法。”[①]

马克思强调“通过批判旧世界发现新世界”[②]，列宁解释“批判”的含义说：

> 马克思在这里说的是唯物主义的批判，他认为只有这种批判才是科学的批判，这种批判就是把政治、法律、社会和习俗等等方面的事实拿来同经济、生产关系体系，以及在一切对抗性社会关系基础上必然形成的各个阶级的利益加以对照。[③]

在学术研究和政治实践中，马克思、恩格斯运用唯物主义辩证法取得一系列重大成果，这也为我们研究人类历史、观察现实生活、预测未来趋势提供了重要启迪。列宁指出：

> 马克思和恩格斯称之为辩证方法（它与形而上学方法相反）的，不是别的，正是社会学中的科学方法，这个方法把社会看做处在不断发展中的活的机体（而不是机械地结合起来因而可以把各种社会要素随便配搭起来的一种什么东西），要研究这个机体，就必须客观地分析组成该社会形态的生产关系，研究该社会形态的活动规律和发展规律。
>
> 用马克思的话来说，……辩证方法要我们把社会看做活动着和发展着的活的机体。[④]

马克思主义人民本位的基本立场、唯物史观的基本观点、唯物主义辩证法的基本方法是有机统一的整体。我们学习马克思主义，就要像马克思、恩

①《马克思恩格斯文集》第4卷，人民出版社2009年版，第298页。

②《马克思恩格斯文集》第10卷，人民出版社2009年版，第7页。

③《列宁选集》第1卷，人民出版社2012年版，第82页。

④《列宁选集》第1卷，人民出版社2012年版，第32、55页。

格斯那样为了人类解放而进行“自由的科学研究”①、“无私的研究”②，而不是把马克思主义重新变为“现成的教条”③。同时也要特别注意，正如列宁所指出的，“过去任何一门科学都从形而上学开始，其最明显的标志就是：还不善于着手研究事实时，总是先验地臆造一些永远没有结果的一般理论”④，而马克思则具体研究了资本主义社会形态。列宁在1894年还提出：

社会主义的知识分子只有抛弃幻想，在俄国现实的而不是合乎心愿的发展中，在现实的而不是臆想的社会经济关系中去寻找立脚点，才能指望工作获得成效。同时，他们的**理论**工作的方向应当是**具体地研究俄国经济对抗的一切形式，研究它们的联系和一贯发展，凡是这种对抗被政治史、法制特点和传统理论偏见所掩盖的地方，都应把它揭示出来**。理论工作应当把**我国现实作为一定生产关系的体系给以完备的说明，应当指明劳动者在这个体系下遭受剥削和剥夺的必然性，指明经济发展所昭示的摆脱这个制度的出路**。

这种以详细研究俄国历史和现实为基础的理论，应当解答无产阶级急需解答的问题。⑤

我们既不可能要求马克思、恩格斯、列宁等提供解决当代中国和世界问题的现成答案，也不能机械照搬马克思主义经典作家在特定历史条件下的某些具体结论而“以不变应万变”。唯一正确的态度是把马克思主义作为“进一步研究的出发点和**供**这种研究**使用**的方法”⑥，运用马克思主义世界观和方法论具体地研究当代中国和世界的现实生活，发现问题、提出问题、解决问题，在新的实践中开拓马克思主义的新境界。

①《马克思恩格斯文集》第5卷，人民出版社2009年版，第10页。
②《马克思恩格斯文集》第5卷，人民出版社2009年版，第17页。
③《马克思恩格斯文集》第10卷，人民出版社2009年版，第691页。
④《列宁选集》第1卷，人民出版社2012年版，第11-12页。
⑤《列宁选集》第1卷，人民出版社2012年版，均为第77页。
⑥《马克思恩格斯文集》第10卷，人民出版社2009年版，第691页。

四、马克思主义的鲜明特征

作为立足于现实生活、批判扬弃人类思想成果的集大成结晶，马克思主义具有不同于其他思想流派的鲜明特征。马克思主义的最根本特征是实践性，其他特征都由此派生而来。

（一）实践性

习近平精辟地指出："实践性是马克思主义理论区别于其他理论的显著特征。"[①]实践观点是马克思主义首要的和基本的观点。马克思主义之所以能够超越其他思想学说，最根本的就是实现了哲学思维方式的实践转向。在被恩格斯称为"包含着新世界观的天才萌芽的第一个文献"[②]、作为"历史唯物主义的**起源**"[③]的《关于费尔巴哈的提纲》中，马克思认为"对对象、现实、感性"要"把它们当做**感性的人的活动**，当做**实践**去理解"[④]：

全部社会生活在本质上是**实践的**。凡是把理论引向神秘主义的神秘东西，都能在人的实践中以及对这种实践的理解中得到合理的解决。

哲学家们只是用不同的方式**解释**世界，问题在于**改变**世界。[⑤]

看到"实践"，我们都会感到很亲切，因为这是中国优秀传统的重要特色。中国古代特别强调"行""践履"，比如"非知之实难，将在行之"（《左传·鲁昭公十年》），《论语》中有大量关于"行"的论述，如"君子欲讷于言而敏于行"（《论语·里仁》）、"听其言而观其行"（《论语·公冶长》）。大概是东晋时期的伪《古文尚书》提出"知之非艰，行之惟艰"（《尚书·说命中》），

① 《十九大以来重要文献选编》（上），中央文献出版社2019年版，第424页。
② 《马克思恩格斯文集》第4卷，人民出版社2009年版，第266页。
③ 《马克思恩格斯文集》第10卷，人民出版社2009年版，第647页。
④ 《马克思恩格斯文集》第1卷，人民出版社2009年版，第499页。
⑤ 《马克思恩格斯文集》第1卷，人民出版社2009年版，第501、502页。

南宋陆游提出“纸上得来终觉浅，绝知此事要躬行”（《冬夜读书示子聿》）等。毛泽东的名篇《实践论》，副题就是“论认识和实践的关系——知和行的关系”。那么，中国传统的“行”就是马克思主义的“实践”吗？二者之间有着根本的区别。中国传统的“行”主要是指个人日常活动和道德行为；而马克思主义“实践”概念是指社会生产方式所主导的物质生活、社会生活、政治生活和精神生活的现实生活过程。恩格斯在1885年《关于共产主义者同盟的历史》中说：

我在曼彻斯特时异常清晰地观察到，迄今为止在历史著作中根本不起作用的或者只起极小作用的经济事实，至少在现代世界中是一个决定性的历史力量；这些经济事实形成了产生现代阶级对立所由产生的基础；这些阶级对立，在它们因大工业而得到充分发展的国家里，因而特别是在英国，又是政党形成的基础，党派斗争的基础，因而也是全部政治历史的基础。①

马克思、恩格斯在《德意志意识形态》中指出：

他（指费尔巴哈——引者注）周围的感性世界决不是某种开天辟地以来就直接存在的、始终如一的东西，而是工业和社会状况的产物，是历史的产物，是世世代代活动的结果，其中每一代都立足于前一代所奠定的基础上，继续发展前一代的工业和交往，并随着需要的改变而改变他们的社会制度。

这种活动，这种连续不断的感性劳动和创造、这种生产，正是整个现存的感性世界的基础，它哪怕只中断一年，费尔巴哈就会看到，不仅在自然界将发生巨大的变化，而且整个人类世界以及他自己的直观能力，甚至他本身的存在也会很快就没有了。②

马克思主义是第一次“在劳动发展史中找到了理解全部社会史的锁钥的

①《马克思恩格斯全集》第21卷，人民出版社1965年版，第247页。
②《马克思恩格斯文集》第1卷，人民出版社2009年版，第528、529页。

新派别”[①]，这要求我们用实践的观点，特别是物质生产活动的观点来观察、理解我们的现实生活，理解我们与自然界、与社会、与他人的关系，理解人类历史和文化。实践观点“深刻地揭示了人对世界的否定性统一关系”[②]，历史、文化、现实世界是人类在自然界基础上进行实践活动的产物，既具有自然性，也具有属人性；既具有客观规律性，也具有主体创造性；既具有现实性，也具有理想性；既具有真理性，也具有价值性。在实践活动中，我们立足现实而又不断地超越现实，不断实现人与自然相统一、人与社会相统一，在改造自然界和社会的过程中同时改造人性，推进自然和谐、社会进步和每个人自由而全面的发展。

在后边实践论专题部分，我们还会继续探讨实践问题。

（二）人民性

马克思主义的实践性与人民性是不能分割的。马克思主义的基本立场，就是人民本位。历史、文化和现实世界都是实践活动中创造的，那么，是谁在进行实践活动呢？实践活动的主体是谁呢？这就是以体力劳动者和脑力劳动者为主体的人民群众。在人类思想史上，马克思主义第一次指出人民群众是历史的创造者，认为“历史活动是群众的活动，随着历史活动的深入，必将是群众队伍的扩大”[③]，“群众生气勃勃的创造力正是新的社会生活的基本因素。……生气勃勃的创造性的社会主义是由人民群众自己创立的”[④]，人民群众是推动社会形态由低级向高级运动的决定力量。恩格斯指出：

在十七世纪的英国和十八世纪的法国，甚至资产阶级的最光辉灿烂的成就都不是它自己争得的，而是平民大众，即工人和农民为它争得的。[⑤]

---

①《马克思恩格斯文集》第4卷，人民出版社2009年版，第313页。

② 孙正聿等：《马克思主义基础理论研究》（上），北京师范大学出版社2011年版，第53页。

③《马克思恩格斯文集》第1卷，人民出版社2009年版，第287页。

④《列宁全集》第33卷，人民出版社2017年版，第56-57页。

⑤《马克思恩格斯全集》第18卷，人民出版社1964年版，第325页。

马克思主义最为关注人类命运，寻求人类彻底摆脱经济奴役、政治奴役、精神奴役而获得解放、实现自由而全面发展的现实道路。毛泽东富有深厚而坚定的人民情怀，他说："人民，只有人民，才是创造世界历史的动力。"[①]习近平指出："马克思主义博大精深，归根到底就是一句话，为人类求解放。""人民性是马克思主义最鲜明的品格。"[②]社会主义社会要扬弃、超越封建社会（君主专制—地主经济社会）、资本主义社会等私有制社会而创造"更高级的、以每一个个人的全面而自由的发展为基本原则的社会形式"[③]，"社会化的人，联合起来的生产者，将合理地调节他们和自然之间的物质变换，把它置于他们的共同控制之下，而不让它作为一种盲目的力量来统治自己；靠消耗最小的力量，在最无愧于和最适合于他们的人类本性的条件下来进行这种物质变换。但是，这个领域始终是一个必然王国。在这个必然王国的彼岸，作为目的本身的人类能力的发挥，真正的自由王国，就开始了"[④]。

马克思主义的人民性，要求我们树立坚定的人民立场，相信群众，依靠群众，对人民负责，以人民利益作为一切工作的出发点和检验标准。列宁认为，随着大多数乃至全体社会成员参加国家管理，社会主义民主政治将彻底超越资本主义民主政治的狭隘界限：

通常的资产阶级观念，即把社会主义看成一种僵死的、凝固的、一成不变的东西的这种观念，是非常荒谬的；实际上，**只是**从社会主义实现时起，社会生活和个人生活的各个领域才会开始出现迅速的、真正的、确实是群众性的即有**大多数**居民参加然后有全体居民参加的前进运动。

我们应当随着实际生活前进，我们应当让人民群众享有发挥创造精神的充分自由。[⑤]

①《毛泽东选集》第3卷，人民出版社1991年版，第1031页。
②《十九大以来重要文献选编》（上），中央文献出版社2019年版，第424、429页。
③《马克思恩格斯文集》第5卷，人民出版社2009年版，第683页。
④《马克思恩格斯文集》第7卷，人民出版社2009年版，第928-929页。
⑤《列宁选集》第3卷，人民出版社2012年版，第201、351页。

中国共产党坚持“以人为本，全面协调可持续”[①]的科学发展观，“让广大人民群众共享改革发展成果，是社会主义的本质要求，是社会主义制度优越性的集中体现”[②]。通过物质文明、社会文明、政治文明、生态文明、精神文明建设，不断推进人民群众物质生活、社会生活、政治生活和精神生活的协调发展，“创造一个让每个人能够得到全面而自由发展的社会环境和自然环境，人才能成为真正自由的人”[③]。中国特色社会主义为社会进步和每个人自由而全面发展的有机统一而贡献中国智慧和中国方案，开辟人类解放的新境界。

（三）革命性

中国古代有“革命”术语：“天地革而四时成，汤武革命，顺乎天而应乎人。”（《周易·革卦·彖传》），它的本义是什么呢？“革”是天地万物之显著变化，“革命”主要是指朝代之间的“天命”转移。而马克思主义的“革命”概念，则是以生产方式为基础的社会形态之全面转型。马克思在阐述唯物史观的基本内涵时指出：

人们在自己生活的社会生产中发生一定的、必然的、不以他们的意志为转移的关系，即同他们的物质生产力的一定发展阶段相适合的生产关系。这些生产关系的总和构成社会的经济结构，即有法律的和政治的上层建筑竖立其上并有一定的社会意识形式与之相适应的现实基础。物质生活的生产方式制约着整个社会生活、政治生活和精神生活的过程。不是人们的意识决定人们的存在，相反，是人们的社会存在决定人们的意识。社会的物质生产力发展到一定阶段，便同它们一直在其中运动的现存生产关系或财产关系（这只是生产关系的法律用语）发生矛盾。于是这些关系便由生产力的发展形式变成生产力的桎梏。那时社会革命的时代就到来了。随着经济基础的变更，全部庞大

① 《胡锦涛文选》第2卷，人民出版社2016年版，第166页。

② 《习近平谈治国理政》第2卷，人民出版社2017年版，第200页。

③ 段若非：《马克思主义及其在当今中国的运用和发展》，人民出版社2017年版，第57页。

的上层建筑也或慢或快地发生变革。[①]

社会革命的发生，不是人为地制造出来的，而是社会形态本身内在的运动趋势。恩格斯指出：

这个原理，不仅对于经济学，而且对于一切历史科学（凡不是自然科学的科学都是历史科学）都是一个具有革命意义的发现："物质生活的生产方式制约着整个社会生活、政治生活和精神生活的过程。"在历史上出现的一切社会关系和国家关系，一切宗教制度和法律制度，一切理论观点，只有理解了每一个与之相应的时代的物质生活条件，并且从这些物质条件中被引申出来的时候，才能理解。"不是人们的意识决定人们的存在，相反，是人们的社会存在决定人们的意识。"这个原理非常简单，它对于没有被唯心主义的欺骗束缚住的人来说是不言自明的。但是，这个事实不仅对于理论，而且对于实践都是最革命的结论。[②]

马克思、恩格斯通过对资本主义社会的科学分析，论证了"资产阶级的灭亡和无产阶级的胜利是同样不可避免的"，而"工人革命的第一步就是使无产阶级上升为统治阶级，争得民主"[③]，从而，"在资本主义社会和共产主义社会之间，有一个从前者变为后者的革命转变时期。同这个时期相适应的也有一个政治上的过渡时期，这个时期的国家只能是**无产阶级的革命专政**"[④]。通过社会主义建设，为实现"每个人的自由发展是一切人的自由发展的条件"的"联合体"[⑤]创造历史条件。

1．马克思主义的革命性，是变革现实世界的实际斗争。

①《马克思恩格斯文集》第2卷，人民出版社2009年版，第591–592页。
②《马克思恩格斯文集》第2卷，人民出版社2009年版，第597页。
③《马克思恩格斯文集》第2卷，人民出版社2009年版，第43、52页。
④《马克思恩格斯文集》第3卷，人民出版社2009年版，第445页。
⑤《马克思恩格斯文集》第2卷，人民出版社2009年版，第53页。

马克思主义的革命性提出了实践和理论的两种要求。马克思主义不仅要探索和反映社会形态的运动规律和发展趋势，按照世界的本来面目来解释世界；而且要按照世界的内在规律和必然趋势来改变世界。

在实践方面，共产党人是各国工人政党中最坚决的、始终起推动作用的部分；在理论方面，他们胜过其余的无产阶级群众的地方在于他们了解无产阶级运动的条件、进程和一般结果。①

各种剥削阶级及其利益集团从来不会主动放弃对人民群众的压迫、奴役和剥削，革命是被统治阶级夺取国家政权而进行社会利益格局的深刻调整，是创造新的物质生活、社会生活、政治生活和精神生活的社会有机体，使最大多数的人民群众更充分地享有自由而全面发展的社会条件和自然条件。这就要求我们正确看待革命暴力的历史作用。列宁指出：

革命，真正的、深刻的、“人民的”（用马克思的话来说）革命是旧事物无比复杂而痛苦的死亡过程和新社会制度即千百万人新生活方式的诞生。革命是最尖锐、最激烈、你死我活的阶级斗争和国内战争。历史上没有任何一个伟大的革命没有经过国内战争。

历史教导我们，从来没有一个被压迫阶级，不经过专政时期，即不经过夺取政权并用暴力镇压剥削者总要不惜采取一切罪恶手段来进行的最猛烈、最疯狂的反抗的时期，就取得了统治，就能够取得统治。……先进国家的资产阶级也是经过一系列起义、内战，用暴力镇压国王、封建主、奴隶主及其复辟尝试才取得政权的。

没有革命暴力，无产阶级就不能胜利。但同样毫无疑问，只有在革命发展的一定时期，只有在一定的特殊的条件下，革命暴力才是必要的和合理的革命手段。而组织无产阶级群众，组织劳动人民却始终是这个革命无比深刻

①《马克思恩格斯文集》第2卷，人民出版社2009年版，第44页。

的、久恒的特点，始终是革命胜利的条件。把千百万劳动群众组织起来，这是革命最有利的条件，这是革命取得胜利的最深的泉源。[①]

正如人民英雄纪念碑碑文所说，近代以来，为了“争取民族独立和人民自由幸福”，中国人民在革命斗争中付出了巨大牺牲。这种为社会进步而勇于奋斗的革命精神，值得我们永远铭记和弘扬。为了社会持续进步，就要培养和锻炼汲取人类全部文化成果，“经受得住历史所必然加在那些与过去决裂而大胆开拓通向新的未来的道路的人们身上的一切重担、考验、苦难和巨大牺牲”[②]的社会主义新人。

2．马克思主义的革命性，首先是理论上的彻底批判性。

习近平指出：

哲学社会科学要有批判精神，这是马克思主义最可贵的精神品质。[③]

马克思主义的批判精神根源于生活实践的辩证法，这就是《资本论》第2版跋中所提出的：

辩证法在对现存事物的肯定的理解中同时包含对现存事物的否定的理解，即对现存事物的必然灭亡的理解；辩证法对每一种既成的形式都是从不断的运动中，因而也是从它的暂时性方面去理解；辩证法不崇拜任何东西，按其本质来说，它是批判的和革命的。[④]

人类实践活动不断发展，物质生活、社会生活、政治生活、精神生活不断变化，这就要求历史主体始终葆有反思、批判和创新精神，就要求我们用

①《列宁选集》第3卷，人民出版社2012年版，第310、693、709页。

②《列宁选集》第3卷，人民出版社2012年版，第837页。

③《习近平谈治国理政》第2卷，外文出版社2017年版，第341页。

④《马克思恩格斯文集》第5卷，人民出版社2009年版，第22页。

运动的观点、过程的观点亦即历史的观点去看待一切事物，包括马克思主义本身。马克思还指出：

新思潮的优点又恰恰在于我们不想教条地预期未来，而只是想通过批判旧世界发现新世界。我不主张我们树起任何教条主义的旗帜，而是相反。[①]

通过批判地研究历史和现实而发现通往“新世界”的现实道路，是马克思、恩格斯进行学术探索的基本方法。坚持唯物主义辩证方法的批判精神，是我们保持清醒的理性，历史地、辩证地看问题，防止思想僵化、教条化从而不断创造的重要保证。

（四）科学性

马克思主义在社会实践基础上，通过严谨的学术研究揭示和阐释自然界、人类社会和人类思维的一般规律，“最先说明了社会主义不是幻想家的臆造，而是现代社会生产力发展的最终目标和必然结果”，“我们完全以马克思的理论为依据，因为它第一次把社会主义从空想变成科学，给这个科学奠定了巩固的基础，指出了继续发展和详细研究这个科学所应遵循的道路”[②]。

马克思在《资本论》第2版跋中提出：

在形式上，叙述方法必须与研究方法不同。研究必须充分地占有材料，分析它的各种发展形式，探寻这些形式的内在联系。只有这项工作完成以后，现实的运动才能适当地叙述出来。这点一旦做到，材料的生命一旦在观念上反映出来，呈现在我们面前的就好像是一个先验的结构了。[③]

马克思把自己的学术研究建立在坚实的实证材料基础上，如恩格斯在评价马克思的名著《路易·波拿巴的雾月十八日》时指出：

① 《马克思恩格斯文集》第10卷，人民出版社2009年版，第7页。

② 《列宁选集》第1卷，人民出版社2012年版，第88、273页。

③ 《马克思恩格斯文集》第5卷，人民出版社2009年版，第21-22页。

这是一部天才的著作。……这幅图画描绘得如此高明，以致后来每一次新的揭露，都只是提供出新的证据，证明这幅图画是多么忠实地反映了实际。他对活生生的时事有这样卓越的理解，他在事变刚刚发生时就对事变有这样透彻的洞察，的确是无与伦比。

但是要做到这一点，就需要像马克思那样深知法国历史。……马克思不仅特别热衷于研究法国过去的历史，而且还考察了法国时事的一切细节，搜集材料以备将来使用。因此，各种事变从未使他感到意外。[①]

马克思以极其谦虚的态度、严格的批判精神来继承和汲取人类创造的一切思想成果，正如列宁1920年所说：

马克思主义这一革命无产阶级的思想体系赢得了世界历史性的意义，是因为它并没有抛弃资产阶级时代最宝贵的成就，相反却吸收和改造了两千多年来人类思想和文化发展中一切有价值的东西。[②]

如果你们要问，为什么马克思的学说能够掌握最革命阶级的千百万人的心灵，那你们只能得到一个回答：这是因为马克思依靠了人类在资本主义制度下所获得的全部知识的坚固基础；马克思研究了人类社会发展的规律，认识到资本主义的发展必然导致共产主义，而主要的是他完全依据对资本主义社会所作的最确切、最缜密和最深刻的研究，借助于充分掌握以往的科学所提供的全部知识而证实了这个结论。凡是人类社会所创造的一切，他都有批判地重新加以探讨，任何一点也没有忽略过去。凡是人类思想所建树的一切，他都放在工人运动中检验过，重新加以探讨，加以批判，从而得出了那些被资产阶级狭隘性所限制或被资产阶级偏见束缚住的人所不能得出的结论。

应当明确地认识到，只有确切地了解人类全部发展过程所创造的文化，只有对这种文化加以改造，才能建设无产阶级的文化，……无产阶级文化应

①《马克思恩格斯文集》第2卷，人民出版社2009年版，第468、468–469页。

②《列宁专题文集·论社会主义》，人民出版社2009年版，第167页。

当是人类在资本主义社会、地主社会和官僚社会压迫下创造出来的全部知识合乎规律的发展。条条大道小路一向通往，而且还会通往无产阶级文化，……[①]

马克思、恩格斯为我们树立了进行学术研究的光辉楷模，这就是始终“按照事物的真实面目及其产生情况来理解事物”[②]，在尊重客观事实的基础上揭示事物的内在规律和发展趋势。在科学研究的基础上，马克思、恩格斯实现了学者与战士、学术研究与社会革命的有机统一：

马克思认为他的理论的全部价值在于这个理论“按其本质来说，它是批判的和革命的”。后一性质的确完全地和无条件地是**马克思主义**所固有的，因为这个理论公开认为自己的任务就是**揭露**现代社会的一切对抗和剥削形式，考察它们的演变，证明它们的暂时性和转变为另一种形式的必然性，**因而也就帮助无产阶级尽可能迅速地、尽可能容易地消灭任何剥削**。这一理论对世界各国社会主义者所具有的不可遏止的吸引力，就在于它把严格的和高度的科学性（它是社会科学的最新成就）同革命性结合起来，并且不仅仅是因为学说的创始人兼有学者和革命家的品质而偶然地结合起来，而是把二者内在地和不可分割地结合在这个理论本身中。实际上，这里直接地提出理论的任务、科学的目的就是帮助被压迫阶级去进行他们已在实际进行的经济斗争。[③]

（五）发展性

马克思主义产生于人类实践活动之中，也随着实践活动的推进、开展而不断发展。马克思主义是开放的，不断汲取人类文明的最新成果而丰富、发展自己。列宁指出：

---

①《列宁专题文集·论无产阶级政党》，人民出版社2009年版，第280–281、281页。

②《马克思恩格斯文集》第1卷，人民出版社2009年版，第528页。

③《列宁选集》第1卷，人民出版社2012年版，第82–83页。

我们决不把马克思的理论看做某种一成不变的和神圣不可侵犯的东西；恰恰相反，我们深信：它只是给一种科学奠定了基础，……如果不愿落后于实际生活，就**应当**在各方面把这门科学推向前进。……尤其需要**独立地**探讨马克思的理论，因为它所提供的只是总的**指导**原理，而这些原理的应用**具体地说**，在英国不同于法国，在法国不同于德国，在德国又不同于俄国。

每个国家社会主义和工人运动的结合，都是历史地形成的，都经过了独特的道路，都是以地点和时间为转移的。

要运用别国的经验，简单了解这种经验或简单抄袭别国最近的决议是不够的。为此必须善于用批判的态度来看待这种经验，并且独立地加以检验。

忽视从那时以来已经变化了的条件，坚持马克思主义的旧的答案，那就是只忠于学说的字句，而不是忠于学说的精神，就是只背诵过去的结论，而不善于用马克思主义的研究方法来分析新的政治局势。①

毛泽东指出：

马克思活着的时候，不能将后来出现的所有的问题都看到，也就不能在那时把所有的这些问题都加以解决。俄国的问题只能由列宁解决，中国的问题只能由中国人解决。

我们党里有人说，学哲学只要读《反杜林论》、《唯物主义和经验批判主义》就够了，其他的书可以不必读。这种观点是错的。马克思这些老祖宗的书，必须读，他们的基本原理必须遵守，这是第一。但是，任何国家的共产党，任何国家的思想界，都要创造新的理论，写出新的著作，产生自己的理论家，来为当前的政治服务，单靠老祖宗是不行的。

资产阶级哲学家都是为他们当前的政治服务的，而且每个国家，每个时期，都有新的理论家，提出新的理论。②

---

①《列宁选集》第1卷，人民出版社2012年版，第274–275、285、312、462–463页。

②《毛泽东文集》第8卷，人民出版社1999年版，第5、109、109页。

习近平指出：

马克思主义必定随着时代、实践和科学的发展而不断发展，不可能一成不变，社会主义从来都是在开拓中前进的。[①]

马克思一再告诫人们，马克思主义理论不是教条，而是行动指南，必须随着实践的变化而发展。一部马克思主义发展史就是马克思、恩格斯以及他们的后继者们不断根据时代、实践、认识发展而发展的历史，是不断吸收人类历史上一切优秀思想文化成果丰富自己的历史。因此，马克思主义能够永葆其美妙之青春，不断探索时代发展提出的新课题、回应人类社会面临的新挑战。[②]

比如，马克思和恩格斯依据对资本主义社会的研究，先后提出“两个必然”和“两个决不会”的重要论断。

1.“两个必然”。

马克思30岁、恩格斯28岁之时就在《共产党宣言》中提出：

资产阶级的灭亡和无产阶级的胜利是同样不可避免的。

代替那存在着阶级和阶级对立的资产阶级旧社会的，将是这样一个联合体，在那里，每个人的自由发展是一切人的自由发展的条件。[③]

这个简称为“两个必然”。他们预言人类将超越资本主义社会而进入一个新的、更高的历史阶段；这个新的历史阶段，就是共产主义社会。人类的发展方向和必然趋势，是在生产力高度发达的基础上扬弃私有制条件下动物般的生存竞争，超越“人类社会的史前时期”[④]，进入每个人自由而全面发展的

①《十八大以来重要文献选编》（上），中央文献出版社2014年版，第114页。

②《十九大以来重要文献选编》（上），中央文献出版社2019年版，第424–425页。

③《马克思恩格斯文集》第2卷，人民出版社2009年版，第43、53页。

④《马克思恩格斯文集》第2卷，人民出版社2009年版，第592页。

新阶段。

2．“两个决不会”。

限于当时的历史条件，马克思、恩格斯在《共产党宣言》中很乐观认为德国将很快发生“无产阶级革命”，但这个预言并没有成为现实。经过长期研究，马克思在1859年《政治经济学批判序言》中提出“两个决不会”的重要论断：

> 无论哪一个社会形态，在它所能容纳的全部生产力发挥出来以前，是决不会灭亡的。而新的更高的生产关系，在它的物质存在条件在旧社会的胎胞里成熟以前，是决不会出现的。所以人类始终只提出自己能够解决的任务，因为只要仔细考察就可以发现，任务本身，只有在解决它的物质条件已经存在或者至少是在生成过程中的时候，才会产生。[①]

如果一个社会还能够继续发展生产力，还能够促进科学创新、技术进步，还能够保证人的生命权、生存权、发展权，还能够保障人的尊严，那么它就有生命力，与它相适应的生产关系就能够继续存在，但是要有不断的自我调整。新社会是从旧社会中孕育、发展起来的。当现有的生产关系不能促进生产力的继续发展，而成为生产力的障碍、桎梏的时候，就要被新的生产关系所代替，这就是社会形态转变或社会革命。新的社会形态、生产关系，要充分汲取和扬弃旧社会形态、旧生产关系的一切优点，同时更有新的优势，从而更有助于促进劳动者的自由而全面发展。

这样，“两个必然”和“两个决不会”，全面阐明了人类社会发展的前进性与曲折性的有机统一，体现了马克思、恩格斯世界观和革命思想的不断发展和深化。

经济、文化相对落后的苏俄十月革命、中国新民主主义革命和社会主义革命的生动实践，进一步丰富和发展了马克思、恩格斯的相关论断。这两次

① 《马克思恩格斯文集》第2卷，人民出版社2009年版，第592页。

伟大的社会主义革命主要不是“新的更高的生产关系，在它的物质存在条件在旧社会的胎胞里”已经成熟，而是旧的生产关系和上层建筑严重阻碍现有生产力的存在和发展，工人和农民为主体的人民群众处于困苦死亡的边缘，因而“以最现实的手段迅速打破当下生产力所受到的巨大障碍被提到首要的日程，能提供这种手段的方案便是最优方案”[①]。毛泽东总结资产阶级革命和社会主义革命的历史事实后指出：

首先制造舆论，夺取政权，然后解决所有制问题，再大大发展生产力，这是一般规律。在无产阶级革命夺取政权以前，不存在社会主义的生产关系，而资本主义的生产关系，在封建社会中已经初步成长起来。在这点上，无产阶级革命和资产阶级革命有所不同。但是，这个一般规律，对无产阶级革命和资产阶级革命都是适用的，基本上是一致的。

一切革命的历史都证明，并不是先有充分发展的新生产力，然后才改造落后的生产关系，而是要首先造成舆论，进行革命，夺取政权，才有可能消灭旧的生产关系。消灭了旧的生产关系，确立了新的生产关系，这样就为新的生产力的发展开辟了道路。[②]

归根到底，马克思主义的发展性特征源于其实践性。列宁批评“只会无谓地背诵**记得烂熟的**公式，而不去**研究**新的生动现实”的错误态度，提出：

必须弄清一个不容置辩的真理，这就是马克思主义者必须考虑生动的实际生活，必须考虑**现实**的确切事实，而不应当抱住昨天的理论不放，因为这种理论和任何理论一样，至多只能指出基本的、一般的东西，只能**大体上**概括实际生活中的复杂情况。[③]

① 张光明：《布尔什维主义与社会民主主义的历史分野》，中央编译出版社1999年版，第148页。

②《毛泽东文集》第8卷，人民出版社1999年版，均为第132页。

③《列宁选集》第3卷，人民出版社2012年版，第26、26-27页。

马克思主义基本原理，要随着社会生活实践而不断创新，特别是要与各国具体国情、历史文化传统相结合。马克思主义在保持基本原理相对稳定的同时，又不断创新和发展。习近平指出：

时代是思想之母，实践是理论之源。实践发展永无止境，我们认识真理、进行理论创新就永无止境。今天，时代变化和我国发展的广度和深度远远超出了马克思主义经典作家当时的想象。同时，我国社会主义只有几十年实践、还处在初级阶段，事业越发展新情况新问题就越多，也就越需要我们在实践上大胆探索、在理论上不断突破。

我们要以更加宽阔的眼界审视马克思主义在当代发展的现实基础和实践需要，坚持问题导向，坚持以我们正在做的事情为中心，聆听时代声音，更加深入地推动马克思主义同当代中国发展的具体实际相结合，不断开辟21世纪马克思主义发展新境界，让当代中国马克思主义放射出更加灿烂的真理光芒。①

比如，我们可以思考：马克思、恩格斯的思想是如何逐渐生成、发展的？马克思主义在苏俄、苏联是如何发展的？马克思主义在现代西方社会是如何发展的？马克思主义通过什么途径在中国传播，又如何与中国革命、建设实际相结合而产生中国化马克思主义的伟大成果？马克思主义与中国传统文化是什么关系？这些重大问题都需要我们深入研究。

第三节　为什么学习马克思主义？

我们为什么要学习马克思主义？当代中国人为什么要学习马克思主义？

①《十八大以来重要文献选编》（下），中央文献出版社2018年版，第346、346–347页。

答案很多，我们尝试从历史、现实和未来视野中来思考这个问题。

一、历史：马克思主义改变了中国的命运

中学时期已经学过中国古代史、近现代史和世界历史。近代以来，中国人接受和坚持马克思主义，首先是为了挽救民族危亡。我们的先辈们“睁眼看世界”，是在向西方资本主义国家学习军事技术、立宪制度和资产阶级共和制度却又屡屡失败后，才找到批判资本主义、超越资本主义的马克思主义。“十月革命一声炮响，给我们送来了马克思列宁主义。十月革命帮助了全世界的也帮助了中国的先进分子，用无产阶级的宇宙观作为观察国家命运的工具，重新考虑自己的问题。”①习近平在纪念马克思诞辰200周年大会上指出：

中华民族在几千年的历史进程中创造了灿烂的中华文明，为人类文明进步作出了重大贡献。1840年鸦片战争以后，西方列强凭着坚船利炮野蛮轰开了中国的大门，中华民族陷入内忧外患的悲惨境地。

近代以后，争取民族独立、人民解放和实现国家富强、人民幸福就成为中国人民的历史任务。在旧式的农民战争走到尽头，不触动封建根基的自强运动和改良主义屡屡碰壁，资产阶级革命派领导的革命和西方资本主义的其他种种方案纷纷破产的情况下，十月革命一声炮响，为中国送来了马克思列宁主义，给苦苦探寻救亡图存出路的中国人民指明了前进方向、提供了全新选择。②

正是在马克思主义指导下，中国共产党领导中国人民把马克思主义基本原理与中国国情、中国的历史文化相结合，才找到民族独立、人民解放、国家富强的正确道路，才从根本上扭转了中华民族的历史命运。这是我们回顾历史所要正视的一个基本事实。古语云：“前事之不忘，后事之师。”（《战国

①《毛泽东选集》第4卷，人民出版社1991年版，第1471页。

②《十九大以来重要文献选编》（上），中央文献出版社2019年版，均为第426页。

策·赵策一》）我们必须尊重历史，认真汲取历史的教益，不能重复历史的覆辙。

如果说马克思主义已经改变了中华民族的命运，使中国人民由被侵略、被压迫、被剥削的悲惨境地转变为独立自主，那么，今天我们为什么还要继续研究和学习马克思主义?

二、现实：中华民族的伟大复兴

我们的任何学习和研究，都要贯通历史和现实、理论和实践，真正解决我们的现实问题。当代中国最大的现实问题是什么？是在坚持民族独立、主权完整的基础上，全面实现中华民族的伟大复兴。一个基本真理是：中国特色社会主义，是实现中华民族伟大复兴的必由之路。只有坚持中国特色社会主义道路，才能实现中华民族的伟大复兴与可久可大的永续发展。

实现中华民族伟大复兴，要明确当代世界的时代特征和发展大势。

习近平在2017年指出：

尽管我们所处的时代同马克思所处的时代相比发生了巨大而深刻的变化，但从世界社会主义500年的大视野来看，我们依然处在马克思主义所指明的历史时代。这是我们对马克思主义保持坚定信心、对社会主义保持必胜信念的科学根据。①

我们仍然要解决“资本主义向何处去、人类向何处去”的时代课题，推进“什么是社会主义、怎样建设社会主义”的时代课题，必须在这个历史大背景中来考虑中华民族的命运和前途。习近平2018年在纪念马克思诞辰200周年大会上进一步指出：

①《习近平谈治国理政》第2卷，外文出版社2017年版，第66页。

从《共产党宣言》发表到今天，一百七十年过去了，人类社会发生了翻天覆地的变化，但马克思主义所阐述的一般原理整个来说仍然是完全正确的。[①]

要实现中国人民的独立自主发展、人类的真正解放，彻底摆脱一切形式的经济奴役、政治奴役、社会奴役和精神奴役，就必须到马克思主义这里寻找大智慧。

同时也要看到，社会主义是共产主义的初级阶段，中国还处于社会主义初级阶段或“童年时期”。马克思在《哥达纲领批判》中指出“共产主义社会第一个阶段”：

是这样的共产主义社会，它不是在它自身基础上已经**发展了的**，恰好相反，是刚刚从资本主义社会中**产生出来的**，因此它在各方面，在经济、道德和精神方面都还带着它脱胎出来的那个旧社会的痕迹。[②]

马克思设想未来的“共产主义社会第一个阶段”还不可避免地带有“它脱胎出来的那个旧社会的痕迹”，同样地，传统社会中的优秀因素和腐朽因素都对当代中国产生一定影响。我们必须在马克思主义深湛智慧的指引下批判继承中华民族和其他民族的一切优秀成果，创造高度发达的物质文明、社会文明、生态文明、政治文明、精神文明，不断推进以共同富裕为基础的社会主义社会之成熟完善。

三、未来：每个人自由而全面的发展与人类解放

马克思主义坚持无产阶级立场与人类立场相统一，当代中国倡导爱国主

①《十九大以来重要文献选编》（上），中央文献出版社2019年版，第433页。

②《马克思恩格斯文集》第3卷，人民出版社2009年版，第434页。

义与国际主义、民族复兴与人类解放相统一。学习马克思主义的一个重要动力，既是出于对民族命运、人民幸福的深切关怀，同时也是出于对人类命运、世界前途的深刻考虑。中华民族自古以来就有源远流长、深厚明粹的忧患意识，这种忧患意识与由此萌生的自强不息、厚德载物的民族精神，是中华民族历经磨难而生生不息的内在动力。如孟子讲“忧以天下，乐以天下”（《孟子•梁惠王下》），《易传》中说：“作《易》者，其有忧患乎?”宋代范仲淹倡导“先天下之忧而忧，后天下之乐而乐”（《岳阳楼记》），张载有“为天地立心，为生民立命，为往圣继绝学，为万世开太平”（《宋元学案·横渠学案》）的“四句教”，明清之际的顾炎武说“保天下者，匹夫之贱与有责焉耳矣”（《日知录•正始》），这都是我们耳熟能详的。

中国是世界的一部分，中国的存在和发展离不开世界，世界的存在和发展也离不开中国。古代讲“己欲立而立人，己欲达而达人”（《论语·雍也》）、“穷则独善其身，达则兼济天下”（《孟子·尽心上》），马克思主义强调无产阶级解放与人类解放相统一、“个人的自由发展”与“真正的共同体”的有机统一，这都要求我们要积极投身于中华民族伟大复兴与人类命运共同体的建设实践。

在马克思主义指导下的中国特色社会主义道路、理论、制度和文化，不仅是中华民族复兴的根本保证，而且在西方资本主义模式之外开辟了实现现代化的崭新路径，“为解决人类问题贡献了中国智慧和中国方案”[①]，这对世界上的广大发展中国家、对重新思考世界文明具有重要启示。

人类要扬弃资本主义，彻底摆脱一切奴役而实现普遍解放，就必须在马克思主义指导下“坐集千古之智”（方以智《通雅·音义杂论》），在吸收、改造“人类思想和文化发展中一切有价值的东西”[②]的基础上创造新文明。

中华民族的伟大复兴和人类的和平、发展都需要正确理论的指导，有意义的人生同样需要正确思想的指引。

今天，我们要坚持马克思主义、发展马克思主义，要像马克思那样去思

①《中国共产党第十九次全国代表大会文件汇编》，人民出版社2017年版，第9页。

②《列宁专题文集 论社会主义》，人民出版社2009年版，第167页。

考新问题，“用马克思主义世界观和辩证方法，对我们所处的时代的历史地位、基本特点、发展规律和未来趋势，作出深刻的理论阐明”[①]，对中国特色社会主义实践、当代资本主义、当代科学发展等进行深入研究。

① 段若非：《马克思主义及其在当今中国的运用和发展》，人民出版社2017年版，第51页。

专题二　物质观

学习马克思主义哲学，首先要了解什么是“哲学”，明确哲学与科学的区别，然后进一步探讨“马克思主义哲学”及其物质观等问题。

第一节　什么是哲学

高中《生活与哲学》课程提出“我是谁?”“世界从何而来?”“我是什么样的人?”“世界是否因为我而存在?”“生命的意义和价值是什么?”等问题，哲学源于人们对生活实践的追问和思考。

那么，什么是哲学呢？我们知道马克思主义是一个完整的科学的世界观，而系统化、理论化的世界观也就是一般所说的哲学。

从西方哲学来说，“哲学”Philosophy源于希腊文Philein（爱、友爱）和Sophia（智慧），意味“爱智慧”。哲学是对智慧的追求，“爱智即对智慧发生爱情，对之切慕不已，以之为生命，即为之牺牲亦不惜”[①]。哲学不是占有智慧、垄断智慧或以智慧自居，而是追求智慧、反思智慧、创造智慧。

哲学源自人类的生活实践。哲学是人们观察自然界、改造社会、体验人生所升华的智慧，简单来说就是生活的智慧。人们的生活实践和生活体验既有相似性又有差异性，这决定了哲学既有普遍性又有特殊性，既有时代性又有民族性。中国最晚在公元前11世纪诞生《周易》古经；公元前8世纪至前3世纪先秦诸子百家争鸣，产生以儒家、墨家、道家为代表的中国哲学。印度在公元前10世纪至前5世纪出现《奥义书》和佛教典籍。公元前7世纪左右，希腊哲学诞生。中、西、印哲学，各有不同的问题领域、提问方式和回答方式。从总体上来讲，中国长于整体思维，西方长于分析思维，佛学长于否定

① 杜运辉编：《燕赵文库·张岱年集》上册，河北人民出版社2017年版，第288页。

思维。中国古代哲学家孔子讲“闻道”、荀子讲“解蔽”，古希腊哲学家亚里士多德所谓“吾爱吾师，吾尤爱真理”，都是“哲学”或“爱智”的典型表现。

哲学有什么作用呢？一定意义上可以说是“无用之大用”。哲学所带给我们的，首先是一种热爱智慧、追求智慧的探索的精神、开放的胸怀。正如黑格尔所说：

精神上情绪上深刻的认真态度也是哲学的真正基础。哲学所要反对的，一方面是精神沉陷在日常急迫的兴趣中，一方面是意见的空疏浅薄。[①]

哲学的特点是什么呢？这首先就是反思或批判。德国哲学家黑格尔有一句名言：

密纳发的猫头鹰要等黄昏到来，才会起飞。[②]

密纳发（又译密涅瓦）是古希腊的智慧女神雅典娜，“密纳发的猫头鹰”（the Owl of Minerva）是思想和理性的象征。他又说：

哲学的认识方式只是一种反思——意指跟随在事实后面的反复思考。[③]

哲学是“对认识的认识”“对思想的思想”，如果把认识、思想比作鸟儿在白天的翱翔，那么“反思”就是猫头鹰在黄昏时的悄然起飞。

那么，哲学要反思或批判什么呢？哲学“不是既定的知识，不是现成的结论，……而是追究生活信念的前提，探寻经验常识的根据，反思历史进步

①［德］黑格尔著，贺麟译：《小逻辑》第2版，商务印书馆1980年版，第32页。

②［德］黑格尔著，范扬、张启泰译：《法哲学原理：或自然法和国家学纲要》序言，商务印书馆1961年版，第14页。

③［德］黑格尔著，贺麟译：《小逻辑》第2版序言，商务印书馆1980年第2版，第7页。

的尺度，讯问评价真善美的标准”①。哲学要反思或批判我们的常识、对科学等认识方式、认识成果，这种反思和批判包含两个层次：不仅是常识、科学本身，而且要进一步追问常识、科学之所以成立的前提或依据。换句话说，哲学不仅要“知其然”和“知其所以然”，也就是把握事物及其内在规律；而且还要追问事物及其规律之根据。当代马克思主义学者孙正聿认为，“思想的前提，就是思想构成自己的根据和原则，也就是思想构成自己的逻辑支点。构成思想的‘前提’，有四个基本特性：一是它的‘隐匿性’，二是它的‘强制性’，三是它的‘普遍性’，四是它的‘可选择性’和‘可批判性’”②。哲学的反思和批判包含对各种思想之前提的揭示、解析和重构。

反思和批判并不是哲学的最终目的。著名哲学家张岱年认为哲学有三个性质：“哲学研究根本原理、根本准则”“哲学是批判的，是彻底的诘问、反复的研讨”“哲学企图建立有理的信念”，因而可以说“哲学是天人之学”“哲学是衡鉴之学”“哲学是有理的信念之学”③。这个界说完整地涵盖了哲学的基本精神，哲学是通过审视历史、现实生活而创造新理念。哲学通过在生活实践中反思、批判、衡量既有的思维方式、价值观念、审美情趣、生活理想等等，理性地确立新的思维方式、新的价值观念、新的审美情趣、新的生活理想。由此，其结果就凝结为系统化、理论化的世界观，形成对世界、历史、文化、人生的一系列根本观点和根本看法。

说具体科学揭示某一领域的特殊规律、哲学揭示最普遍的规律，这表明哲学不能离开科学、不能违背科学；但是，在此基础上还要进一步区分哲学与科学，把握住哲学自身的特质。哲学和科学、艺术等都是人类把握世界的特定方式，哲学不是科学的延伸、扩大或概括、总结，而是对科学的反思、批判和超越，是把握世界的最高、最深刻的理性方式。

从本义上来说，哲学是一种活动、是一种过程，而不是某种僵化的词句。学习哲学可以增加我们的智慧，但更重要的是要有追求智慧的高度自觉；学

① 孙正聿：《哲学通论》导言，复旦大学出版社2010年版，第2页。

② 孙正聿：《哲学：思想的前提批判》，中国社会科学出版社2016年版，第10页。

③ 杜运辉编：《燕赵文库·张岱年集》上册，河北人民出版社2017年版，第549页。

习哲学更不是简单地背诵一些书本上的词句，而是要去探索、去批判、去论证。哲学不是一门实用科学，虽观照眼前的实用功利但不为其所支配，相对于狭隘的功利态度而言，哲学使人类精神不再以“有用”的、“技术—知识”的态度来看待世界、他人，使人类精神摆脱了眼下功利而成为“自由”的精神。古希腊讲“悠闲出智慧”，其一种意义即是摆脱眼下的功利，对世界作无私的自由研究。摆脱了眼前小利、急功近利，反而具有更为远大而深远的功利，真正为人类的命运而思考。

我们明白了什么是哲学，就容易理解马克思主义哲学的真谛。正如恩格斯所强调的：

马克思的整个世界观不是教义，而是方法。它提供的不是现成的教条，而是进一步研究的出发点和**供**这种研究**使用**的方法。[①]

习近平指出：

哲学社会科学要有批判精神，这是马克思主义最可贵的精神品质。[②]

马克思主义博大精深，归根到底就是一句话，为人类求解放。在马克思之前，社会上占统治地位的理论都是为统治阶级服务的。马克思主义第一次站在人民的立场探求人类自由解放的道路，以科学的理论为最终建立一个没有压迫、没有剥削、人人平等、人人自由的理想社会指明了方向。[③]

马克思主义哲学的批判、反思、创造精神植根于生活实践、人类解放事业之中，马克思主义发展史“就是一部不断地自我校正、自我更新、自我发展的历史”[④]。我们学习马克思主义哲学，就要根基于生活实践，以反思的意

①《马克思恩格斯文集》第10卷，人民出版社2009年版，第691页。

②《习近平谈治国理政》第2卷，外文出版社2017年版，第341页。

③《十九大以来重要文献选编》（上），中央文献出版社2019年版，第424页。

④ 段若非：《马克思主义及其在当今中国的运用和发展》，人民出版社2017年版，第50页。

识、历史的眼光来看待人类物质生活、社会生活、政治生活和精神生活的发展历程，探索和推进“每个人的自由发展是一切人的自由发展的条件”的“联合体”[①]之崇高理想。

第二节　实践是自然界与人类社会分化与统一的现实基础

在人类思想发展史上，马克思主义哲学第一次实现了“实践的转向”，从物质生活实践来解释世界和改变世界。那么，我们如何从实践出发来理解世界呢?

我们经常说“人生在世”，这句话其实有着非常深刻而丰富的内涵。什么是“世界”? 中国古籍《庄子》中最早出现“宇宙”一词：“旁日月，挟宇宙”（《庄子·齐物论》），后来有“上下四方曰宇，往古来今曰宙”（《尸子》）。汉语中的“世界”一词来自佛教，如《金刚经》讲“大千世界”。宇宙与世界就是时空，是包括自然界与人类社会的整体。很多同学是学习语言翻译的，正如现代哲学家张申府所说：“中国所常言的宇宙，其次常言的世界，本来是时空兼包，并不可以与西洋的，例如英之Universe、World比。先由直观或内省或平常经验而得的，后经科学证实，其例也不止于此。”[②]

人总是在世界之中来看世界。所谓“世界观”，就是生活在世界之中的“现实的人”对世界的看法。由自然界长期演变而诞生的人类，创造了灿烂的物质文明、政治文明、精神文明、生态文明、社会文明，从万里长城到金字塔，从宇宙飞船、贵州的FAST“天眼”望远镜到“蛟龙”深海探测器，从雕版印刷到激光扫描，《诗经》《周易》……这一切究竟是怎么发生的呢? 最根本的就是人类在实践活动中拥有了“物质的最高的精华”[③]——意识、灵魂、精神现象，以高度的主观能动性改造自然界和人身，创造了文化的生存方式。

马克思、恩格斯从实践观点出发，深刻阐发了人与世界、物质与意识、

① 《马克思恩格斯文集》第2卷，人民出版社2009年版，第53页。

② 张申府：《所思》，神州国光社1931年版，第75页。

③ 《马克思恩格斯文集》第9卷，人民出版社2009年版，第426页。

社会存在与社会意识的关系问题。

一、自然界是一个历史过程

马克思主义“坚持从世界本身来说明世界”[①]。恩格斯根据19世纪自然科学的研究成果，指出自然界是一个运动、发展的历史过程：

> 这是物质运动的一个永恒的循环……在这个循环中，物质的每一有限的存在方式，不论是太阳或星云，个别动物或动物种属，化学的化合或分解，都同样是暂时的，而且除了永恒变化着的、永恒运动着的物质及其运动和变化的规律以外，再没有什么永恒的东西了。[②]

现在，自然科学中的天文学、地球科学、化学、生物学、物理学以及数不胜数的交叉学科、综合学科等研究成果，越来越深入、准确、全面地揭示出自然界的演化过程和内在规律。自然界演化的最根本飞跃，就是产生了人类。人类出现并逐渐成为地球之主宰，彻底改变了自然界的自然而然、自存自在的本来面貌，使其不断地成为“人化自然”或“为我之物”。

在马克思主义指导下，我们结合哲学家张岱年的一个重要观点——“物源心流”，在马克思主义哲学与中国哲学的融通中来探讨人类社会、人类意识与自然界的关系问题。

二、物源心流

（一）宇宙层次论

马克思强调人类对自然界的依赖性：

① 《马克思恩格斯文集》第9卷，人民出版社2009年版，第413页。

② 《马克思恩格斯文集》第9卷，人民出版社2009年版，第426页。

自然界，就它不是人的身体而言，是人的**无机的身体**。人靠自然界**生活**。这就是说，自然界是人为了不致死亡就必须与之处于持续不断的交互作用过程的、人的**身体**。……人是自然界的一部分。[①]

恩格斯指出人是自然界长期演化的最高产物：

也许经过了多少万年，才形成了进一步发展的条件，这种没有形态的蛋白质由于形成核和膜而得以产生第一个细胞。而随着这第一个细胞的产生，也就有了整个有机界的形态发展的基础；……最后又发展出这样一种脊椎动物，在它身上自然界获得了自我意识，这就是人。

我们每走一步都要记住：我们决不像征服者统治异族人那样支配自然界——相反，我们连同我们的肉、血和头脑都是属于自然界和存在于自然界之中的。[②]

自然界是人类存在的天然基础。中国传统哲学讲“故人者，天地之心也”（《礼记·礼运》），认为“人是天地之间的能知能觉者，即天地的自我认识的体现”[③]，这与恩格斯所说“自然界获得了自我意识”是有相通之处的。恩格斯还提出：

物质在其一切变化中仍永远是物质，它的任何一个属性任何时候都不会丧失，因此，物质虽然必将以铁的必然性在地球上再次毁灭物质的最高的精华——思维着的精神，但在另外的地方和另一个时候又一定会以同样的铁的必然性把它重新产生出来。[④]

---

①《马克思恩格斯文集》第1卷，人民出版社2009年版，第161页。
②《马克思恩格斯文集》第9卷，人民出版社2009年版，第420-421、560页。
③《张岱年全集》第6卷，河北人民出版社1996年版，第295页。
④《马克思恩格斯文集》第9卷，人民出版社2009年版，第426页。

中国传统哲学的一个显著特点，就是以“气”来解释宇宙，如：

有气则生，无气则死，生者以其气。（《管子·枢言》）

人之生，气之聚也，聚则为生，散则为死。……故曰“通天下一气”耳。（《庄子·知北游》）

水火有气而无生，草木有生而无知，禽兽有知而无义。人有气有生有知亦且有义，故最为天下贵也。（《荀子·王制》）

那么，应如何界定和理解“气”呢？“中国哲学中所谓气，可以说是最细微、最流动的物质，以气解说宇宙，即以最细微、最流动的物质为一切之根本。”①“气”表示质量和能量的统一，这与古希腊的原子论有着显著的不同。在荀子看来，宇宙中的水火、草木、禽兽、人都是“气”的表现。结合现代科学成果，张岱年把宇宙演化分为三个基本层次：

宇宙演化之大历程是由物质（一般物质），而生物（有生命的物质），而有心物（有心知的有生物质）。物为基本，生命、心知为物质演化而有之较高级的形态。

物为本源，心乃物质演化而有，为支流。物源而心流。物为一本，生物、有心物为较高级之物。一本而多级。②

从“一本多级”来说，包括人类在内的宇宙万物有着共同的根源，但是又分化为由低级到高级、由简单到复杂的不同层次，犹如根干、枝叶与花果的关系。

生、心以物为本，虽各有其特殊规律，而实以物之规律为基本。各级虽

① 杜运辉编：《燕赵文库·张岱年集》下册，河北人民出版社2017年版，第80页。

② 杜运辉编：《燕赵文库·张岱年集》上册，河北人民出版社2017年版，第822、823页。

不同，而有其统一，故云一本；世界虽是统一的而实有层级之区别，故云多级。[①]

宇宙演化是一个创造日新、不断产生新事物的过程，作为“有心物”的人类既遵循生物运动的一般规律，同时更有其特殊的、更高级的运动规律。因而，我们始终肯定“外部自然界的优先地位”[②]，在自然界面前要永远保持谦虚态度。人类不能离开自然界；但是，自然界没有了人类，却照样存在。另一方面，不能把人类社会简单地还原、归结为自然界，而要充分肯定人类在宇宙中的卓越地位。

（二）劳动实践的决定作用

毛泽东在1964年春写道：“人猿相揖别。只几个石头磨过，小儿时节。”（《贺新郎·读史》）为何会有“人猿相揖别”？中国传统哲学往往从道德和智力上讲人禽之别，墨子提出“今人固与禽兽、麋鹿、蜚鸟、贞虫异者也，……赖其力者生，不赖其力者不生”（《墨子·非乐上》）的重要论断，这里的“力”既包括农夫“耕稼树艺”、妇女“纺绩织纴”，也有王公大人的“听狱治政”。韩非说：“人无毛羽，不衣则犯寒；上不属天而下不著地，以肠胃为根本，不食则不能活；是以不免于欲利之心，欲利之心不除其身之忧也。故圣人衣足以犯寒，食足以充虚，则不忧矣。”（《韩非子·解老》）总起来说，中国传统哲学未能阐明人类既源于自然界又超越自然界的现实基础和根本动力。包括达尔文等西方科学家，都没有正确揭示人类产生之谜。马克思、恩格斯在《德意志意识形态》中指出：

一当人开始**生产**自己的生活资料，即迈出由他们的肉体组织所决定的这一步的时候，人本身就开始把自己和动物区别开来。[③]

① 杜运辉编：《燕赵文库·张岱年集》上册，河北人民出版社2017年版，第465页。
② 《马克思恩格斯文集》第1卷，人民出版社2009年版，第529页。
③ 《马克思恩格斯文集》第1卷，人民出版社2009年版，第519页。

恩格斯看到人是很奇特的一种生物：

动物的正常生存条件，是在它们当时所生活和所适应的环境中现成具有的，而人一旦从狭义的动物中分化出来，其正常生存条件却从来就不是现成具有的，这种条件只是由以后的历史的发展造成的。人是唯一能够挣脱纯粹动物状态的动物——他的正常状态是一种同他的意识相适应的状态，是**需要他自己来创造的**状态。[①]

在《自然辩证法》等著作中，恩格斯依据当时的科学成果，大体上勾勒了人类从自然界中分化、诞生的历史过程，认为其他动物只是适应、利用自然界，而人却通过劳动改变自然界、支配自然界，使自然界适应人的生存和生活。也就是说，人的生存方式是主动创造的结果。“十月怀胎”的新生儿是很弱小的，“子生三年，然后免于父母之怀”（《论语·阳货》），个体只有在家庭、社会中才能逐渐成人，成人的关键就是参加各种形式的劳动。

劳动是整个人类生活的第一个基本条件，而且达到这样的程度，以致我们在某种意义上不得不说：劳动创造了人本身。[②]

马克思主义“在劳动发展史中找到了理解全部社会史的锁钥”[③]，从人类劳动出发理解人本身、理解人与世界的关系、理解历史和文化。

实践是自然界与人类社会既分化又统一的现实基础。我们一方面把自然界看作人类社会存在和发展的基础和前提；另一方面又强调人类是超越自然界的更高层级，有着独特的社会性质和运动规律。人类产生之前的自然界，是自然科学继续追寻、研究的对象；马克思主义所关注的，则主要是人类产生之后的自然界以及人与世界的关系。正是在这个意义上，马克思在《1844

①《马克思恩格斯文集》第9卷，人民出版社2009年版，第408页。
②《马克思恩格斯文集》第9卷，人民出版社2009年版，第550页。
③《马克思恩格斯文集》第4卷，人民出版社2009年版，第313页。

年经济学哲学手稿中》提出：

被抽象地理解的、自为的、被确定为与人分隔开来的自然界，对人来说也是无。①

马克思、恩格斯在1845—1846年写作的《德意志意识形态》中批评费尔巴哈：

他没有看到，他周围的感性世界决不是某种开天辟地以来就直接存在的、始终如一的东西，而是工业和社会状况的产物，是历史的产物，是世世代代活动的结果，其中每一代都立足于前一代所奠定的基础上，继续发展前一代的工业和交往，并随着需要的改变而改变他们的社会制度。②

我们对马克思主义的学习、理解和运用，要始终扎根于生活实践活动。在这个基础上，我们再进一步探讨恩格斯提出的“哲学基本问题”及马克思、恩格斯的崭新回答方式，准确把握马克思、恩格斯“新唯物主义”中“物”的含义。

第三节　恩格斯提出的“哲学基本问题”

一、恩格斯为什么提出“哲学基本问题”?

中学《生活与哲学》或《哲学与文化》已经接触到“哲学的基本问题”。1886年初，66岁的恩格斯写了名著《路德维希·费尔巴哈和德国古典哲学的终结》，总结从古希腊、中世纪、近代到现代的西方哲学发展史，提出一个重

①《马克思恩格斯文集》第1卷，人民出版社2009年版，第220页。
②《马克思恩格斯文集》第1卷，人民出版社2009年版，第528页。

要论断：

全部哲学，特别是近代哲学的重大的基本问题，是思维和存在的关系问题。①

恩格斯提出，“思维和存在的关系问题”，或者“思维对存在、精神对自然界的关系问题”，是“全部哲学，特别是近代哲学的重大的基本问题”，是“全部哲学的最高问题”。对这个论断，我们应该如何理解呢？它的产生背景是什么？基本内涵又是什么？

从古希腊以来，西方哲学家们特别关注世界的本原问题，提出思维和存在、精神和自然界哪一个是世界本原的问题。基督教产生于公元1世纪，392年被罗马帝国定为国教。罗马帝国在395年一分为二，从476年西罗马灭亡到1453年东罗马灭亡的近一千年是欧洲的中世纪，突出上帝创世说，热衷于“世界是神创造的呢，还是从来就有的”这样的争论。

恩格斯这部著作的内容，主要是论述西方哲学的发展史，“哲学基本问题”这个论断有着西方历史文化背景和当时的问题意识。恩格斯讲到古希腊人的“灵魂不死”观念产生的原因；讲到“思维对存在的地位问题”在“中世纪经院哲学”中表现为“什么是本原的，是精神，还是自然界？”；讲到“欧洲人从基督教中世纪的长期冬眠中觉醒以后”，“思维对存在、精神对自然界的关系问题……才被十分清楚地提了出来，才获得了它的完全的意义”，“这个问题以尖锐的形式针对着教会提了出来：世界是神创造的呢，还是从来就有的？”因而，“思维对存在”的关系问题，在西方中世纪表现为“精神对自然界的关系问题”这种特殊形态；直到近代以后，才典型地表现为“思维对存在的地位问题”。总起来说，从文本而言，恩格斯是在回顾西方哲学发展史的时候，把“思维和存在的关系问题”称之为“全部哲学，特别是近代哲学的重大的基本问题”或“全部哲学的最高问题”。

①《马克思恩格斯文集》第4卷，人民出版社2009年版，第277页。

"思维和存在的关系问题"在不同时代、不同民族有不同的表现形式。马克思、恩格斯从生活实践的角度，作出新的考虑和新的回答。

二、"哲学基本问题"的内涵

恩格斯总结了"哲学基本问题"的两个内涵。

（一）世界的本原问题

恩格斯指出：

> 哲学家依照他们如何回答这个问题而分成了两大阵营。凡是断定精神对自然界来说是本原的，从而归根到底承认某种创世说的人（而创世说在哲学家那里，例如在黑格尔那里，往往比在基督教那里还要繁杂和荒唐得多），组成唯心主义阵营。凡是认为自然界是本原的，则属于唯物主义的各种学派。
>
> 除此之外，唯心主义和唯物主义这两个用语本来没有任何别的意思，它们在这里也不是在别的意义上使用的。①

在西方哲学史上，哲学基本问题夹杂着宗教和科学的因素。从人类思想发展史来看，西方哲学特别关注世界的本原问题，追问精神和自然界哪一个是世界的本原。西方哲学中原初意义上的"唯物主义"和"唯心主义"，只是追问和回答世界的本原是自然界还是精神这个问题。这里的"物"特指自然界，"心"特指精神或上帝。如果回答自然界是世界的本原、精神是自然界的产物，就是唯物主义。如果回答精神是世界的本原、精神或上帝创造世界，就是唯心主义。

"精神对自然界的关系问题"在其他民族的哲学比如中国传统哲学中也有，但可能没有采取西方哲学这样的表现形式，这要基于史料进行具体分析。中国传统哲学的"心物""形神"等问题与此相关，但中国传统哲学很少探讨创世论。张岱年指出：

① 《马克思恩格斯文集》第4卷，人民出版社2009年版，均为第278页。

中国古代宗教不发达。……印度哲学是与宗教不分的；西洋中世哲学是宗教的奴婢，即在近世哲学中，亦多有以证明上帝存在为一重要课题的。在中国，似彼以证明上帝存在为一重要职任之情形，实完全没有。……要之，中国哲学中从无以证明神的存在为务者。[①]

在本原的意义上，中国传统哲学肯定自然界先于人类社会、先于人的意识，也就是肯定自然界对于人类、人类意识的优先性。但是，我们不能忽视西方哲学所具有的特殊历史文化背景和问题意识，不能机械地用“精神对自然界”的关系问题来剪裁中国传统哲学，不能简单地从中国传统哲学中寻找素材来例证“精神对自然界”问题。

同时也要看到，“思维对存在的关系问题”比“精神对自然界的关系问题”有着更为丰富而广阔的内涵。“自然界”只是“存在”的一种具体形态，此外还有“社会存在”。在马克思、恩格斯这里，所谓“思维对存在的关系问题”主要就是“思维对社会存在的关系问题”，这就要准确界定“社会存在”这个核心概念。

追问世界本原是一种还原论的思维方式，把复杂多样的万事万物归结为某种本原，用这种本原来解释万事万物的产生和变化：

那些最早的哲学研究者们，大都仅仅把物质性的本原当作万物的本原。因为在他们看来，一样东西，万物都是由它构成的，都是首先从它产生、最后又化为它的（实体始终不变，只是变换它的形态），那就是万物的元素、万物的本原了。[②]

① 张岱年：《中国哲学大纲》序论，杜运辉编：《燕赵文库・张岱年集》下册，河北人民出版社2017年版，第9–10页。

② 北京大学哲学系外国哲学教研室编译：《西方哲学原著选读》上册，商务印书馆1981年版，第15页。

比如古希腊泰勒斯（Thales，约前624—前547）提出“万物的本原是水”：万物产生于水、又复归于水。赫拉克利特（Heraclitus，约前540—前480）认为“这个世界，……它不是任何神所创造的，也不是任何人所创造的；它过去、现在、未来永远是一团永恒的活火，在一定的分寸上燃烧，在一定的分寸上熄灭”[①]，还有毕达哥拉斯的数本原说、德谟克利特的原子论等，都是这种思维方式。

马克思主义批判和超越了这种思维方式，已经通过实践的转向而把传统的“思维和存在的关系问题”转化为社会存在与社会意识的关系问题。恩格斯指出：

在费尔巴哈那里……关于这个人生活的世界却根本没有讲到，因而这个人始终是在宗教哲学中出现的那种抽象的人。……他也不是生活在现实的、历史地发生和历史地确定了的世界里面。

费尔巴哈不能找到从他自己所极端憎恶的抽象王国通向活生生的现实世界的道路。他紧紧地抓住自然界和人，但是，在他那里，自然界和人都只是空话。无论关于现实的自然界或关于现实的人，他都不能对我们说出任何确定的东西。要从费尔巴哈的抽象的人转到现实的、活生生的人，就必须把这些人作为在历史中行动的人去考察。而费尔巴哈反对这样做……[②]

我们不能把“物质”仅仅简化为“自然界”，不能把“物质”和“意识”的关系仅仅归结为“自然界”和“意识”的关系，也不能把“物质”和“意识”的关系机械地二分为“自然界”和“意识”的关系、社会存在与社会意识的关系两个板块，割裂为物质观和唯物史观两个部分，而应在实践观点下进行贯通的完整把握。

① 北京大学哲学系外国哲学教研室编译：《西方哲学原著选读》上册，商务印书馆1981年版，第21页。

②《马克思恩格斯文集》第4卷，人民出版社2009年版，第290、294页。

（二）思维和存在的同一性问题

恩格斯指出，思维和存在的关系问题还有另一方面：

> 我们关于我们周围世界的思想对这个世界本身的关系是怎样的？我们的思维能不能认识现实世界？我们能不能在我们关于现实世界的表象和概念中正确地反映现实？用哲学的语言来说，这个问题叫做思维和存在的同一性问题，绝大多数哲学家对这个问题都作了肯定的回答。①

也就是说，人类思想能不能通过表象、知觉、概念等思维方式来认识现实世界？马克思主义对此作出了肯定的回答。

哲学基本问题，实际上是追问“现实的人”与其周围的现实世界（“自然界和历史”）之间的关系问题，这个问题不能脱离生活实践来抽象地讨论。

（三）唯物主义的发展阶段和表现形式

恩格斯指出，唯物主义有不同的发展阶段和表现形式，要区别“唯物主义这种建立在对物质和精神关系的特定理解上的一般世界观”与“这个世界观在特定的历史阶段即18世纪所表现的特殊形式”②。唯物主义世界观既有一般、普遍的含义，也有不同历史时代的特殊理论形态。

一般来说，古希腊唯物主义是一种未经科学和实践证实的朴素唯物主义；18世纪的唯物主义主要是一种机械唯物主义。如法国哲学家拉美特利（Julien Offroy De La Mettrie，1709—1751）说：

> 人体是一架会自己发动自己的机器：一架永动机的活生生的模型。体温推动它，食料支持它。
>
> 吃生肉使野兽凶暴，人吃生肉也会变得凶暴起来。这一点真是的的确确，例如英国人吃的肉不象我们烤得那样熟，而是红红的、血淋淋，他们似乎多多少少沾上了这种凶暴的性格，这种凶暴的性格一部分是由于吃这样的食物，

①《马克思恩格斯文集》第4卷，人民出版社2009年版，第278页。

②《马克思恩格斯文集》第4卷，人民出版社2009年版，第281页。

一部分是由于其他的原因，只有教育才能使它不发作。这种凶暴在心灵里产生骄傲、怨恨，造成对其他民族的轻视、强悍和其他种种使性格变坏的情操，就像粗糙单调的食物造成一个人迟钝、愚笨一样，后者最常见的表现就是懒惰和马虎。①

那么，马克思、恩格斯同时代的费尔巴哈的唯物主义，又是怎样一种理论形态呢？马克思在《关于费尔巴哈的提纲》中指出：

从前的一切唯物主义（包括费尔巴哈的唯物主义）的主要缺点是：对对象、现实、感性，只是从**客体**的或者**直观**的形式去理解，而不是把它们当做**感性的人的活动**，当做**实践**去理解，不是从主体方面去理解。②

在马克思看来，费尔巴哈的唯物主义是一种“直观的唯物主义”，如“人就是人所吃的东西”“皇宫中的人所想的，和茅屋中人所想是不同的”等。恩格斯指出：

我们的意识和思维，不论它看起来是多么超感觉的，总是物质的、肉体的器官即人脑的产物。物质不是精神的产物，而精神本身只是物质的最高产物。这自然是纯粹的唯物主义。但是，费尔巴哈到这里就突然停止不前了。③

在马克思、恩格斯看来，费尔巴哈仅仅达到了唯物主义的一般结论，其实是在重复当时自然科学的成果。不仅如此，费尔巴哈在自然观上是“直观的唯物主义”，在历史观上仍然是唯心主义，不能建立一种完整的、通贯自然界和人类社会的唯物主义世界观。

① 北京大学哲学系外国哲学教研室编译：《西方哲学原著选读》上册，商务印书馆1981年版，第107页。

②《马克思恩格斯文集》第1卷，人民出版社2009年版，第499页。

③《马克思恩格斯文集》第4卷，人民出版社2009年版，第281页。

第四节　马克思主义物质观的基本内涵

在简要探讨了“哲学基本问题”和唯物主义的表现形式之后，我们进一步考察马克思主义的物质观。

马克思、恩格斯通过自觉扬弃和超越朴素唯物主义、机械唯物主义、直观的唯物主义等各种形式的旧唯物主义，建构了他们的“新唯物主义”世界观。因而，有一点很关键，就是我们不能以旧唯物主义的观点来理解马克思、恩格斯的“新唯物主义”，不能从“新唯物主义”倒退到旧唯物主义。

要做到这一点，就需要准确把握马克思、恩格斯关于“物质”的界定。马克思、恩格斯批判了黑格尔、费尔巴哈等对“哲学基本问题”的回答方式，开辟了一条哲学新路。

一、“物质”是标志客观实在的哲学范畴

我们在什么意义上来使用“物质”概念呢？从历史发展角度来看：中国古代、西方古希腊、近代西方如何理解“物质”？马克思、恩格斯、列宁如何理解“物质”？

古希腊德谟克利特讲原子论，认为原子（atomos，atom）是“不可分割”的东西，是最微小的、不可再分割的物质微粒，是坚实的、充满的、内部没有空隙的。中国古代“阴阳说”，认为阳气和阴气构成世界万物；“五行”说认为金、木、水、火、土五种物质属性相生相克而有万物之生灭；《周易》认为八卦所代表的天、地、雷、风、水、火、泽、山八种物质属性构成世界之变化。现代物理学讲轻子、夸克和玻色子等17钟基本粒子，而基本粒子又产生于宇宙中的各种“场”。夸克是粒子中的原子核家族，形成质子和中子。轻子和夸克构成了所有能被我们感知的东西，无论是呼吸的空气、太阳，还是手机、电脑。此外，目前人类发现了电磁力、重力、强、弱原子核力四种基

本作用力。粒子是构成世界的要素，各种力则决定了粒子们能够做什么以及怎么做，力和粒子共同构成我们所能感知的大千世界。

在常识和科学的意义上，“物质”是指从微观世界到宏观世界的某种具体形态，既有固体、液体、气体的第一态、第二态和第三态等最常见形态，也有恒星、闪电、极光等离子态，有白矮星等超固态，有包括无线电波、微波、红外线、可见光、紫外线和γ射线等的引力场和电磁场的辐射场态物质或真空场态物质，有反粒子组成的反物质，还有正在探测的暗物质和暗能量，等等。

自然科学不断深化我们对物质形态及其运动规律的认识，不断突破原有的认识模式。因而，如果仅仅从自然科学上来理解“物质”，就难以真正把握世界的基本特性。例如，在19世纪末20世纪初的时候，科学家们发现了X射线、放射性、电子，引发了牛顿经典物理学的危机，有人惊呼“原子非物质化了，物质消失了”，直接导致各种唯心主义思潮的泛滥。这就需要哲学的反思和批判，从具体物质形态中抽象出它们的一般共性。

恩格斯主张“抽象”“概括”出事物具体形态的“共同的属性”：

> 世界的真正的统一性在于它的物质性，而这种物质性……是由哲学和自然科学的长期的和持续的发展所证明的。
>
> 物、物质无非是各种物的总和，而这个概念就是从这一总和中抽象出来的。……“物质”和“运动”这样的词无非是**简称**，我们就用这种简称把感官可感知的许多不同的事物依照其共同的属性概括起来。①

这里有两点需要注意：第一，恩格斯在“事物”和“感官”“感知”的关系中来界定“物质”。这就意味着，我们只能通过实践活动和认识活动来把握事物、“物质”；完全离开人、与人无关的事物是否存在，最终只能通过人类实践活动来证实。第二，“物质”是对现实中“感官可感知的许多不同的事物”的“共同的属性”之抽象和概括，这就蕴涵着一般与个别、普遍与特殊

①《马克思恩格斯文集》第9卷，人民出版社2009年版，第47、500页。

的辩证关系，是对唯物主义辩证法的运用。总之，恩格斯明确区分了哲学上的“物质”概念和常识、科学上的“物质”概念，为我们准确把握“物质”概念指明了方向。

那么，这种“共同的属性”究竟是什么呢？列宁进一步提出：

> 物质是标志客观实在的哲学范畴，这种客观实在是人通过感觉感知的，它不依赖于我们的感觉而存在，为我们的感觉所复写、摄影、反映。[①]

同恩格斯一样，列宁也是从“物质”与“感觉”（意识）的关系来界定“物质”。哲学上的“物质”，就是不依赖于人类的意识、并能为人类的意识所反映的客观实在；物质的唯一特性，就是客观实在性。物质性或客观实在性，首先要求我们按照事物的本来面目来认识事物。

马克思和恩格斯在1845—1846年的《德意志意识形态》中指出：

> 只要这样按照事物的真实面目及其产生情况来理解事物，任何深奥的哲学问题……都可以十分简单地归结为某种经验的事实。[②]

恩格斯在《路德维希·费尔巴哈和德国古典哲学的终结》中指出：

> 人们决心在理解现实世界（自然界和历史）时按照它本身在每一个不以先入为主的唯心主义怪想来对待它的人面前所呈现的那样来理解；他们决心毫不怜惜地抛弃一切同事实（从事实本身的联系而不是从幻想的联系来把握的事实）不相符合的唯心主义怪想。除此以外，唯物主义并没有别的意义。不过在这里第一次对唯物主义世界观采取了真正严肃的态度，把这个世界观彻底地（至少在主要方面）运用到所研究的一切知识领域里去了。[③]

①《列宁专题文集·论辩证唯物主义和历史唯物主义》，人民出版社2009年版，第35页。
②《马克思恩格斯文集》第1卷，人民出版社2009年版，第528页。
③《马克思恩格斯文集》第4卷，人民出版社2009年版，第297页。

"按照事物的真实面目及其产生情况来理解事物","从事实本身的联系而不是从幻想的联系来把握的事实",这就是唯物主义的一般原则,是贯穿在唯物主义各种理论形态中的基本精神。然而,如何才能做到"按照事物的真实面目及其产生情况来理解事物""从事实本身的联系而不是从幻想的联系来把握的事实"呢?是静观冥想、闭门造车,还是通过实践活动?

我们不能抽象地、孤立地讨论"物质与意识的关系"。在追溯人类、人类意识产生的意义上,可以说意识是自然界的产物。如恩格斯指出:

如果进一步追问,究竟什么是思维和意识,它们是从哪里来的,那么就会发现,它们都是人脑的产物,而人本身是自然界的产物,是在自己所处的环境中并且和这个环境一起发展起来的;这里不言而喻,归根到底也是自然界产物的人脑的产物,并不同自然界的其他联系相矛盾,而是相适应的。[①]

但是,人的意识从一开始就是社会意识,是在社会实践活动中产生、发展和发挥作用的。因而,"物质与意识的关系"主要应在"社会存在与社会意识的关系"中去探讨,这就要求我们界定"社会存在"这个基本概念。

二、社会存在的物质性

现实世界是客观实在的,自然界和人类社会都是客观实在的。那么,马克思主义的物质观在人类社会中是如何体现的?换句话说,应该如何理解"唯物史观"或"历史唯物主义"的"物"呢?马克思、恩格斯在《德意志意识形态》中明确指出:

人们的存在就是他们的现实生活过程。

①《马克思恩格斯文集》第9卷,人民出版社2009年版,第38-39页。

我们的出发点是从事实际活动的人，而且从他们的现实生活过程中还可以描绘出这一生活过程在意识形态上的反射和反响的发展。……不是意识决定生活，而是生活决定意识。……符合现实生活的考察方法则从现实的、有生命的个人本身出发，把意识仅仅看做是**他们的**意识。①

在这里，马克思、恩格斯把“存在”界定为人们的“现实生活过程”或“实际活动”。自然地理环境、人口因素等具体因素，都要在“现实生活过程”或“实际活动”中来理解。马克思在1859年《政治经济学批判序言》中提出：

人们在自己生活的社会生产中发生一定的、必然的、不以他们的意志为转移的关系，即同他们的物质生产力的一定发展阶段相适合的生产关系。这些生产关系的总和构成社会的经济结构，即有法律的和政治的上层建筑竖立其上并有一定的社会意识形式与之相适应的现实基础。物质生活的生产方式制约着整个社会生活、政治生活和精神生活的过程。不是人们的意识决定人们的存在，相反，是人们的社会存在决定人们的意识。②

马克思提出了“存在”和“意识”、“社会存在”和“社会意识”等概念。很显然，这里的“存在”就是“社会存在”，“意识”就是“社会意识”。在肯定自然界优先性的前提下，唯物史观的“物”主要是指“社会存在”。

那么，如何界定和理解“社会存在”呢？大致说来，社会存在就是“物质生活的生产方式制约着整个社会生活、政治生活和精神生活的过程”，是包括物质生活、社会生活、政治生活、精神生活的“现实生活过程”，其中最重要的、居于决定地位的是“物质生活的生产方式”。社会存在或生活实践的产物，既有实体形态的物质产品，也有观念形态的精神产品——“意识”或“社会意识”及其各种形式。

①《马克思恩格斯文集》第1卷，人民出版社2009年版，均为第525页。
②《马克思恩格斯文集》第2卷，人民出版社2009年版，第591页。

早在20世纪30年代，马克思主义学者吴恩裕就认为：

生产方法是唯物史观之所谓“物”。

此取得生活资料的方法，即生产方法，就是唯物史观或历史的唯物论中之所谓“物”。①

这里的“生产方法”也就是“物质生活的生产方式”。他还提出：

社会存在不过是一群人的生活而已。个人生活和社会存在之间，并没有不可填充的鸿沟。用唯物史观揭示社会存在时，它的基本观念便是生产方法。用唯物史观说明个人生存时，它的根本观念为生活方法。②

当代马克思主义学者段若非认为：

唯物史观中的“物”是什么呢？它不是外在于人类的物或物质，不是自然界，而是依托于自然界的人类社会的物质生产活动。这就是社会生产力一元论历史观。③

马克思主义哲学是关于人类社会的实践哲学，它不像传统哲学那样去研究抽象的宇宙之究极原因。俞吾金认为：

马克思从不抽象地探论物质，亦即从不像传统的哲学教科书那样，高谈世界统一于物质、物质是不依赖于人的主观意志的客观实在、物质与运动不可分离、时间和空间是运动着的物质的存在方式等等。马克思总是从人的社

① 吴恩裕：《马克思的政治思想》，商务印书馆2008年版，第63、86页。

② 吴恩裕：《马克思的政治思想》，商务印书馆2008年版，第76页。

③ 段若非：《马克思主义及其在当今中国的运用和发展》，人民出版社2017年版，第118页。

会实践活动出发，历史地探讨物质——社会物质的具体表现形态。[①]

正确理解唯物史观或历史唯物主义的“物”，对我们准确把握马克思主义具有重要意义。唯物史观或历史唯物主义的“物”不是指自然环境、人口等，更不是抽象的“气”“原子”，而是指“现实的人”的生活实践活动。人类社会的物质性首先和主要地体现为物质生产方式的客观实在性，唯物史观“在劳动发展史中找到了理解全部社会史的锁钥”[②]，从事体力劳动和脑力劳动的广大人民群众创造了历史和文化。由此，我们对马克思主义物质观与中国传统哲学物质观的比较会通，就不应仅仅局限于“气一元论”等自然哲学，而应扩大到物质生活、社会生活、政治生活、精神生活的广阔领域。

马克思主义第一次建立了完整的从自然界到人类社会的唯物主义世界观。虽然从自然界到人类社会的各种物质形态纷繁多样、千姿百态，但其共同特性就是客观实在性。我们肯定这个世界是客观实在的，然后去探索它的各种存在形态、运动规律、发展趋势，这是我们认识世界、改变世界的根本前提、根本设定。

第五节　马克思主义物质观的启示意义

马克思主义物质观告诉我们：世界的根本特性是客观实在性，世界是物质的世界，要按照世界的本来面目认识世界、改变世界，也就是一切从实际出发。

一、自然界具有客观实在性

肯定自然界的客观实在性、自然界相对于人类社会和人类意识的优先性，

① 俞吾金：《重新理解马克思》，北京师范大学出版社2005年版，第275页。
② 《马克思恩格斯文集》第4卷，人民出版社2009年版，第313页。

是一切形式的唯物主义的共同主张。

胡适在1919年介绍美国的实验主义：

实在是我们自己改造过的实在。这个实在里面含有无数人造的分子。实在是一个很服从的女孩子，他百依百顺的由我们替他涂抹起来，装扮起来。“实在好比一块大理石到了我们手里，由我们雕成什么像。”①

在“人化自然”的意义上，“实在是我们自己改造过的实在”有一定道理；但认为人类可以把“实在”随意地“涂抹起来，装扮起来”，则是唯心主义倾向。

在实践活动中，我们必须尊重自然界的客观实在性，尊重自然规律。正确解决人与自然的关系，就是要实现动态的“天人合一”。中国古代讲“先天而天弗违，后天而奉天时”（《易传·文言传》）、“裁成天地之道，辅相天地之宜”（《易传·泰卦·象传》），哲学家张岱年在20世纪30年代提出：

人本来是“天”的一部分，人本在“天”之中；但人与天之间有矛盾，人与天之间有冲突。克服天与人的矛盾，便得到真实的天人合一。所谓克服天与人之矛盾，即在行动上，以物质的力量改造物质的天，使合于人的理想，以至于天人相合无间，由戡天而得到天人之谐和。

戡天是人类文化之基本，不能戡天，不能有文化。但在戡天之外，也还需要乐天；在宰制自然之外，也还需要享受自然。我们要改造自然，但不要毁伤自然，不要破坏自然原有之美，使人生仍保持自然的乐趣。宰制自然之目的，本在于享受自然。正当的戡天，本不是毁坏自然，而是改善自然，使自然更合于美善的理想。②

2007年党的十七大提出“建设生态文明”，习近平在2013年提出“努力

①《胡适文存》第1卷，黄山书社1996年版，第228页。

② 张季同：《生活理想之四原则》，《文哲月刊》1936年第1卷第7期，均为第48页。

走向社会主义生态文明新时代”，“树立尊重自然、顺应自然、保护自然的生态文明理念”[①]，这都是肯定自然界客观实在性的具体体现。

二、社会存在具有客观实在性

包括物质生活、社会生活、政治生活、精神生活的社会存在具有客观实在性，这就要求我们如实地面对社会现实，要去调查研究。恩格斯指出：

人们的意识取决于人们的存在而不是相反，这个原理看来很简单，但是仔细考察一下也会立即发现，这个原理的最初结论就给一切唯心主义，甚至给最隐蔽的唯心主义当头一棒。关于一切历史的东西的全部传统的和习惯的观点都被这个原理否定了。

……政治词句和法律词句正像政治行动及其结果一样，倒是从物质动因产生的。[②]

毛泽东1941年在《改造我们的学习》中区分了“主观主义的态度”和“马克思列宁主义的态度”，深切地指出：

在这种态度下，就是应用马克思列宁主义的理论和方法，对周围环境作系统的周密的调查和研究。……这种态度，就是实事求是的态度。“实事”就是客观存在着的一切事物，“是”就是客观事物的内部联系，即规律性，“求”就是我们去研究。……而要这样做，就须不凭主观想象，不凭一时的热情，不凭死的书本，而凭客观存在的事实，详细地占有材料，在马克思列宁主义一般原理的指导下，从这些材料中引出正确的结论。[③]

①《习近平谈治国理政》，人民出版社2014年版，第208、208-209页。

②《马克思恩格斯文集》第2卷，人民出版社2009年版，均为第598页。

③《毛泽东选集》第3卷，人民出版社1991年版，第800-801页。

习近平2015年1月23日在十八届中央政治局第二十次集体学习时指出：

学习掌握世界统一于物质、物质决定意识的原理，坚持从客观实际出发制定政策、推动工作。世界物质统一性原理是辩证唯物主义最基本、最核心的观点，是马克思主义哲学的基石。……遵循这一观点，最重要的就是坚持一切从客观实际出发，而不是从主观愿望出发。

当代中国最大的客观实际是什么？就是我国仍处于并将长期处于社会主义初级阶段。这是我们认识当下、规划未来、制定政策、推进事业的客观基点，不能脱离这个基点，否则就会犯错误，甚至犯颠覆性的错误。

在肯定人类社会具有客观实在性的前提下，努力探索和发现社会自身的运动规律和发展趋势，寻找适合本国国情和人民利益的发展道路，不断推进更高水平的社会进步与每个人自由而全面的发展。

三、通过实践活动认识世界和改变世界

马克思主义物质观与实践观是有机联系的。世界是可知的，要认识自然界，就要去实际考察、实验；要认识社会，就要去调查研究。毛泽东倡导的“实事求是”“没有调查没有发言权”，陈云倡导的“不唯书，不唯上，只唯实”，都是马克思主义物质观的鲜明体现，是我们从事一切实践活动和学术研究的指导。马克思主义物质观要求我们“按照事物的真实面目及其产生情况来理解事物”，要如实地反映实际情况，要讲真话、办真事。

马克思主义物质观与唯物主义辩证法也是有机联系、不可分割的。列宁指出：

只要以是否符合社会经济发展的现实过程作为学说的最高的和唯一的标

准，那就不会有教条主义。[1]

运用唯物主义辩证法去考察现实的物质生活、社会生活、政治生活和精神生活的社会有机体，才能正确反映世界的真实面目，才能为改变世界提供科学依据。

①《列宁选集》第1卷，人民出版社2012年版，第79页。

专题三　实践观

习近平指出："实践性是马克思主义理论区别于其他理论的显著特征。"① 实践观点是马克思主义的首要的和基本的观点，是马克思主义得以创立的关键因素。

每种生物都有独特的存在方式，那么人类的存在方式是什么？人类为什么能够产生和生存？对每个个体来说，我们的现实生活究竟是怎样生成和变化的？据说门卫会问访客三句话：你是谁？你从哪里来？你到哪里去？其实，我们每个人都在自觉或不自觉地追问这些问题。要改变我们的处境、改变世界，首先要认识世界、理解世界，那么认识从何而来？认识是正确的还是错误的？如何验证认识的真理性？这就进一步涉及实践、实践和认识的关系等问题。

2019年发生的新型冠状病毒疫情，极大地改变了人类的正常生活和生产活动，现实灾难迫使人们深刻反思既有的生活方式、生产方式和制度文明，以求建立更加安全、可持续的存在方式。

第一节　实践的界定

探讨实践问题，首先要明确实践的内涵和外延。

一、实践的内涵

实践是人类能动地改造客观世界的物质活动。

简单来说，实践就是人的实际活动、实际行动，是改变其他人或物的存在状态——或者是改变人与人的关系，或者是改变人与物的关系。

①《十九大以来重要文献选编》（上），中央文献出版社2019年版，第424页。

实践与认识、知与行是相对而言的。实践必须见之于行动，这是它与认识的根本区别。中国古代有关于“知行”问题的专门讨论，毛泽东《实践论》的副题就是“论认识和实践的关系——知和行的关系”。中国现代著名教育家陶行知（1891—1946）原名陶文浚，后改名“陶知行”，后又改名“陶行知”。行可以兼知，而知不可兼行；行先知后。

西方有创世说，中国古代神话传说则有一个不同于西方的显著特征，比如“盘古开天地”“女娲补天”“精卫填海”“愚公移山”等等，都是通过实践活动而改变自然状态。

在实践活动的主体和具体类型上，中国古代实践观与马克思主义实践观既有相通之处，也有根本区别。中国古代关于“行”的探讨，有两种基本情形。

第一，“行”指一般的行为、活动，如“非知之艰，行之惟艰”（《尚书·说命》）、“非知之实难，将在行之”（《左传·鲁昭公十年》）、“言足以复行者，常之；不足以举行者，勿常。不足以举行而常之，是荡口也”（《墨子·耕柱》。常，通“尚”）、“不闻不若闻之，闻之不若见之，见之不若知之，知之不若行之。学至于行之而止矣”（《荀子·儒效》）、“纸上得来终觉浅，绝知此事要躬行”（宋·陆游《冬夜读书示子聿》）、“君子之学，未尝离行以为知也，必矣！”（王夫之《尚书引义》卷三）等。

第二，“行”主要是指道德行为，如：“子曰：‘弟子，入则孝，出则悌，谨而信，泛爱众，而亲仁。行有余力，则以学文。’”（《论语·学而》）、“笃行实践，以守义理之中也”（明·王廷相《慎言》）等，这里的“实践”即“践履”，指道德行为。

二、实践的类型

那么，从马克思主义视野来看，哪些活动属于实践呢？毛泽东在《实践论》中提出：

人的社会实践，不限于生产活动一种形式，还有多种其他的形式，阶级斗争，政治生活，科学和艺术的活动，总之社会实际生活的一切领域都是社会的人所参加的。①

实践的范围是极为广泛而普遍的，涵盖毛泽东所说的“社会实际生活的一切领域”，也就是马克思所说的“物质生活的生产方式制约着整个社会生活、政治生活和精神生活的过程”②。实践的基本类型，就是改变人与人的关系、改变人与物的关系，又可大致上分为物质生产实践、社会交往实践、政治实践、精神生活实践等，还有我们的日常生活。

从人类社会的存在和发展来说，各种实践形式或类型的地位和作用是不同的。如果把实践作为一个复杂事物，那么它的主要矛盾是什么呢？哪一种实践活动最基础、最根本呢？这就是生产劳动。

（一）物质生产实践

毛泽东提出：

马克思主义者认为人类的生产活动是最基本的实践活动，是决定其他一切活动的东西。③

物质生产实践所解决的是人与自然之间的矛盾，是人类利用自然、改变自然，获得生产资料和生活资料以满足人类的生存和发展。

把物质生产实践作为首要的、最基本的实践活动，是马克思主义实践观的鲜明特征和重大贡献。这里要注意的是，物质生产实践不仅有体力劳动，而且有脑力劳动或精神劳动，如马克思在《政治经济学批判（1857—1858年手

①《毛泽东选集》第1卷，人民出版社1991年版，第283页。

②《马克思恩格斯文集》第2卷，人民出版社2009年版，第591页。

③《毛泽东选集》第1卷，人民出版社1991年版，第282页。

稿）》提出“一般科学劳动”[①]范畴。

1．劳动创造了人本身。

从人类的起源、产生来看，劳动发挥了最重要的作用，作为个体的“人”和人类社会产生于实践活动，可谓“劳以成人”。

现代科学认为，人类的基因和黑猩猩的基因是极为相似的，重合度高达96%上下。仅仅由自然界的生物进化，不能解释由猿到人的飞跃。动物基本上是适应环境，从环境中获取既有的生存资料，虽环境变化而被动地改变栖息地或濒临灭亡。自然界的现成资料不能满足人类的生存和发展，人不仅要适应环境，而且必须通过实践活动去能动地改变自然界的直接状态，使其成为“人化的自然界”。正如恩格斯所言：

> 动物仅仅**利用**外部自然界，简单地通过自身的存在在自然界中引起变化，而人则通过他所作出的改变来使自然界为自己的目的服务，来**支配**自然界。这便是人同其他动物的最终的本质的差别，而造成这一差别的又是劳动。[②]

战国时期的墨子说：

> 今人固与禽兽、麋鹿、蜚鸟、贞虫异者也。今之禽兽、麋鹿、蜚鸟、贞虫，因其羽毛以为衣裘，因其蹄蚤以为绔屦，因其水草以为饮食。故唯使雄不耕稼树艺，雌亦不纺绩织纴，衣食之财固已具矣。今人与此异者也，赖其力者生，不赖其力者不生。（《墨子·非乐上》）

墨子所谓“力”在一定意义上揭示了人类区别于其他动物的重要特征。人类通过实践活动创造了“人化的自然界”，在这个意义上，马克思、恩格斯把实践活动看作现存的感性世界之基础。

2．物质生产活动是人类社会存在的基础和前提。

①《马克思恩格斯文集》第8卷，人民出版社2009年版，第191页。

②《马克思恩格斯文集》第9卷，人民出版社2009年版，第559页。

劳动实践不仅创造了人本身，也是个人和人类社会持续存在和发展的永恒基础。马克思在人类思想史上的重大创新，就是发现了一个最基本的、然而也历来为思想家们所忽视的社会现象，这就是马克思、恩格斯在《德意志意识形态》中所提出的：

……一切人类生存的第一个前提，也就是一切历史的第一个前提，这个前提是：人们为了能够“创造历史”，必须能够生活。但是为了生活，首先就需要吃喝住穿以及其他一些东西。因此第一个历史活动就是生产满足这些需要的资料，即生产物质生活本身，而且，这是人们从几千年前直到今天单是为了维持生活就必须每日每时从事的历史活动，是一切历史的基本条件。①

恩格斯1883年再次指出：

正像达尔文发现有机界的发展规律一样，马克思发现了人类历史的发展规律，即历来为繁芜丛杂的意识形态所掩盖着的一个简单事实：人们首先必须吃、喝、住、穿，然后才能从事政治、科学、艺术、宗教等等；所以，直接的物质的生活资料的生产，从而一个民族或一个时代的一定的经济发展阶段，便构成基础，人们的国家设施、法的观点、艺术以至宗教观念，就是从这个基础上发展起来的，因而，也必须由这个基础来解释，而不是像过去那样做得相反。②

为什么马克思、恩格斯以前的思想家们，没有也不能发现这个基本事实，或者虽有发现而不能重视这个基本事实呢？中国和西方的历史书，各种历史题材的影视剧，有多少是表现劳动和劳动群众呢？看《康熙大帝》《雍正皇帝》等作品，仿佛只是这些帝王将相在创造历史，而普通民众不过是被动的受压迫者或受恩赐者……这种圣人史观、英雄史观、清官史观等歪曲了历史

①《马克思恩格斯文集》第1卷，人民出版社2009年版，第531页。
②《马克思恩格斯文集》第3卷，人民出版社2009年版，第601页。

的本来面目。

马克思、恩格斯在《德意志意识形态》中说：

他（指费尔巴哈——引者注）周围的感性世界决不是某种开天辟地以来就直接存在的、始终如一的东西，而是工业和社会状况的产物，是历史的产物，是世世代代活动的结果，其中每一代都立足于前一代所奠定的基础上，继续发展前一代的工业和交往，并随着需要的改变而改变他们的社会制度。

这种活动，这种连续不断的感性劳动和创造、这种生产，正是整个现存的感性世界的基础，它哪怕只中断一年，……不仅在自然界将发生巨大的变化，而且整个人类世界……甚至他本身的存在也会很快就没有了。①

马克思在1846年致信安年科夫时提出：

人们不能自由选择**自己的生产力**——这是他们的全部历史的基础，因为任何生产力都是一种既得的力量，是以往的活动的产物。……后来的每一代人都得到前一代人已经取得的生产力并当做原料来为自己新的生产服务，由于这一简单的事实，就形成人们的历史中的联系，就形成人类的历史，这个历史随着人们的生产力以及人们的社会关系的愈益发展而愈益成为人类的历史。由此就必然得出一个结论：人们的社会历史始终只是他们的个体发展的历史，而不管他们是否意识到这一点。他们的物质关系形成他们的一切关系的基础。这种物质关系不过是他们的物质的和个体的活动所借以实现的必然形式罢了。②

为什么中华文明成为五千多年来未曾中断的文明形态？最根本的原因就是中国农业文明之赓续绵延。中国是世界上最早的农业文明之一，在内蒙古赤峰市敖汉兴隆沟遗址出土了距今8000多年的炭化粟，在河南省渑池县仰韶

①《马克思恩格斯文集》第1卷，人民出版社2009年版，第528、529页。

②《马克思恩格斯文集》第10卷，人民出版社2009年版，第43页。

村附近发现了距今5000多年的小米，当时粟、黍、稻、麦、豆、麻都已成为主要作物，马、牛、羊、猪、狗、鸡等都已人工饲养。据学界研究，夏、商、西周、春秋是精耕细作的萌芽期，战国、秦汉魏晋是精耕细作技术的成型期，隋唐宋辽金元是精耕细作的扩展期，明清是精耕细作的深入发展期。“在长期的历史发展过程中，中国古代形成了以家庭为基本生产单位、精耕细作，劳动力高度密集型的集约农业。这种集约农业最显著的两大优势是单位面积产量与耕地复种指数都很高，世界其他国家都不能与之相比。”①

马克思主义第一次把生产劳动看作人类社会存在、发展的基础和前提，也就相应地把劳动人民看作人类历史的最主要创造者、最基本动力。因而，马克思主义的实践观点和人民观点是直接统一的。我们重视实践，就是要尊重劳动、热爱劳动，尊重人民群众、热爱人民群众，这是马克思主义者的基本立场。正是这个意义上，马克思在《关于费尔巴哈的提纲》中指出：

全部社会生活在本质上是**实践的**。

哲学家们只是用不同的方式**解释**世界，问题在于**改变**世界。②

中国传统文化中虽然没有把生产劳动作为人类最重要的活动，但也有重视劳动的思想精华，如群经之首的《易经》在《易传·系辞传》提出：

古者包牺氏之王天下也，仰则观象于天，俯则观法于地，观鸟兽之文与地之宜，近取诸身，远取诸物，于是始作八卦，以通神明之德，以类万物之情。作结绳而为网罟，以佃以渔……

包牺氏没，神农氏作，斫木为耜，揉木为耒；耒耨之利，以教天下……

黄帝、尧、舜垂衣裳而天下治，盖取诸《乾》《坤》。刳木为舟，剡木为楫，舟楫之利，以济不通，致远以利天下……

①《中国经济史》编写组：《中国经济史》，高等教育出版社2019年版，第38-39页。

②《马克思恩格斯文集》第1卷，人民出版社2009年版，第501、502页。

中国古代传说有一个显著特点，就是强调圣人创造了生产工具、生活资料和社会生活，是人自己创造世界，而不是西方那样的创世说。这虽然没有明确肯定人民群众的历史主体地位，但还是有重要意义的。

中国古代一些思想家也谈到生产劳动，如东汉的王充说：

> 蒸谷为饭，酿饭为酒。酒之成也，甘苦异味；饭之熟也，刚柔殊和。夫百草之类，皆有补益，遭医人采掇，成为良药；或遗枯泽，为火所烁。（《论衡·幸偶》）
>
> 谷之始熟曰粟。舂之于臼，簸其秕糠；蒸之于甑，爨之以火，成熟为饭，乃甘可食。可食而食之，味生肌腴成也。粟未为米，米未成饭，气腥未熟，食之伤人。……铜锡未采，在众石之间，工师凿掘，炉橐铸铄乃成器。未更炉橐，名曰积石，积石与彼路畔之瓦、山间之砾，一实也。故夫谷未舂蒸曰粟，铜未铸铄曰积石，人未学问曰矇。（《论衡·量知》）

劳动不仅创造了人本身，而且也是社会个体成人的基本途径。我们讲“学以成人”，如果这个“学”仅指狭义的文化知识学习，那么这是很片面的；如果“学”指广义的德、智、体、美、劳学习，那么其中最根本的是劳动教育。2020年3月26日发布的《中共中央 国务院关于全面加强新时代大中小学劳动教育的意见》指出：

> 劳动教育是中国特色社会主义教育制度的重要内容，直接决定社会主义建设者和接班人的劳动精神面貌、劳动价值取向和劳动技能水平。
>
> 劳动教育是国民教育体系的重要内容，是学生成长的必要途径，具有树德、增智、强体、育美的综合育人价值。实施劳动教育重点是在系统的文化知识学习之外，有目的、有计划地组织学生参加日常生活劳动、生产劳动和服务性劳动，让学生动手实践、出力流汗，接受锻炼、磨炼意志，培养学生正确劳动价值观和良好劳动品质。

（二）社会交往实践

社会交往实践是形成各种社会关系的实践活动，基本形式是人们之间的交往活动，这就是人们的社会生活。

在现实生活中，人们建立和发展多种多样的社会关系。最基本的交往活动，是人们在生产劳动中的相互关系，也就是生产关系，如谁占有生产资料、如何组织生产、产品的分配等。中国古代讲“五伦”，一般来说父子、兄弟、夫妇、朋友关系都属于社会交往，君臣关系则属于政治实践。

古代社会的社会生活、社会交往与政治生活、政治实践往往交织在一起，近代以来逐渐突出了“社会”与“国家”的关系问题。如托马斯·潘恩在批判英国对北美殖民地的压迫而论证美国独立的合理性时指出：“有些作者未能厘清社会与政府，将两者混为一谈或区分甚微；然此两者不仅存在差异，亦有着不同的源起。”①

（三）政治活动实践

“政治活动主要指围绕国家政权或社会公共权力而展开的各式各样的活动。……政治活动与取得、运用、维护和参与国家政权或社会公共权力有关，凡由这些活动引起的活动都可以划归为政治活动的范畴。”②

自从生产资料私有制产生以来，人类逐渐分化为不同的阶级，生活在一定的阶级关系之中。阶级斗争有经济斗争、政治斗争、思想斗争乃至战争等多种形式。几千年来，人类徘徊在战争和和平之间，追求永久和平是最美好的理想。毛泽东在1964春写道：

人猿相揖别。只几个石头磨过，小儿时节。铜铁炉中翻火焰，为问何时猜得，不过几千寒热。人世难逢开口笑。上疆场彼此弯弓月。流遍了，郊原血。（《贺新郎·读史》）

① ［美］托马斯·潘恩著，蒋漫译：《常识》，上海译文出版社2015年版，第4页。

② 王沪宁主编，林尚立、孙关宏副主编：《政治的逻辑》，上海人民出版社2016年版，第16页。

统一与分裂、战争与和平、独立自主与干涉内政、外国侵略与民族解放、民主与专制、等级与平等、依法治国与以德治国等，都是或曾经是政治实践的重要内容。二十四史的主要篇章就是帝王将相的政治实践。“子曰：道千乘之国，敬事而信，节用而爱人，使民以时。”（《论语·学而》）“为政以德。”（《论语·为政》）“八佾舞于庭，是可忍，孰不可忍也？”（《论语·八佾》）“天时不如地利，地利不如人和。”（《孟子·公孙丑下》）汉初陆贾说：“居马上得之，宁可以马上治之乎？且汤、武逆取而以顺守之，文武并用，长久之术也。”（《史记·陆贾列传》）这都是与政权紧密相关的政治活动。

建设中国特色社会主义，要求健全人民当家作主制度体系，发展社会主义民主政治。列宁指出：

> **一切**真正的革命，其科学的和实际政治的主要标志之一，就是积极、自动和有效地参加政治生活，参加**国家制度建设**的“普通人”非常迅速地、急剧地增加起来。[①]

习近平在党的十九大报告指出“扩大人民有序政治参与，保证人民依法实行民主选举、民主协商、民主决策、民主管理、民主监督”[②]，这都是政治实践的具体体现。

（四）精神生活实践

人类不仅有物质生产，还有精神生产。精神生活实践是生产精神产品的活动，如科学研究、教育活动、文学创作、艺术活动等。精神生活实践不是纯粹的意识过程，而是包含着对客体的实际改变。“科学家由一个新范式指引，去采用新工具，注意新领域。”[③]教育活动是师生之间的实践活动，教师通过言传身教、教材、媒介工具等物质方式来影响学生，改变学生的思想和

---

①《列宁选集》第3卷，人民出版社2012年版，第41页。

②《中国共产党第十九次全国代表大会文件汇编》，人民出版社2017年版，第29页。

③［美］托马斯·库恩著，金吾伦、胡新和译：《科学革命的结构》，北京大学出版社2003年版，第101页。

行为等存在状态。孔子教导学生要“讷于言而敏于行”（《论语·里仁》），责备“昼寝”的宰我“朽木不可雕也”“始吾于人也，听其言而信其行；今吾于人也，听其言而观其行”（《论语·公冶长》），都在改变学生的思想和行为。

（五）日常生活实践

在上述基本实践类型之外，也要重视日常生活。比如大学生们没有参加物质生产活动，不是农民也不是工人；也可能没有参加政治活动，就是一个普通群众；也可能没有从事科学研究，那么，就完全没有实践活动吗？毛泽东举过一个生动的例子：“你要知道梨子的滋味，你就得变革梨子，亲口吃一吃。”[①]吃梨子是实践活动，做家务、骑自行车、开车、锻炼身体、旅游、品茶等日常生活，也是实践活动。

第二节　实践的地位和特征

在解析了实践概念之后，我们进一步看实践在人类社会中的地位，以及实践的特征。

一、实践是人类特有的存在方式

实践观点是马克思主义的首要的、基本的、核心的观点，马克思、恩格斯提出“对**实践的**唯物主义者即**共产主义者**来说，全部问题都在于使现存世界革命化，实际地反对并改变现存的事物”[②]。新实践观的确立，是马克思主义诞生的关键。

自古以来，我们就反思和追问“人是什么”、人性或人的本质是什么等问题。中国古代儒家讲“人之异于禽兽者”（《孟子·离娄下》），古希腊亚里士多德认为“人天生是一种政治动物”，这些说法都有一定道理。马克思主义第一

①《毛泽东选集》第1卷，人民出版社1991年版，第287页。

②《马克思恩格斯文集》第1卷，人民出版社2009年版，第527页。

次把实践理解为人类生活的本质，通过实践来揭示人类之谜、历史之谜、文化之谜，来说明人类社会的来龙去脉。可以说，实践是人的本质、人的根本属性，人的其他属性都可以、也只能从实践来解释。比如道德，人的道德是先天就有，还是后天生活中养成？道德是一成不变的，还是在实践中变化？

我们的学习目的，是改变现实生活、改变世界，更好地生存和生活。按照哲学家张申府的话来说，就是“遂生、大生、美生”。马克思主义的实践观点，要求我们直接面对现实生活、现实世界，而最重要的现实生活就是生产劳动。我们既要重视理论学习、经典研究，更要时时刻刻地观察、反思我们的现实生活、实践活动，寻求改善生活的途径和方法，并亲身去行动，真正做到知行合一。

二、实践的特征

我们怎样来区别一个事物呢？就是找出这个事物的特征。实践的特征，最重要的有三个方面：

（一）客观现实性

列宁指出：

> 世界不会满足人，人决心以自己的行动来改变世界。
>
> **实践高于（理论的）认识**，因为它不仅具有普遍性的品格，而且还具有直接现实性的品格。[①]

实践是客观的活动，是主体对客体的改变。主体是一定的个体、群体或人类。客体是主体所作用的对象，这些对象包括自然界的事物、人类所创造的事物、人本身、人们之间的关系等。因而，人本身既是主体，也可能是客体，这就是主体之间的相互作用，比如师生之间、父母和孩子之间、朋友之

①《列宁全集》第55卷，人民出版社2017年版，均为第183页。

间、战争双方之间等。

主体作用于客体，往往要通过一定的手段或中介，包括语言符号系统、物质性工具系统等。如“工欲善其事，必先利其器”（《论语·卫灵公》）、“君子性非异也，善假于物也”（《荀子·劝学》），这里的“器”和“物”就是中介性的工具。现代科学发展高度依赖实验工具的发明和改进，比如由南仁东设计的中国贵州“天眼”系统，在观测脉冲星等方面性能极为卓越。制造工具是人区别于其他动物的根本特征，生产工具是划分、区别历史时代的重要标志。

实践是人本身运用物质手段作用于客体对象的实际活动，不仅主体、客体、中介工具都是客观存在的，主体通过中介对客体的作用、影响是客观的，而且客体存在形态的变化也是客观的，因而实践具有客观实在性、直接现实性。孔子说看一个人要“视其所以，观其所由，察其所安”（《论语·为政》），子贡说“君子之过也，如日月之食焉：过也，人皆见之；更也，人皆仰之”（《论语·子张》），俗话说“若要人不知，除非己莫为”，都生动地表述了实践活动的客观实在性。

（二）自觉能动性

动物往往是直接地、被动地适应既定环境，范仲淹《渔家傲·秋思》：

塞下秋来风景异，衡阳雁去无留意。四面边声连角起，千嶂里，长烟落日孤城闭。

浊酒一杯家万里，燕然未勒归无计。羌管悠悠霜满地，人不寐，将军白发征夫泪。

还有李清照“云中谁寄锦书来？雁字回时，月满西楼”（《一剪梅·红藕香残玉簟秋》），都表现了大雁随季节变化的迁移特性。人类不同于动物的一个根本特征，就是不仅要适应环境，而且还必须主动地、能动地改变环境，使环境适合人的生存和发展，如“春种一粒粟，秋收万颗子”（唐·李绅《悯农》）。

马克思说：

我们要考察的是专属于人的那种形式的劳动。蜘蛛的活动与织工的活动相似，蜜蜂建筑蜂房的本领使人间的许多建筑师感到惭愧。但是，最蹩脚的建筑师从一开始就比最灵巧的蜜蜂高明的地方，是他在用蜂蜡建筑蜂房以前，已经在自己的头脑中把它建成了。劳动过程结束时得到的结果，在这个过程开始时就已经在劳动者的表象中存在着，即已经观念地存在着。他不仅使自然物发生形式变化，同时他还在自然物中实现自己的目的，这个目的是他所知道的，是作为规律决定着他的活动的方式和方法的，他必须使他的意志服从这个目的。①

毛泽东在1941年《驳第三次“左”倾路线》指出：

马克思说人比蜜蜂不同的地方，就是人在建筑房屋之前早在思想中有了房屋的图样。我们要建筑中国革命这个房屋，也须先有中国革命的图样。不但须有一个大图样，总图样，还须有许多小图样，分图样。而这些图样不是别的，就是我们在中国革命实践中所得来的关于客观实际情况的能动的反映（关于国内阶级关系，关于国内民族关系，关于国际各国相互间的关系，以及关于国际各国与中国相互间的关系等等情况的能动的反映）。②

在《论持久战》中，毛泽东谈到人的主观能动性：

思想等等是主观的东西，做或行动是主观见之于客观的东西，都是人类特殊的能动性。这种能动性，我们名之曰“自觉的能动性”，是人之所以区别于物的特点。一切根据和符合于客观事实的思想是正确的思想，一切根据于正确思想的做或行动是正确的行动。③

①《马克思恩格斯文集》第5卷，人民出版社2009年版，第208页。
②《毛泽东文集》第2卷，人民出版社1993年版，第344页。
③《毛泽东选集》第2卷，人民出版社1991年版，第477页。

1956年6月，毛泽东畅游长江，在《水调歌头·游泳》中设想："龟蛇静，起宏图。一桥飞架南北，天堑变通途。更立西江石壁，截断巫山云雨，高峡出平湖。神女应无恙，当惊世界殊。"随着1957年10月15日武汉长江大桥正式通车，三峡大坝2003年开始蓄水发电、2009年全部完工，这些设想都变为了现实。

主观能动性或自觉能动性，是人类实践的鲜明特征。但是，这种能动性的正确发挥，不仅必须以主客体和中介的客观实在性为前提，而且还必须有正确的价值导向。"离娄之明，公输子之巧，不以规矩，不能成方员。师旷之聪，不以六律，不能正五音"（《孟子·离娄上》），"明""巧""聪"要以正确运用"规矩""六律"为条件。俗话说"巧妇难为无米之炊"，"巧"之表现也要以"米"为前提。

人的实践不仅是具有特定目的、蓝图的自觉活动，而且能够创造、利用自然界本来不存在的新的事物，当然这种新的事物的效果可能是有利的，也可能是有害的，这又涉及价值问题。袁隆平成功研究出"三系法"籼型杂交水稻等，创建超级杂交稻技术体系，为我国粮食安全、农业科学发展和世界粮食供给作出杰出贡献。但19世纪中叶以来塑料的发明、煤炭燃料的大规模粗放式使用，却产生了巨大的生态后果。

（三）社会历史性

实践具有社会性和历史性。实践的社会性，就是实践不是单个、孤立个体的活动，而总是在一定的社会关系中进行，个体总是凭借社会力量去面对自然界、面对社会。在英国作家笛福（DanielDefoe，1660—1731）的《鲁滨孙漂流记》中，鲁滨孙在孤岛上是完全凭借个人力量而生存吗？我们能够从英文原著中找到相关信息吗？

如果说物质生产劳动需要社会力量，那么个体进行思考就是仅仅依靠大脑吗？"文之思也，其神远矣。故寂然凝虑，思接千载；悄然动容，视通万里。"（南朝·刘勰《文心雕龙·神思》）马克思在《1844年经济学哲学手稿》中说：

> 甚至当我从事**科学**之类的活动，即从事一种我只在很少情况下才能同别人进行直接联系的活动的时候，我也是**社会的**，因为我是作为人活动的。不仅我的活动所需的材料——甚至思想家用来进行活动的语言——是作为社会的产品给予我的，而且我**本身**的存在**就是**社会的活动，因此，我从自身所做出的东西，是我从自身为社会做出的，并且意识到我自己是社会存在物。①

语言本身就是社会的产物，个体的实践活动离不开社会的支持。

实践的社会性和历史性是不能截然分开的。实践的内容、对象、中介等都随着历史条件变化而变化，具有鲜明的时代特征。一般来说，人类社会经过原始采摘和渔猎文明、农业文明、工业文明、信息文明等发展阶段。马克思说：

> **工业**的历史和工业的已经产生的**对象性**的存在，是一本**打开了的关于人的本质力量**的书。②

马克思、恩格斯虽处于西方资本主义工业文明的初始阶段，但深切感受和精辟论述了工业社会的基本特征。

总之，实践是马克思主义的基础的、核心的范畴。我们不能把实践限定于认识论，不能仅仅在认识论框架内来理解实践。

①《马克思恩格斯文集》第1卷，人民出版社2009年版，第188页。
②《马克思恩格斯文集》第1卷，人民出版社2009年版，第192页。

专题四　认识论

实践是改变世界的实际活动，要恰当地改变世界就必须认识世界，这就涉及“社会存在”与社会意识（“物质与意识”）、实践与认识等问题。

什么是认识呢？认识就是主体在观念上能动地把握客体对象，是主体对客体的能动反映。那么，人们对自然界、社会的认识从何而来？心理学、认知神经心理学、认知科学（Cognitive Science）、人工智能（Artificial Intelligence）等多种自然和人文学科，都在研究人类认识的起源和发生、发展过程。哲学上的认识论（Epistemology）是“有关人类心灵认知能力”的研究，“研究我们怎样认识事物，我们知识的界限是什么，我们的知识具有什么类型的确定性或不确定性”[①]。“知识论（Epistemology）是研究知识的来源、本性和有效性的哲学分支。能够认知的人的心灵是什么？我们从何处获得知识？是否有什么真正的知识是我们可以依靠的，或者，我们必须满足于意见和猜测吗？我们只能从认知纯粹的感觉经验事实，还是能够超越于感官所揭示的东西？”[②]

一切类型的反映论的基本原则，是肯定认识客体与认识对象的客观实在性，肯定认识能够如实地反映对象所固有的性质和规律。马克思主义不仅承认反映论的基本原则，而且强调从实践出发探索和阐明认识活动及其内在规律，强调认识是一种能动的、创造性的反映，而不是被动的、消极的、直观的反映。

第一节　实践是认识的基础

人类认识的基础是实践活动，这主要有四个方面。

---

① ［美］罗伯特·保罗·沃尔夫著，黄小洲、张云涛译：《哲学是什么》第10版，重庆大学出版社2011年版，第28页。

② ［美］哈罗德·泰斯特等著，李婷婷译：《老问题：西方哲学的经典议题》第9版，新华出版社2014年版，第10页。

一、实践是认识的来源

一个人的认识可能来自书本、说教等间接途径，但这些间接认识又来自哪里？我们习惯于在超市、集市买蔬菜，但超市、集市的蔬菜来自哪里呢？列宁指出：

要理解，就必须从经验开始理解、研究，从经验上升到一般。要学会游泳，就必须下水。

人的实践经过亿万次的重复，在人的意识中以逻辑的式固定下来。这些式正是（而且只是）由于亿万次的重复才有着先入之见的巩固性和公理的性质。①

毛泽东说：

一切真知都是从直接经验发源的。但人不能事事直接经验，事实上多数的知识都是间接经验的东西，……一个人的知识，不外直接经验的和间接经验的两部分。而且在我为间接经验者，在人则仍为直接经验。因此，就知识的总体说来，无论何种知识都是不能离开直接经验的。任何知识的来源，在于人的肉体感官对客观外界的感觉……②

《墨子·经说上》认为知有三种："知：传受之，闻也。方不障，说也。身观焉，亲也。"闻知，即听来的、由他人传授的知识。说知，"方不障"，是不受空间限制的、推论的知识。亲知，是亲身观之的、直接经验的知识，是人类认识的最终源泉、唯一源泉。

---

①《列宁全集》第55卷，人民出版社2017年版，第175、186页。

②《毛泽东选集》第1卷，人民出版社1991年版，第288页。

认识活动是认识主体、认识客体及其相互作用。比如你要认识一棵花、认识这棵花的生长规律，就要去种植、去观察，你就是认识的主体，花是认识的客体；而种植、观察等活动，就是实践活动。古代有“神农尝百草”传说：“神农尝百草之滋味，一日而遇七十毒。”（《淮南子·修务训》）明代李时珍到武当山、庐山、茅山、牛首山等地收集药物标本和处方，拜渔人、樵夫、农民、车夫、药工、捕蛇者为师，参考历代医书925种，札记上千万字，历经27年，于1590年完成近二百万字的《本草纲目》。俗话说“不入虎穴，焉得虎子”，南宋陆游倡导“纸上得来终觉浅，绝知此事要躬行”（《冬夜读书示子聿》），要获得真知就要努力地去亲自实践。毛泽东说：

无论何人要认识什么事物，除了同那个事物接触，即生活于（实践于）那个事物的环境中，是没有法子解决的。①

在1940年《新民主主义论》中，毛泽东开篇就讲到“中国向何处去”的时代课题：

科学的态度是“实事求是”，“自以为是”和“好为人师”那样狂妄的态度是决不能解决问题的。我们民族的灾难深重极了，惟有科学的态度和负责的精神，能够引导我们民族到解放之路。真理只有一个，而究竟谁发现了真理，不依靠主观的夸张，而依靠客观的实践。只有千百万人民的革命实践，才是检验真理的尺度。②

毛泽东还指出：

认识规律，必须经过实践，取得成绩，发生问题，遇到失败，在这样的

①《毛泽东选集》第1卷，人民出版社1991年版，第286-287页。

②《毛泽东选集》第2卷，人民出版社1991年版，第662-663页。

过程中，才能使认识逐步推进。[①]

二、实践是认识发展的动力

认识发展的动力有哪些呢？比如学习外语的动力是什么呢？是纯粹的兴趣、父母的期望，还是未来就业的需要？通过什么途径学习外语？是纯粹背单词，还是做翻译、与外国朋友交流，或借助某种学习工具？大家都喜欢玩手机，手机已经是一种重要的学习媒介，而手机的更新换代是科学、技术和工业实践的结果。

从人类整体来看，实践更是认识发展的动力。从农业时代、工业时代到信息时代，生产劳动、科学研究的实践方式不断推动着认识的巨大变迁。西汉大文学家匡衡“凿壁偷光”：“匡衡勤学而无烛，邻舍有烛而不逮，衡乃穿壁引其光，以书映光而读之。”（《西京杂记·卷二》）现在就很少看到蜡烛了。农业时代主要是对自然物的采集、养殖或种植、加工，工业时代以来则创造着越来越多自然界本来没有的器物，比如蒸汽机、塑料……巨大的利润刺激，促进了近现代科学和技术的飞跃。恩格斯说：

社会一旦有技术上的需要，这种需要就会比十所大学更能把科学推向前进。[②]

如果说，在中世纪的黑夜之后，科学以意想不到的力量一下子重新兴起，并且以神奇的速度发展起来，那么，我们要再次把这个奇迹归功于生产。第一，从十字军征讨以来，工业有了巨大的发展，……不但提供了大量可供观察的材料，而且自身也提供了和以往完全不同的实验手段，并使新的工具的设计成为可能。可以说，真正系统的实验科学这时才成为可能。……[③]

①《毛泽东文集》第8卷，人民出版社1999年版，第104页。
②《马克思恩格斯文集》第10卷，人民出版社2009年版，第668页。
③《马克思恩格斯文集》第9卷，人民出版社2009年版，第427–428页。

党的十九届五中全会通过的《中共中央关于制定国民经济和社会发展第十四个五年规划和二〇三五年远景目标的建议》提出“加快壮大新一代信息技术、生物技术、新能源、新材料、高端装备、新能源汽车、绿色环保以及航空航天、海洋装备等产业。推动互联网、大数据、人工智能等同各产业深度融合”，社会需要推动着当代科学、技术的新革命。

三、实践是认识的目的

人类对自然界、社会、自己的认识，不仅是为了解释世界，更是为了指导人们改变世界。我们的教育和学术研究，最终目的都是为了创造更美好的生活。《庄子》有个故事：“朱泙漫学屠龙于支离益，单千金之家。三年技成，而无所用其巧。”（《庄子·列御寇》）对某些个人来说，可能会有为学术而学术、为科学而科学的纯粹追求，这是非常宝贵的品质；但就人类认识整体而言，最终还是为了改变自然界、改造社会、改善人性，从而更好地生存、生活。毛泽东说：

> 认识世界是为了改造世界，人类历史是人类自己造出的。但不认识世界就不能改造世界，……必然王国之变为自由王国，是必须经过认识与改造两个过程的。欧洲的旧哲学家，已经懂得“自由是必然的认识”这个真理。马克思的贡献，不是否认这个真理，而是在承认这个真理之后补充了它的不足，加上了根据对必然的认识而“改造世界”这个真理。[①]

鲁迅的《孔乙己》说：“听人家背地里谈论，孔乙己原来也读过书，但终于没有进学，又不会营生；于是愈过愈穷，弄到将要讨饭了。”[②]这种专制时代知识分子的生存方式，是很令人深思的。

①《毛泽东文集》第2卷，人民出版社1993年版，第343–344页。

②《鲁迅全集》第1卷，人民文学出版社2005年版，第458页。

四、实践是认识的检验标准

那么，我们所获得的认识是正确还是谬误？是全面还是片面？这可以通过是否符合逻辑、辩证法、其他已经证明的理论等来比较、考察，但最终的检验标准还是实践。俗话说“是骡子是马，牵出来遛遛”，还是要看认识是否与实践结果相符合。

（一）实践是检验真理的根本标准

马克思在《关于费尔巴哈的提纲》中说：

人的思维是否具有客观的 [gegenständliche] 真理性，这不是一个理论的问题，而是一个**实践的**问题。人应该在实践中证明自己思维的真理性，即自己思维的现实性和力量，自己思维的此岸性。关于思维——离开实践的思维——的现实性或非现实性的争论，是一个纯粹**经院哲学**的问题。[①]

列宁认为：

人的和人类的实践是认识的客观性的验证、标准。

活动的结果是对主观认识的检验和**真实存在着的客观性的标准**。[②]

列宁在1921年10月《十月革命四周年》中指出实行“新经济政策”的现实性：

我们计划（说我们计划欠周地设想也许比较确切）用无产阶级国家直接下命令的办法在一个小农国家里按共产主义原则来调整国家的产品生产和分配。现

①《马克思恩格斯文集》第1卷，人民出版社2009年版，第500页。

②《列宁全集》第55卷，人民出版社2017年版，第181、188页。

实生活说明我们错了。[①]

毛泽东提出：

马克思主义者认为，只有人们的社会实践，才是人们对于外界认识的真理性的标准。……人们要想得到工作的胜利即得到预想的结果，一定要使自己的思想合于客观外界的规律性，如果不合，就会在实践中失败。人们经过失败之后，也就从失败取得教训，改正自己的思想使之适合于外界的规律性，人们就能变失败为胜利，所谓“失败者成功之母”，“吃一堑长一智”，就是这个道理。……判定认识或理论之是否真理，不是依主观上觉得如何而定，而是依客观上社会实践的结果如何而定。真理的标准只能是社会的实践。[②]

人们按照一定的认识去实践，就必然造成某种直接的现实，或者改变了自然界，或者改变了人与人的关系。通过比较、对照这一定的认识与实践结果的直接现实，就能够看出认识是否符合客观实际。我们学过中国现代史，中国人民如何找到马克思主义？毛泽东思想如何成为全党的指导思想？“左”倾机会主义和右倾机会主义为什么是错误的和有害的？

宋代著名的儿科医生钱乙，在实践中认识到小儿病与成人病不同，必须正确、全面地认识小儿的特殊生理、病理。他根据多年的临床实践，得出小儿的生理特点是“脏腑柔弱”“五脏六腑，成而未全，全而未壮”，其病理特征是“易虚易实，易寒易热”，逐步摸索一整套诊治方法：主张从面部和眼部诊察小儿的五脏疾病，如左腮赤者为肝热，右腮为肺，目内无光者为肾虚。在处方用药方面，力戒妄攻、误下与峻补，主张“柔润”原则。《四库全书目录提要》称钱乙的书为“幼科之鼻祖，后人得其绪论，往往有回生之功”。还有，在长期生活实践中总结出的一些养生格言，如“女不冻脚，男不冻背”“若要身体安，三分饥和寒”“饭前喝汤，苗条健康；饭后喝汤，越喝越胖”

①《列宁选集》第4卷，人民出版社2012年版，第570页。

②《毛泽东选集》第1卷，人民出版社1991年版，第284页。

“行如风，站如松，坐如钟，卧如弓”“头要常凉，脚要常热，身要常动，心要常静”，我们可否实践一下呢？

那么，已经被实践证实的理论或相对真理，可以作为检验真理的标准吗？孔子说：

宰予昼寝，子曰：“朽木不可雕也，粪土之墙不可圬也！于予与何诛？”

子曰：“始吾于人也，听其言而信其行；今吾于人也，听其言而观其行。于予与改是。”（《论语·公冶长》）

“听其言而观其行”，就是要用“行”、实践活动来检验“言”的真实性，而不能把“言”作为标准。一方面，任何相对真理都是有条件的、有限的、具体的，以其作为检验真理的标准，就可能会把超出其范围的新认识判定为谬误。比如，能不能以牛顿力学为标准来检验相对论和量子力学？库恩认为：19世纪末“麦克斯韦理论尽管源自牛顿理论，最终仍使它的源头牛顿范式产生了一次危机”，“爱因斯坦的狭义相对论正是在这样的历史背景下于1905年突现出来的”①。另一方面，即使那些适用范围极其广泛的普遍真理，也不能穷尽事物的各种特殊规定性。比如，能不能直接照搬马克思、恩格斯的所有观点来作为此后世界共产主义运动理论的检验标准？能不能以列宁领导苏俄十月革命的以城市为中心思想，来规定中国革命的具体道路？在《共产党宣言》1872年德文版序言中，马克思、恩格斯一方面强调“不管最近25年来的情况发生了多大的变化，这个《宣言》中所阐述的一般原理整个说来直到现在还是完全正确的”；另一方面则指出“某些地方本来可以作一些修改。这些原理的实际运用，正如《宣言》中所说的，随时随地都要以当时的历史条件为转移，所以第二章末尾提出的那些革命措施根本没有特别的意义。如果是在今天，这一段在许多方面都会有不同的写法了。由于最近25年来大工业有了巨大发展而工人阶级的政党组织也跟着发展起来，由于首先有了二月革命

①［美］托马斯·库恩著，金吾伦、胡新和译：《科学革命的结构》，北京大学出版社2003年版，第68、69页。

的实际经验而后来尤其是有了无产阶级第一次掌握政权达两月之久的巴黎公社的实际经验，所以这个纲领现在有些地方已经过时了”[①]。马克思主义要随着新的“实际经验”而不断更新、发展。

（二）实践标准的确定性与不确定性

实践作为检验认识的根本标准，既有确定性，也有不确定性。

1．实践标准的确定性。

第一，实践是检验认识的最终标准。某些认识也许不能被当前的实践所检验，但将来的实践终究能够检验其真理性。比如哥白尼（Nikolaj Kopernik，1473—1543）在1513年就提出了太阳中心说，但直到伽利略（Galileo Galilei，1564—1642）在1609年创制天文望远镜后，才为哥白尼学说找到了确凿的证据。

第二，凡是被证实为真理或谬误的认识，与其所反映的客观事物之间的相符合或不相符合的关系，就不会被任何未来的情况所改变。比如，人们已经证明砒霜等毒药会致命，这不会被新的实践所否定。牛顿力学在宏观、低速的运动范围内与客观事物相符合，这一点不能被相对论、量子力学所推翻。毛泽东思想指引了中国人民取得新民主主义革命的胜利，这也不能被人类社会任何新的发展所否定。南宋秦桧等以“莫须有”罪名杀害岳飞，被定为“奸臣”“卖国贼”，这也不能被后来的历史所否定。我们尊重历史事实，也就要尊重基本的历史结论。

2．实践标准的不确定性。

第一，任何实践都是具体的、有条件的，都受到主客观因素的制约。一种实践活动往往只能证实一种认识，与该实践活动无关或关系不大的其他认识，则不能被该实践所证实或证伪。比如，洋务运动曾经向西方学习“坚船利炮”，维新运动曾经学习日本的立宪制度，辛亥革命曾经效法欧美的民主政治，中国共产党早期也曾经深受苏俄革命道路的影响，但最终指导中国人民取得民族独立、政治解放的是马克思主义与中国国情、历史文化相结合的产物——毛泽东思想。又如，有人喜欢吃素食、反对肉食，有人主张适当的荤

①《马克思恩格斯文集》第2卷，人民出版社2009年版，第5、5-6页。

素搭配，有人只喜欢肉食。有人讲每天快走一万步，有人却因此而伤害了膝盖。有人通过节食而减肥，有人却因节食而住院……这些生活“常识”都有其特定的适用条件。

第二，具体实践对真理的检验，本身就具有一定的历史局限性。

具体的实践证实某种认识为真理，往往只是在总体上证实该认识与客观事物相符合；至于相符合的范围和程度、精度，以及真理的有效界限，都还需要进一步的探索、检验和证实。

我们既要坚持实践标准的确定性，反对真理问题上的唯心主义、怀疑主义、相对主义；又要看到实践标准的不确定性，防止把被某一具体实践证实的认识绝对化、教条化、独断化。如马克思、恩格斯所说，既要坚持《共产党宣言》的“一般原理”，又要随着实践、实际经验的发展而修改某些具体结论，创造和论证新观点。

在肯定实践是根本标准、最终标准的同时，我们也要充分重视逻辑的作用。

我们从四个角度探讨了实践对认识的基础作用。那么，认识本身的特征、本质是什么呢？

第二节　认识的运动过程

如何认识北京语言大学校园呢？是通过别人的介绍，还是自己亲自去看、去体验？怎样把看到的一条一条的路、一棵一棵的树、一座一座的楼房、一群一群的人……想象、构成为一个整体？还比如，怎样认识一个人？怎样学习一门语言？我们对事物的认识，不仅要如实地反映、再现这个事物的外在形态，而且还要反映这个事物的比较稳定的内在特征，乃至进一步揭示这个事物的运动规律、预测这个事物的发展趋势。列宁说：

认识是人对自然界的反映。但是，这并不是简单的、直接的、完全的反映，而是一系列的抽象过程，即概念、规律等等的构成、形成过程，这些概念和规律等等……有条件地近似地**把握**永恒运动着和发展着的自然界的普遍规律性。①

古代有个故事：

杨朱之弟曰布，衣素衣而出。天雨，解素衣，衣缁衣而返。其狗不知，迎而吠之。杨布怒，将扑之。杨朱曰："子无扑矣！子亦犹是也。向者使汝狗白而往，黑而来，岂能无怪哉？"（《列子·说符》）

俗话说"眼见不一定为实"，看事物不能局限于表面现象，还必须深入到事物比较稳定的内在本质和规律，这就涉及认识的运动过程问题。一个完整的认识过程有两个阶段，第一个阶段是从实践到认识，第二个阶段是从认识到实践。两个阶段有两次质变或飞跃，第一个飞跃是从感性认识到理性认识，第二个飞跃是从理性认识到新的实践。

一、从实践到认识

从实践到认识，主要经历感性认识和理性认识两个小阶段。

（一）感性认识

感觉、知觉、表象，是感性认识由低到高的三种形态。

1．感觉。

感觉器官对客观事物的个别属性、个别方面的反映。

人们在实践活动中，首先通过人体的感觉器官（五官：眼、耳、鼻、舌、身），以及作为感觉器官延伸物的各种工具来接触客观对象的表面现象，形成生动、形象的感性认识，比如视觉、听觉、嗅觉、味觉、体觉等，产生颜色、

① 《列宁全集》第55卷，人民出版社2017年版，第152-153页。

形状、声音、气味、味道、软硬、冷暖等感性认识。如“盲人摸象”：

有王告大臣：“汝牵一象来示众盲者。”……时彼众盲各以手触，大王即唤众盲各各问言：“象类何物？”触牙者即言：“象形如萝菔根。”其触耳者言象“如箕”；其触头者言象“如石”；其触鼻者言象“如杵”；其触脚者言象“如臼”；其触脊者言象“如床”；其触腹者言象“如瓮”；其触尾者言象“如绳”。（《长阿含经》卷十九）

品茶要“观其形，闻其香，赏其舞，品其味”，食物要“色、香、味、美”俱全。

2．知觉。

人脑对直接作用于感觉器官的客观事物的各个属性的整体反映。人不仅能反映客观对象的个别属性，而且能够通过想象把这些属性联系起来，形成其整体形象，这就是知觉。比如对一所学校、对一个人、对一种动物或植物、对一种病毒的完整反映。柳宗元的散文《黔之驴》生动地描述了老虎如何逐渐把握驴的属性：

黔无驴，有好事者船载以入。至则无可用，放之山下。虎见之，庞然大物也，以为神。蔽林间窥之，稍出近之，慭慭然，莫相知。他日，驴一鸣，虎大骇，远遁；以为且噬己也，甚恐。然往来视之，觉无异能者，益习其声，又近出前后，终不敢搏。稍近益狎，荡倚冲冒，驴不胜怒，蹄之。虎因喜，计之曰：“技止此耳！”因跳踉大㘎，断其喉，尽其肉，乃去。噫！形之庞也类有德，声之宏也类有能。向不出其技，虎虽猛，疑畏，卒不能取。今若是焉，悲夫！

3．表象。

人脑对过去的感觉和知觉的回忆，再现曾经作用于感觉器官的客观对象之形象。在客观对象消失或不在身边的时候，人能够在自己的记忆中重现客观对象的形象，甚至加以重组、构想，这就是表象。如：

子在齐闻《韶》，三月不知肉味。曰："不图为乐之至于斯也！"（《论语·述而》）

昔韩娥东之齐，匮粮，过雍门，鬻歌假食。既去而余音绕梁，三日不绝，左右以其人弗去。（《列子·汤问》）

孔子是真的三个月没有吃肉吗？韩娥是真的"余音"不断吗？当时又没有录音机、录音笔；还是"心不在焉"，音乐留给人们的印象深刻、回味无穷呢？又如：

慈母手中线，游子身上衣。临行密密缝，意恐迟迟归。谁言寸草心，报得三春晖。（唐·孟郊《游子吟》）

千山鸟飞绝，万径人踪灭。孤舟蓑笠翁，独钓寒江雪。（唐·柳宗元《江雪》）

常记溪亭日暮，沉醉不知归路。兴尽晚回舟，误入藕花深处。争渡，争渡，惊起一滩鸥鹭。（宋·李清照《如梦令》）

现代史学家陈寅恪在冯友兰《中国哲学史》上册审查报告中写道：

所谓真了解者，必神游冥想，与立说之古人，处于同一境界，而对于其持论所以不得不如是之苦心孤诣，表一种之同情，始能批评其学说之是非得失，而无隔阂肤廓之论。[①]

我们经常说"设身处地""知人论世""身临其境"，实际上就是想象、重

①《三松堂全集》第2卷，河南人民出版社2001年版，第612页。

构、体验当时的情景。

（二）理性认识

人脑不仅能形成感性认识，还能够进一步发展为更高级的理性认识。

理性认识，是人们借助于抽象思维对感性认识的加工、整理、概括，形成关于客观对象的本质、全体、内部联系、运动规律的认识。

感性认识以生动形象性为特征，理性认识则以抽象概括性为特征，主要是反映事物的内在本质，包括由低到高的概念、判断、推理三种形态。

1．概念。

概念，是对同类事物的共同的一般特征和本质属性的概括的反映。实际上，我们平常所使用的大量名词都是概念，比如“桌子”“动物”“植物”“病毒”“原子”“人”“夫妻”“家庭”“民族”“社会”等都是概念。一个概念，有内涵，也就是一类事物的本质属性；有外延，也就是这类事物所包括的范围。确定一个概念，就是要下定义、界定。概念清晰、准确，是我们正确思维、交流的前提。

概念都要用词语来表达。有时候，同一个词语却可能是不同的概念，就造成语言表达和交流的困惑乃至误解。比如，中国古代哲学的“道”有不同含义：

道生一，一生二，二生三，三生万物。万物负阴而抱阳，冲气以为和。（《老子·四十二章》）

谁能出不由户？何莫由斯道也。（《论语·雍也》）

《三国演义》第四回《废汉帝陈留践位 谋董贼孟德献刀》，有一段曹操误杀吕伯奢家人的情节：

行了三日，至成皋地方，天色向晚。操以鞭指林深处谓宫曰：“此间有一人姓吕，名伯奢，是吾父结义弟兄；就往问家中消息，觅一宿，如何？”……操与宫坐久，忽闻庄后有磨刀之声。操曰：“吕伯奢非吾至亲，此去可疑，当窃听之。”二人潜步入草堂后，但闻人语曰：“缚而杀之，何如？”操曰：“是矣！今若不先下手，必遭擒获。”遂与宫拔剑直入，不问男女，皆杀之，一连杀死八口。搜至厨下，却见缚一猪欲杀。

这里，导致曹操滥杀的直接原因是“缚而杀之”，这个代词“之”引起了歧义。

有时候，不同的词语却表示一个概念：

一个孤僧独自归，关门闭户掩柴扉。半夜三更子时分，杜鹃谢豹啼子规。

在各种语言中，都有同义词、近义词等文化现象。

因而，我们进行学习和学术研究，首先都要注重概念的界定，明确所使用概念的内涵和外延，并保证其使用的统一性、规范性。对概念的追问和解析，是思想创新的重要方法。现代哲学家张申府、张岱年等都注重逻辑解析方法：“逻辑解析实并不是把什么整个的事物拆散、割裂，乃是把不同的意谓分别开，把混淆的语言弄清楚。逻辑解析乃是考察常识中、科学中的根本概念与根本命题的意谓，把这些概念命题的真正意谓弄明白。”①

2. 判断。

判断或命题，是运用概念来反映事物之间的联系，判明事物是什么或不是什么、是否具有某种属性。

判断或命题都有所断定，即要有肯定或否定，而且还有真假。比如“这朵花是红色的”，就反映“这朵花”和“红色”之间的联系，这里的“花”和“红色”都是概念。

中国古代有“白马非马”故事：

① 张季同：《逻辑解析》，《大公报》1933年11月30日第11版《世界思潮》第60期。

公孙龙常争论曰“白马非马”，人不能屈。后乘白马，无符传，欲出关，关吏不听。此虚言难夺实也。（东汉·桓谭《新论》）

公孙龙和关吏、桓谭对“白马非马”的运用一致吗？在公孙龙这里，“白马非马”是一个逻辑上的判断形式，其中的“白”“马”“白马”分别是指白的概念、马的概念、白马的概念，而不是现实中的白色、马或白马。用我们今天的标点符号来表示，“白马非马”就是“‘白马’非‘马’”，就是说“白马”和“马”是两个不同的概念。公孙龙说：

马者，所以命形也；白者，所以命色也。命色者非命形也。故曰：“白马非马”。

“马”的内涵是一种动物，“白”的内涵是一种颜色，“白马”的内涵是一种动物加一种颜色。三者内涵各不相同，所以“‘白马’非‘马’”。

因此，我们说话、写文章的时候，所使用的概念、判断一定要准确、清晰，避免歧义。

3．推理。

推理，是运用判断，由已知的联系合乎逻辑地推出未知。比如亚里士多德三段论法的演绎推理：“人固有一死。苏格拉底是人。故苏格拉底必死。”这是由大前提、小前提、结论所构成的推理形式，大前提是全称判断，小前提是特称判断，由两者推论出一个新的特称判断。韩非子讲过一个故事：

有献不死之药于荆王者，谒者操之以入。中射之士问曰：“可食乎？”曰：“可。”因夺而食之。王怒，使人杀中射之士。中射之士使人说王曰：“臣问谒者，谒者曰‘可食’，臣故食之。是臣无罪，而罪在谒者也。且客献不死之药，臣食之而王杀臣，是死药也。王杀无罪之臣，而明人之欺王也，不如释臣。”王乃不杀。（《韩非子·喻老》）

我们可否从中找出三段论式呢？电视剧《神探狄仁杰》《狄仁杰断案传奇》，荷兰作家高罗佩（Robert Hans van Gulik，1910—1967）的《大唐狄公案》，还有《福尔摩斯探案系列》《法医秦明》等，都有丰富的逻辑推理。

那么，演绎推理的这个大前提是从何而来呢？或者说，这种普遍的、必然的判断，来自哪里呢？“人固有一死”的“人”包括一切人，但是未来的人会死吗？还有，如何证明“太阳每天都会升起”呢？如果有兴趣，可以读一读英国哲学家休谟的著作，了解一下近代欧洲经验主义与理性主义。

此外，也要看到概念、判断、推理的思维形式有其局限性。中国古代有“言意之辨”：

荃者所以在鱼，得鱼而忘荃；蹄者所以在兔，得兔而忘蹄；言者所以在意，得意而忘言。吾安得夫忘言之人而与之言哉！（《庄子·外物》）

子曰：“书不尽言，言不尽意，然则圣人之意，其不可见乎？”子曰：“圣人立象以尽意，设卦以尽情伪，系辞焉以尽言。”（《周易·系辞传》）

结庐在人境，而无车马喧。问君何能尔？心远地自偏。采菊东篱下，悠然见南山。山气日夕佳，飞鸟相与还。此中有真意，欲辨已忘言。（东晋陶渊明《饮酒》之五）

德国现代哲学家维特根斯坦提出：“人于所不能谈，必须默然。”[①]这是富有启发意义的。

（三）从感性认识到理性认识的飞跃

1. 为什么要由感性认识上升到理性认识呢？

感性认识是认识的第一阶段、第一种形态，是人类全部认识的源泉和基础。毛泽东说：

① 张申甫译：《维特根什坦名理论（续）》，《哲学评论》1928年1卷第6期，第80页。

从认识过程的秩序说来，感觉经验是第一的东西，我们强调社会实践在认识过程中的意义，就在于只有社会实践才能使人的认识开始发生，开始从客观外界得到感觉经验。一个闭目塞听、同客观外界根本绝缘的人，是无所谓认识的。认识开始于经验——这就是认识论的唯物论。①

习近平在2015年指出：

世界经济和我国经济都面临着许多新的重大课题，需要作出科学的理论回答。我们要立足我国国情和我国发展实践，揭示新特点新规律，提炼和总结我国经济发展实践的规律性成果，把实践经验上升为系统化的经济学说，不断开拓当代中国马克思主义政治经济学新境界，为马克思主义政治经济学创新发展贡献中国智慧。②

感性认识非常重要，但它只是认识的初步，是对客观事物现象层面的认识，而现象既有真相也有假象。比如：

孔子东游，见两小儿辩斗，问其故。一儿曰："我以日始出时去人近，而日中时远也。一儿以日初出远，而日中时近也。"一儿曰："日初出大如车盖，及日中则如盘盂，此不为远者小而近者大乎？"一儿曰："日初出沧沧凉凉，及其日中如探汤，此不为近者热而远者凉乎？"孔子不能决也。两小儿笑曰："孰为汝多知乎？"（《列子·汤问》）

兵者，诡道也。故能而示之不能，用而示之不用，近而示之远，远而示之近。……攻其无备，出其不意。此兵家之胜，不可先传也。（《孙子兵法·始计篇》）

昔者郑武公欲伐胡，故先以其女妻胡君以娱其意。因问于群臣："吾欲用兵，谁可伐者？"大夫关其思对曰："胡可伐。"武公怒而戮之，曰："胡，兄

①《毛泽东选集》第1卷，人民出版社1991年版，第290页。

②《十八大以来重要文献选编》（下），中央文献出版社2018年版，第7页。

弟之国也。子言伐之，何也?”胡君闻之，以郑为亲己，遂不备郑。郑人袭胡，取之。(《韩非子·说难》)

《三十六计》第二十七计“假痴不癫”：“宁伪作不知不为，不伪作假知妄为。静不露机，云雷屯也。”《大军师司马懿之军师联盟》的《虎啸龙吟》，有司马懿（179—251）装病的情节，《晋书》这样记载司马懿与曹爽、何晏的斗争：

爽、晏谓帝疾笃，遂有无君之心，……帝亦潜为之备，爽之徒属亦颇疑帝。会河南尹李胜将莅荆州，来候帝。帝诈疾笃，使两婢侍，持衣衣落，指口言渴，婢进粥，帝不持杯饮，粥皆流出沾胸。……胜退告爽曰:“司马公尸居余气，形神已离，不足虑矣。”……故爽等不复设备。

弗朗西斯·培根（Francis Bacon，1561—1626）不仅从外部的社会条件和思想环境批判阻碍知识进步的种种弊端，而且还深入人心考察影响人们获得真理的思维障碍，他称之为“假象”(Idols or false appearances)：族类的假象（Idols of the Tribe)、洞穴的假象（Idols of the Cave)、市场的假象（Idols of the Market-place)、剧场的假象（Idols of the Theatre)。

仅仅反映事物的表象，不能把握其本质和规律，也就难以正确指导人们改变世界。这就要求扬弃感性认识，保留其积极内容而超越其局限性，上升为更高级的理性认识。

2．如何由感性认识飞跃到理性认识呢?

从感性认识到概念，是怎么发生的呢？比如从观察到很多具体的个人，如何形成“人”的普遍概念？如何从有限的一些事物，概括出同类事物的共同的、普遍的本质属性呢？这是一个很深刻的哲学问题。大体上来说，有几个环节需要注意：

第一，在实践活动中深入调查，获取丰富而真实的感性材料。我们要认识一个事物、一件事情，都需要搜集第一手实际材料。马克思为了写作《资本论》，仅从1861年到1863年上半年就阅读了一千多本著作，写了二十多本笔记。毛泽东在中国共产党内最早重视和实行调查研究，在1930年就尖锐地提出：

没有调查，没有发言权。

你对于某个问题没有调查，就停止你对于某个问题的发言权。……许多的同志都成天地闭着眼睛在那里瞎说，这是共产党员的耻辱，岂有共产党员而可以闭着眼睛瞎说一顿的吗？

以为上了书的就是对的，文化落后的中国农民至今还存着这种心理。……不根据实际情况进行讨论和审察，一味盲目执行，这种单纯建立在“上级”观念上的形式主义的态度是很不对的。为什么的党的策略路线总是不能深入群众，就是这种形式主义在那里作怪。盲目地表面上完全无异议地执行上级的指示，这不是真正在执行上级的指示，这是反对上级指示或者对上级指示怠工的最妙办法。

马克思主义的“本本”是要学习的，但是必须同我国的实际情况相结合。我们需要“本本”，但是一定要纠正脱离实际情况的本本主义。①

这些论断，我们今天读来还是振聋发聩的。2013年7月，习近平在武汉召开的部分省市负责人座谈会上提出：

调查研究是谋事之基、成事之道。没有调查，就没有发言权，更没有决策权。研究、思考、确定全面深化改革的思路和重大举措，刻舟求剑不行，闭门造车不行，异想天开更不行，必须进行全面深入的调查研究。

像“神农尝百草”的传说，还有李时珍写作《本草纲目》、宋应星写作《天工开物》、徐光启写作《农政全书》等，都是长期调查研究的结果。西方近代以来，弗朗西斯·培根（Francis Bacon，1561–1626）第一个把观察和归纳引

① 《毛泽东选集》第1卷，人民出版社1991年版，第109、109、111、111–112页。

入自然科学研究。

第二，运用抽象思维消化、加工感性材料，形成概念、判断和推理。毛泽东说：

要完全地反映整个的事物，反映事物的本质，反映事物的内部规律性，就必须经过思考作用，将丰富的感觉材料加以去粗取精、去伪存真、由此及彼、由表及里的改造制作工夫，造成概念和理论的系统，就必须从感性认识跃进到理性认识。①

“去粗取精”，就是抓住最能表现事物本质的、典型的、主要的东西，去掉次要的、可有可无的材料；“去伪存真”，就是去掉虚假的东西，保留真相(真象)；“由此及彼”，是把零散的、孤立的材料联系起来；“由表及里”，通过事物的外部联系，来发现事物的内部联系。

“去粗取精、去伪存真、由此及彼、由表及里”的过程不仅有理性因素，还有想象、猜测、直觉、顿悟、灵感等非理性因素。列宁认为想象是极其可贵的素质：

以为只有诗人才需要想象，这是没有道理的，这是愚蠢的偏见！甚至在数学上也需要想象，甚至微积分的发现没有想象也是不可能的。想象是极其可贵的素质……②

在从感性认识到理性认识的飞跃过程中，我们要保持高度的审慎态度。

（四）感性认识和理性认识的关系

感性认识和理性认识是两种认识形式，感性认识有待于发展到理性认识，理性认识依赖感性认识。在实际的认识过程中，感性认识与理性认识往往相互渗透、相互包含、相互交织。

---

①《毛泽东选集》第1卷，人民出版社1991年版，第291页。

②《列宁全集》第43卷，人民出版社2017年版，第126页。

第一，感性之中有理性。我们在感觉中总要使用一些概念，比如自觉地闻到花香的时候已经在使用“花”的概念、“香”的概念。毛泽东说：

感性和理性二者的性质不同，但又不是互相分离的，它们在实践的基础上统一起来了。我们的实践证明：感觉到了的东西，我们不能立刻理解它，只有理解了的东西才更深刻地感觉它。①

比如，什么是“愁”呢？南宋辛弃疾在《丑奴儿·书博山道中壁》中写道：

少年不识愁滋味，爱上层楼。爱上层楼。为赋新词强说愁。
而今识尽愁滋味，欲说还休。欲说还休。却道天凉好个秋。

在作者经过了生离死别的生活实践之后，才真正感觉到“愁滋味”。

看长城，一个懂得中华民族沧桑岁月的人，和一个不大懂历史的人，感觉是不一样的。

那么，有没有不使用概念的“纯粹”感觉呢？有没有不能用概念来表达的感觉呢？为什么有时候我们强调“第一印象”？为什么有人主张“当下即悟”？这些问题也需要我们深入思考。

第二，理性中有感性。理性认识不仅以感性认识为基础，而且要以文字符号等感性形式的语言来作为其物质外壳和表达手段。

人们往往用感性形式来表达理性的内容，比如一个老人对年轻人说：“我经过的桥比你走过的路都多。” 很多诗词中，都蕴涵着深刻而隽永的哲理，如“野火烧不尽，春风吹又生”（唐·白居易《赋得古原草送别》）、“问渠那得清如许？为有源头活水来”（南宋·朱熹《观书有感》）、“山重水复疑无路，柳暗花明又一村”（南宋·陆游《游山西村》）等。

①《毛泽东选集》第1卷，人民出版社1991年版，第286页。

二、从认识到实践

从实践到认识是认识的第一次飞跃，而从认识到实践则是认识的第二次飞跃。

（一）为什么要由认识到实践呢?

1. 从认识到实践的飞跃，是整个认识过程的必然归宿。

毛泽东说：

马克思主义的哲学认为十分重要的问题，不在于懂得了客观世界的规律性，因而能够解释世界，而在于拿了这种对于客观规律性的认识去能动地改造世界。……如果有了正确的理论，只是把它空谈一阵，束之高阁，并不实行，那末，这种理论再好也是没有意义的。……认识的能动作用，不但表现于从感性的认识到理性的认识之能动的飞跃，更重要的还须表现于从理性的认识到革命的实践这一个飞跃。①

认识的目的是指导实践、改变世界、改善生活，因而，还需要把认识成果运用于实践活动。

2. 从认识到实践，是实践本身的要求。

实践活动要获得成功、达到预期目的，就必须以正确的理论为指导。列宁说：

早已有人说过，没有革命的理论，就不会有革命的运动，而现在未必有再来证明这个真理的必要。②

---

①《毛泽东选集》第1卷，人民出版社1991年版，第292页。

②《列宁选集》第1卷，人民出版社2012年版，第153页。

马克思、恩格斯之所以探索历史唯物主义和剩余价值理论，就是为无产阶级和人类解放的实践活动提供科学的指导。毛泽东指出：

马克思说人比蜜蜂不同的地方，就是人在建筑房屋之前早在思想中有了房屋的图样。我们要建筑中国革命这个房屋，也须先有中国革命的图样。[①]

毛泽东1938年5月发表的《论持久战》，从理论上指引了抗日战争的伟大胜利。他明确指出：

中日战争既然是持久战，最后胜利又将是属于中国的，那末，就可以合理地设想，这种持久战，将具体地表现于三个阶段之中。第一个阶段，是敌之战略进攻、我之战略防御的时期。第二个阶段，是敌之战略保守、我之准备反攻的时期。第三个阶段，是我之战略反攻、敌之战略退却的时期。三个阶段的具体情况不能预断，但依目前条件来看，战争趋势中的某些大端是可以指出的。客观现实的行程将是异常丰富和曲折变化的，谁也不能造出一本中日战争的"流年"来；然而给战争趋势描画一个轮廓，却为战略指导所必需。所以，尽管描画的东西不能尽合将来的事实，而将为事实所校正，但是为着坚定地有目的地进行持久战的战略指导起见，描画轮廓的事仍然是需要的。

抗日战争是持久战，最后胜利是中国的——这就是我们的结论。[②]

在北平、天津、上海、南京等重要城市相继失守、中国军民惶惶不安的情况下，《论持久战》异常清晰而准确地描述了抗日战争的基本过程和最后结果，极大地振奋了中国人民的抗日信心。当时担任桂系将领白崇禧秘书的程思远说：

①《毛泽东文集》第2卷，人民出版社1993年版，第344页。
②《毛泽东选集》第2卷，人民出版社1991年版，第462-463、515页。

毛泽东《论持久战》刚发表，周恩来就把它的基本精神向白崇禧作了介绍。白崇禧深为赞赏，认为这是克敌制胜的最高战略方针。后来白崇禧又把它向蒋介石转述，蒋也十分赞成。在蒋介石的支持下，白崇禧把《论持久战》的精神归纳成两句话："积小胜为大胜，以空间换时间。"并取得了周公的同意，由军事委员会通令全国，作为抗日战争中的战略指导思想。①

《论持久战》英文本在海外得到积极响应和高度评价，据说丘吉尔、罗斯福的案头上都放着一本，斯大林的案头上则放着他专门请人翻译的俄文版。

3．从认识到实践，是认识本身发展的需要。

人们所获得的认识，究竟是正确的还是不够正确、甚至是错误的？这从认识本身是不能解决的。中国古代的庄子就已经发现了这个问题，他说：

道隐于小成，言隐于荣华，故有儒墨之是非。以是其所非，而非其所是。（《庄子·齐物论》）

那么，应该如何检验认识呢？毛泽东说：

理论的东西之是否符合于客观真理性这个问题，……要完全地解决这个问题，只有把理性的认识再回到社会实践中去，应用理论于实践，看它是否能够达到预想的目的。②

只有在实践活动中才能检验认识的真理性，并根据实践的发展而促进认识的更新，使其葆有生命力。

（二）如何由认识到实践？

从认识到实践是一个复杂过程，需要形成实践理念、制定实践方案、进行中间实验、组织动员群众开展大规模实践等一系列环节。

① 程思远：《我的回忆》，华艺出版社1994年版，第131页。
② 《毛泽东选集》第1卷，人民出版社1991年版，第292页。

实践理念，是实践的理想蓝图，不仅要反映客观事物的本质和规律，而且也包含人的需要、利益和目的。人们的需要包含着对现实的某种不满足，要求超越现实而创造更美好的生活，这里就涉及价值问题，我们以后会专门探讨。

认识要转化为实践，就必须使群众掌握理论。马克思在《〈黑格尔法哲学批判〉导言》中说：

批判的武器当然不能代替武器的批判，物质力量只能用物质力量来摧毁；但是理论一经掌握群众，也会变成物质力量。理论只要说服人[ad hominem]，就能掌握群众，而理论只要彻底，就能说服人[ad hominem]。所谓彻底，就是抓住事物的根本。而人的根本就是人本身。①

马克思主义所关注的“人本身”的生存状态及其完善。群众掌握理论，既需要说服教育、以理服人，启发群众的思想觉悟；也需要群众的自愿自觉。毛泽东在《论持久战》中说：

什么是政治动员呢？首先是把战争的政治目的告诉军队和人民。必须使每个士兵每个人民都明白为什么要打仗，打仗和他们有什么关系。……其次，怎样去动员？靠口说，靠传单布告，靠报纸书册，靠戏剧电影，靠学校，靠民众团体，靠干部人员。②

三、实践与认识的辩证运动

从实践到认识，再从认识到实践，就完成了认识的一次完整运动。但是，实践和认识并不因此就停止下来，而是又开始了新的实践和新的认识运动过

①《马克思恩格斯文集》第1卷，人民出版社2009年版，第11页。
②《毛泽东选集》第2卷，人民出版社1991年版，第481页。

程。毛泽东在《实践论》中说过很经典的一段话：

从感性认识而能动地发展到理性认识，又从理性认识而能动地指导革命实践，改造主观世界和客观世界。实践、认识、再实践、再认识，这种形式，循环往复以至无穷，而实践和认识之每一循环的内容，都比较地进到了高一级的程度。这就是辩证唯物论的全部认识论，这就是辩证唯物论的知行统一观。①

认识的发展是一个由特殊到普遍、又由普遍到特殊的辩证运动过程。毛泽东在《矛盾论》中指出：

就人类认识运动的秩序说来，总是由认识个别的和特殊的事物，逐步地扩大到认识一般的事物。人们总是首先认识了许多不同事物的特殊的本质，然后才有可能更进一步地进行概括工作，认识诸种事物的共同的本质。当着人们已经认识了这种共同的本质以后，就以这种共同的认识为指导，继续地向着尚未研究过的或者尚未深入地研究过的各种具体的事物进行研究，找出其特殊的本质，这样才可以补充、丰富和发展这种共同的本质的认识，而使这种共同的本质的认识不致变成枯槁的和僵死的东西。这是两个认识的过程：一个是由特殊到一般，一个是由一般到特殊。人类的认识总是这样循环往复地进行的，而每一次的循环（只要是严格地按照科学的方法）都可能使人类的认识提高一步，使人类的认识不断地深化。②

由实践到认识，就是从特殊到一般、从感性认识到理性认识；由认识到实践，就是由一般到特殊、从理性认识到实践。毛泽东在1943年《关于领导方法的若干问题》中说：

①《毛泽东选集》第1卷，人民出版社1991年版，第296-297页。

②《毛泽东选集》第1卷，人民出版社1991年版，第309-310页。

在我党的一切实际工作中，凡属正确的领导，必须是从群众中来，到群众中去。这就是说，将群众的意见（分散的无系统的意见）集中起来（经过研究，化为集中的系统的意见），又到群众中去作宣传解释，化为群众的意见，使群众坚持下去，见之于行动，并在群众行动中考验这些意见是否正确。然后再从群众中集中起来，再到群众中坚持下去。如此无限循环，一次比一次地更正确、更生动、更丰富。这就是马克思主义的认识论。①

“从群众中来”，大体上就是从实践到认识；“到群众中去”，大体上就是从认识到实践。因而，我们党的认识路线和群众路线是高度一致的，认识路线是群众路线的思想基础，群众路线是认识路线的具体运用，这是实际工作中的活的马克思主义认识论。毛泽东在1941年指出：

一个马克思主义者如果不懂得从改造世界中去认识世界，又从认识世界中去改造世界，就不是一个好的马克思主义者。一个中国的马克思主义者，如果不懂得从改造中国中去认识中国，又从认识中国中去改造中国，就不是一个好的中国的马克思主义者。②

实践和认识的辩证运动也是一个永恒的过程。习近平在党的十九大报告中说：

实践没有止境，理论创新也没有止境。世界每时每刻都在发生变化，中国也每时每刻都在发生变化，我们必须在理论上跟上时代，不断认识规律，不断推进理论创新、实践创新、制度创新、文化创新以及其他各方面创新。③

《周易》六十四卦从乾坤开始，最后两卦是既济和未济。所谓“既济”，

①《毛泽东选集》第3卷，人民出版社1991年版，第899页。
②《毛泽东文集》第2卷，人民出版社1993年版，第344页。
③《中国共产党第十九次全国代表大会文件汇编》，人民出版社2017年版，第21页。

是说已经渡过河流，已经克服艰难险阻而取得成功。下火上水，上下相应，皆得正位，形成一个完美有序、自足平衡的系统，但却失去了变化、创造的活力，反而隐含着深刻的危机。“《象》曰：水在火上，既济。君子以思患而豫防之。”未济，是没有渡过河流，没有完成，含有生生不息之意。因而，《序卦传》说：“物不可穷也，故受之以未济终焉。”

人类认识的发展，是一个不断继承、扬弃和创新的过程，是一个波浪式前进和螺旋式上升的过程，其中也充满了曲折、反复乃至某种倒退，但总趋势是不断丰富和发展真理性认识。张岱年认为：

思想的发展是辩证的；历史上每一学派，都占了达到究竟真理的程途中之一阶段，各有所见，亦各有所蔽。由其有所见，故各曾尽其应尽之作用；由其有所蔽，故终必为更新的学派所代替。究竟真理之获得，是累积的努力之结果；因而过去的学说内容中，亦必有非完全过去的成分存在。然而，假如旧学说中有一些观念，在后来能复活之时，也必须有所变易，只能是表面上复返于初，不会是真实的复返于初。①

习近平指出，要学习掌握认识和实践辩证关系的原理，坚持实践第一的观点，不断推进实践基础上的理论创新。我们推进各项工作，要靠实践出真知。理论必须同实践相统一。必须高度重视理论的作用，增强理论自信和战略定力，对经过反复实践和比较得出的正确理论，要坚定不移。要根据时代变化和实践发展，不断深化认识，不断总结经验，不断实现理论创新和实践创新良性互动，在这种统一和互动中发展21世纪中国的马克思主义。

① 张岱年：《中国哲学大纲》，杜运辉编：《燕赵文库·张岱年集》下册，河北人民出版社2017年版，第710页。

第三节　真理和真理观

认识的直接目的是获得真理。实践—认识—再实践的无限循环和发展过程，就是真理的发现、检验和发展过程。

我们求学、做学术研究，首先是要获得真理，也就是求真。追求真理、坚持真理、捍卫真理、发展真理，是一个学生、一个学者最基本、最重要的素养。孔子说："知之为知之，不知为不知，是知也。"（《论语·为政》）"朝闻道，夕死可矣。"（《论语·里仁》）古希腊亚里士多德讲"吾爱吾师，吾尤爱真理"。革命烈士夏明翰说："砍头不要紧，只要主义真。杀了夏明翰，还有后来人。"这都是我们要继承和弘扬的。

那么，究竟什么是真理？真理具有哪些特征？如何才能获得真理呢？

一、什么是真理

（一）真理的界定

真理是人们认识活动的产物，是标志主观与客观相符合的哲学范畴。真理是对客观事物及其规律的正确反映，也就是认识符合事物的本来面目。马克思、恩格斯在1845—1846年的《德意志意识形态》中指出：

只要这样按照事物的真实面目及其产生情况来理解事物，任何深奥的哲学问题……都可以十分简单地归结为某种经验的事实。[①]

恩格斯在《路德维希·费尔巴哈和德国古典哲学的终结》中提出：

人们决心在理解现实世界（自然界和历史）时按照它本身在每一个不以先

①《马克思恩格斯文集》第1卷，人民出版社2009年版，第528页。

入为主的唯心主义怪想来对待它的人面前所呈现的那样来理解；他们决心毫不怜惜地抛弃一切同事实（从事实本身的联系而不是从幻想的联系来把握的事实）不相符合的唯心主义怪想。除此以外，唯物主义并没有别的意义。不过在这里第一次对唯物主义世界观采取了真正严肃的态度，把这个世界观彻底地（至少在主要方面）运用到所研究的一切知识领域里去了。[①]

简单来说，真理就是主观符合客观，就是如实地反映客观事物、客观情况。但这种反映不是消极的、被动的、直观的反映，而是要在实践中、在改变客观世界的活动中去发现客观事物的真实联系和发展规律。要发现真理，仅仅旁观、静观是不行的，必须参与到行动中。正如毛泽东所说："你要有知识，你就得参加变革现实的实践。你要知道梨子的滋味，你就得变革梨子，亲口吃一吃。"[②]要知道什么是友谊，你就要去交朋友；你适合哪种生活方式，也需要去亲自探索。毛泽东在总结中国革命的经验教训时说：

所谓对于情况的估计，就是根据我们对于客观地存在着的实际情况，加以调查研究，而后反映于我们脑子中的关于客观情况的内部联系，这种内部联系是独立地存在于人的主观之外而不能由我们随意承认或否认的。它有利于我们也好，不利于我们也好，能够动员群众也好，不能动员也好，我们都不得不调查它，考虑它，注意它。如果我们还想改变客观情况的话，那就可以根据这种真实地反映了客观情况内部联系的估计，规定行动方针，转过去影响客观情况，把它加以改造。[③]

人类社会的一切规律，归根到底都是"现实的人"的发展规律。我们学习和运用马克思主义，就是要深入把握中国社会和世界历史的运动规律和发展趋势，避免"左"倾和右倾的严重失误，争取最大限度地降低社会进步的

① 《马克思恩格斯文集》第4卷，人民出版社2009年版，第297页。
② 《毛泽东选集》第1卷，人民出版社1991年版，第287页。
③ 《毛泽东文集》第2卷，人民出版社1993年版，第339页。

代价。

（二）真理的本质

真理意味着主观符合客观，它在形式上是主观的，是人脑中的观念形态，通过感觉、知觉、表象、概念、判断、推理等表达，往往带有鲜明的个性特色。

同样一种意思会有不同的表达方式，我们要善于用不同方式表达同一个真理。讲友谊之可贵，可以用诗词，如李白《赠汪伦》“桃花潭水深千尺，不及汪伦送我情”、高适《别董大》“莫愁前路无知己，天下谁人不识君”、王勃《送杜少府之任蜀州》“海内存知己，天涯若比邻”、王维《渭城曲》“劝君更尽一杯酒，西出阳关无故人”……可以用音乐，如俞伯牙与钟子期、《友谊地久天长》……又如勾股定理被称为“几何学的基石”，中国商代的商高已经发现，因而又称“商高定理”。约成书于公元前1世纪西汉时的《周髀算经》记载：“故折矩，以为勾广三，股修四，径隅五。既方之，外半其一矩，环而共盘，得成三四五。两矩共长二十有五，是谓积矩。”《九章算术》第九章即为勾股术。在西方则称为毕达哥拉斯（Pythagoras，约前580—约前500）定理。又如，英国的牛顿（Isaac Newton，1643—1727）和德国的莱布尼茨（Gottfried Wilhelm Leibniz，1646—1716）分别发明微积分。在新型冠状病毒流行期间，各地的宣传标语就各有特色，但都揭示、反映一个基本真理——病毒具有人对人的传染性。

虽然真理在形式上是主观的，但其内容是客观的，真理的本质属性是客观性。这就是说：真理是对客观事物及其规律的正确反映。客观事物及其规律是人脑之外的客观存在，是不以个人的意识、意志为转移的客观对象。列宁指出：

> 有没有客观真理？就是说，在人的表象中能否有不依赖于主体、不依赖于人、不依赖于人类的内容？
>
> 认为我们的感觉是外部世界的映像；承认客观真理；坚持唯物主义认识

论的观点，——这都是一回事。……这是多么起码的一个问题。[①]

真理是内容上的一元性与形式上的多样性的统一。任何人要发现真理、发展真理，都必须老老实实地去观察、去实验、去实践，去如实地反映客观事物及其内在规律。我们要说实话，说真话，办实事。信从真理就会进步，而违背真理就会失败，这就是真理客观性的意义。

二、真理的相对性与绝对性

在肯定真理客观性的前提下，还要看到：任何真理都是一个矛盾，都有相对性和绝对性这两个属性。

（一）真理的相对性

“现实的人”都是有限的存在者，在一定时期探索到的真理都是相对的、有条件的、具体的。如六味地黄丸是宋代“小儿王”钱乙创制的滋补肾虚、强身健体的中成药；但它的适用症状是肝肾阴虚，如果是肾阳虚就不能用。因而，好药也不能瞎吃。

1. 真理是对整个客观世界的一定认识。

对整个客观世界的认识来说，任何真理都是对世界的某一领域、某一阶段、某一层次的正确反映，不能穷尽无限多样的事物和世界的无穷发展过程。

2. 真理是对特定事物的一定认识。

对特定事物的认识来说，任何真理都只是对该事物的某些方面、一定层次、一定程度的正确反映，不能穷尽其所有方面、所有层次、无限变化，对任何事物的把握总是近似的。

客观世界和客观事物的无限多样性及其变化、发展的无限性，决定了世界上总是存在人类尚未认识的事物，决定了对事物的认识总是有待于继续深

① 《列宁选集》第2卷，人民出版社2012年版，第81-82、89-90页。

化，从而决定了人类认识的相对性。任何真理都有自己的适用条件和范围，也就是都有度的限制。脱离一切条件的抽象真理，只是幻想。现代哲学家张申府提出“具体相对论”：

一切辞说，除最简单的可以与显然的事实直接比较者外，其是非、真妄，都不只依其依据，尤要说其说法（或人说之的），看其看法（或人看之的）。

就是：一要看照那种意义（或意谓），作怎样解释（怎样讲），为什么问题（科目、事件或旨趣），在什么范围（畛域、分寸、程度及种类），就什么或那方面或那点说。

二要说从什么观点、立场，于什么时候、地方，对什么局势、关联，本什么前提、背景，由什么因缘、条件看。

三有时更要随着名词、字眼，分别类型、层级、伦序或等次。而意义、解释，于字义（字谊或字的意谓）外，还要靠句法；并要看与生活（实践、行动）与社会与历史的相关关系。

或要而言上，就在看其所、分、当，而以中、以直（值）为其的。①

人是有限的存在者。“吾生也有涯，而知也无涯。以有涯随无涯，殆已！”（《庄子·养生主》）每个人都面临着一个终极问题，这就是有限和无限的关系。生命是有限的，却总想长生不老；智慧是有限的，却总想把握整个世界。为了把握世界，人类创造了哲学、艺术、宗教、文学等意识方式。

如前所述，马克思、恩格斯向来反对把他们的理论作为到处适用的教条，他们在1872年《共产党宣言》德文版序言中指出：

不管最近25年来的情况发生了多大的变化，这个《宣言》中所阐述的一般原理整个说来直到现在还是完全正确的。某些地方本来可以作一些修改。这些原理的实际运用，正如《宣言》中所说的，随时随地都要以当时的历史

① 张申府：《具体相对论》，《独立与民主》，文献出版社1945年版，均为第166页。

条件为转移，所以第二章末尾提出的那些革命措施根本没有特别的意义。[①]

马克思、恩格斯强调《共产党宣言》所阐明的历史唯物主义等原理“随时随地都要以当时的历史条件为转移”，这是具有重大意义的。列宁说：

辩证法……研究不可避免地转变，根据对发展过程的全部具体情况的详尽研究来证明这种转变的不可避免性。辩证法的基本原理是：没有抽象的真理，真理总是具体的。[②]

只要再多走一小步，看来像是朝同一方向多走了一小步，真理就会变成错误。[③]

对一定的真理，要确定其具体条件和适用范围。

（二）真理的绝对性

真理的绝对性有两点：

1．真理内容的确定性。

任何真理都标志着主观与客观相符合，在其所适用的范围内都是确定的、不可否定的，都同谬误有着原则的界限。

2．真理发展的无限性。

从人类的人生本性来说，任何真理都是主观思维向客观世界的接近，人类实践和认识发展的可能性是无限的。

在认识活动中，要尽可能地全面把握客观对象，防止片面性。列宁说：

要真正地认识事物，就必须把握住、研究清楚它的一切方面、一切联系和“中介”。我们永远也不会完全做到这一点，但是，全面性这一要求使我们

①《马克思恩格斯文集》第2卷，人民出版社2009年版，第5页。

②《列宁选集》第1卷，人民出版社2012年版，第523页。

③《列宁选集》第4卷，人民出版社2012年版，第211页。

防止错误和防止僵化。[①]

真理的全面性，意味着真理本身是一个发展过程，要经过长期探索来完善真理、发展真理。

（三）真理是相对性与绝对性的统一

作为矛盾的两个方面的真理的相对性和绝对性，是对立统一的关系，同学们可以运用学过的矛盾原理进行分析。我们主要看统一性方面：真理的绝对性与相对性相互依存、相互包含。

真理的绝对性和相对性是不能分开的，任何真理既是绝对的又是相对的。

1．真理的绝对性寓于相对性之中。

任何真理、人们对客观事物及其规律的每一个正确认识，都是相对的和有条件的。真理的相对性总是作为前提、条件、界限而限制、规定着绝对性。

2．真理的相对性包含着绝对性。

任何真理，都标志着人们在一定范围内、一定程度上、一定层次上达到了对于无限发展着的物质世界的正确认识。只要在这个范围、程度、条件下，真理就是真理，谬误就是谬误，二者有着根本的区别。

比如，人们对中医和西医的认识不断深化。中国古代完全靠中医来保护人民健康。近代以来受西方影响，一些人开始否定中医甚至主张取消中医。现当代重新肯定中医，探索中医和西医各自的适用范围以及中西医的深度结合。

真理的相对性和绝对性的对立统一，是真理自身无限发展的内部动力。人类认识的发展总是不断揭示出相对中的绝对和绝对中的相对，不断拓展和深化真理的规定性。

（四）相对真理和绝对真理

由真理的相对性和绝对性，可以引申出相对真理和绝对真理。任何真理都是相对的、具体的，在这个意义上称之为相对真理。对事物乃至世界的完

① 《列宁选集》第4卷，人民出版社2012年版，第419页。

全的、最终的正确认识，称为绝对真理或终极真理。提出绝对真理，有助于理解真理的系统性、完整性和发展的无限性。我们承认世界的可知性，如果把绝对真理比喻为大海，那么每个相对真理就是一颗水滴。

真理的绝对性和相对性、相对真理和绝对真理，反映了人类思维中一个深刻矛盾——思维的至上性和非至上性。所谓思维的至上性，就是思维的无限性和绝对性，思维按照本性、可能性来说能够认识无限发展的物质世界；思维的非至上性，是思维的有限性和相对性，每个人、每一代人都受到具体历史条件的限制。恩格斯在《反杜林论》中说：

一方面，人的思维的性质必然被看做是绝对的，另一方面，人的思维又是在完全有限地思维着的个人中实现的。这个矛盾只有在无限的前进过程中，在至少对我们来说实际上是无止境的人类世代更迭中才能得到解决。从这个意义来说，人的思维是至上的，同样又是不至上的，它的认识能力是无限的，同样又是有限的。按它的本性、使命、可能和历史的终极目的来说，是至上的和无限的；按它的个别实现情况和每次的现实来说，又是不至上的和有限的。①

坚持真理的相对性和绝对性相统一，就要反对独断主义和相对主义两种错误。独断主义片面夸大真理的绝对性，把某种具体的相对真理夸大为不变的、僵化的绝对真理，否认真理应当随着实践和客观对象的变化而发展、充实、深化。独断主义往往表现为教条主义。毛泽东在1930年说：

本本主义的社会科学研究法也同样是最危险的，甚至可能走上反革命的道路，中国有许多专门从书本上讨生活的从事社会科学研究的共产党员，不是一批一批地成了反革命吗？……读过马克思主义“本本”的许多人，成了革命叛徒，那些不识字的工人常常能够很好地掌握马克思主义。马克思主义的“本本”是要学习的，但是必须同我国的实际情况相结合。我们需要“本

①《马克思恩格斯文集》第9卷，人民出版社2009年版，第92页。

本”，但是一定要纠正脱离实际情况的本本主义。[①]

毛泽东在1956年还说：

那个时候，给我安了一个名字叫“枪杆子主义”，因为我说了一句“枪杆子里头出政权”。他们说政权哪里是枪杆子里头出来的呢？马克思没有讲过，书上没有那么一句现成的话，因此就说我犯了错误，就封我一个“枪杆子主义”。的确，马克思没有这么讲过，但是马克思讲过“武装夺取政权”，我那个意思也就是武装夺取政权，……对我最有益处的，就是封我为“狭隘经验论”。……那个时候他们认为山里头没有马克思主义，因为我们在山里头，城市里头就有马克思主义。……特别是那个“狭隘经验论”刺激了我。似乎马克思主义只有一家，别无分店。是不是分店也可以搞一点马克思主义呢？[②]

相对主义，则片面夸大真理的相对性、条件性，否认真理的绝对性、确定性。这种观点认为，只要发现了新的真理，原来的真理就被推翻了，就不是真理了；既然真理都是发展的，就无所谓真理，一切真理都是权且被当作真理的假设而已。这就把真理的相对性歪曲为主观随意性，否认真理和谬误的根本区别。

我们在前边已经谈到真理的检验标准。西方实用主义（Pragmatism）认为“有用就是真理”。比如美国哲学家、心理学家威廉·詹姆斯（William James，1842—1910）认为：“它是有用的，因为它是真的。”胡适说：

真理原来是人造的，是为了人造的，是人造出来供人用的，是因为他们大有用处所以才给他们“真理”的美名的。[③]

①《毛泽东选集》第1卷，人民出版社1991年版，第111-112页。

②《毛泽东文集》第7卷，人民出版社1999年版，第105-106页。

③《胡适文存》第2卷，黄山书社1996年版，第225页。

这种观点认为真理如同粉笔、黑板、茶杯一样，“原不过是人的一种工具”。对这种真理观应如何评价呢？这里实际上已经涉及一个新领域：价值和价值观问题。

专题五　方法论

马克思主义的根本方法就是唯物主义辩证法。中学《生活与哲学》或《哲学与文化》中接触到“唯物辩证法的联系观”“唯物辩证法的发展观”“唯物辩证法的实质与核心”等内容，初步涉及用联系的观点、发展的观点、对立统一的观点看问题，这个专题对此作进一步探讨。

第一节　什么是辩证法？

什么是辩证法呢？马克思明确指出，《资本论》的主要方法就是“辩证法”：

辩证法在对现存事物的肯定的理解中同时包含对现存事物的否定的理解，即对现存事物的必然灭亡的理解，辩证法对每一种既成的形式都是从不断的运动中，因而也是从它的暂时性方面去理解；辩证法不崇拜任何东西，按其本质来说，它是批判的和革命的。①

按照辩证法的理解，人类历史不会终结于某个特殊阶段。资本主义生产方式是暂时的，而不是永恒的，必将被更高级的生产方式所代替，人类将由此结束“史前史”而进入“自由人”之“联合体”的新阶段，未来的共产主义社会是人类历史的新开端。有意思的是，马克思虽然明确指出自己的学术研究就是运用辩证法，却从来没有写出一本专著讲辩证法，但他的全部著作都贯彻了辩证法的精神。方法是要用的，只有在实际运用中才能真正掌握它。恩格斯从正面下定义说：

①《马克思恩格斯文集》第5卷，人民出版社2009年版，第22页。

辩证法不过是关于自然界、人类社会和思维的运动和发展的普遍规律的科学。①

从马克思主义发展史来看，没有唯物辩证法，就不会产生马克思主义。恩格斯在《社会主义从空想到科学的发展》1882年德文第1版序言中提出：

唯物主义历史观及其在现代的无产阶级和资产阶级之间的阶级斗争上的特别应用，只有借助于辩证法才有可能。②

他在1891年进一步提出：

科学社会主义的产生，一方面必须有德国的辩证法，同样也必须有英国和法国的发达的经济关系和政治关系。德国的落后的——40年代初比现在还落后得多的——经济和政治的发展阶段，最多只能产生社会主义的讽刺画。……只有在英国和法国所产生的经济和政治状态受到德国辩证法的批判以后，才能得出确实的结论。③

从人类思想史来看，“辩证法”的名称源于希腊哲学。我们现在使用的“辩证法”名词，是20世纪20年代经日语而翻译成汉语，这就涉及马克思主义概念的传播史。概念的拟定总是落后于人们的生活实践，人类对“自然界、人类社会和思维的运动和发展的普遍规律”的探索源远流长，各个民族都有其独特贡献。

中国古代辩证思维与西方古希腊以来的辩证法，是人类辩证法思想的重要源流。恩格斯曾经这样阐述“古希腊哲学的世界观”：

①《马克思恩格斯文集》第9卷，人民出版社2009年版，第149页。

②《马克思恩格斯文集》第3卷，人民出版社2009年版，第495-496页。

③《马克思恩格斯文集》第3卷，注释①，人民出版社2009年版，第495-496页。

当我们通过思维来考察自然界或人类历史或我们自己的精神活动的时候，首先呈现在我们眼前的，是一幅由种种联系和相互作用无穷无尽地交织起来的画面，其中没有任何东西是不动的和不变的，而是一切都在运动、变化、生成和消逝。……这种原始的、素朴的、但实质上正确的世界观是古希腊哲学的世界观，而且是由赫拉克利特最先明白地表述出来的……[①]

古希腊辩证法以赫拉克利特为代表，他提出“人不能两次踏进同一条河流”等命题，认为“世界是包括一切的整体，它不是由任何神或任何人所创造的，它过去、现在和将来都是按规律燃烧着，按规律熄灭着的永恒的活火”，列宁评价说：“这是对辩证唯物主义原理的绝妙的说明。”[②]康德（Immanuel Kant，1724—1804）、黑格尔等复兴了西方辩证法。恩格斯说：

近代德国哲学……最大的功绩，就是恢复了辩证法这一最高的思维形式。

黑格尔第一次——这是他的伟大功绩——把整个自然的、历史的和精神的世界描写为一个过程，即把它描写为处在不断的运动、变化、转变和发展中，并企图揭示这种运动和发展的内在联系。[③]

在德国知识界把黑格尔“当做一条‘死狗’”时，马克思明确地提出：

我公开承认我是这位大思想家的学生，……辩证法在黑格尔手中神秘化了，但这决没有妨碍他第一个全面地有意识地叙述了辩证法的一般运动形式。在他那里，辩证法是倒立着的。必须把它倒过来，以便发现神秘外壳中的合理内核。[④]

---

①《马克思恩格斯文集》第3卷，人民出版社2009年版，第538页。
②《列宁全集》第55卷，人民出版社2017年版，第299页。
③《马克思恩格斯文集》第9卷，人民出版社2009年版，第22、26页。
④《马克思恩格斯文集》第5卷，人民出版社2009年版，第22页。

马克思和恩格斯批判地继承了黑格尔哲学的“合理内核”——辩证法思想，并发展为唯物辩证法。正如恩格斯在《反杜林论》第2版序言中所说：

马克思和我，可以说是唯一把自觉的辩证法从德国唯心主义哲学中拯救出来并运用于唯物主义的自然观和历史观的人。①

中国古代辩证思维源于西周初年的《周易》，此后的老子讲“观复”、孔子讲“辨惑”、庄子讲“反衍”、《易传》讲“通变”、荀子讲“解蔽”，都是中国特色的辩证法思想。张岱年认为：

如果用中国固有名词来说，辩证法可称为“辨惑法”、“观复法”、“反衍法”、“通变法”，或者“解蔽法”。②

我们通常所说的《周易》或“易学”包含着两部书：《易经》和《易传》。《易经》即《周易古经》，最晚产生于公元前11世纪的西周初；《易传》即《易大传》，大概形成于战国到汉初。“易”是什么意思呢？《说文解字》：“易，蜥易……日月为易，象阴阳。……从勿。”有的学者认为，从金文和篆文来看，“易”字取形于蜥蜴，它以善变著称，因而“易”的本义就是变化。《易经》的基本单位是“卦”，卦的最基本单位是阳爻和阴爻，“——”代表阳，用“— —”代表阴，分别称为“九”和“六”。再由“——”“— —”相叠为三画的八卦，即乾、坤、震、巽、坎、离、艮、兑。朱熹《周易本义》记载有《八卦取象歌》：“乾三连，坤六断，震仰盂，艮覆碗，离中虚，坎中满，兑上缺，巽下断。”《易传》提出“一阴一阳之谓道”（《系辞上》）的深湛命题，是中国古代关于对立统一规律的精粹思想。《易传》肯定变化的普遍性：“在天成象，在地成形，变化见矣。”（《系辞上》）“易穷则变，变则通，通则

①《马克思恩格斯文集》第9卷，人民出版社2009年版，第13页。

②《张岱年全集》第6卷，河北人民出版社1996年版，第49页。

久。”（《系辞下传》）六十四卦的最后一卦是“未济”，表示变化的永恒性。《易传》提出“生生”“日新”：“富有之谓大业，日新之谓盛德，生生之谓易。”（《系辞上》）“天地之大德曰生。”（《系辞下》）肯定世界是一个生生日新、不断创造的变化过程。

春秋时期的老子，具有丰富而深刻的辩证法思想。他提出：

反者道之动。（《老子·四十章》）

将欲翕之，必固张之。将欲弱之，必固强之。将欲废之，必固兴之。将欲夺之，必固与之，是谓微明。（《老子·三十六章》）

故物或损之而益，或益之而损。（《老子·四十二章》）

大成若缺，其用不敝。大盈若盅，其用不穷。大直若屈，大辩若讷，大巧若拙。（《老子·四十五章》）

祸兮福之所倚，福兮祸之所伏。（《老子·五十八章》）

天下莫柔弱于水，而攻坚强者莫之能先，其无以易之也。柔之胜刚也，弱之胜强也，天下莫不知，而莫之能行。（《老子·七十八章》）

《易经》《道德经》对中国古代社会和思想发展产生重大而深刻的影响，当代仍是思想创新的重要源头。毛泽东在《中国革命战争的战略问题》提出：“关于丧失土地的问题，常有这样的情形，就是只有丧失才能不丧失，这是‘将欲取之必先与之’的原则。”①

北宋的张载、明清之际的王夫之等，都有深湛的辩证法思想。总起来看，中国古代辩证法的基调是讲求和谐，对联系、变化、对立统一规律、质量互变规律等都有深刻探讨。德国科学家、数学家、哲学家莱布尼茨（Gottfried Wilhelm Leibniz，1644—1716）1696年在他编辑出版的《中国新事萃编》序言中说：“中国和欧洲各居世界大陆的东西两端，是人类伟大的教化和灿烂文明的集中点。”他发现中国古老的易图结构可以用二进制数学进行解释，促进了世界范

①《毛泽东选集》第1卷，人民出版社1991年版，第211页。

围内对易学的数理研究。

那么，马克思主义与中国传统哲学有没有关系呢？这是一个很有意思、很重大的研究课题。马克思1842年曾谈道："书报检查官涂改时画的叉叉杠杠之对出版物，正如中国人的直线——八卦——之对思维。检查官的八卦是著作的各种范畴；而范畴，大家知道，这是多样的内容中本质的典型的东西。"①张允熠认为："马克思对中国哲学的熟知程度可能超出我们已知的范围之外。"②

唯物辩证法是马克思主义的基本方法。马克思、恩格斯、列宁、毛泽东等革命领袖，都对唯物辩证法有精深造诣，这是他们能够攀登人类思想高峰、在社会实践中取得成功的重要因素。马克思的《资本论》，恩格斯的《反杜林论》《自然辩证法》，列宁的《哲学笔记》《谈谈辩证法问题》，毛泽东的《矛盾论》《实践论》和《中国革命战争的战略问题》《论持久战》等，都是唯物辩证法的经典著作。习近平高度重视唯物辩证法，他在2015年1月23日中共中央政治局就辩证唯物主义基本原理和方法论进行集体学习时指出："要学习掌握唯物辩证法的根本方法，不断增强辩证思维能力，提高驾驭复杂局面、处理复杂问题的本领。"

马克思、恩格斯早年的哲学主要是黑格尔的唯心主义辩证法，他们逐渐地、越来越自觉地运用辩证法研究政治经济学、政治斗争和自然科学，一方面揭示了人类经济运行、政治运动和自然界中联系、发展的内在规律，一方面为辩证法找到了现实基础，从而把黑格尔的唯心主义辩证法转变为唯物辩证法。我们一定要像马克思、恩格斯一样，在现实生活中学习、研究和运用马克思主义辩证法。

第二节　唯物辩证法的总特征

一般来说，唯物辩证法有两个总特征：联系与发展。

① 《马克思恩格斯全集》第1卷，人民出版社1956年版，第62页。

② 张允熠：《中国文化与马克思主义》，人民出版社2015年版，第350页。

一、联系的观点

（一）辩证法是关于普遍联系的科学

恩格斯说：

辩证法是关于普遍联系的科学。[①]

列宁说：

每个事物（现象等等）的关系不仅是多种多样的，并且是一般的、普遍的。每个事物（现象、过程等等）是和其他的每个事物联系着的。[②]

“联系”概念，是一个涵盖性最大、最基本的哲学概念。哲学的其他概念，都是在“联系”概念的基础上生发出来的，可以说都是“联系”概念的进一步深化、具体化。我们经常问“为什么”，就是在找联系。

什么是“联系”呢？联系就是一切事物、现象、过程之间及其内部诸要素之间的相互影响、相互作用、相互制约。

（二）联系的特点

事物的联系，具有客观性、普遍性、中介性、条件性等特点。

1．联系的客观性。

联系是事物本身所固有的。我们要从实际出发而寻求真实的联系，不能主观臆造、捕风捉影。比如“智子疑邻”的寓言故事：

宋有富人，天雨墙坏。其子曰：“不筑，必将有盗。”其邻人之父亦云。暮

①《马克思恩格斯文集》第9卷，人民出版社2009年版，第401页。

②《列宁选集》第2卷，人民出版社2012年版，第411-412页。

而果大亡其财，其家甚智其子，而疑邻人之父。（《韩非子·说难》）

北宋的岳飞被秦桧以“莫须有”（“莫须”是宋人的口语，是“大概”“也许”的意思）罪名杀害：

狱之将上也，韩世忠不平，诣桧诘其实。桧曰：“飞子云与张宪书虽不明，其事体莫须有。”世忠曰：“‘莫须有’三字，何以服天下?!”（《宋史·岳飞传》）

美国2003年发动对伊拉克的战争，借口是伊拉克政府掌握着对世界构成威胁的大规模杀伤性武器，以及萨达姆践踏人权。2003年，英国的武器专家戴维·凯利认为这是个谎言。他对一处发现的细菌实验室直言到：“它们不是流动细菌战实验室，你不能用它们来制造生物武器，它们甚至不像实验室，它们正如伊拉克人所说的：制造氢气来填充气球的设施。”在发表一系列质疑之后，这位武器专家在离家不远的地方吃下20多片药片、砍断左手之后离奇死亡。美联储主席格林斯潘在2007年卸任后撰写回忆录，在其中说道：“基于政治的原因，很多人不愿意承认一个事实：伊拉克战争在很大程度上是为了石油。”英国政府在2016年发布的《齐尔考特报告》（*Chilcot Report*）中，第一次承认“英国情报部门当时并不确定伊拉克拥有大规模杀伤性武器”。在2019年以来的新冠疫情中，美国等西方国家罔顾事实而污蔑中国。我们听到、看到一个新闻、一个事情都要反思一下：这是真实的联系吗？要进行调查和确证。在生活中，我们不能疑神疑鬼，更不能做故意捏造事件的“标题党”。

2. 联系的普遍性。

从联系的定义中，可以直接推导出联系普遍性的两点含义：

（1）内部联系。

一切事物、现象、过程内部的各个部分、要素、环节都是相互联系的。

比如，物质结构层次论告诉我们：在物质世界中，有夸克、基本粒子、原子、分子、物体、行星、恒星、星系、总星系等；在生物界，有分子、细胞、组织、器官、生物个体、生态群落；在社会中，有生产力、生产关系、经济结构、政治和意识形态等。这些层次之间都是相互联系、相互作用的。又如，我们人体中的五脏六腑等都是相互联系的。

古老的中医学有神奇的经脉学说，十二正经、奇经八脉等把人体联为一个整体："夫十二经脉者，内属于腑脏，外络于肢节。"（《灵枢·海论》）"病在上者，下取之；病在下者，高取之。"（《灵枢·终始篇》）"经络所过，主治所及""通则不痛，痛则不通"，足少阳胆经流经足和头部，可以选择足部的外关穴、临泣穴等治疗头痛。

我们还知道，情绪与身体健康是直接联系的：

怒则气上，喜则气缓，悲则气消，恐则气下，惊则气乱，思则气结。（《素问·举痛论》）

怒伤肝，喜伤心，思伤脾，忧伤肺，恐伤肾。（《素问·阴阳应象大论》）

（2）外部联系。

世界上一切事物、现象、过程都与其他事物、现象、过程相互联系，不存在任何孤立的事物、现象、过程。

比如大家熟知的生态系统的食物链。中国古代有"唇亡齿寒"典故：

晋侯复假道于虞以伐虢。宫之奇谏曰："虢，虞之表也；虢亡，虞必从之……谚所谓'辅车相依，唇亡齿寒'者，其虞之谓也。"（《左传·僖公五年》）

夫鲁，齐、晋之唇。唇亡齿寒，君所知也。（《左传·哀公八年》）

晋献公以垂棘之璧假道于虞而伐虢。大夫宫之奇谏曰："不可！唇亡而齿寒。虞、虢相救，非相德也。今日晋灭虢，明日虞必随之亡。"虞君不听，爱其璧而假之道。晋已取虢。还，反灭虞。（《韩非子·喻老》）

还有"皮之不存，毛将焉附"成语：

冬，秦饥，使乞籴于晋，晋人弗与。庆郑曰：“背施无亲，幸灾不仁，贪爱不祥，怒邻不义：四德皆失，何以守国？”虢射曰：“皮之不存，毛将安傅？”（《左传·僖公十四年》）

杜预注：皮，以喻所许秦城；毛，以喻籴。言既背秦施，为怨以深，虽与之籴，犹无皮而施毛。

其中都蕴含着治国理政的深刻哲理。日常生活中，则有“以小见大，见一叶落而知岁之将暮”。（《淮南子·说山训》）后来俗语有“一叶落而知天下秋”。英国作家雪莱（Percy Bysshe Shelley，1792-1822）的《西风颂》（*Ode To The West Wind*）有类似的表述：If winter comes，can spring be far behind?又如“春江水暖鸭先知”、“遥知不是雪，为有暗香来”、藕断丝连……中国传统医学揭示了四时与养生的联系：

夫四时阴阳者，万物之根本也。所以圣人春夏养阳，秋冬养阴，以从其根；故与万物沉浮于生长之门。逆其根则伐其本，坏其真矣。（《素问·四气调神大论》）

社会学家费孝通在20世纪40年代分析人口数量与社会结构之间的关系：

以往论人口的学者很少注意到人口数量和社会结构的关系。早年的马尔萨斯……在他，生育是自然现象，人像苍蝇样会不断地繁殖。人多了食料不够，吃不到饭的人因穷困营养不良而死去，为要争食料，大家抢饭吃，发生战争。他最后是主张积极性地限制人口，使大家能安居乐业，不必在饥荒战争中去解决人口问题。但是他理论的出发点是把人类看成和其他动物相同的，也就是说他忽略了人类生活所赖的社会结构。人口的消长并不是自然的生物现象，也不是食料的多寡，而是决定于社会结构的性质。……人口的数目是依当时当地的社会结构的需要而决定的。若是一个结构里需要的人数多，物资少，这结构中的人甚至可以在半蛰的状态中过着不得饱食的生活；相反，若是一个结构只需少数人口就能维持，尽管食料丰富，也不会依几何级数的速率去生孩子的。

在以体力来耕种的技术下，在农忙的季节里即使动员全村的劳力还是不够。换一句话说，为了要维持农作的劳力的需要，虽则这需要只发生在一个很短的期间，农村里不能不养着大量的人口。在这种人口就是生产动力的经济结构中，地狭人众的现象是避免不了的。在以蒸汽、电气等作动力，以机械作工具的经济结构中，如现代的西洋，社会结构所需人口的数目降低了，人口渐减的趋势也日见显著。①

这对于我们考察当代人口问题及相关对策，仍有重要启示。

现代科学研究，产生了越来越多的交叉学科、综合学科、边缘学科，如化学与物理学的交叉形成了物理化学和化学物理学，化学与生物学的交叉形成了生物化学和化学生物学；经济学中的经济社会学、经济工程学、计算经济学；语言学中的生态语言学、社会语言学、心理语言学、数理语言学。我们北京语言大学以多语种擅长，外语翻译本身就是一种交叉学科，涉及文化、哲学、历史、政治等多个领域。

雾霾现象，与天气状况、地理环境、生活方式、生产方式等紧密联系，它不仅影响我们的身体健康，而且还直接影响我们的情绪。

2020年1月3日，美军空袭杀死了伊朗伊斯兰革命卫队特种部队“圣城旅”指挥官卡西姆·苏莱曼尼。这次行动在军事上称为定点清除，在战争史上可以算作一个节点，即从冷兵器到热兵器，再到智能武器，世界进入新的战争模式。美国媒体称，这一袭击是利用线人、电子截击机、侦察机和其他监视技术等高度机密信息的结合。然而，没有公开的一个信息是，手机追踪和定位。2020年7月31日，我国的“北斗”三号导航卫星系统正式开通，很多人都喜欢查“北斗，北斗，收到请回答”，看多少颗北斗卫星正陪伴着你。

① 费孝通：《生育制度》，华东师范大学出版社2019年版，第141、142页。

由第一点、第二点，我们可以进一步推导出第三点：

（3）世界是相互联系的统一整体。

马克思、恩格斯在《共产党宣言》中提出：

资产阶级，由于开拓了世界市场，使一切国家的生产和消费都成为世界性的了。……过去那种地方的和民族的自给自足和闭关自守状态，被各民族的各方面的互相往来和各方面的互相依赖所代替了。物质的生产是如此，精神的生产也是如此。各民族的精神产品成了公共的财产。民族的片面性和局限性日益成为不可能，于是由许多种民族的和地方的文学形成了一种世界的文学。①

中国古代哲学讲“天人之学”，认为天、地、人是由“气”相贯通的统一整体（大宇宙），同处于“生生不息”的宇宙大化之中。“有天道焉，有人道焉，有地道焉。兼三材而两之，故六。六者非它，三材之道也。”（《易传·系辞传》）这种“三材共建”的“三材之道”，就是把宇宙万物看成相互联系、相互制约的三个层次、三大系统，天、地、人构成变动不已的大系统。老子提出：“道大，天大，地大，人亦大。域中有四大，而人得其一焉。人法地，地法天，天法道，道法自然。”（《老子·第二十五章》）道、天、地、人是宇宙中的“四大”，而天、地、人由道即天地万物的总规律、总过程相贯通。宋明理学中非常强调“天人合一”“万物一体”，比如：“民吾同胞，物吾与也。”（张载《西铭》）“仁者，以天地万物为一体。”（《二程遗书》卷二上）“大人者，以天地万物为一体者也，其视天下犹一家、中国犹一人焉。”（王阳明《大学问》）中国哲学把宇宙视为一个有机系统，因而非常强调“观其会通”。

又如美国气象学家洛仑兹（Edward NortonLorenz，1917—2008）1979年12月29日正式提出“蝴蝶效应”：“一只蝴蝶在巴西扇动翅膀，会在得克萨斯引起龙卷风吗？”后来“蝴蝶效应”被广泛应用于分析微小事件所引发的巨大变

①《马克思恩格斯文集》第2卷，人民出版社2009年版，第35页。

动。

习近平倡导“人类命运共同体”思想，他在2020年1月6日给世界大学气候变化联盟的学生代表回信时提出：

> 人与自然是生命共同体，对自然的伤害最终会伤及人类自己。我提出绿水青山就是金山银山，就是希望中国既加强自身生态文明建设，主动承担应对气候变化的国际责任，又同世界各国一道，努力呵护好全人类共同的地球家园。

今天，我们越来越紧迫地关注和反思近代以来人类生产方式和生活方式的巨大变化及其后果。全球气候问题、南太平洋岛国的生存问题、青藏高原冰川融化问题等，新冠疫情引发的一系列经济、贸易、金融、教育、卫生、外交等问题，都表明世界是一个相互联系的整体，要用系统的观点看问题。

3．联系的中介性。

事物之间的联系，既有直接联系，也有间接联系。父母与孩子、老师与学生都是直接联系，但孩子和父母的朋友、老师与学生的朋友就可能是间接联系。间接联系要通过一定的中介来实现。中介，是两个事物之间的中间层次、中间环节。各种中介机构已经与我们的生活密不可分。

任何事物之间，不论有多大的差异性，都可以通过某种中介或一系列中介而联系起来。恩格斯说：

> 两种不同的物总有某些质（至少在物体性的属性上）是共有的，另一些质在程度上有所不同，还有一些质可能是两种物中的一个所完全没有的。如果我们拿两种极不相同的物——例如一块陨石和一个人——来比较，我们由此得到的共同点便很少，至多只有重量和其他一些一般的物体属性是二者所共有的。但是，介乎这二者之间还有其他自然物和自然过程的一个无限的系列，这些自然物和自然过程使我们有可能把从陨石到人的这个系列充实起来，并

指出每一个自然物和自然过程在自然联系中的地位，从而**认识**它们。[①]

恩格斯一方面指出联系的普遍性和中介性，另一方面也提示：事物之间的中介，世界发展过程的具体环节，要靠实证研究来发现和揭示。列宁说：

一切vermittelt=都是经过中介，连成一体，通过过渡而联系的。[②]

社会学中有“六度分离”理论。1967年，美国社会心理学家斯坦利·米尔格兰姆（Stanley Milgram）提出：你和任何一个陌生人之间所间隔的人不会超过五个。它表达了一个重要思想：任何两位素不相识的人之间，通过一定的联系方式，总能够产生必然联系或关系。人们还发现，经济活动中的商业联系网络结构、生态系统中的食物链结构，甚至人类脑神经元结构，以及细胞内的分子交互作用网络结构，都具有极相似的“六度分离”关系。

孔子“工欲善其事，必先利其器”（《论语·卫灵公》），西方民谣“丢失一个钉子，坏了一只蹄铁；坏了一只蹄铁，折了一匹战马；折了一匹战马，伤了一位骑士；伤了一位骑士，输了一场战斗；输了一场战斗，亡了一个帝国”，都体现了这种联系的中介性。

任何事物都是普遍联系的环节，既是个体事物，又是其他事物的中介。

4．联系的条件性。

我们经常说“生活条件”“学习条件”等，“条件”是一个重要的哲学范畴，是“联系”范畴的具体化，所揭示的是事物联系的具体性、个性、特殊性。条件，是同某一事物相联系的、对该事物的存在和发展发生作用的诸要素之总和。

事物的条件具有多样性：有内在条件和外在条件、客观条件和主观条件、决定性的条件和非决定性的条件、本质条件和非本质条件、顺利条件和困难条件等等。

---

①《马克思恩格斯文集》第9卷，人民出版社2009年版，第497页。

②《列宁全集》第55卷，人民出版社2017年版，第85页。

那么，事物的条件是一成不变的吗？如果是，这些条件本身又是从哪里来的呢？任何条件既是客观的、限定的，也是不断发生变化的。在正确认识条件的基础上，人能够主动地、能动地改变条件，乃至创造条件，也就是改变事物的具体联系，从而改变事物的存在状态。我们认识自己周围的世界，就是要认识自己的生活条件；改变自己周围的世界，就是要改变自己的生活条件。比如超导现象，导电材料接近绝对零度，出现零电阻和抗磁性的特性。电阻为零，能够无损耗地传输电能，将在一定程度上决定智能电网的竞争力。习近平论"中国道路"的条件性时指出：

独特的文化传统，独特的历史命运，独特的基本国情，注定了我们必然要走适合自己特点的发展道路。①

我们从小到大，都是在不断地认识各种条件，不断地学习如何生活。我们可以思考：中国长期稳定发展的条件是什么？美国对中国进行和平演变的条件是什么？身体健康的条件是什么？大学生德才兼备的条件是什么呢？学生宿舍里怎么会有蟑螂？……

总之，关于联系，一方面，我们要考察、发现、揭示事物的具体联系，不能空谈、臆造、瞎想。另一方面，事物都是普遍联系的，我们要从联系的观点看问题、看事物、看民族、看国家、看世界，如"迨天之未阴雨，彻彼桑土，绸缪牖户"（《诗经·豳风》）、"不谋万世者，不足谋一时；不谋全局者，不足谋一域"（清·陈澹然《寤言·迁都建藩议》），都富有哲理。

二、发展的观点

发展的观点，是唯物辩证法的第二个基本特征。列宁说：

①《习近平谈治国理政》，外文出版社2014年版，第156页。

……**辩证法**，即最完备最深刻最无片面性的关于发展的学说，这种学说认为反映永恒发展的物质的人类知识是相对的。[①]

联系的观点和发展的观点之间是什么关系呢？它们是一个层次，还是高低两个层次？联系包括相互影响、相互作用、相互制约。那么，两个事物之间相互影响、相互作用、相互制约，会表现出什么状态？这就涉及两个新的概念：变化和运动。

（一）变化与运动

恩格斯说：

我们所接触到的整个自然界构成一个体系，即各种物体相联系的总体，……这些物体处于某种联系之中，这就包含了这样的意思：它们是相互作用着的，而它们的相互作用就是运动。[②]

我们这个世界、我们的生活、我们的思想和情绪，是静止的，还是在不断变化呢？中国古代哲学很早就在思考事物变化、运动的问题，深刻揭示了变化、运动的普遍性、永恒性、不可抗拒性。如：

飘风不终日，骤雨不终朝。孰为此者？天地。天地尚不能久，而况于人乎？（《老子·第二十三章》）

子在川上曰："逝者如斯夫，不舍昼夜。"（《论语·子罕》）

《易传》提出"变化"成语：

在天成象，在地成形，变化见矣。

变动不居，周流六虚，上下无常，刚柔相易。不可为典要，唯变所适。

①《列宁选集》第2卷，人民出版社2012年版，第310页。

②《马克思恩格斯文集》第9卷，人民出版社2009年版，第514页。

易，穷则变，变则通，通则久。（《易传·系辞传》）

《世说新语》有东晋桓温的一个故事：

桓公北征，经金城，见前为琅琊时种柳，皆已十围，慨然曰："木犹如此，人何以堪!"攀枝执条，泫然流泪。（《世说新语·言语》）

后来北周的庾信说：

昔年种柳，依依汉南。今看摇落，凄怆江潭。树犹如此，人何以堪!（《枯树赋》）

中国古代诗歌对自然变化、人事流逝有生动描述，如：

春江潮水连海平，海上明月共潮生。……江畔何人初见月？江月何年初照人？人生代代无穷已，江月年年只相似。不知江月待何人，但见长江送流水。白云一片去悠悠，青枫浦上不胜愁。（唐·张若虚《春江花月夜》）

去年今日此门中，人面桃花相映红。桃面不知何处去，桃花依旧笑春风。（唐·崔护《题都城南庄》）

春风又绿江南岸，明月何时照我还？（北宋·王安石《泊船瓜洲》）

大江东去，浪淘尽，千古风流人物。故垒西边，人道是，三国周郎赤壁。乱石穿空，惊涛拍岸，卷起千堆雪。江山如画，一时多少豪杰。（北宋·苏轼《念奴娇·赤壁怀古》）

流光容易把人抛，红了樱桃，绿了芭蕉。（南宋·蒋捷《一剪梅·舟过吴江》）

社会学家费孝通在20世纪40年代分析中国从"乡土社会"向"现代社会"的过渡：

乡土社会的生活是富于地方性的。地方性是指他们活动范围有地域上的限制，在区域间接触少，生活隔离，各自保持着孤立的社会圈子。

乡土社会在地方性的限制下成了生于斯、死于斯的社会。常态的生活是终老是乡。假如在一个村子里的人都是这样的话，在人和人的关系上也就发生了一种特色，每个孩子都是在人家眼中看着长大的，在孩子眼里周围的人也是从小就看惯的。这是个“熟悉”的社会，没有陌生人的社会。

现代社会是个陌生人组成的社会，各人不知道各人的底细，所以得讲个明白；还要怕口说无凭，画个押，签个字。这样才发生法律，在乡土社会中法律是无从发生的。……乡土社会的信用并不是对契约的重视，而是发生于对一种行为的规矩熟悉到不假思索时的可靠性。

这种办法在一个陌生人面前是无法应用的。在我们社会的激速变迁中，从乡土社会进入现在社会的过程中，我们在乡土社会中所养成的生活方式处处产生了流弊。陌生人所组成的现代社会是无法用乡土社会的风俗来应付的。于是“土气”成了骂人的词汇，“乡”也不再是衣锦荣归的去处了。[①]

现实生活永远在变化之中，但人们对待变化的态度是多么不同啊！有人欢迎，有人惧怕；有人赞扬，有人悲哀。所谓“顺变”，其实是很高的生活境界。

从变化的方向来说，事物的变化、运动一般有三种情形：同一水平的变化，下降的变化，前进的、上升的变化。我们不仅要知道事物是变化、运动的，而且还要进一步把握事物变化、运动的方向和趋势。

（二）发展的过程性

发展，是事物前进的、上升的变化，特别指人类所在的现实世界中由低级向高级、由无序到有序、由简单到复杂的上升运动。发展的实质，是新事物产生和旧事物灭亡，是新事物代替旧事物，是新陈代谢。

事物的发展是一个过程。唯物辩证法坚持过程论观点，以过程观点去看待一切事物、现象和人物、思想。我们在本专题一开始就看到马克思的名言：

① 费孝通：《乡土中国》，华东师范大学出版社2018年版，第5、5、6、7页。

> 辩证法在对现存事物的肯定的理解中同时包含对现存事物的否定的理解，即对现存事物的必然灭亡的理解，辩证法对每一种既成的形式都是从不断的运动中，因而也是从它的暂时性方面去理解；辩证法不崇拜任何东西，按其本质来说，它是批判的和革命的。[①]

恩格斯在《路德维希·费尔巴哈和德国古典哲学的终结》中表述了同样的思想：

> 一个伟大的基本思想，即认为世界不是既成**事物**的集合体，而是**过程**的集合体，其中各个似乎稳定的事物同它们在我们头脑中的思想映象即概念一样都处在生成和灭亡的不断变化中，在这种变化中，尽管有种种表面的偶然性，尽管有种种暂时的倒退，前进的发展终究会实现——这个伟大的基本思想，特别是从黑格尔以来，已经成了一般人的意识……[②]

恩格斯把过程论看作“一个伟大的基本思想”，可见它在唯物辩证法中的重要地位。人类历史就是一个发展过程：

> 历史同认识一样，永远不会在人类的一种完美的理想状态中最终结束；完美的社会、完美的“国家”是只有在幻想中才能存在的东西；相反，一切依次更替的历史状态都只是人类社会由低级到高级的无穷发展过程中的暂时阶段。每一个阶段都是必然的，因此，对它发生的那个时代和那些条件说来，都有它存在的理由；但是对它自己内部逐渐发展起来的新的、更高的条件来说，它就变成过时的和没有存在的理由了；它不得不让位于更高的阶段，而这个更高的阶段也要走向衰落和灭亡。正如资产阶级依靠大工业、竞争和世界市场在实践中推翻了一切稳固的、历来受人尊崇的制度一样，这种辩证哲

①《马克思恩格斯文集》第5卷，人民出版社2009年版，第22页。

②《马克思恩格斯文集》第4卷，人民出版社2009年版，第298页。

学推翻了一切关于最终的绝对真理和与之相应的绝对的人类状态的观念。在它面前，不存在任何最终的东西、绝对的东西、神圣的东西；它指出所有一切事物的暂时性，在它面前，除了生成和灭亡的不断过程、无止境地由低级上升到高级的不断过程，什么都不存在。它本身就是这个过程在思维着的头脑中的反映。①

首先，一切事物都是过程，世界是过程的集合体。一切事物的存在本身，都是一种特定的运动过程。一切事物都有其生成和灭亡，每个事物的现实存在都是暂时的、相对的。比如，人类社会的每个发展阶段都是暂时的、历史性的；每个个体生命也都是暂时的，我们经常说“出生入死”，真是道破了生命的本义。其次，事物和世界总过程的主导方向，是前进的发展。世界发展的主导趋势和结果，是不断产生结构上、功能上、形态上高于旧事物的新事物。比如荀子的宇宙层次论：“水火有气而无生，草木有生而无知，禽兽有知而无义。人有气有生有知亦且有义，故最为天下贵也。”（《荀子·王制》）从“水火”到“草木”到“禽兽”到“人”，就是宇宙中不断产生新事物的发展过程。

问题在于：旧事物“灭亡”应如何理解呢？是简单地排斥、抛弃旧事物吗？这就需要准确把握新事物和旧事物的含义，再进一步探讨它们之间的关系。

（三）新事物与旧事物

1. 新事物和旧事物的界定。

新事物是具有存在必然性、合乎历史前进方向、具有远大前途的东西；旧事物是在历史发展中日渐丧失其存在必然性、日趋灭亡的东西。

新事物、旧事物的判定的标准，不是单纯的出现时间的先后，而是它们的根本性质、未来趋势。

2. 新事物的优越性。

新事物在内容上更丰富，在形态上更高级。新事物从旧事物中孕育、产

①《马克思恩格斯文集》第4卷，人民出版社2009年版，第270页。

生出来，既继承了旧事物中仍然有生命力的、适应新环境新条件的积极因素，又抛弃了旧事物已经过时的、腐朽的因素，而且增加了旧事物所不具有的、不能容纳的新因素。这就是我们后边要讨论的“扬弃”或“辩证发展”。按照辩证发展的观点，社会主义代替资本主义，就是对资本主义的积极扬弃过程，既要承继其合理因素，又要拒绝、抛弃其腐朽因素，更要在新的社会实践中进行伟大创造。比如，有人把“自由、平等、博爱”视为资本主义社会的专利，但恩格斯在1884年《家庭、私有制和国家的起源》中引述摩尔根《古代社会》“**这将是古代民族的自由、平等和博爱的复活，但却是在更高级形式上的复活**”[①]作为结语，这表明“在马克思主义创始人的学说中，从来就是把‘自由、平等、博爱’视为社会主义的崇高价值目标，是他们为之奋斗的社会理想和理想文明”[②]。“自由、平等、博爱”在包括资本主义阶段的不同社会形态都有其具体表现，未来共产主义社会是对古已有之的“自由、平等、博爱”理想的积极扬弃和创新发展。马克思、恩格斯在1850年提出：

虽然中国的社会主义跟欧洲的社会主义像中国哲学跟黑格尔哲学一样具有共同之点，但是，有一点仍然是令人欣慰的，即世界上最古老最巩固的帝国8年来在英国资产者的大批印花布的影响之下已经处于社会变革的前夕，而这次变革必将给这个国家的文明带来极其重要的结果。如果我们欧洲的反动分子不久的将来会逃奔亚洲，最后到达万里长城，到达最反动最保守的堡垒的大门，那末他们谁不定就会看见这样的字样：中华共和国——自由，平等，博爱。[③]

马克思、恩格斯科学地预见到中国君主专制社会将被“自由、平等、博爱”的“中华共和国”所取代，“中华文明的伟大复兴，就是以自由、平等、

①《马克思恩格斯文集》第4卷，人民出版社2009年版，第198页。

② 段若非：《马克思主义及其在当今中国的运用和发展》，人民出版社2017年版，第221页。

③《马克思恩格斯全集》第7卷，人民出版社1959年版，第265页。

博爱为标志的社会主义新型文明在广袤的中华大地上呈现”[1]。中国特色社会主义文化是对包括“自由、平等、博爱”等人类价值追求的批判继承、创造转化、综合创新，是扬弃、超越资本主义社会“自由、平等、博爱”的更高阶段、更高境界。

为什么新事物具有这样的优异性质呢？在自然界，是生物适应新环境而不断进化的结果。在社会历史领域，新事物代表人民群众的根本利益、反映人类社会的进步要求，因而能够得到越来越广泛的支持。孟子提出“得民心者得天下”思想：

得道者多助，失道者寡助。寡助之至，亲戚畔之；多助之至，天下顺之。（《孟子·公孙丑下》）

得天下有道，得其民，斯得天下矣。得其民有道，得其心，斯得民矣。得其心有道，所欲与之聚之，所恶勿施尔也。（《孟子·离娄上》）

新事物“得道者多助”而“天下顺之”，在根本性质上优于旧事物，因而在发展趋势上是不可战胜的。毛泽东1937年在《矛盾论》中指出“新陈代谢是宇宙间普遍的永远不可抵抗的规律”[2]。他在1945年针对抗日战争结束后国共两党谈判的复杂局势指出：

中国发展的总趋势，也必定要变好，不能变坏。世界是在进步的，前途是光明的，这个历史的总趋势任何人也改变不了。我们应当把世界进步的情况和光明的前途，常常向人民宣传，使人民建立起胜利的信心。同时，我们还要告诉人民，告诉同志们，道路是曲折的。在革命的道路上还有许多障碍物，还有许多困难。……前途是光明的，道路是曲折的。[3]

① 段若非：《马克思主义及其在当今中国的运用和发展》，人民出版社2017年版，第221页。

②《毛泽东选集》第1卷，人民出版社1991年版，第323页。

③《毛泽东选集》第4卷，人民出版社1991年版，第1163页。

根据新旧事物的辩证关系原理，毛泽东在1946年、1958年都以科学的预见、雄伟的气魄提出“一切反动派都是纸老虎”的著名论断：

一切反动派都是纸老虎。看起来，反动派的样子是可怕的，但是实际上并没有什么了不起的力量。从长远的观点看问题，真正强大的力量不是属于反动派，而是属于人民。①

同世界上一切事物无不具有两重性（即对立统一规律）一样，帝国主义和一切反动派也有两重性，它们是真老虎又是纸老虎。……从本质上看，从长期上看，从战略上看，必须如实地把帝国主义和一切反动派，都看成纸老虎。从这点上，建立我们的战略思想。另一方面，它们又是活的铁的真的老虎，它们会吃人的。从这点上，建立我们的策略思想和战术思想。②

“青山遮不住，毕竟东流去。”（南宋·辛弃疾：《菩萨蛮·书江西造口壁》）我们一方面要坚定对中华民族伟大复兴，对人类解放、自由、进步的信心；另一方面，也要充分估计到前进过程中的反复和曲折，最大限度地降低社会进步的成本。

第三节　对立统一规律

一、对立统一规律是辩证法的实质和核心

要准确把握联系和发展，就要深入理解对立统一规律和否定之否定规律等问题。

对立统一，就是矛盾。对立统一规律，就是矛盾规律。中国古代就有

①《毛泽东选集》第4卷，人民出版社1991年版，第1195页。
②《毛泽东文集》第7卷，人民出版社1999年版，第455-456页。

“矛盾”词语：

楚人有鬻盾与矛者。誉之曰：“吾盾之坚，物莫能陷也。”又誉其矛曰：“吾矛之利，于物无不陷也。”或曰：“以子之矛，陷子之盾，何如?”其人弗能应也。夫不可陷之盾与无不陷之矛，不可同世而立；今尧、舜之不可两誉，矛盾之说也。（《韩非子·难一》）

韩非是法家的代表人物，他的“矛盾”思想强调事物的斗争性：“不相容之事，不两立也。”（《韩非子·五蠹》）他的目的，是要结束百家争鸣的局面，禁止相互对立的学派之存在，使法家思想居于统治地位。我们现在所使用的“矛盾”概念不同于韩非的“矛盾”概念，既讲对立，又讲统一。

那么，矛盾学说在马克思主义辩证法中是什么地位呢？矛盾是辩证法的核心范畴，对立统一规律是辩证法的核心规律。马克思1847年在《哲学的贫困》中提出：

两个相互矛盾方面的共存、斗争以及融合成一个新范畴，就是辩证运动。①

恩格斯在《反杜林论》中提出：

由于所谓矛盾辩证法在从古代希腊人起直到目前为止的哲学中所起的重大作用，甚至比杜林先生更激烈的反对者要来加以反对，也必须提出别的论据，而不能只凭一个断言和许多的谩骂。②

列宁认为：

①《马克思恩格斯文集》第1卷，人民出版社2009年版，第605页。
②《马克思恩格斯文集》第9卷，人民出版社2009年版，第126页。

……马克思主义活的灵魂……辩证法即关于包罗万象和充满矛盾的历史发展的学说。

可以把辩证法简要地规定为关于对立面的统一的学说。这样就会抓住辩证法的核心，可是这需要说明和发挥。①

毛泽东1937年在《矛盾论》中指出：

事物的矛盾法则，即对立统一的法则，是唯物辩证法的最根本的法则。

这个辩证法的宇宙观，主要地就是教导人们要善于去观察和分析各种事物的矛盾的运动，并根据这种分析，指出解决矛盾的方法。②

著名哲学家张岱年认为：

对立统一律为辩证法之最基本的规律。其余诸原则皆可谓对立统一律之特殊运用，而皆可由对立统一推衍而得之。③

可见，把对立统一规律确立为唯物辩证法的实质和核心，是马克思主义经典作家和马克思主义学者的共识。准确理解对立统一规律，是学习唯物辩证法的关键。它揭示了事物普遍联系的根本内容、变化发展的根本原因，是贯穿于唯物辩证法其他规律和范畴的中心线索。唯物主义辩证法的矛盾分析法，是最根本的认识方法。

---

①《列宁选集》第2卷，人民出版社2012年版，第278、412页。

②《毛泽东选集》第1卷，人民出版社1991年版，第299、304页。

③ 杜运辉编：《燕赵文库·张岱年集》上册，河北人民出版社2017年版，第656-657页。

二、矛盾的斗争性与统一性

辩证法中的矛盾，是客观事物本身所固有的，是对现实生活的反映。矛盾内部有斗争性、统一性这两种固有的相反相成的基本属性，二者共同推动事物的变化、运动。首先，要搞清楚二者的基本含义。

（一）矛盾的统一性

矛盾的统一性，是矛盾双方的相互依存、相互贯通的性质和趋势。表述的用语很多，如统一性、同一性、相互吸引、相互结合、相互依存、相互贯通、相互渗透、相互联结等。矛盾的统一性有两种主要表现形式：

第一、事物发展过程中的每一种矛盾的两个方面，各以和它对立着的方面为自己存在的前提，双方共处于一个统一体中；第二、矛盾着的双方，依据一定的条件，各向着其相反的方面转化。①

1．矛盾双方相互依存。

一切对立的成分都是这样，因一定的条件，一面互相对立，一面又互相联结、互相贯通、互相渗透、互相依赖。②

这就是说，矛盾着的双方，一方的存在以另一方为前提，双方共处于一个统一体中。比如，生产与消费、进步与退步、师生、上下、生死、顺逆、资本家和雇佣工人……如果一方消失，则矛盾统一体破裂。

矛盾双方相互吸引、相互渗透、相互包含，“你中有我，我中有你”，不是截然分开的，如中国古代太极图“阴中有阳，阳中有阴”。比如感性认识与

①《毛泽东选集》第1卷，人民出版社1991年版，第327页。
②《毛泽东选集》第1卷，人民出版社1991年版，第328页。

理性认识、中美之间的经贸关系等。中国传统哲学讲“一阴一阳之谓道”（《易传·系辞传》），阴阳的相互作用的过程、规律就是“道”。又如“万物负阴而抱阳，冲气以为和”（《老子·第四十二章》），事物内部都包括阴阳两个对立的方面，阴阳二气在交互作用中达到“和”的统一状态。

2. 矛盾双方相互转化。

事物内部矛盾着的两方面，因为一定的条件而各向着和自己相反的方面转化了去，向着它的对立方面所处的地位转化了去。[①]

这里的“转化”，不是简单地“成为”对方，而主要是指双方的性质、地位、作用等方面的转化。恩格斯说：

任何一个有机体，在每一瞬间都既是它本身，又不是它本身，在每一瞬间，它消化着外界供给的物质，并排泄出其他物质，在每一瞬间，它的机体中都有细胞在死亡，也有新的细胞在形成，经过或长或短的一段时间，这个机体的物质便完全更新了，由其他物质的原子代替了，所以，每个有机体永远是它本身，同时又是别的东西。……某种对立的两极，例如正和负，既是彼此对立的，又是彼此不可分离的，而且不管它们如何对立，它们总是互相渗透的；同样，原因和结果这两个概念，只有应用于个别场合时才有其本来的意义；可是，只要我们把这种个别的场合放到它同宇宙的总联系中来考察，这两个概念就交汇起来，融合在普遍相互作用的看法中，而在这种相互作用中，原因和结果经常交换位置；在此时或此地是结果，在彼时或彼地就成了原因，反之亦然。

真理和谬误，正如一切在两极对立中运动的逻辑范畴一样，只是在非常有限的领域内才具有绝对的意义。……对立的两极都向自己的对立面转化，真理变成谬误，谬误变成真理。[②]

① 《毛泽东选集》第1卷，人民出版社1991年版，第328页。
② 《马克思恩格斯文集》第9卷，人民出版社2009年版，第25、96页。

列宁也指出：

只要再多走一小步，看来像是朝同一方向多走了一小步，真理就会变成错误。①

中国古代哲学有很多关于矛盾双方相互依存、相互转化的论述，比如：

天下皆知美之为美，斯恶已；皆知善之为善，斯不善矣。故有无相生，难易相成，长短相形，高下相盈，音声相和，前后相随。（《老子·第二章》）

温故而知新，可以为师矣。（《论语·为政》）

知之为知之，不知为不知，是知也。（《论语·为政》）

无欲速，无见小利。欲速，则不达；见小利，则大事不成。（《论语·子路》）

人无远虑，必有近忧。（《论语·卫灵公》）

曾子曰："戒之，戒之！出乎尔者，反乎尔者也。"（《孟子·梁惠王下》）

战势不过奇正，奇正之变，不可胜穷。奇正相生，如环之无端，孰能穷之？（《孙子兵法·势篇》）

乐民之乐者，民亦乐其乐。忧民之忧者，民亦忧其忧。乐以天下，忧以天下。（《孟子·梁惠王上》）

公仪休相鲁而嗜鱼，一国尽争买鱼而献之，公仪子不受。其弟谏曰："夫子嗜鱼而不受者，何也？"对曰："夫唯嗜鱼，故不受也。夫即受鱼，必有下人之色；有下人之色，将枉于法；枉于法，则免于相。虽嗜鱼，此不必能致我鱼。我又不能自给鱼。即无受鱼而不免于相，虽嗜鱼，我能长自给鱼。"此明夫恃人不如自恃也；明于人之为己者不如己之自为也。（《韩非子·外储说右下》）

①《列宁选集》第4卷，人民出版社2012年版，第211页。

杨子过于宋东之逆旅。有妾二人，其恶者贵，美者贱。杨子问其故，逆旅之父答曰："美者自美，吾不知其美也；恶者自恶，吾不知其恶也。"杨子谓弟子曰："行贤而去自贤之心，焉往而不美？"（《韩非子·喻老》）

《老子》提出的"祸兮福所倚，福兮祸所伏"（《老子·五十八章》），后来在"塞翁失马，焉知非福"（A loss，no bad thing）中得到进一步发挥：

夫祸福之转而相生，其变难见也。近塞上之人，有善术者。马无故亡而入胡，人皆吊之。其父曰："此何遽不为福乎？"居数月，其马将胡骏马而归，人皆贺之。其父曰："此何遽不能为祸乎？"家富良马，其子好骑，堕而折其髀，人皆吊之，其父曰："此何遽不为福乎？"居一年，胡人大侵入塞，丁壮者引弦而战，近塞之人死者十九。此独以跛之故，父子相保。故福之为祸、祸之为福，化不可极、深不可测也。（《淮南子·人间训》）

这些论断，都是古人从生活中总结出的深刻见解。

（二）矛盾的斗争性

矛盾的斗争性，是矛盾双方互相排斥、互相分离的性质和趋势。

矛盾的斗争性是哲学范畴，有着丰富的内容和表现形式，要注意与日常用语特别是政治用语的"斗争"之间的区别与联系。矛盾的斗争不一定是双方的鱼死网破、你死我活的绝对对立，而是有着矛盾双方的差异、对立、反对、限制、否定、激化等多种形态。

马克思在《资本论》中谈到由商品到货币的"惊险的一跃"：

W—G。商品的第一形态变化或卖。商品价值从商品体跳到金体上，像我在别处说过的，是商品的惊险的跳跃。这个跳跃如果不成功，摔坏的不是商品，但一定是商品占有者。……某种产品今天满足一种社会需要，明天就可能全部地或部分地被一种类似的产品排挤掉。①

不论是日常生活还是国家、民族的生存、发展，都有诸多阻碍、困难、压力、挑战，都需要我们勇敢地面对、沉着地应对。

（三）矛盾的统一性与斗争性的关系

斗争性与统一性是矛盾的两种基本属性，二者既相反，又相成；既对立，又不离。

1．统一性不能脱离斗争性。

统一性是以差异、对立为前提的，是包含差异、对立于自身的统一；没有两个事物之间的差异、对立，也就无所谓统一。那种排斥差异、对立的统一，黑格尔称之为“抽象的同一”，会导致形而上学的思维方式，因为没有差异和对立的事物只能是静止、孤立的，没有了变化和运动。

中国古代哲学中，有“和同之辨”。和，本指歌唱的相互应合。《说文解字》：“和，相应也。”引申为不同事物之间相互一致的关系。西周末年周太史史伯说：

夫和实生物，同则不继。以他平他谓之和，故能丰长而物归之。若以同裨同，尽乃弃矣。故先王以土与金、木、水、火杂以成百物。……于是乎先王聘后于异姓，求财于有方，择臣取谏工，而讲以多物：务和同也。声一无听，色一无文，味一无果，物一不讲。（《国语·郑语》）

史伯认为“和”是“以他平他谓之和”，即不同事物相互聚合而得其平衡。不同事物聚合而得其平衡，故能产生新事物，故云“和实生物”；如果只是相同事物重复相加，那就还是原来事物不可能产生新事物。故云“同则不继”。史伯关于“和”的思想是非常深刻的，至今还闪耀着智慧的光辉。儒家创始人孔子提出：“君子和而不同，小人同而不和。”（《论语·子路》）史伯、

①《马克思恩格斯文集》第5卷，人民出版社2009年版，第127页。

孔子的“和”，都是多样性统一的意思。春秋时期齐国晏婴论“以水济水”：

君所谓可，据亦曰可；君所谓否，据亦曰否。若以水济水，谁能食之？（《左传·昭公二十年》。“据”即梁丘据）

明清之际的黄宗羲也说：

学问之道，以各自用得著者为真。凡倚门傍户、依样葫芦者，非流俗之士，则经生之业者。此编所列，有一偏之见，有相反之论。学者于其不同之处，正宜著眼理会，所谓一本万殊也。以水济水，岂是学问？（《明儒学案·发凡》）

当代哲学家张岱年进一步提出“兼和”思想，认为：

对立之相互冲突谓之乖违，对立之聚合而得其平衡谓之和谐，亦简称曰和。事物变化之流，一乖一和。

中国古代哲学中有一与“同”相近而有区别之观念，曰“和”。所谓和者，指相异者或对立者之结聚而相成相济。相同之物结聚或累积，非和；和必相异者或对立者之结聚；然相异或对立之相乖相悖亦非和，相异者或对立者之相成相济，方可谓和。

最高的价值准则曰兼赅众异而得其平衡，简云“兼和”，古代谓之曰“和”，亦曰富有日新而一以贯之。①

“兼和”是唯物主义辩证法与中国传统辩证思维融合会通的一个创新典范。

事物的统一体总是包含差异、对立、斗争，所谓“水至清则无鱼，人至

① 杜运辉编：《燕赵文库·张岱年集》上册，河北人民出版社2017年版，第778、778、825页。

察则无徒”（《汉书·东方朔传》）。因而，我们要承认、包容、欣赏多样性、差异性，有“厚德载物”的开阔胸怀和强大的承受力。

2. 斗争性也不能脱离统一性。

任何对立和统一都是具体的、有条件的，既要反对抽象的统一，也要反对抽象的对立。比如，一般来说父亲与孩子相对立，而不是与石头相对立。恩格斯说：

> 所有的两极对立，都以对立的两极的相互作用为条件；这两极的分离和对立，只存在于它们的相互依存和联结之中，反过来说，它们的联结，只存在于它们的分离之中，它们的相互依存，只存在于它们的对立之中。①

毛泽东提出：

> 我们中国人常说：“相反相成。”就是说相反的东西有同一性。这句话是辩证法的，……“相反”就是说两个矛盾方面的互相排斥，或互相斗争。“相成”就是说在一定条件之下两个矛盾方面互相联结起来，获得了同一性。而斗争性即寓于同一性之中，没有斗争性就没有同一性。②

中国古代的“质胜文则野，文胜质则史。文质彬彬，然后君子”（《论语·雍也》）、“一张一弛，文武之道”（《礼记·杂记下》）等，都体现了矛盾双方既对立又统一的关系。

既然任何事物本身、矛盾内部都同时存在着斗争性和同一性，这就要求我们看一个事物、一个现象、一个人，既不能只看差异、对立，也不能只看依存、转化，而要同时考察斗争性和统一性两个方面。

---

①《马克思恩格斯文集》第9卷，人民出版社2009年版，第516页。

②《毛泽东选集》第1卷，人民出版社1991年版，第333页。

三、矛盾的普遍性与特殊性

界定了矛盾的含义，再来看矛盾的普遍性与特殊性之间的关系。

（一）矛盾的普遍性

什么是矛盾的普遍性呢？毛泽东指出：

矛盾的普遍性或绝对性这个问题有两方面的意义。其一是说，矛盾存在于一切事物的发展过程中；其二是说，每一事物的发展过程中存在着自始至终的矛盾运动。

没有什么事物是不包含矛盾的，没有矛盾就没有世界。

矛盾是普遍的、绝对的，存在于事物发展的一切过程中，又贯串于一切过程的始终。[①]

事物的存在都有时间和空间两个维度，矛盾也是一样。矛盾无处不在——“矛盾存在于一切事物的发展过程中”；矛盾无时不有——“每一事物的发展过程中存在着自始至终的矛盾运动”。

既然矛盾是普遍的，就要求我们时时处处都要以矛盾的眼光看世界、看事物、看事情、看人物，不要幻想没有矛盾的世界。

毛泽东还指出矛盾普遍性的一个深刻含义：

事物发展过程的根本矛盾及为此根本矛盾所规定的过程的本质，非到过程完结之日，是不会消灭的。[②]

哲学家张岱年认为：

①《毛泽东选集》第1卷，人民出版社1991年版，第305、305、307页。

②《毛泽东选集》第1卷，人民出版社1991年版，第314页。

凡通贯于一历程恒显无间之理，谓之性。

物之通贯之常谓之自性，即一物之所以为一物者。凡物皆有其自性，否则不成其为一物。如自性消失，即其物毁灭。自性亦曰本性。[①]

这就是说，存在着通贯一个事物发展全过程的根本矛盾或基本矛盾，它决定该事物的根本性质。比如，人类社会的基本矛盾是生产力和生产关系之间的矛盾运动；资本主义社会的基本矛盾，则是社会化大生产和生产资料资本主义私人占有之间的矛盾运动。事物的根本矛盾或基本矛盾解决或消失，就意味着该事物发生根本的质变。

（二）矛盾的特殊性

在肯定矛盾普遍存在的前提下，我们要把主要精力放在探讨矛盾的特殊性上。毛泽东指出：

任何运动形式，其内部都包含着本身特殊的矛盾。这种特殊的矛盾，就构成一事物区别于他事物的特殊的本质。这就是世界上诸种事物所以有千差万别的内在的原因，或者叫做根据。[②]

世界为什么是多样的？因为每个事物的矛盾都不同。矛盾的特殊性，是世界多样性的原因。莱布尼茨（Gottfried Wilhelm Leibniz，1646—1716）说：“没有两片完全相同的树叶，世界上没有性格完全相同的人。”俄国文学家托尔斯泰所著《安娜·卡列尼娜》的开篇语非常震撼：“幸福的家庭都是相似的；不幸的家庭各有各的不幸。”（Happy families are all alike；every unhappy family is unhappy in its own way.）

对一个复杂的、包含多种矛盾的事物来说，其中各个矛盾的地位、力量、作用是不平衡的，有一个主要矛盾和数个次要矛盾，而且它们都在不断地变

① 杜运辉编：《燕赵文库·张岱年集》上册，河北人民出版社2017年版，第715、753页。
②《毛泽东选集》第1卷，人民出版社1991年版，第308-309页。

化和运动；对一个矛盾来说，矛盾的两方面之间的地位、力量、作用也是不平衡的，有主要方面和次要方面，它们也是不断地变化和运动的。复杂事物的性质，就是由主要矛盾和这个主要矛盾的主要方面所决定。对简单事物来说，其性质决定于矛盾的主要方面。

1．主要矛盾。

主要矛盾，是复杂事物的矛盾体系中处于支配地位、对事物发展过程起决定作用的矛盾。其他的矛盾，都是次要矛盾。在一定条件下，事物的主次矛盾是相互转化的，原来的主要矛盾转化为次要矛盾，而原来的次要矛盾转化为主要矛盾；或者产生新的主要矛盾和次要矛盾等。毛泽东指出：

> 任何过程如果有多数矛盾存在的话，其中必定有一种是主要的，起着领导的、决定的作用，其他则处于次要和服从的地位。因此，研究任何过程，如果是存在着两个以上矛盾的复杂过程的话，就要用全力找出它的主要矛盾。捉住了这个主要矛盾，一切问题就迎刃而解了。……万千的学问家和实行家，不懂得这种方法，结果如堕烟海，找不到中心，也就找不到解决矛盾的方法。①

近代以来中国社会的主要矛盾，发生了哪些转化？当代中国社会的主要矛盾是什么？1956年《中国共产党第八次全国代表大会关于政治报告的决议》提出：

> 在旧中国社会中的主要矛盾，即中国人民同帝国主义、封建主义、官僚资本主义的统治的矛盾，由于资产阶级民主革命的胜利而解决了。
>
> 我们国内的主要矛盾，已经是人民对于建立先进的工业国的要求同落后的农业国的现实之间的矛盾，已经是人民对于经济文化迅速发展的需要同当前经济文化不能满足人民需要的状况之间的矛盾。

①《毛泽东选集》第1卷，人民出版社1991年版，第322页。

1981年党的十一届六中全会通过《中国共产党中央委员会关于建国以来党的若干历史问题的决议》提出：

在社会主义改造基本完成以后，我国所要解决的主要矛盾，是人民日益增长的物质文化需要同落后的社会生产之间的矛盾。①

习近平2017年在党的十九大报告中指出：

中国特色社会主义进入新时代，我国社会主要矛盾已经转化为人民日益增长的美好生活需要和不平衡不充分的发展之间的矛盾。②

又如，孔子在总结自己的一生时说："吾十有五而志于学，三十而立，四十而不惑，五十而知天命，六十而耳顺，七十而从心所欲不逾矩。"（《论语·为政》）在人生的不同阶段，孔子所面临的问题和达到的境界是不同的。

韩非子谈治国时说：

摇木者一一摄其叶则劳而不遍，左右拊其本而叶遍摇矣。善张网者引其纲，不一一摄万目而后得，一一摄万目而后得，则是劳而难，引其纲而鱼已囊矣。故吏者，民之本纲者也，故圣人治吏不治民。（《韩非子·外储说右下》）

我们不仅要善于抓住事物的主要矛盾或关键问题，而且要依据事物的变化而找出新的主要矛盾，及时转移工作重心。

2．矛盾的主要方面。

我们不仅要在多种矛盾中准确地抓住主要矛盾，而且还要进一步考察这

①《三中全会以来文献选编》（下），中央文献出版社2011年版，第168页。

②《中国共产党第十九次全国代表大会文件汇编》，人民出版社2017年版，第9页。

个主要矛盾以及其他矛盾的两个方面。毛泽东指出：

无论什么矛盾，矛盾的诸方面，其发展是不平衡的。有时候似乎势均力敌，然而这只是暂时的和相对的情形，基本的形态则是不平衡。矛盾着的两方面中，必有一方面是主要的，他方面是次要的。其主要的方面，即所谓矛盾起主导作用的方面。事物的性质，主要地是由取得支配地位的矛盾的主要方面所规定的。①

矛盾的主要方面就是处于支配地位、起主导作用的方面，决定该矛盾的基本性质。但是，这两个方面也是在不断变化和运动的，在一定条件下相互转化。比如，矛盾的斗争性和统一性的地位是不断变化的，在一种条件下斗争性居于主导地位，在另一定条件下则可能是统一性居于主导地位。我们建设和谐社会，处理与他人的关系，处理人与自然的关系……都要考察和判断其中的斗争性与统一性的具体情形。比如，师生之间，一般来说是老师教、学生学，但很多时候也可以“教学相长”，而且学生应该超过老师：

君子曰：学不可以已。青，取之于蓝，而青于蓝；冰，水为之，而寒于水。（《荀子·劝学》）

是故弟子不必不如师，师不必贤于弟子，闻道有先后，术业有专攻，如是而已。（唐·韩愈《师说》）

只有学生在德行和学业上都超过老师，文化才能不断创新，教育才是成功的，民族才有希望。

3．具体问题具体分析。

列宁指出：

①《毛泽东选集》第1卷，人民出版社1991年版，第322页。

……马克思主义的精髓，马克思主义的活的灵魂：对具体情况作具体分析。①

既然事物的矛盾都是特殊的、有个性的，我们就要具体地考察这种特殊性，做到具体问题具体分析，这是马克思主义辩证法的基本要求。列宁认为：

马克思主义要求我们一定要**历史地**来考察斗争形式的问题。脱离历史的具体环境来谈这个问题，就是不懂得辩证唯物主义的起码常识。在经济演进的各个不同时期，由于政治、民族文化、风俗习惯等等条件各不相同，也就有各种不同的斗争形式提到首位，成为主要的斗争形式，而各种次要的附带的斗争形式，也就随之发生变化。不详细考察某个运动在它的某一发展阶段的具体环境，要想对一定的斗争手段问题作肯定或否定的回答，就等于完全抛弃马克思主义的立脚点。②

（1）考察事物的实际情况。

新民主主义革命时期，我们党多次发生教条主义的严重教训，一些留苏回来的领导人机械地照搬马克思、列宁、斯大林的某些具体论断和苏联经验来套中国革命，导致严重后果。在1941年《改造我们的学习》中，毛泽东批评了在研究现状、研究历史、学习国际的革命经验等方面的缺点，指出：

许多同志的学习马克思列宁主义似乎并不是为了革命实践的需要，而是为了单纯的学习。所以虽然读了，但是消化不了。只会片面地引用马克思、恩格斯、列宁、斯大林的个别词句，而不会运用他们的立场、观点和方法，来具体地研究中国的现状和中国的历史，具体地分析中国革命问题和解决中国革命问题。这种对待马克思列宁主义的态度是非常有害的，特别是对于中

①《列宁选集》第4卷，人民出版社2012年版，第213页。
②《列宁选集》第1卷，人民出版社2012年版，第689页。

级以上的干部，害处更大。[①]

中国古代有很多这样的论述，如兵圣孙武的名言：

夫兵形象水。水之形，避高而趋下；兵之形，避实而击虚；水因地而制流，兵因敌而制胜。故兵无常势，水无常形，能因敌变化而取胜者，谓之神。（《孙子兵法·虚实》）

汉初贾谊剖析秦朝迅速灭亡的原因说：

然秦以区区之地，致万乘之势，序八州而朝同列，百有余年矣；然后以六合之家，崤函为宫；一夫作难而七庙隳，身死人手，为天下笑者，何也？仁义不施而攻守之势异也。（《过秦论》）

（2）寻找解决矛盾的特殊方式。

毛泽东指出，对不同的事物要采取不同的解决办法：

不同质的矛盾，只有用不同质的方法才能解决。……教条主义者不遵守这个原则，他们不了解诸种革命情况的区别，因而也不了解应当用不同的方法去解决不同的矛盾，而只是千篇一律地使用一种自以为不可改变的公式到处硬套，这就只能使革命遭受挫折，或者将本来做得好的事情弄得很坏。[②]

俗话说“一把钥匙开一把锁”“一物降一物，卤水点豆腐”，矛盾的解决方式是多种多样的：①双方同归于尽，为新的矛盾所取代；②一方克服、战胜、消灭另一方；③矛盾双方融合创新而产生第三种新事物，等等，都需要

① 《毛泽东选集》第3卷，人民出版社1991年版，第797页。
② 《毛泽东选集》第1卷，人民出版社1991年版，第311页。

结合具体条件进行具体剖析和对待。

费孝通曾从社会学上指出：

制定我们国家的发展战略规划，首先要了解困难在哪里。我认为最大的困难是中国地广、人多、历史长、各地发展不平衡，而这个不平衡还在继续扩大。要讲发展战略首先要解决这些难题。……解决的办法关键是在八个字：因地制宜，多种模式。

中国是个统一的整体，这是我们历史形成的优势。……全国有全国的发展战略规划，但地方的一层必须有在统一之下的多样性、复杂性、个别性。①

4. 坚持两点论与重点论相统一。

主要矛盾和次要矛盾、矛盾的主要方面和次要方面关系原理，启示我们要坚持两点论和重点论相统一。

（1）坚持两点论，全面分析事物的矛盾。

既然任何事物、过程都是矛盾，我们就要自觉去考察、揭示这种矛盾，也就是说：既要看到矛盾双方的对立，也要看到双方的统一；既要看到复杂事物中的主要矛盾，也要看到其他的次要矛盾；既要看到每一个矛盾中的主要方面，也要看到矛盾的次要方面。这就是全面地看问题、看事物，避免片面性。古代经常讲“燮理阴阳”，又如孙武“知彼知己，百战不殆”（《孙子兵法·谋攻》）、孔子“叩其两端”（《论语·子罕》）、魏征“兼听则明，偏听则暗”（《资治通鉴》卷一百九十二）等。

（2）坚持重点论，抓主要矛盾和矛盾的主要方面。

在坚持两点论的基础上，要进一步坚持重点论。要抓住复杂事物中的主要矛盾、每一矛盾中的主要方面，也就是说：要分清重点、根本和主流。如“若挈裘领，诎五指而顿之，顺者不可胜数也”（《荀子·劝学》）、“善张网者引其纲，不一一摄万目而后得”（《韩非子·外储说右下》）、杜甫“射人先射马，

① 费孝通著，王延中、张荣华整理：《社会学讲义》，华东师范大学出版社2019年版，均为第247页。

擒贼先擒王”（《前出塞》）、“提纲而众目张，振领而群毛理”（《宋史·职官志八》）等。

在分别探讨了矛盾的普遍性和矛盾的特殊性的含义之后，我们再来看二者之间的关系。

（三）矛盾的普遍性和特殊性的关系

对立统一规律是马克思主义辩证法的核心，而矛盾的普遍性和特殊性关系原理又是对立统一规律的核心。毛泽东指出：

> 矛盾的普遍性和矛盾的特殊性的关系，就是矛盾的共性和个性的关系。
>
> 这一共性个性、绝对相对的道理，是关于事物矛盾的问题的精髓，不懂得它，就等于抛弃了辩证法。[①]

1. 矛盾的普遍性寓于特殊性之中。

毛泽东指出：

> 矛盾的普遍性即寓于矛盾的特殊性之中。
>
> 这种共性，即包含于一切个性之中，无个性即无共性。[②]

比如，能看到“人”吗？吃过“水果”吗？还有，我们为什么要推进马克思主义中国化，要坚持马克思主义基本原理与中国的历史文化、具体国情相结合？一方面，马克思主义揭示了人类社会发展的一般规律，提供了分析问题、解决问题的立场、观点、方法，对我们考察、分析中国社会和世界局势具有一般性的指导意义。如马克思、恩格斯在《共产党宣言》中提出：

> 代替那存在着阶级和阶级对立的资产阶级旧社会的，将是这样一个联合

---

①《毛泽东选集》第1卷，人民出版社1991年版，第319、320页。

②《毛泽东选集》第1卷，人民出版社1991年版，第304、319-320页。

体，在那里，每个人的自由发展是一切人的自由发展的条件。[①]

“每个人的自由发展是一切人的自由发展的条件”的“联合体”是人类社会的发展趋势，其实现程度是我们衡量一个社会进步程度的重要标志。另一方面，各国各民族实现这一崇高理想的具体路径又是特殊的。因而，我们既要坚持马克思主义的指导地位，又不能机械照搬马克思主义的某些具体结论，而是必须在马克思主义指导下去具体地搜集材料、整理材料、分析材料，进行深入、细致的实证研究。我们一方面要准确把握马克思主义的基本原理，另一方面要紧密关注、考察中国社会、世界局势、个人生活的实际情况，把理论和实践紧密结合起来，不断发现和解决新的时代问题。

2．矛盾的普遍性和特殊性在一定条件下相互转化。

毛泽东指出：

由于事物范围的极其广大，发展的无限性，所以，在一定场合为普遍性的东西，而在另一一定场合则变为特殊性。反之，在一定场合为特殊性的东西，而在另一一定场合则变为普遍性。[②]

比如，对资本主义社会来说，资本家和雇佣工人的矛盾是普遍的，贯穿于资本主义社会的始终，表现在一切资本主义国家之中，这是普遍的；但是，对于人类社会的全过程来说，资本主义只是一个特定的发展阶段，资本主义社会是暂时的、特殊的，不是永恒的，因而资本主义社会本身的矛盾又是特殊的。

每一个人的生存、生活，对于个体来说是普遍的；但是对于人类、对于其他人来说，又是特殊的、个别的。近年来，雾霾对于京津冀是家常便饭，但对于海南就是特殊的。北方冬季有暖气是普遍的，但是对于南方又是特殊的。

①《马克思恩格斯文集》第2卷，人民出版社2009年版，第53页。

②《毛泽东选集》第1卷，人民出版社1991年版，第318页。

（四）矛盾的普遍性和特殊性关系原理的启示意义

1．以矛盾的观点看问题。

矛盾的普遍性和特殊性关系原理表明，事物的矛盾是普遍存在的，因而我们要以矛盾的观点、对立统一的观点看事物，看其中所包含的各种矛盾。毛泽东生动地论述“保守和进步”的辩证关系：

> 两重性，任何事物都有，而且永远有，当然总是以不同的具体的形式表现出来，性质也各不相同。例如保守和进步，稳定和变革，都是对立的统一，这也是两重性。生物的代代相传，就有而且必须有保守和进步的两重性。稻种改良，新种比旧种好，这是进步，是变革。人生儿子，儿子比父母更聪明粗壮，这也是进步，是变革。但是，如果只有进步的一面，只有变革的一面，那就没有一定相对稳定形态的具体的动物和植物，下一代就和上一代完全不同，稻子就不成其为稻子，人就不成其为人了。保守的一面，也有积极作用，可以使不断变革中的植物、动物，在一定时期内相对固定起来，或者说相对地稳定起来，所以稻子改良了还是稻子，儿子比父亲粗壮聪明了还是人。但是如果只有保守和稳定，没有进步和变革一方面，植物和动物就没有进化，就永远停顿下来，不能发展了。[①]

2．坚持两点论与重点论相统一。

任何矛盾都有既对立又统一的两个属性、两个方面。既要全面地看问题，又要着力抓住主要矛盾和矛盾的主要方面，坚持具体问题具体分析，真正做到具体化。

3．发现和剖析通贯事物全过程的根本矛盾。

每个事物都有通贯其全过程的一个根本矛盾、基本矛盾，它决定该事物的根本性质和发展过程。

4．坚持共性与个性相统一。

---

①《毛泽东文集》第8卷，人民出版社1999年版，第107页。

如前所述，毛泽东指出“这一共性个性、绝对相对的道理，是关于事物矛盾的问题的精髓，不懂得它，就等于抛弃了辩证法”[①]，我们要坚持运用这一基本原理观察和解决问题。比如，任何民族的文化都有民族性和世界性：

“世界性”即是文化之“同”，而“民族性”即是文化之“异”。……普遍性存在于特殊性之中，这是哲学的基本原理，只有同时承认这两方面的存在，才不是“以偏赅全”。[②]

四、内因与外因

对立统一规律是马克思主义辩证法的核心，由此可以推论和分析辩证法的其他原理，比如内因和外因的关系，也就是事物的发展动力问题。

（一）内因和外因

事物的内部矛盾或内因，就是该事物自身所包含的诸要素之间的对立统一；外部矛盾或外因，就是该事物与其他事物之间的对立统一。

比如，对人类社会来说，内因就是社会自身的矛盾，比如生产力与生产关系、经济基础与上层建筑之间的矛盾运动；外因就是地理环境、气候条件等等。对一个国家来说，内因就是该国自身的历史传统和具体国情，外因就是该国与其他国家之间的国际关系。对个人而言，内因就是主体的德、智、体、美、劳等特异性质，体现为“自强不息”的奋斗精神；外因就是生活环境，体现为“厚德载物”的“人和”氛围。环境是非常重要的，俗话说“居必择邻”，孔子说：“里，仁为美。择不处仁，焉得知?”（《论语·里仁》）朱熹说：“里有仁厚之俗为美。”庄子说：

且夫水之积也不厚，则其负大舟也无力；覆杯水于坳堂之上，则芥为之

①《毛泽东选集》第1卷，人民出版社1991年版，第319、320页。

② 李存山：《重读张岱年先生的〈世界文化与中国文化〉——纪念张岱年先生逝世十周年》，《衡水学院学报》2014年第6期，第50页。

舟，置杯焉则胶，水浅而舟大也。风之积也不厚，则其负大翼也无力。（《庄子·逍遥游》）

“云从龙，风从虎”（《周易·乾卦·文言传》），条件、环境、氛围是很重要的。

（二）内因和外因的关系

毛泽东精辟地指出：

唯物辩证法认为外因是变化的条件，内因是变化的根据，外因通过内因而起作用。①

这句话包括三个方面：内因是事物变化、运动、发展的第一位的原因、主要的原因；外因是事物变化、运动、发展的第二位的原因、次要的原因；外因要通过对内因的影响、作用，使内因发生变化，才能发挥其作用。

1．内因是变化的根据。

毛泽东指出：

唯物辩证法的宇宙观主张从事物的内部、从一事物对他事物的关系去研究事物的发展，即把事物的发展看做是事物内部的必然的自己的运动，而每一事物的运动都和它的周围其他事物互相联系着和互相影响着。事物发展的根本原因，不是在事物的外部而是在事物的内部，在于事物内部的矛盾性。任何事物内部都有这种矛盾性，因此引起了事物的运动和发展。事物内部的这种矛盾性是事物发展的根本原因，一事物和他事物的互相联系和互相影响则是事物发展的第二位的原因。②

比如，我们考察人类社会的发展，要坚持从社会本身寻找原因。英国在

①《毛泽东选集》第1卷，人民出版社1991年版，第302页。
②《毛泽东选集》第1卷，人民出版社1991年版，第301页。

1801年强行合并了爱尔兰，恩格斯在1869年评价高德文·斯密斯《爱尔兰历史和爱尔兰性格》时说：

这是一位英国资产阶级教授在打着客观的幌子行辩护之实。似乎爱尔兰是由于地理原因而注定屈服于英国的，而征服爱尔兰费时如此之长且未能征服全部，这也被说成是由于海峡太宽……①

毛泽东在《矛盾论》中批评“孤立的、静止的和片面的观点”：

说到社会发展的原因，他们就用社会外部的地理、气候等条件去说明。他们简单地从事物外部去找发展的原因，否认唯物辩证法所主张的事物因内部矛盾引起发展的学说。因此，他们不能解释事物的质的多样性，不能解释一种质变为他种质的现象。②

中国古代哲学强调内因的作用，如：

三军可夺帅也，匹夫不可夺志也。（《论语·子罕》）

为仁由己，而由人乎？（《论语·颜渊》）

不患人之不己知，患其不能也。（《论语·宪问》）

不怨天，不尤人，下学而上达。（《论语·宪问》）

欲贵者，人之同心也。人人有贵于己者，弗思耳。人之所贵者，非良贵也。赵孟之所贵，赵孟能贱之。（《孟子·告子上》）

行有不得者，皆反求诸己，其身正而天下归之。（《孟子·离娄上》）

仁者如射。射者正己而后发，发而不中，不怨胜己者，反求诸己而已矣。（《孟子·公孙丑上》）

天行健，君子以自强不息。（《易传·乾卦·象传》）

①《马克思恩格斯全集》第45卷，人民出版社1985年版，第117页。

②《毛泽东选集》第1卷，人民出版社1991年版，第301页。

2. **外因是变化的条件。**

毛泽东强调内因第一位，同时重视外因的作用：

各国人民之间的互相影响是时常存在的。在资本主义时代，特别是在帝国主义和无产阶级革命的时代，各国在政治上、经济上和文化上的互相影响和互相激动，是极其巨大的。[①]

著名的“孟母三迁”故事，就蕴涵着外因的原理：

孟子幼时，其舍近墓。孟子之少也，嬉游为墓间之事，踊跃筑埋。孟母曰：“此非吾所以居处子也。”乃去舍市傍。其嬉戏为贾人衒卖之事。孟母又曰：“此非吾所以居处子也。”复徙舍学宫之傍。其嬉游乃设俎豆，揖让进退。孟母曰：“真可以居吾子矣。”遂居之。（《列女传·母仪》）

孟子有此亲身经历，也很重视外因的作用：

人恒过，然后能改。困于心，衡于虑，而后作；征于色，发于声，而后喻。入则无法家拂士，出则无敌国外患者，国恒亡。然后知生于忧患，而死于安乐也。（《孟子·告子下》）

3. **外因通过内因而起作用。**

毛泽东在1945年《必须学会做经济工作》中指出：

我们是主张自力更生的。我们希望有外援，但是我们不能依赖它，我们

①《毛泽东选集》第1卷，人民出版社1991年版，第303页。

依靠自己的努力，依靠全体军民的创造力。[①]

1958年，毛泽东进一步概括为“自力更生为主，争取外援为辅”，这是我们一切事业的根本。新中国成立以来在科学技术、工业、农业、教育、军事等各方面所取得的巨大成就，都鲜明地体现了这一原则；违背这一原则，放弃自力更生、自主产权，就会导致严重失利。

中国古代哲学家论述了内外因的全面关系：

夫人必自侮，然后人侮之；家必自毁，而后人毁之；国必自伐，而后人伐之。《太甲》曰：“天作孽，犹可违。自作孽，不可活。”此之谓也。（《孟子·离娄上》）

木之折也必通蠹，墙之坏也必通隙。然木虽蠹，无疾风不折；墙虽隙，无大雨不坏。万乘之主，有能服术行法、以为亡征之君风雨者，其兼天下不难矣。（《韩非子·亡征》）

飞龙乘云，腾蛇游雾，吾不以龙蛇为不托于云雾之势也。夫有云雾之势而能乘游之者，龙蛇之材美之也。今云盛而蚓弗能乘也，雾浓而蚁不能游也，夫有盛云浓雾之势而不能乘游者，蚓蚁之材薄也。今桀、纣南面而王天下，以天子之威为之云雾，而天下不免乎大乱者，桀、纣之材薄也。（《韩非子·难势》）

外部的有利因素或不利因素，只有促使事物变化的条件；事物的根本变化，取决于其内部结构和功能。

事物发展的内外因原理启示我们，在看事物、看问题时，首先要考察内因，然后再考察外因及内外因之间的关系。比如，我们如何考察中国历史的发展动力？鸦片战争以来，从洋务运动、维新变法、辛亥革命、新民主主义革命，一直到社会主义社会的建立、发展，其根本动力是什么？外国的侵略、国外的制度和文化等，对中国社会转型起着什么作用？

①《毛泽东选集》第3卷，人民出版社1991年版，第1016页。

《易传》提出两个著名论断："天行健，君子以自强不息。"（《乾卦·象传》）"地势坤，君子以厚德载物。"（《坤卦·象传》）那么，"自强不息"和"厚德载物"之间是什么关系呢？还有，我们在日常生活中，如何处理自己与他人的关系呢？"夫仁者，己欲立而立人，己欲达而达人"（《论语·雍也》）"人必其自爱也，而后人爱诸；人必其自敬也，而后人敬诸"（扬雄《法言义疏十八·君子卷第十二》）都有深刻启迪。

我们初步学习和探讨矛盾、矛盾的斗争性和统一性、矛盾的普遍性和特殊性、内因和外因等基本对立统一规律的基本内涵，这就能够比较容易地理解唯物辩证法的其他规律和基本范畴，这些规律和范畴都是对立统一规律的深化和具体化。

五、量变与质变

由对立统一规律，可以进一步探讨量变与质变、肯定与否定及质量互变规律、否定之否定规律。

运用对立统一规律来考察事物的性质，可以看到事物都是量、质在一定的度内的统一体。量是事物的结构、数量等规定性；质是事物的性质，包括根本性质和次要性质；度是事物的保持相对稳定性的限度或边界。事物的变化，就表现为量变、质变及其相互之间的对立统一关系。"事实上客观事物总是具有性质与数量这两种规定性，所以我们在调查中往往同时采用几种不同的方式。"①

（一）量变

量变是事物的量的规定性的变化，是在原有的限度内、不破坏或改变事物稳定性前提下的延续与渐进，是不显著的变化。所谓"熏陶""潜移默化""春风化雨"等，就生动地体现了这个原理。量变的形式是多样的，最基本的有两种：

① 费孝通著，王延中、张荣华整理：《社会学讲义》，华东师范大学出版社2019年版，第55页。

1.事物的数量变化。

事物的数目、速度、大小等变化。

比如，对一个人来说，身高、体重、知识、能力的变化等。体重在一定限度内的变化不会发生质变。但是，如果没有特别的原因而一个月内体重减轻超过2公斤，就最好要去查一查血糖。

2.事物的结构变化。

构成事物的成分、要素的排列次序和结构方式上方式的变化。

比如一定时期内的人口结构、经济结构、军队编制等的变化；now-won，live-evil， reporter-retroper，animal-lamina等字母排列顺序的变化；石墨和金刚石、白磷和红磷、臭氧和氧气等同素异形体；古乐中“宫、商、角、徵、羽”五音变化，等等。孙武讲到五音、五色、五味等的交错变化之无穷：

> 声不过五，五声之变，不可胜听也；色不过五，五色之变，不可胜观也；味不过五，五味之变，不可胜尝也；战势不过奇正，奇正之变，不可胜穷也。（《孙子兵法·势篇》）

对于个体来说，外在的形体可能没有明显变化，但通过学习、实践等使内在素质发生变化，所谓“粗缯大布裹生涯，腹有诗书气自华”（北宋·苏轼《和董传留别》）。孟子讲到人的内涵变化说：

> 天将降大任于斯人也，必先苦其心志，劳其筋骨，饿其体肤，空乏其身，行拂乱其所为也。所以动心忍性，曾益其所不能。（《孟子·告子下》）

（二）质变

“物极必反”，事物的质的规定性的变化，是原有限度内的连续和渐进的中断，是根本性的、显著的突变、飞跃。质变与量变的根本区别，是变化发生在度的范围内，还是超出度的范围。毛泽东说：

一切事物总是有“边”的。事物的发展是一个阶段接着一个阶段不断地进行的，每一个阶段也是有“边”的。不承认“边”，就是否认质变或部分质变。[①]

恩格斯在《社会主义从空想到科学的发展》中论述人类扬弃资本主义、进入共产主义社会的质变：

一旦社会占有了生产资料，商品生产就将被消除，而产品对生产者的统治也将随之消除。社会生产内部的无政府状态将为有计划的自觉的组织所代替。个体生存斗争停止了。于是，人在一定意义上才最终地脱离了动物界，从动物的生存条件进入真正人的生存条件。……这是人类从必然王国进入自由王国的飞跃。[②]

我们在中学读到周处改过自新的典故：

周处年少时，凶强侠气，为乡里所患……义兴人谓为三横，而处尤剧。……竟杀蛟而出。闻里人相庆，始知为人情所患，有自改意。乃自吴寻二陆，平原不在，正见清河，具以情告，并云：“欲自修改，而年已蹉跎，终无所成。”清河曰：“古人贵朝闻夕死，况君前途尚可。且人患志之不立，亦何忧令名不彰邪！”处遂改励，终为忠臣孝子。（《世说新语·自新》）

周处后来著有《默语》三十篇及《风土记》等，端午、七夕、重阳等习俗的文献依据就是《风土记》。

（三）量变与质变的关系

1．量变是质变的必要准备。

① 《毛泽东文集》第8卷，人民出版社1999年版，第108页。
② 《马克思恩格斯全集》第25卷，人民出版社2001年版，第412页。

质变的发生，需要一定时期的数量积累或结构变化。

2020年7月28日，我国“天问一号”火星探测器成功发射。它要超越第一宇宙速度（First Cosmic Velocity，环绕速度，指在地球上发射的物体绕地球飞行做圆周运动所需的最小初始速度7.8千米/秒）、第二宇宙速度（Second Cosmic Velocity，逃逸速度：当航天器速度不小于11.2千米/秒时，就会脱离地球的引力场）；如果达到第三宇宙速度（Third Cosmic Velocity，脱离速度：航天器速度大于16.7千米/秒），就会飞出太阳系。

中国古代哲学和文学中有很多从量变到质变的表述，如《周易》的乾卦就很典型：

初九：潜龙，勿用。九二：见龙在田，利见大人。九三：君子终日乾乾，夕惕若。厉，无咎。九四：或跃在渊，无咎。九五：飞龙在天，利见大人。上九：亢龙，有悔。用九：见群龙无首，吉。

此外还有：

履霜，坚冰至。（《坤卦·初六》）（俗话说：冰冻三尺，非一日之寒。）

积善之家必有余庆，积不善之家必有余殃。（《坤卦·文言传》）

善不积，不足以成名；恶不积，不足以灭身。（《系辞传下》）

为无为，事无事，味无味。图难于其易，为大于其细。天下难事，必作于易；天下大事，必作于细。是以圣人终不为大，故能成其大。夫轻诺，必寡信；多易，必多难。是以圣人犹难之，故终无难矣。（《道德经·六十三章》）

积土成山，风雨兴焉；积水成渊，蛟龙生焉；积善成德，而神明自得，圣心备焉。故不积跬步，无以至千里；不积小流，无以成江海。（《荀子·劝学》）

至于用力之久，而一旦豁然贯通焉，则众物之表里精粗无不到，而吾心之全体大用无明矣。（宋·朱熹《大学章句》）

沾衣欲湿杏花雨，吹面不寒杨柳风。（宋·志南《绝句·古木阴中系短篷》）

古代有“恶贯满盈”的成语：“商罪贯盈，天命诛之。”（《尚书·泰誓》）韩非子讲到一个故事：

有与悍者邻，欲卖宅而避之。人曰：“是其贯将满矣，子姑待之。”答曰：“吾恐其以我满贯也。”遂去之。故曰：“物之几者，非所靡也。”（《韩非子·说林下》）

据说古希腊欧几里得（Eucleides of Megara，约前325—前265）讲到“谷堆辩”说：“一粒谷不能形成谷堆，再加一粒谷也不能形成谷堆，那么什么时候开始才形成谷堆呢?”类似的还有“秃头辩”：“拔去一根头发不成为秃头，再拔去两根三根也不行，拔到什么时候算是秃头呢?”所谓“滴水穿石”“星星之火，可以燎原”“台上一分钟，台下十年功”“压死骆驼的最后一根稻草”“温水煮青蛙”等，都包含着这个深刻哲理。

马克思指出：“在科学上没有平坦的大道，只有不畏劳苦沿着陡峭山路攀登的人，才有希望达到光辉的顶点。”①要实现中华民族的伟大复兴和社会主义现代化，要实现学术创新，要追求有意义的人生，都需要严谨的自律修养和艰苦的努力奋斗。

2. 质变是量变的必然结果。

如果停留在量变的范围内，事物就不会发生根本性质的改变；只有超过量变的限度，才能使事物发生质变、突变或飞跃。

生产力和生产关系在矛盾运动中，生产关系往往会进行一系列调整，以容纳更大的生产力；但最终生产力要突破旧有生产关系的束缚，建立新的生产关系，这就导致社会形态的质变。

一定条件下的质变，就促进事物进入一个新的发展阶段，使新事物代替旧事物。因而，当条件比较成熟时，要善于、敢于促进飞跃。比如，中共中央和毛泽东科学地分析形势，从1948年9月12日到1949年1月31日连续组织

① 《马克思恩格斯文集》第5卷，人民出版社2009年版，第24页。

辽沈、淮海、平津三大战役，奠定了中国革命在全国胜利的坚实基础。

3．质变为新的量变开辟道路。

质变是新旧交替的关节点，既是前一阶段的量变之结束，又是新阶段量变之开端；既把不同质的两个事物区别开来，又把二者联结起来。

比如，新中国成立既是新民主主义革命的结束，又是社会主义革命和建设的开端；这个“旧邦新命”就把旧社会和新社会既区别又联结起来，体现着历史的连续性与间断性的辩证统一。又如，1987年10月党的十三大提出中国经济建设“三步走”总体战略；2017年党的十九大报告指出，综合分析国际国内形势和我国发展条件，从二〇二〇年到本世纪中叶可以分两个阶段来安排：第一个阶段，从二〇二〇年到二〇三五年，在全面建成小康社会的基础上，再奋斗十五年，基本实现社会主义现代化；第二个阶段，从二〇三五年到本世纪中叶，在基本实现现代化的基础上，再奋斗十五年，把我国建成富强民主文明和谐美丽的社会主义现代化强国。

4．量变过程中包含部分质变。

事物的量变和质变往往相互包含，不是截然分开的。

（1）事物的根本性质没有变化，但是次要性质发生变化，使事物发展呈现出阶段性的部分质变。如“十月怀胎”，胎儿有一个发育过程。

（2）事物的根本性质没有变化，但往往有局部性的部分质变。

我国新民主主义革命时期（1921—1949）非常复杂，在全国范围内是帝国主义、封建主义、官僚资本主义统治，但也有代表中国社会发展方向的革命根据地人民政权的存在和发展，并最终取得完全胜利。

中医主张“治未病”，对病症的变化有深切观察：

扁鹊见蔡桓公，立有间。扁鹊曰：“君有疾在腠理，不治将恐深。”桓侯曰：“寡人无疾。”……居十日，扁鹊复见曰：“君之病在肌肤，不治将益深。”桓侯不应。……居十日，扁鹊复见曰：“君之病在肠胃，不治将益深。”桓侯又不应。……居十日，扁鹊望桓侯而还走。桓侯故使人问之，扁鹊曰：“疾在腠理，汤熨之所及也；在肌肤，针石之所及也；在肠胃，火齐之所及也；在骨髓，司命之所属，无奈何也。今在骨髓，臣是以无请也。”居五日，桓侯体痛，使人索扁鹊，已逃秦矣，桓侯遂死。（《韩非子·喻老》）

事物的量变和质变相互依存、相互转化，事物发展就呈现出渐进性与飞跃性的统一。我们要运用量变和质变关系原理，看待自然界、中国社会和中国文化、世界局势和人生的发展变化。

六、肯定与否定

运用对立统一规律考察事物的运动过程，就得到否定之否定规律。

（一）肯定与否定的界定

任何事物内部，都有肯定因素和否定因素。

肯定，是事物维持其存在，保持事物的稳定性、持续性。否定，是促使事物灭亡，促使其转化为其他事物。

正如变化不都是发展，否定也不都是发展。否定的情形是多样的，至少有以下四种：简单否定、简单循环或循环变化、倒退或逆转、辩证否定。

1．简单否定。

有的事物只有“肯定—否定”两个阶段。

（1）无机物的简单否定。比如一只茶杯被摔碎，“覆水难收”。用粉笔在黑板上写字，就是对粉笔的否定。

（2）生物个体的简单否定。生物个体之死是对生的否定，但死的个体并没有转化为更高级的生物，一死之后永不能复生。对这个生物个体来说，死就是终结。比如一棵树被砍倒，其生命就终结了，它自身的发展过程就结束了，就从“树”变为了“木材”；如果它被制成栋梁、家具等，这不是树木本身的生命转化，而是对“木材”的利用。

（3）人之自然生命的简单否定。在自然生命的意义上，人的生命只有一次，“人死如灯灭”。但我们对生命的理解却很不同。奥斯特洛夫斯基说：

人最宝贵的是生命。生命属于人只有一次。人的一生应当这样度过:当回忆往事的时候，他不会因为虚度年华而悔恨，也不会因为碌碌无为而羞愧；在临死的时候，他能够说:“我的整个生命和全部精力，都已经献给了世界上最壮丽的事业——为人类的解放而斗争。”①

中国古代哲学对生命有深切体悟，如：

志士仁人，无求生以害仁，有杀身以成仁。(《论语·卫灵公》)

庄子钓于濮水。楚王使大夫二人往先焉，曰:“愿以境内累矣!”庄子持竿不顾，曰:“吾闻楚有神龟，死已三千岁矣，王以巾笥而藏之庙堂之上。此龟者，宁其死为留骨而贵乎?宁其生而曳尾于涂中乎?”二大夫曰:“宁生而曳尾涂中。”庄子曰:“往矣!吾将曳尾于涂中。”(《庄子·秋水》)

神即形也，形即神也。是以形存则神存，形谢则神灭也。(范缜《神灭论》)

(4) 思想的简单否定。人类思想史上，不同观点之间也可能发生简单否定，比如恩格斯在评价费尔巴哈，对待黑格尔的态度时说：

费尔巴哈打破了黑格尔的体系，简单地把它抛在一旁。但是简单地宣布一种哲学是错误的，还制服不了这种哲学。

(费尔巴哈——引者注)没有批判地克服黑格尔，而是简单地把黑格尔当作无用的东西抛在一边。②

鲁迅批评对待外来文化的四种态度，其中就有简单抛弃：

① ［苏联］尼·奥斯特洛夫斯基著，梅益译:《钢铁是怎样炼成的》，人民文学出版社1980年版，第328页。

② 《马克思恩格斯文集》第4卷，人民出版社2009年版，第276、296页。

譬如罢，我们之中的一个穷青年，因为祖上的阴功（姑且让我这么说说罢），得了一所大宅子，且不问他是骗来的，抢来的，或合法继承的，或是做了女婿换来的。那么，怎么办呢？……如果反对这宅子的旧主人，怕给他的东西染污了，徘徊不敢走进门，是孱头；勃然大怒，放一把火烧光，算是保存自己的清白，则是昏蛋。不过因为原是羡慕这宅子的旧主人的，而这回接受一切，欣欣然的蹩进卧室，大吸剩下的鸦片，那当然更是废物。“拿来主义”者是全不这样的。①

有句话很有意思：不能在倒洗澡水时把澡盆里的婴儿一起倒掉（Don't throw the baby out with the bathwater）。

有的复杂事物，则往往包括几个连续的运动阶段，有肯定、否定、再次否定、第三次否定……其中的否定包含几种情形。

2．简单循环或循环变化。

有的变化过程是周而复始。如月球绕地球公转（27.32天）、地球绕太阳公转（365天6时9分10秒或365.2564天）。野草的生命是一种循环，周而复始：“离离原上草，一岁一枯荣。野火烧不尽，春风吹又生。”（唐·白居易《赋得古原草送别》）

又如简单再生产：假定劳动生产率不变、生产条件不变，在原有规模上重复进行的生产过程，也就是剩余产品或剩余价值全部用于非生产性的消费，没有扩大再生产。

3．倒退或逆转。

有的否定，是事物前进过程的倒退、逆转、退化或偏离，是事物中的消极、落后方面占据主导地位。列宁提出：

设想世界历史会一帆风顺、按部就班地向前发展，不会有时出现大幅度的跃退，那是不辩证的，不科学的，在理论上是不正确的。②

① 《鲁迅全集》第6卷，人民文学出版社2005年版，第40页。

② 《列宁选集》第2卷，人民出版社2012年版，第694页。

比如，在美国等外部势力直接干涉下的2020年台湾地区领导人选举，制造民族分裂的民进党蔡英文采取疯狂“撒钱”、不择手段打压对手、煽动敌视大陆等欺骗、压制、恐吓等肮脏手法捞取选票。外交部长王毅评论指出：

事实证明，一个中国原则不仅是非洲各国的一致立场，也是国际社会早已形成的普遍共识。这一共识不会因为台湾岛内的一场地方选举而出现丝毫改变，也不会因为个别西方政客的错误言行而发生任何动摇。中华民族的复兴和海峡两岸的统一，都是历史的必然。逆势而动，必将穷途末路；分裂国家，注定遗臭万年。

莫道浮云终蔽日，严冬过尽春蓓蕾。中华民族的完全统一、国家领土完整是不可阻遏的历史大势，“台独”是暂时的历史逆流。

4．辩证否定。

有的否定不仅是连续的，还是上升的、前进的，这就是发展，或者辩证否定。

辩证否定是事物的自我否定，是从该事物自身中发展出来的否定，是旧事物向新事物的转变。它不是简单地排斥一切，而是继承、汲取旧事物的积极因素作为新事物的有机组成部分。像《西游记》描写孙悟空出世：

海外有一国土，名曰傲来国。国近大海，海中有一座名山，唤为花果山。那座山正当顶上，有一块仙石。其石有三丈六尺五寸高，有二丈四尺围圆。四面更无树木遮阴，左右倒有芝兰相衬。盖自开辟以来，每受天真地秀、日精月华，感之既久，遂有灵通之意。内育仙胞，一日迸裂，产一石卵，似圆球样大。因见风，化作一个石猴。

恩格斯说：

像对民族的精神发展有过如此巨大影响的黑格尔哲学这样的伟大创作，是不能用干脆置之不理的办法来消除的。必须从它的本来意义上“扬弃”它，就是说，要批判地消灭它的形式，但是要救出通过这个形式获得的新内容。[①]

这种辩证否定，就是“扬弃”，“扬”是发扬，保存、保持旧事物的积极因素，体现着新事物和旧事物之间的统一性、连续性；“弃”是抛弃，即克服、抛弃旧事物的消极因素，体现着新事物与旧事物之间的对立性、间断性。中国古代“旧邦新命”一词，非常深刻而生动地表明了这种扬弃关系：

文王在上，于昭于天。周虽旧邦，其命维新。（《诗经·大雅·文王》）

在人类思想史上，马克思批判地继承并发展了黑格尔哲学的“合理内核”：

辩证法在黑格尔手中神秘化了，但这决没有妨碍他第一个全面地有意识地叙述了辩证法的一般运动形式。在他那里，辩证法是倒立着的。必须把它倒过来，以便发现神秘外壳中的合理内核。[②]

马克思、恩格斯在《德意志意识形态》中指出，人类社会的生产力发展是一个不断批判继承的过程：

他（指费尔巴哈——引者注）周围的感性世界决不是某种开天辟地以来就直接存在的、始终如一的东西，而是工业和社会状况的产物，是历史的产物，是世世代代活动的结果，其中每一代都立足于前一代所奠定的基础上，继续发展前一代的工业和交往，并随着需要的改变而改变他们的社会制度。[③]

① 《马克思恩格斯文集》第4卷，人民出版社2009年版，第276页。
② 《马克思恩格斯文集》第5卷，人民出版社2009年版，第22页。
③ 《马克思恩格斯文集》第1卷，人民出版社2009年版，第528页。

恩格斯在《路德维希·费尔巴哈和德国古典哲学的终结》中提出：

黑格尔的体系包括了以前任何体系所不可比拟的广大领域，而且没有妨碍它在这一领域中阐发了现在还令人惊奇的丰富思想。……同时，因为他不仅是一个富于创造性的天才，而且是一个百科全书式的学识渊博的人物，所以他在各个领域中都起了划时代的作用。当然，由于“体系”的需要，他在这里常常不得不求救于强制性的结构，对这些结构，直到现在他的渺小的敌人还发出如此可怕的喊叫。但是这些结构仅仅是他的建筑物的骨架和脚手架，人们只要不是无谓地停留在它们面前，而是深入到大厦里面去，那就会发现无数的珍宝，这些珍宝就是在今天也还保持着充分的价值。[①]

比如，我们应该如何对待中国传统文化和西方文化呢？对传统文化是实行复古主义还是“打倒孔家店”呢？对西方文化是全盘西化还是闭关锁国？正确的态度和方法，是批判继承、辩证否定、科学的扬弃。毛泽东主张辩证地分析民族文化中的腐朽文化与人民文化，“剔除其封建性的糟粕，吸收其民主性的精华”[②]，继承其中的“好东西”并“把这些遗产变成自己的东西”[③]。对外国文化，他认为要“排泄其糟粕，吸收其精华”[④]。毛泽东1942年《如何研究党史》中提出著名的“古今中外法”[⑤]，徐特立形象地说：

因此我们要用辩证法，古今中外法，把古今结合，中外结合，变为我的。象吃牛肉也好，吃狗肉也好，吃下去了，把它变为我的肉，这就对了，绝不是说吃了狗肉，我就变成了狗肉[⑥]。

① 《马克思恩格斯文集》第4卷，人民出版社2009年版，第272页。
② 《毛泽东选集》第2卷，人民出版社1991年版，第707页。
③ 《毛泽东文集》第3卷，人民出版社1996年版，第191页
④ 《毛泽东选集》第2卷，人民出版社1991年版，第707页。
⑤ 《毛泽东文集》第2卷，人民出版社1993年版，第400页。
⑥ 《徐特立教育文集》，人民教育出版社1986年版，第123页。

鲁迅先生认为对旧文艺要“恰如吃用牛羊，弃去蹄毛，留其精粹，以滋养及发达新的生体”[①]，这都体现了对待民族文化的辩证态度。

毛泽东还提出“古为今用，洋为中用”[②]，成为中国共产党处理文化问题的基本指针。习近平在2013年指出：

对我国传统文化，对国外的东西，坚持古为今用、洋为中用，去粗取精、去伪存真，经过科学的扬弃后使之为我所用[③]。

2013年11月，习近平在考察曲阜时指出：

研究孔子和儒家思想要坚持历史唯物主义立场，坚持古为今用，去粗取精，去伪存真，因势利导，深化研究，使其在新的时代条件下发挥积极作用。

2014年9月，习近平指出：

传统文化在其形成和发展过程中，不可避免会受到当时人们的认识水平、时代条件、社会制度的局限性的制约和影响，因而也不可避免会存在陈旧过时或已成为糟粕性的东西。这就要求人们在学习、研究、应用传统文化时坚持古为今用、推陈出新，结合新的实践和时代要求进行正确取舍，而不能一股脑儿都拿到今天来照套照用。要坚持古为今用、以古鉴今，坚持有鉴别的对待、有扬弃的继承，而不能搞厚古薄今、以古非今，努力实现传统文化的创造性转化、创新性发展，使之与现实文化相融相通，共同服务以文化人的时代任务。[④]

① 《鲁迅全集》第6卷，人民文学出版社2005年版，第24页。
② 《毛泽东书信选集》，人民出版社1984年版，第598页。
③ 《习近平谈治国理政》，外文出版社2014年版，第156页。
④ 习近平：《在纪念孔子诞辰2565周年国际学术研讨会暨国际儒学联合会第五届会员大会开幕会上的讲话》，人民出版社2014年版，第11页。

党的十八大以来，习近平指出必须汲取封闭必然落后、落后就要挨打的历史教训，“认真学习和借鉴资本主义创造的有益文明成果”“虚心学习借鉴人类社会创造的一切文明成果”；同时，又“不能数典忘祖，不能照抄照搬别国的发展模式，也绝不接受任何外国颐指气使的说教”①，反对“用西方资本主义价值体系来剪裁我们的实践，用西方资本主义评价体系来衡量我国发展”②的错误倾向。

20世纪以来，许多马克思主义学者都倡导辩证地解决文化问题，如张岱年在1933年提出：

兼综东西两方之长，发扬中国固有的卓越的文化遗产，同时采纳西洋的有价值的精良的贡献，融合为一，而创成一种新的文化，但不要平庸的调和，而要作一种创造的综合。③

方克立在1991年提出：

马克思主义派在本世纪一直是在中国占主导地位的思想流派。马克思主义派的文化主张，我把它概括为四句话：“古为今用，洋为中用，批判继承，综合创新”。这四句话是一个整体，合在一起即马克思主义派对古今中西问题的完整回答，是缺一不可的。这一派可以简称为马克思主义的“综合创新”派。④

我们既要科学分析、批判继承中国传统文化和国外文化，又要在当代实践中努力创新，建设中国特色社会主义新文化。

① 《十八大以来重要文献选编》(上)，中央文献出版社2014年版，第117、699-700、700页。

② 《习近平谈治国理政》第2卷，外文出版社2017年版，第327页。

③ 杜运辉编：《燕赵文库·张岱年集》上册，河北人民出版社2017年版，第372页。

④ 方克立：《现代新儒学与中国现代化》，天津人民出版社1997年版，第597-598页。

就人生来说，人的一生可能呈现为一个不断向高级形态的发展过程，特别是人的思想、道德和情感。

天将降大任于斯人也，必先苦其心志，劳其筋骨，饿其体肤，空乏其身，行拂乱其所为也。所以动心忍性，曾益其所不能。（《孟子·告子下》）

经一蹶者长一智，今日之失，未必不为后日之得。（明·王守仁《与薛尚谦书》）

我们要善于对人生经历“温故而知新”，在自我反思和实践中促进自己的不断进步。

（二）否定之否定

有的事物的发展过程包括肯定—否定（辩证否定）—否定之否定（第二次否定）……不仅有对肯定的否定，而且还有对辩证否定的再次否定，这就是否定之否定。

比如，人类社会发展是一个否定之否定过程。马克思在《政治经济学批判（1857—1858年手稿）》中提出：

人的依赖关系（起初完全是自然发生的），是最初的社会形式，在这种形式下，人的生产能力只是在狭小的范围内和孤立的地点上发展着。以物的依赖性为基础的人的独立性，是第二大形式，在这种形式下，才形成普遍的社会物质变换、全面的关系、多方面的需要以及全面的能力的体系。建立在个人全面发展和他们共同的、社会的生产能力成为从属于他们的社会财富这一基础上的自由个性，是第三个阶段。第二个阶段为第三个阶段创造条件。[①]

在人类社会生产力较低的发展阶段上是“人的依赖关系”的社会形态，大体上包括原始社会、奴隶社会、封建社会等；资本主义社会是“物的依赖性为基础的人的独立性”的社会形态；未来则是“个人全面发展”“自由个

① 《马克思恩格斯文集》第8卷，人民出版社2009年版，第52页。

性”的社会形态。马克思在《资本论》第1卷中还提出：

从资本主义生产方式产生的资本主义占有方式，从而资本主义的私有制，是对个人的、以自己劳动为基础的私有制的第一个否定。但资本主义生产由于自然过程的必然性，造成了对自身的否定。这是否定的否定。这种否定不是重新建立私有制，而是在资本主义时代的成就的基础上，也就是说，在协作和对土地及靠劳动本身生产的生产资料的共同占有的基础上，重新建立个人所有制。①

人类社会最初是原始公有制，没有阶级区别；随着劳动生产率提高而出现剩余产品，出现私有制；私有制经过了奴隶制度、封建制度、资本主义制度等基本形式，最终将被新的公有制所代替，人类结束动物般生存竞争的“史前史”，进入到真正“人”的历史阶段。

否定之否定仿佛是“回到出发点”。否定之否定，在内容上是事物自己发展自己、自己完善自己的过程，在形式上表现为波浪式前进、螺旋式上升。否定之否定，在表面上复返于肯定，但实际上比原来的肯定更高级、更丰富。恩格斯引用摩尔根《古代社会》的论述：

自从文明时代开始以来所经过的时间，只是人类已经经历过的生存时间的一小部分，只是人类将要经历的生存时间的一小部分。社会的瓦解，即将成为以财富为唯一的最终目的的那个历程的终结，因为这一历程包含着自我消灭的因素。管理上的民主，社会中的博爱，权利的平等，教育的普及，将揭开社会的下一个更高的阶段，经验、理智和科学正在不断向这个阶段努力。**这将是古代民族的自由、平等和博爱的复活，但却是在更高级形式上的复活。**（摩尔根《古代社会》第552页）②

① 《马克思恩格斯文集》第5卷，人民出版社2009年版，第874页。
② 《马克思恩格斯文集》第4卷，人民出版社2009年版，第198页。

从原始公有制—私有制—共产主义公有制，完成人类社会的一个发展过程。共产主义公有制与原始公有制有某些相似之处，但它是充分吸收、继承了人类社会所创造的一切积极成果的基础上的更高发展。人类在第三个发展阶段的新公有制社会，将充分汲取和扬弃原始公有制和私有制下的一切积极成果和优点，集人类文明之大成。正如列宁所提出的：

应当明确地认识到，只有确切地了解人类全部发展过程所创造的文化，只有对这种文化加以改造，才能建设无产阶级的文化……无产阶级文化应当是人类在资本主义社会、地主社会和官僚社会压迫下创造出来的全部知识合乎规律的发展。条条大道小路一向通往，而且还会通往无产阶级文化……[①]

哲学家张岱年认为：

否定之否定为表面上复返于初，立定之性征再度出现，然否定阶段之若干要素亦受容纳于其中。否定之否定，可谓高一级之立定，原初立定之若干性征、否定之若干性征，兼容综会于高一级之立定中。一切事物之任何立定，必须经过否定，然后否定其否定，乃能升进一级，而达到高一级之立定。[②]

一粒麦种发芽，新芽是对种子的辩证否定。新芽长大为麦苗，新的果实又是对麦苗的辩证否定。比较第二次否定的麦粒与最初的麦粒，就仿佛是“回到出发点”；但这是更高的回归，不仅数量多了，而且品质也可能改良、提高了。

春秋时期的老子富有深湛的辩证智慧：

大成若缺，其用不敝。大盈若盅，其用不穷。大直若屈，大辩若讷，大巧若拙。（《老子·四十五章》）

① 《列宁专题文集·论无产阶级政党》，人民出版社2009年版，第281页。

② 杜运辉编：《燕赵文库·张岱年集》上册，河北人民出版社2017年版，第653页。

张岱年分析说，“大巧若拙”，是经过了原初的“拙”到“巧”到“大巧”三个发展阶段。成而若缺，才是大成；巧而若拙，才是大巧。正面的状态容纳了反面的成分，才是比较圆满的状态。“大成若缺”，是“成”与“缺”的结合，即正反结合。结合了“反”的“正”，才是“正”的圆满状态。

《老子》中三次提到“婴儿”，又讲“赤子”：

载营魄抱一，能无离乎？专气致柔，能婴儿乎？（《老子·十章》）

我独泊兮，其未兆，如婴儿之未孩。（《老子·二十章》）

知其雄，守其雌，为天下溪。为天下溪，常德不离，复归于婴儿。（《老子·二十八章》）

含德之厚，比于赤子。（《老子·五十五章》）

小孩的身体是很柔软的，长大后身体会逐渐僵硬，甚至会得颈椎病等，古人就发明了“五禽戏”、“八段锦”、太极拳等锻炼方式。

我们不能机械地看待否定之否定，好像只要经过连续的三个阶段就都是否定之否定。很多时候，第二个阶段并不是对第一个阶段的辩证否定，第三个阶段也不是对第二个阶段的否定之否定，而可能是趋于极端的一种否定形式。比如，在中国革命史上，1930年夏发生了“左”倾急性病，坚持“城市中心论”，否定“农村包围城市”。这种“左”倾冒险错误使党和红军付出了惨重代价。在1930年9月纠正这种“左”倾错误后，并没有实现政治路线的辩证否定，反而是王明的“左”倾教条主义路线占了统治地位，在共产国际远东局领导人米夫支持下开始了四年的错误领导，直到1935年遵义会议才得到正确的纠正。哲学家张岱年提出：“人类思想哲学的推进发展，不是直线的，而是曲折的。其中正、反、合，然亦非机械的三段，亦许四段。要必有立定、有否定，有否定之否定，表面上复返于初。”①

否定之否定规律启示我们：新事物的发展过程是前进性和曲折性的统一，

① 张季同：《中国思想源流》，《大公报》1934年1月25日第11版《世界思潮》第64期。

既要有“沉舟侧畔千帆过，病树前头万木春”（唐·刘禹锡《酬乐天扬州初逢席上见赠》）的豪迈信心和乐观态度，也要在汲取、扬弃、转化既有成果的基础上进行新的创造。

唯物辩证法，内容与形式、本质与现象、原因与结果、必然与偶然、现实与可能等一系列基本范畴，都是对立统一规律的具体表现。

唯物辩证法的联系观点、发展观点、矛盾观点，都是人们观察自然界、改造社会、体验人生所升华的深湛智慧。这对我们有什么启示意义呢？我们如何运用这些原理，进一步解决人与自然、个人与社会等问题呢？

专题六　历史观

第一节　正确理解唯物史观

马克思、恩格斯的思想博大精深，其中最核心的东西是什么呢？马克思、恩格斯运用唯物辩证法研究政治经济学，创立了崭新的唯物主义历史观——历史唯物主义（Historical Materialism）或唯物史观（The Materialist Conception of History）。恩格斯在1859年《卡尔·马克思〈政治经济学批判。第一分册〉》中提出：

当德国的资产阶级、学究和官僚把英法经济学的初步原理当做不可侵犯的教条死记硬背，力求多少有些了解的时候，德国无产阶级的政党出现了。它的全部理论来自对政治经济学的研究，它一出现，科学的、独立的、**德国的经济学**也就产生了。这种德国的经济学本质上是建立在**唯物主义历史观**的基础上的，后者的要点，在本书的序言中已经作了扼要的阐述。[①]

一、唯物史观揭示了人类社会的一般规律

恩格斯说马克思一生有两个重大发现：

正像达尔文发现有机界的发展规律一样，马克思发现了人类历史的发展规律。

马克思还发现了现代资本主义生产方式和它所产生的资产阶级社会的特殊的运动规律。[②]

①《马克思恩格斯文集》第2卷，人民出版社2009年版，第596-597页。

②《马克思恩格斯文集》第3卷，人民出版社2009年版，均为第601页。

一个是“人类历史的发展规律”，也就是唯物史观或历史唯物主义；一个是“现代资本主义生产方式和它所产生的资产阶级社会的特殊的运动规律”，也就是剩余价值论。

如同黑格尔“不从古希腊历史本身的内在联系去说明古希腊的历史”[①]一样，从前的思想家们未能“按照事物的真实面目及其产生情况来理解事物”[②]，不能如实地揭示人类社会存在、运动的本来面目，在历史观领域往往都是唯心主义。马克思和恩格斯第一次发现和阐明了人类社会的一般规律，其经典表述就是马克思在1859年《〈政治经济学批判〉序言》中提出的：

人们在自己生活的社会生产中发生一定的、必然的、不以他们的意志为转移的关系，即同他们的物质生产力的一定发展阶段相适合的生产关系。这些生产关系的总和构成社会的经济结构，即有法律的和政治的上层建筑竖立其上并有一定的社会意识形式与之相适应的现实基础。物质生活的生产方式制约着整个社会生活、政治生活和精神生活的过程。不是人们的意识决定人们的存在，相反，是人们的社会存在决定人们的意识。……随着经济基础的变更，全部庞大的上层建筑也或慢或快地发生变革。[③]

恩格斯1883年《在马克思墓前的讲话》中，对此作了简明的概括：

人们首先必须吃、喝、住、穿，然后才能从事政治、科学、艺术、宗教等等；所以，直接的物质的生活资料的生产，从而一个民族或一个时代的一定的经济发展阶段，便构成基础，人们的国家设施、法的观点、艺术以至宗教观念，就是从这个基础上发展起来的，因而，也必须由这个基础来解释，

①《马克思恩格斯文集》第4卷，人民出版社2009年版，第303页。
②《马克思恩格斯文集》第1卷，人民出版社2009年版，第528页。
③《马克思恩格斯文集》第2卷，人民出版社2009年版，第591-592页。

而不是像过去那样做得相反。①

恩格斯在1890年指出：

……根据唯物史观，历史过程中的决定性因素**归根到底**是现实生活的生产和再生产。无论马克思或我都从来没有肯定过比这更多的东西。如果有人在这里加以歪曲，说经济因素是唯一决定性的因素，那么他就是把这个命题变成毫无内容的、抽象的、荒诞无稽的空话。经济状况是基础，但是对历史斗争的进程发生影响并且在许多情况下主要是决定着这一斗争的**形式**的，还有上层建筑的各种因素：阶级斗争的各种政治形式及其成果——由胜利了的阶级在获胜以后确立的宪法等等，各种法的形式以及所有这些实际斗争在参加者头脑中的反映，政治的、法律的和哲学的理论，宗教的观点以及它们向教义体系的进一步发展。这里表现出这一切因素间的相互作用，而在这种相互作用中归根到底是经济运动作为必然的东西通过无穷无尽的偶然事件（即这样一些事物和事变，它们的内部联系是如此疏远或者是如此难于确定，以致我们可以认为这种联系并不存在，忘掉这种联系）向前发展。②

恩格斯还指出：

我们把经济条件看做归根到底制约着历史发展的东西。……不过这里有两点不应当忽视：

政治、法、哲学、宗教、文学、艺术等等的发展是以经济发展为基础的。但是，它们又都互相作用并对经济基础发生作用。……这是在**归根到底**不断为自己开辟道路的经济必然性的基础上的相互作用。……并不像人们有时不加思考地想象的那样是经济状况自动发生作用，而是人们自己创造自己的历史，但他们是在既定的、制约着他们的环境中，是在现有的现实关系的基础

①《马克思恩格斯文集》第3卷，人民出版社2009年版，第601页。

②《马克思恩格斯文集》第10卷，人民出版社2009年版，第591-592页。

上进行创造的，在这些现实关系中，经济关系不管受到其他关系——政治的和意识形态的——多大影响，归根到底还是具有决定意义的，它构成一条贯穿始终的、唯一有助于理解的红线。

人们自己创造自己的历史，但是到现在为止，他们并不是按照共同的意志，根据一个共同的计划，甚至不是在一个有明确界限的既定社会内来创造自己的历史。他们的意向是相互交错的，正因为如此，在所有这样的社会里，都是那种以偶然性为其补充和表现形式的必然性占统治地位。在这里通过各种**偶然性**来为自己开辟道路的**必然性**，归根到底仍然是经济的必然性。①

唯物史观认为："人必须先活着，亦即必须先有某一种取得生活资料的方法以维持其物质生活，然后才能谈到其他活动及思想"，"在一方面，它主张社会必须先有一支持其自己物质存在的方法，亦即先保持其物质生存，然后才谈到其他问题。在另一方面，这个支持整个社会存在的方法的性质，必然地决定其他政治、法律、道德等上层建筑的一般性质"②。在"物质生活的生产方式"对全部人类社会、人类历史的基础作用、决定作用的前提下，唯物史观肯定社会生活、政治生活和精神生活与物质生活之间的整体联系和相互作用，以系统的观点来理解一定历史条件下社会有机体的存在与运动。

这个历史观要求以生产力发展的客观需要而不是平等正义之类的道德信条为出发点，去考察生活形态的变化和未来的发展方向。就是凡能够保证人们的物质和精神生活发展进步的社会，就有其存在的必然性；反之，就必然要灭亡。③

马克思、恩格斯以前的思想家们，在不同领域、不同程度上猜测到人类社会的某些客观规律。比如，我国西周初年的统治者就认识到"天命靡常。

①《马克思恩格斯文集》第10卷，人民出版社2009年版，第668、668、669页。

② 吴恩裕：《马克思的政治思想》，商务印书馆2008年版，第77、84页。

③ 张光明、罗传芳：《马克思传》，天地出版社2018年版，第107页。

……无念尔祖，聿修厥德。永言配命，自求多福”（《诗经·大雅·文王》）、“我不可不监于有夏，亦不可不监有殷。……惟不敬厥德，乃早坠命”（《尚书·召诰》）、“皇天无亲，惟德是辅。民心无常，惟惠之怀”（《尚书·蔡仲之命》），这里的“敬德”“惠民”思想，开始看到民心的重要，要实行“德”政。春秋时有“民为君之本也”（《春秋谷梁传·桓公十四年》）、“天生民而树之君，以利民也”（《左传·文公十三年》）。后来孔子创始的儒家倡导仁爱和仁政，如：“为政以德”（《论语·为政》）、“得天下有道，得其民斯得天下矣”（《孟子·离娄上》）、“民为贵，社稷次之，君为轻”（《孟子·尽心下》）等。此外，古代思想家也看到物质生活的重要性，如“仓廪实则知礼节，衣食足则知荣辱”（《管子·牧民》）、“今也制民之产，仰不足以事父母，俯不足以畜妻子，乐岁终身苦，凶年不免于死亡。此惟救死而恐不赡，奚暇治礼义哉？”（《孟子·梁惠王上》）。战国时期韩非的“人民众而货财寡，事力劳而供养薄，故民争，虽倍赏累罚而不免于乱”（《韩非子·五蠹》）和清代洪亮吉（1746—1809）的《治平篇》，都谈到人口增长与社会稳定的关系。但总体上来看，这些思想家没有看到人类社会的基本矛盾及其发展动力，找不到推动人类历史前进的决定力量，而往往是归之于“天命”“天意”“神意”“道德”，或“圣人”“英雄”等，如“天之未丧斯文也，匡人其如予何!”（《论语·子罕》）、“故天将降大任于是人也”（《孟子·告子下》）、“凡帝王之将兴也，天必先见祥乎下民”（《吕氏春秋·应同》）。注重事实的司马迁虽然看到经济因素对兴衰治乱的重要影响，但仍然认为：

高祖，……母曰刘媪。其先，刘媪尝息大泽之陂，梦与神遇。是时雷电晦冥，太公往视，则见蛟龙于其上。已而有身，遂产高祖。（《史记·汉高祖本纪》）

秦始皇之时，十五年彗星四见，……其后秦遂以兵灭六王，并中国，外攘四夷，死人如乱麻……（《史记·天官书》）

汉代董仲舒提出神秘的“天人合一”思想：

受命于天，天意之所予也。故号为天子者，亦视天如父，事天以孝道也。《春秋繁露·深察名号》

公元前1193年古希腊的特洛伊战争，在荷马史诗《伊利亚特》（*Iliad*）等希腊神话中，认为阿芙罗狄忒（Aphrodite）女神为了得到“给最美丽的女神”的金苹果，就帮助特洛伊（Troy）国王普里阿摩斯的儿子帕里斯（Paris），去迷惑和诱骗世上最漂亮的女人——斯巴达国王墨涅拉奥斯（Menelaus）的王后海伦（Helen），墨涅拉奥斯与其兄阿伽门农（Agamemnon）及阿喀琉斯（Achilles）等组织希腊军队，发动对特洛伊的十年战争。然而实际情况，可能是特洛伊交通便利、经济繁荣，因而遭到阿伽门农为首的亚细亚各君主的抢劫。

正如恩格斯所指出的，人们往往以功名心、“对真理和正义的热忱”、个人的憎恶，或者甚至是各种纯粹个人的怪想等作为历史事件的动机，却没有去问一问：

在这些动机背后隐藏着的又是什么样的动力？在行动者的头脑中以这些动机的形式出现的历史原因又是什么？

旧唯物主义在历史领域内自己背叛了自己，因为它认为在历史领域中起作用的精神的动力是最终原因，而不去研究隐藏在这些动力后面的是什么，这些动力的动力是什么。不彻底的地方并不在于承认**精神的**动力，而在于不从这些动力进一步追溯到它的动因。[①]

唯物史观开辟了探索人类社会发展规律的新境界。关于唯物史观的基本内涵，马克思、恩格斯在《共产党宣言》《〈政治经济学批判〉序言》《资本论》等都有很多论述，形成了一系列的基本立场、观点和方法。如列宁所提出的：《共产党宣言》“对现代制度（法律制度、政治制度、家庭制度、宗教制度和

① 《马克思恩格斯文集》第4卷，人民出版社2009年版，均为第303页。

哲学体系）的解释是唯物主义的，……对种种社会主义和共产主义理论的批判也是某种生产关系中寻找并找到这些理论的根源的"，《资本论》是"用唯物主义方法科学地分析一个（而且是最复杂的一个）社会形态的范例，是大家公认的无与伦比的范例"[①]。

二、"现实的人"与历史的规律性

唯物史观的出发点和归宿都是"现实的人"，对唯物史观的理解和阐释要紧紧围绕"现实的人及其历史发展"这一核心要义。唯物史观所关注的是人本身，探索实现每个人自由而全面发展的客观规律和历史条件。

（一）唯物史观是"关于现实的人及其历史发展的科学"

马克思、恩格斯在《德意志意识形态》中提出：

> 这里所说的个人不是他们自己或别人想象中的那种个人，而是**现实中的**个人，也就是说，这些个人是从事活动的，进行物质生产的，因而是在一定的物质的、不受他们任意支配的界限、前提和条件下活动着的。
>
> 这种考察方法不是没有前提的。它从现实的前提出发，它一刻也不离开这种前提。它的前提是人，但不是处在某种虚幻的离群索居和固定不变状态中的人，而是处在现实的、可以通过经验观察到的、在一定条件下进行的发展过程中的人。[②]

马克思在1846年提出"人们的社会历史始终只是他们的个体发展的历史，……他们的物质关系形成他们的一切关系的基础。这种物质关系不过是他们的物质的和个体的活动所借以实现的必然形式罢了"[③]。恩格斯在1886年《路德维希·费尔巴哈和德国古典哲学的终结》中认为，唯物史观是"关

①《列宁选集》第1卷，人民出版社2012年版，第10–11、11页。
②《马克思恩格斯文集》第1卷，人民出版社2009年版，第524、525页。
③《马克思恩格斯文集》第10卷，人民出版社2009年版，第43页。

于现实的人及其历史发展的科学”，“在劳动发展史中找到了理解全部社会史的锁钥”[①]。

这里的“从事实际活动的人”“个体发展的历史”“现实的人及其历史发展”“劳动发展史”等关键词，为我们准确理解唯物史观提供了重要提示。这就是说，唯物史观所关注的是人本身及其历史发展。是以一定历史条件下活动着、发展着的“从事实际活动的人”或“现实的人”的实践活动为前提，还是以想象中的具有永恒不变的“人性”、抽象的“人”及其“意识”为前提，是唯物史观和唯心史观的根本分水岭。以“从事实际活动的人”或“现实的人”的实践活动为前提，就能够科学地阐明人本身的实践活动如何推动、发展其物质力量和精神力量的历史过程，阐明一定历史条件下物质生活、社会生活、政治生活、精神生活由低级到高级的发展过程，把人类历史归结为以劳动者为主体的“现实的人”的实践活动、实践能力的发展史。

历史的前提是“现实的人”，唯物史观要求直接面对“从事实际活动的人”或“现实的人”的活动过程，并对这一过程进行科学的说明。“现实的人”不仅是历史的产物，更是现实的实践活动的产物。他们既有以往的物质生产力、交往关系、精神文化的前提，又通过自身的实践活动而创造着新的前提条件。这样，人类历史就与人本身的发展融为一体。

那么，如何理解“现实的人”呢？[②]

第一，“现实的人”是“从事活动的，进行物质生产的”[③]人，也就是以体力劳动者和脑力劳动者为主体的人民群众及社会个体成员。马克思、恩格斯1844年在《神圣家族》中提出：

> 历史活动是群众的活动，随着历史活动的深入，必将是群众队伍的扩大。[④]

---

①《马克思恩格斯文集》第4卷，人民出版社2009年版，第295、313页。

② 此部分采取庞卓恒先生的观点。参见庞卓恒等：《史学概论》，高等教育出版社2019年版，第112-116页。

③《马克思恩格斯文集》第1卷，人民出版社2009年版，第524页。

④《马克思恩格斯文集》第1卷，人民出版社2009年版，第287页。

劳动大众是物质生产领域的主体，也是推动社会生活、政治生活、精神生活的基础力量。

第二，“现实的个人”是处在一定社会关系、阶级关系中的人，而不是“抽象的——孤立的——人的个体”[①]。

“现实的人”既包括劳动阶级，也包括在物质生产和精神生产中占支配地位的统治阶级。在生产力水平极其低下的历史条件下，现实的人群由于物质劳动和精神劳动相分离而发生阶级的分化。归根到底，统治阶级存在的现实性、合理性的限度，取决于从事物质生产的劳动大众的物质力量和精神力量的发展程度。一旦超出劳动大众的物质活动所需要或所能容许的限度，统治阶级就是多余的，就要被劳动大众抛弃；但是，“自从阶级产生以来，从来没有过一个时期社会上可以没有劳动阶级而存在的。……没有一个生产者阶级，社会就不能生存。因此，这个阶级在任何情况下都是必要的，虽然会有一天它将不再是一个阶级，而是包括整个社会”[②]，劳动大众在任何时候都是现实的人之中的主体部分或基本部分。

第三，现实的人是自身的实践活动推动着自身的物质力量和精神力量不断从低级向高级发展的人，而不是历史唯心主义者所设想的那种永恒不变的“人性”或“抽象的人”。

马克思在《政治经济学批判（1857—1858年手稿）》中提出：

> 在再生产的行为本身中，不但客观条件改变着，例如乡村变为城市，荒野变为开垦地等等，而且生产者也改变着，他炼出新的品质，通过生产而发展和改造着自身，造成新的力量和新的观念，造成新的交往方式，新的需要和新的语言。[③]

①《马克思恩格斯文集》第1卷，人民出版社2009年版，第501页。
②《马克思恩格斯全集》第19卷，人民出版社1963年版，第315页。
③《马克思恩格斯文集》第8卷，人民出版社2009年版，第145页。

随着社会化大生产的高度发展，劳动者的生产和交往活动愈益发展，认识世界和改造世界的物质力量和精神力量也愈益发展到更高水平，逐渐从孤立的甚至互相猜忌、对立、竞争的个人，转变为世界历史性的个人，转变成消除了“一切自发性”的“完全的个人”[①]，这时候他们就会建立“每个人的自由发展是一切人的自由发展的条件”的自由人的“联合体”[②]。

因而，马克思、恩格斯把人类历史理解为“个人本身力量发展的历史”[③]，“人们的社会历史始终只是他们的个体发展的历史”[④]。

（二）主观目的和物质利益

“从事实际活动的人”或“现实的人”的活动，都是有目的的、有意识的，带有鲜明的目的性、主观性。马克思和恩格斯在《神圣家族》中说：

历史**不过是**追求着自己目的的人的活动而已。[⑤]

历史本身没有什么预先的目的，只有“现实的人”的活动本身才有一定目的和动机。列宁在1914年《卡尔·马克思》中指出：

以往的历史理论至多只是考察了人们历史活动的思想动机，而没有研究产生这些动机的原因，没有探索社会关系体系发展的客观规律性，没有把物质生产的发展程度看做这些关系的根源。[⑥]

目的、意图是“现实的人”进行实践活动的“思想动机”、主观动因，其背后则隐藏着更加深刻的“物质动因”，这就是追求一定的物质利益。人们的一切思想、观念、目的、意识，归根到底总是反映一定的物质利益。物质利

①《马克思恩格斯文集》第1卷，人民出版社2009年版，第582页。
②《马克思恩格斯文集》第1卷，人民出版社2009年版，第53页。
③《马克思恩格斯文集》第1卷，人民出版社2009年版，第576页。
④《马克思恩格斯文集》第10卷，人民出版社2009年版，第43页。
⑤《马克思恩格斯文集》第1卷，人民出版社2009年版，第295页。
⑥《列宁选集》第2卷，人民出版社2012年版，第425页。

益是推动人们从事各种活动的客观根源，是社会发展的根本动因。

……人们为之奋斗的一切，都同他们的利益有关。[①]

“**思想**”一旦离开“**利益**”，就一定会使自己出丑。[②]

每一既定社会的经济关系首先表现为**利益**。[③]

历史破天荒第一次被置于它的真正基础上；一个很明显的而以前完全被人忽略的事实，即人们首先必须吃、喝、住、穿，就是说首先必须**劳动**，然后才能争取统治，从事政治、宗教和哲学等等。[④]

“吃、喝、住、穿”都是最基本的物质利益，最终要通过生产活动来满足，这种利益追求是改造自然、社会分工、科技进步的直接动因。利益关系的变动，构成社会运动和历史事件的深刻基础。物质利益的矛盾运动引导着人们思想、观念、目的、意识的冲突与融合，从根本上推动着历史发展。

（三）人的主观能动性与历史的客观规律性

人的活动是否具有规律性，是历史观的重大问题。列宁指出：

决定论思想确认人的行为的必然性，摒弃所谓意志自由的荒唐的神话，但丝毫不消灭人的理性、人的良心以及对人的行动的评价。恰巧相反，只有根据决定论的观点，才能作出严格正确的评价，而不致把什么都推到自由意志上去。同样，历史必然性的思想也丝毫不损害个人在历史上的作用：全部历史正是由那些无疑是活动家的个人的行动构成的。

马克思主义和其他一切社会主义理论的不同之处在于，它出色地把以下两方面结合起来：既以完全科学的冷静态度去分析客观形势和演进的客观进程，又非常坚决地承认群众（当然，还有善于摸索到并建立起同某些阶级的联系的个

①《马克思恩格斯全集》第1卷，人民出版社1995年版，第187页。
②《马克思恩格斯文集》第1卷，人民出版社2007年版，第286页。
③《马克思恩格斯文集》第3卷，人民出版社2009年版，第320页。
④《马克思恩格斯文集》第3卷，人民出版社2009年版，第459页。

人、团体、组织、政党）的革命毅力、革命创造性、革命首创精神的意义。[①]

主观能动性是人区别于其他物类的根本特征。人的活动，既有自然条件、社会条件和精神条件等现实条件的制约，又带有鲜明的目的性，集中表现为人所特有的主观能动性。主观能动性表现为：第一，主动性。人的活动受到具体的历史条件制约，但不是被动、消极地适应环境，而是不断突破外在环境的限制。第二，选择性。在既定条件下，人能够根据自身的目的和能力进行自由选择，满足自身的需要和利益。第三，创造性。人能够在现有条件下创造新条件，促使事物向有利于目的的方向转化和发展。

恩格斯在《反杜林论》中说：

同那种以天真的革命精神简单地抛弃以往的全部历史的做法相反，现代唯物主义把历史看做人类的发展过程，而它的任务就在于发现这个过程的运动规律。[②]

要探索社会历史规律，就要发现“社会现象中的重复性和常规性”[③]。马克思、恩格斯的研究表明，决定人们思想动机的是物质利益或经济关系，即人们为了解决物质生活问题而从事生产以及在生产中所形成的关系。正是物质生产活动和生产关系具有突出的重复性和常规性，不以少数人的意志为转移。马克思说：

任何一个民族，如果停止劳动，不用说一年，就是几个星期，也要灭亡，这是每一个小孩子都知道的。[④]

①《列宁选集》第1卷，人民出版社2012年版，第26-27、747页。
②《马克思恩格斯文集》第9卷，人民出版社2009年版，第28页。
③《列宁专题文集·论辩证唯物主义和历史唯物主义》，人民出版社2009年版，第161页。
④《马克思恩格斯全集》第32卷，人民出版社1974年版，第541页。

人类社会周而复始地生产、再生产物质生活资料和生产资料。同时，也再生产着人们之间的生产关系：

社会本身，即处于社会关系中的人本身，总是表现为社会生产过程的最终结果。……他们既再生产这种相互关系，又新生产这种相互关系。这是他们本身不停顿的运动过程，他们在这个过程中更新他们所创造的财富世界，同样地也更新他们本身。[①]

因而，马克思在《资本论》1867年序言中指出：

我的观点是把经济的社会形态的发展理解为一种自然史的过程。不管个人在主观上怎样超脱各种关系，他在社会意义上总是这些关系的产物。[②]

所谓“自然史的过程”，是指社会历史运动有类似于自然界的、不能违背大多数人意愿的客观规律，这就奠定了唯物史观或历史唯物主义的科学基础。“所谓历史，就是由一定的生产方式决定的人们的社会关系的结构性变化过程。”[③]唯物史观肯定历史发展的客观规律性，但这种客观规律不是外在于人的、强加于人的，不是什么神意或理性的安排，而是完全能够从大多数人的物质生产活动和社会关系中观察到的、“现实的人”本身发展的规律。发现了历史规律，就可能更自觉地、更好地推动人类社会的进步。

马克思在《资本论》第1卷的1867年序言中提出：

一个国家应该而且可以向其他国家学习。一个社会即使探索到了本身运动的自然规律——本书的最终目的就是揭示现代社会的经济运动规律——，

① 《马克思恩格斯全集》第46卷下，人民出版社1980年版，第226页。

② 《马克思恩格斯文集》第5卷，人民出版社2009年版，第10页。

③ 张一兵：《回到马克思：经济学语境中的哲学话语》，江苏人民出版社2014年版，第460页。

它还是既不能跳过也不能用法令取消自然的发展阶段。但是它能缩短和减轻分娩的痛苦。①

马克思探索人类社会发展规律的根本目的，就是把人类社会进步的代价降到最低限度。

第二节　社会存在与社会意识

在探讨唯物史观所揭示的人类历史的一般规律之前，我们要界定“社会存在”和“社会意识”这两个基本范畴。

一、社会存在

在专题二中谈到如何理解人类社会的物质性、如何理解“历史唯物主义”的“物”。马克思、恩格斯在《德意志意识形态》中说：

人们的存在就是他们的现实生活过程。

我们的出发点是从事实际活动的人，而且从他们的现实生活过程中还可以描绘出这一生活过程在意识形态上的反射和反响的发展。……不是意识决定生活，而是生活决定意识。②

这里的“存在”就是“社会存在”，是人们的“生活”“现实生活过程”或者“实际活动”；“意识”就是“社会意识”。那么，“社会存在”或“现实生活过程”包括哪些内容呢？

马克思在1859年《〈政治经济学批判〉序言》中提出：

①《马克思恩格斯文集》第5卷，人民出版社2009年版，第9-10页。

②《马克思恩格斯文集》第1卷，人民出版社2009年版，均为第525页。

物质生活的生产方式制约着整个社会生活、政治生活和精神生活的过程。不是人们的意识决定人们的存在，相反，是人们的社会存在决定人们的意识。[①]

“社会存在”就是“现实生活过程”或“实际活动”，是包括“物质生活”“社会生活”“政治生活”和“精神生活”的有机统一体。张一兵提出：

孙伯鍨教授才深刻地指认历史唯物主义中的“物”不是实体存在，而是客观的社会活动和关系。在马克思的历史唯物主义中，社会存在的主体不是传统哲学解释框架中的“地理环境”和“人口”这样的物质实体对象，而是实践的**历史活动**。[②]

单独的自然地理环境、人口因素等，严格说来都不是“社会存在”的内容。只有当自然地理环境、人口因素等进入到人们的社会实践活动过程之中，才能成为“社会存在”的有机因素。“唯物史观，其实就是唯‘物质实践’史观。它所唯的‘物’，并不是在人们实际生活过程之外的物质经济条件或任何先在条件”[③]。我们不能孤立地去探讨自然地理环境和人口因素，而必须在人类社会实践活动、特别是在物质生产方式中来看待自然环境和人口因素，否则就可能导致环境决定论的理论失误。

所谓“物质决定意识”，主要地不是说人脑是意识的器官。“物质决定意识”即“存在决定意识”，就是“社会存在”或“现实生活过程”决定“意识”或“社会意识”。

---

①《马克思恩格斯文集》第2卷，人民出版社2009年版，第591页。

② 张一兵：《回到马克思：经济学语境中的哲学话语》，江苏人民出版社2014年版，第448页。

③ 庞卓恒等：《史学概论》，高等教育出版社2019年版，第97页。

二、社会意识

意识或社会意识是人类物质生活、社会生活、政治生活和精神生活的产物，包括政治法律意识、哲学、道德、艺术、科学、宗教等形式，以及风俗习惯等社会心理现象。

社会意识是人类全部精神活动及其成果的概括，其中包含意识形态和非意识形态。“意识形态”一词大概最早由法国哲学家德·特拉西（Destutt de Tracy，1754—1836）使用，这种“观念的科学”（idea-ology）揭示观念和思想之由来，可以说是“一种具有行动取向（action-orientated）的信念体系，一种指导和激发政治行为的综合性的思想观念。这种观念由一系列概念、价值和符号（symbols）所组成，从总体上表达了对人性的看法、对人类行为的批评、对应然问题的阐释，以及对正确安排社会、经济和政治生活的意见”[①]。但是，意识形态一般具有鲜明的利益、价值导向，是反映经济形态和政治形态、反映一定社会集团或阶级利益、要求的思想体系。非意识形态化的社会意识，包括自然科学、形式逻辑等。但二者的划分并不是绝对的。

意识形态是历史的产物，恩格斯在《反杜林论》中讲到意识形态产生和存在的历史必然性：

剥削阶级和被剥削阶级、统治阶级和被压迫阶级之间的到现在为止的一切历史对立，都可以从人的劳动的这种相对不发展的生产率中得到说明。只要实际从事劳动的居民必须占用很多时间来从事自己的必要劳动，因而没有多余的时间来从事社会的公共事务——劳动管理、国家事务、法律事务、艺术、科学等等，总是必然有一个脱离实际劳动的特殊阶级来从事这些事务，而且这个阶级为了它自己的利益，从来不会错过机会来把越来越沉重的劳动负担加到劳动群众的肩上。[②]

① 燕继荣：《政治哲学十五讲》，北京大学出版社2013年版，第81-82页。

② 《马克思恩格斯文集》第9卷，人民出版社2009年版，第189页。

剩余产品的出现，使社会能够供养一个脱离直接物质生产劳动、专门从事精神文化生产的阶层，这就出现一批专门制造意识形态的思想家、理论家。在社会利益分裂下，不同阶级、社会集团的人们总是从自己的利益出发，形成对自然界、社会生活的不同态度、看法。一定阶级的思想代表论证本阶级利益的正当性，借以统一本阶级成员的思想，影响其他阶级包括对立阶级成员的思想，是阶级斗争的重要工具。意识形态就是理论化、系统化的阶级意识。马克思在《政治经济学批判（1861—1863年手稿）》指出：

资产阶级社会把它曾经反对过的一切具有封建形式或专制形式的东西，以它自己所特有的形式再生产出来。因此，对这个社会阿谀奉承的人，尤其是对这个社会的上层阶级阿谀奉承的人，他们的首要业务就是，在理论上甚至为这些“非生产劳动者”中纯粹寄生的部分恢复地位，或者为其中不可缺少的部分的过分要求提供根据。事实上这就宣告了意识形态阶级等等是**依附于资本家**的。①

“惟殷先人，有册有典。”（《尚书·多方》）殷商之时已有掌管“册”“典”的专门人员。司马迁在《太史公自序》中说“司马氏世典周史”。周公，儒家的孔子、孟子、荀子，道家的老子、庄子等诸子百家，都是专门的意识形态家或思想家。“君子劳心，小人劳力，先王之制也。”（《左传·襄公九年》）“故曰：或劳心，或劳力。‘劳心者治人，劳力者治于人；治于人者食人，治人者食于人’，天下之通义也。”（《孟子·滕文公上》）都反映了意识形态家与普通百姓的分工、分离。

政治法律思想、哲学、道德、宗教等具有鲜明的阶级性，是意识形态的集中表现。列宁论述哲学社会科学的阶级性说：

①《马克思恩格斯文集》第8卷，人民出版社2009年版，第238页。

马克思学说在整个文明世界中引起全部资产阶级科学（官方科学和自由派科学）极大的仇视和憎恨，这种科学把马克思主义看作某种“有害的宗派”。也不能期望有别的态度，因为建筑在阶级斗争上的社会是不可能有“公正的”社会科学的。**全部**官方的和自由的科学都这样或那样地为雇佣奴隶制**辩护**，而马克思主义则对这种奴隶制宣布了无情的战争。期望在雇佣奴隶制的社会里有公正的科学，正像期望厂主在应不应该减少利润来增加工人工资问题上会采取公正态度一样，是愚蠢可笑的。①

意识形态不仅具有阶级性，而且具有科学性。意识形态的科学性，既指它不能违背自然界、人类社会的基本事实和自然科学等相对真理，也指它要符合广大人民群众的根本利益和历史发展趋势。

现实社会往往存在多种意识形态，也是包含主次矛盾的复杂事物。所谓多种意识形态，一方面是指意识形态的类型众多，如政治法律思想、道德、文学、艺术、宗教、哲学等；另一方面，是指意识形态的性质多样，反映、代表不同社会集团的利益，其中有一致，也有差异、对立、冲突、斗争。习近平2013年在全国宣传思想工作会议上指出：

思想舆论领域大致有三个地带。第一个是红色地带，主要是主流媒体和网上正面力量构成的，这是我们的主阵地，一定要守住，决不能丢了。第二个是黑色地带，主要是网上和社会上一些负面言论构成的，还包括各种敌对势力制造的舆论，这不是主流，但其影响不可低估。第三个是灰色地带，处于红色地带和黑色地带之间。对不同地带，要采取不同策略。对红色地带，要巩固和拓展，不断扩大其社会影响。对黑色地带，要勇于进入，钻进铁扇公主肚子里斗，逐步推动其改变颜色。对灰色地带，要大规模开展工作，加快使其转化为红色地带，防止其向黑色地带蜕变。②

①《列宁选集》第2卷，人民出版社2012年版，第309页。

② 中共中央文献研究室编：《习近平关于社会主义文化建设论述摘编》，中央文献出版社2017年版，第30页。

三、社会存在与社会意识的辩证关系

（一）社会存在决定社会意识

社会存在决定社会意识，社会意识反映和反作用于社会存在，是唯物史观的基本原理。

1. 社会意识的内容根源于社会存在。

马克思、恩格斯在《德意志意识形态》中指出：

这种历史观就在于：从直接生活的物质生产出发阐述现实的生产过程，把同这种生产方式相联系的、它所产生的交往形式即各个不同阶段上的市民社会理解为整个历史的基础，从市民社会作为国家的活动描述市民社会，同时从市民社会出发阐明意识的所有各种不同的理论产物和形式，如宗教、哲学、道德等等，而且追溯它们产生的过程。这样做当然就能够完整地描述事物了（因而也能够描述事物的这些不同方面之间的相互作用）。这种历史观和唯心主义历史观不同，它不是在每个时代中寻找某种范畴，而是始终站在现实历史的基础上，不是从观念出发来解释实践，而是从物质实践出发来解释各种观念形态。①

马克思在《哲学的贫困》中说：

每个原理都有其出现的世纪。……如果为了顾全原理和历史我们再进一步自问一下，为什么该原理出现在11世纪或者18世纪，而不出现在其他某一世纪，我们就必然要仔细研究一下：11世纪的人们是怎样的，18世纪的人们是怎样的，他们各自的需要、他们的生产力、生产方式以及生产中使用的原料是怎样的；最后，由这一切生存条件所产生的人与人之间的关系是怎样的。

①《马克思恩格斯文集》第1卷，人民出版社2009年版，第544页。

难道探讨这一切问题不就是研究每个世纪中人们的现实的、世俗的历史，不就是把这些人既当成他们本身的历史剧的剧作者又当成剧中人物吗？但是，只要你们把人们当成他们本身历史的剧中人物和剧作者，你们就是迂回曲折地回到真正的出发点……①

恩格斯在《社会主义从空想到科学的发展》中，谈到空想社会主义诞生的历史必然性：

在这个时候，资本主义生产方式以及随之而来的资产阶级和无产阶级之间的对立还没有得到充分发展。在英国刚刚兴起的大工业，在法国还不为人所知。……在当时刚刚作为新阶级的胚胎从这些无财产的群众中分离出来的无产阶级，还完全无力采取独立的政治行动，它表现为一个无力帮助自己，最多只能从外面、从上面取得帮助的受压迫的受苦的等级。

这种历史情况也决定了社会主义创始人的观点。不成熟的理论，是同不成熟的资本主义生产状况、不成熟的阶级状况相适应的。解决社会问题的办法还隐藏在不发达的经济关系中，所以只有从头脑中产生出来。②

社会存在或现实生活过程，决定了每一时代的社会意识（包括个体意识）具有鲜明的时代性、民族性和阶级性。

梁漱溟在1938年1月5日—25日访问延安，把《乡村建设理论》送给毛泽东。梁漱溟在书中提出中国古代社会是“伦理本位的社会”，认为：“以伦理关系言之，自己人兄弟以迄亲戚、朋友，在经济上皆彼此顾恤，互相负责；……在西洋自为个人本位的经济；中国……乃伦理本位的经济。”毛泽东对此评价说：

伦理关系是上层建筑，它的下层是农业经济，西洋中古也有这种伦理关

① 《马克思恩格斯文集》第1卷，人民出版社2009年版，第607–608页。
② 《马克思恩格斯文集》第3卷，人民出版社2009年版，均为第528页。

系。

这都是资本社会与农业社会不同的结果。

地主与农民不共财、不相恤、不互相负责。贫民生计问题绝无保障，仅有残酷的剥削关系存在。

这种伦理政治之目的不为别的，全为维持封建剥削，不是大家相安，而是使地主阶级相安，大多数人则不安。不是各作到好处，而是统治阶级作到好处，被统治阶级则作到极不好处。

社会学家费孝通在20世纪40年代分析中国的家庭观念：

有人以为中国的大家庭和氏族组织是伦理观念下的产物。我并不否认伦理观念一旦确立之后可以影响人的行为，把某种社会组织视作应当实现的模型。……可是因为有了伦理观念中不分家的标准而在事实上不要求分家的农民却是很少很少。这说明了传统的伦理观念，至少在这一方面，并不是产生在农民的生活事实里的。伦理观念本是一种维持社会结构的力量，它必需和生活事实相符合。在分析大家庭这个传统标准时，更使我觉得中国士绅和农民生活的分化。传统伦理，尤其是见诸经典的，是从士绅们的生活中长出来的，我们只有了解了他们的生活事实才能明白这套观念的作用，若是用和士绅的生活不同的农民生活来看这些观念就不免有格格不入的地方了。①

这实际上指出了中国传统社会结构中“士绅”与“农民”两个阶级之间在生产方式、思想观念上的根本差异。在中国漫长的君主专制社会中，上层权贵和广大农民很难有共同的思想，如：“及天下荒乱，百姓饿死，帝曰：‘何不食肉糜？’其蒙蔽皆此类也。”（《晋书·惠帝纪》）

又如近代产生重要影响的“中体西用”观念，“文化的传播是受到社会结构的限制的。我们用了这个自然知识与规范知识分化的格局去和西洋文化相

① 费孝通：《生育制度》，华东师范大学出版社2019年版，第103页。

接触时，……发生了‘中学为体，西学为用’的公式。这公式不过是中国社会结构本身格式的反映。在这公式下，‘在上者’看到西洋技术的效用，但是他们依旧要把这种知识割裂于规范知识，他们要维持社会的形态而强行注入新的技术——一件做不通的事。……他们生活所倚的社会结构是一个把知识分化了的结构”①。同样道理，现代文学和文学的现代化与20世纪“中国所发生的政治、经济、科技、军事教育、思想、文化的全面现代化的历史进程相适应，并且是其不可或缺的有机组成部分；而在促进思想的现代化与人的现代化方面，文学更是发挥了特殊的作用。因此，上世纪中国围绕现代化所发生的历史性变动，特别是人的心灵的变动，就自然构成了现代文学所要表现的主要历史内容。而中国的现代化所具有的历史特点，例如，其实现代化的过程同时又是反抗帝国主义的侵略与控制，争取民族独立与统一的过程；现代化进程中城与乡、沿海与内地的不平衡，出现了现代都市与乡土中国的对峙与互渗；现代化本身产生了新的矛盾、困惑……这些都对这三十年的现代文学的面貌（从内容到形式）产生了深刻的影响”②。

不仅一个国家内部的社会存在和社会意识是这样，在当代世界经济、政治格局下，西方发达国家也垄断着思想的生产和传播，如：

当哥伦布在西半球登陆时，大约有800万到1000万的人处于高级文明（商业、城市等）中。此后，没有经过多长时间，这些人口中的大约95%消失了。在今天美国的领土上，曾经大约有1000万左右的美洲原住民，但是根据人口统计，到1900年时，这个国家中原住民的数量只有20万。但所有这一切都遭到否认。在英裔美国人中的主要的知识分子和左翼自由派的报刊中，这一切都被轻描淡写地否认了……被一笔带过或是不加评论。

在过去的一百年里，西方发展出了非常复杂的宣传系统，它们不但控制了被殖民者的头脑，也控制了殖民者的头脑。

① 费孝通等著：《皇权与绅权》，华东师范大学出版社2015年版，第15–16页。

② 钱理群、温儒敏、吴福辉：《中国现代文学三十年》前言，北京大学出版社1998年版，第1页。

有一点是清楚无误的，那就是，这个世界所想的，正是西方的宣传在几年、几十年甚至几百年来不断往他们潜意识里植入的东西。共产主义的或者说中国官方的宣传过于虚弱，甚至都无法为自己的国家做辩护，更别说影响西方国家并改变他们的政治、社会和帝国主义体系了；西方的那套东西早就根深蒂固了。[①]

面对国外的各种社会思潮，我们要深入剖析它代表着哪些国家及其集团的利益和要求。

2. 社会意识随社会存在的变化而变化。

马克思、恩格斯在《共产党宣言》中指出：

人们的观念、观点和概念，一句话，人们的意识，随着人们的生活条件、人们的社会关系、人们的社会存在的改变而改变，这难道需要经过深思才能了解吗？[②]

比如个人的思想意识往往直接反映其生活实践的变化。两宋之际的李清照（1084—约1151）早年生活优越，诗词香艳而清幽：

红藕香残玉簟秋。轻解罗裳，独上兰舟。云中谁寄锦书来，雁字回时，月满西楼。

花自飘零水自流。一种相思，两处闲愁。此情无计可消除，才下眉头，却上心头。（《一剪梅·红藕香残玉簟秋》）

靖康之乱后，她流落江南，诗词风格大变：

①［美］诺姆·乔姆斯基、安德列·弗尔切克著，宣栋彪译：《以自由之名：民主帝国的战争、谎言与杀戮》，中信出版社2016年版，第5、37、51-52页。

②《马克思恩格斯文集》第2卷，人民出版社2009年版，第50-51页。

生当作人杰，死亦为鬼雄。至今思项羽，不肯过江东。（《夏日绝句》）

社会学家费孝通指出：

高度契洽不易凭空得来；只有在相近的教育和人生经验中获得。……观念上的相同必须有相同的经验基础，感情上的相合必须有长期在一起的生活。①

著名作家路遥说：

在我看来，任何一种新文学流派和样式的产生，根本不可能脱离特定的人文历史和社会环境。为什么一种新文学现象只在某一历史阶段的某个民族或语种发生，比如当代文学中的"魔幻现实主义"为什么产生于拉美而不是欧亚就能说明问题。

生活对于作家艺术家来说，就如同人和食物的关系一样。至于每个作家如何占有生活，这倒大可不必整齐一律。每个作家都有自己感受生活的方式；而且随着社会生活的变化，同一作家体验生活的方式也会改变。②

（二）社会意识的相对独立性

社会意识根源、依赖于社会存在；同时，社会意识有其相对的独立性，有其自身固有的观念形式和运动规律，有脱离、背离社会存在的倾向。

1．社会意识有自身的历史继承性。

每一时代的人们，既反映该时代的社会存在，又继承历史传承的精神文化成果，在二者相互作用、彼此观照中形成特定的社会意识。恩格斯在《反杜林论》中提出：

① 费孝通：《生育制度》，华东师范大学出版社2019年版，第67页。
② 路遥：《早晨从中午开始》，北京十月文艺出版社2012年版，第15、27页。

现代社会主义，就其内容来说，首先是对现代社会中普遍存在的有财产者和无财产者之间、资产者和雇佣工人之间的阶级对立以及生产中普遍存在的无政府状态这两个方面进行考察的结果。但是，就其理论形式来说，它起初表现为18世纪法国伟大的启蒙学者们所提出的各种原则的进一步的、据称是更彻底的发展。同任何新的学说一样，它必须首先从已有的思想材料出发，虽然它的根子深深扎在经济的事实中。①

“现代社会主义”既有现实的社会根源，又继承和发展了18世纪的启蒙思想。恩格斯在《自然辩证法》中谈到欧洲近代文艺复兴：

这个时代是从15世纪下半叶开始的。……教会的精神独裁被摧毁了，日耳曼语各民族大部分都直截了当地抛弃了它，接受了新教，同时，在罗曼语各民族那里，一种从阿拉伯人那里吸收过来并从新发现的希腊哲学那里得到营养的开朗的自由思想，越来越深地扎下了根，为18世纪的唯物主义作了准备。②

中国传统文化源远流长，哲学、文学、史学、艺术、建筑等都是赓续绵延。中国传统哲学发端于西周初年，所谓“周监于二代，郁郁乎文哉!”（《论语·八佾》）到春秋时期有孔子、老子分别开创儒家、道家学派，战国时期有墨子、孟子、庄子、荀子、韩非子等诸家争鸣；汉代以后经学独尊，魏晋时期有玄学，隋唐时期佛学兴盛，其后有宋明理学，清代朴学。近代以来中西文化、哲学会通，五四以后形成中、西、马等思想文化资源对立互动的基本格局。我国自古以来就有深厚的历史意识，如“我不可不监于有夏，亦不可不监于有殷。”（《诗经·大雅·荡》）“前事之不忘，后事之师。”（《战国策·赵策一》）“网罗天下放失旧闻，考之行事，稽其成败兴坏之理。”（《汉书·司马

①《马克思恩格斯文集》第9卷，人民出版社2009年版，第19页。

②《马克思恩格斯文集》第9卷，人民出版社2009年版，第408-409页。

迁传》）“监前世之兴衰，考当今之得失。”（司马光《进〈资治通鉴〉表》）中国共产党是中华优秀传统文化的继承者和弘扬者，毛泽东1938年在《中国共产党在民族战争中的地位》说：

我们这个民族有数千年的历史，有它的特点，有它的许多珍贵品。对于这些，我们还是小学生。今天的中国是历史的中国的一个发展；我们是马克思主义的历史主义者，我们不应当割断历史。从孔夫子到孙中山，我们应当给以总结，承继这一份珍贵的遗产。[①]

习近平在庆祝中国共产党成立95周年大会上讲话指出：

文化自信，是更基础、更广泛、更深厚的自信。在五千多年文明发展中孕育的中华优秀传统文化，在党和人民伟大斗争中孕育的革命文化和社会主义先进文化，积淀着中华民族最深层的精神追求，代表着中华民族独特的精神标识。[②]

哲学家张岱年1937年在《中国哲学大纲》中提出：

今日以后，将必有新的中国哲学出现。但中国的新哲学与中国的旧哲学之间，是必有其相当的联续的。将来的中国新哲学，固然必是西洋哲学影响下的产物，而亦当是中国旧哲学之一种发展。[③]

著名作家路遥说：

我的观点是，只有在我们民族伟大历史文化的土壤上产生出真正具有我

①《毛泽东选集》第2卷，人民出版社1991年版，第533-534页。

②《十八大以来重要文献选编》（下），中央文献出版社2018年版，第349页。

③ 杜运辉编：《燕赵文库·张岱年集》下册，河北人民出版社2017年版，第706页。

们自己特性的新文学成果，并让全世界感到耳目一新的时候，我们的现代表现形式的作品也许才会趋向成熟。……如果一味地模仿别人，崇尚别人，轻视甚至藐视自己民族伟大深厚的历史文化，这种生吞活剥的“引进”注定没有前途。我们需要借鉴一切优秀的域外文学以更好地发展我们民族的新文学，但不必把“洋东西”变成吓唬我们自己的武器。[①]

哲学、历史学、语言学、道德、宗教、文学、艺术、科学等各种社会意识形式，都有自身的传承谱系，体现了社会意识的相对独立性。

2．社会意识不同形式之间的相互作用。

哲学、宗教、文学、艺术、科学等社会意识之间，有着复杂的相互作用。恩格斯在1890年提出：

经济发展对这些领域也具有最终的至上权力，这在我看来是确定无疑的，但是这种至上权力是发生在各个领域本身所规定的那些条件的范围内：例如在哲学中，它是发生在这样一种作用所规定的条件的范围内，这种作用就是各种经济影响（这些经济影响多半又只是在它的政治等等的外衣下起作用）对先驱所提供的现有哲学材料发生的作用。经济在这里并不重新创造出任何东西，但是它决定着现有思想材料的改变和进一步发展的方式，而且多半也是间接决定的，因为对哲学发生最大的直接影响的，是政治的、法律的和道德的反映。[②]

舞蹈艺术可以影响书法，如唐代公孙大娘擅长《西河剑器》《剑器浑脱》等剑器之舞，杜甫《观公孙大娘弟子舞剑器行并序》说：“昔者吴人张旭，善草书帖，数常于邺县见公孙大娘舞西河剑器，自此草书长进，豪荡感激，即公孙可知矣。”

在一定条件下，社会意识的发展与社会存在的发展不完全同步，有着超

① 路遥：《早晨从中午开始》，北京十月文艺出版社2012年版，第15-16页。

②《马克思恩格斯文集》第10卷，人民出版社2009年版，第600页。

前或滞后的情况。马克思在《路易·波拿巴的雾月十八日》中说：

人们自己创造自己的历史，但是他们并不是随心所欲地创造，并不是在他们自己选定的条件下创造，而是在直接碰到的、既定的、从过去承继下来的条件下创造。一切已死的先辈们的传统，像梦魇一样纠缠着活人的头脑。[①]

恩格斯在1890年也提出：

每一个时代的哲学作为分工的一个特定的领域，都具有由它的先驱传给它而它便由此出发的特定的思想材料作为前提。因此，经济上落后的国家在哲学上仍然能够演奏第一小提琴：18世纪的法国对英国来说是如此（法国人是以英国哲学为依据的），后来的德国对英法两国来说也是如此。但是，不论在法国或是在德国，哲学和那个时代的普遍的学术繁荣一样，也是经济高涨的结果。[②]

毛泽东的《论持久战》写于1938年5月，提出“持久战的三个阶段”，准确地预见了抗日战争的基本过程：

中日战争既然是持久战，最后胜利又将是属于中国的，那末，就可以合理地设想，这种持久战，将具体地表现于三个阶段之中。第一个阶段，是敌之战略进攻、我之战略防御的时期。第二个阶段，是敌之战略保守、我之准备反攻的时期。第三个阶段，是我之战略反攻、敌之战略退却的时期。[③]

就个体而言，思想意识与贫富有直接关系吗？有人讲“贫穷限制人的思想”，这应如何理解和评价呢？

---

①《马克思恩格斯文集》第2卷，人民出版社2009年版，第470–471页。

②《马克思恩格斯文集》第10卷，人民出版社2009年版，第599–600页。

③《毛泽东选集》第2卷，人民出版社1991年版，第462页。

（三）社会意识对社会存在的反作用

社会存在决定社会意识，社会意识又反作用于社会存在，二者共同构成人类社会的运动过程。

不同性质的社会意识对社会存在有不同性质的反作用，先进的社会意识促进社会存在、生活实践，落后的社会意识阻碍社会存在、生活实践。马克思主义“每个人自由而全面的发展”的“联合体”思想，是引导人类社会前进的先进理念；而我国长期君主专制—地主经济社会所积淀的“权力迷信和拜金主义相结合”则是“旧社会遗留下来的最大祸害”①。当代中国特色社会主义文化建设，要在马克思主义指导下批判继承中西文化的有益成果，“使中国达到个性解放和大同团结统一、人道主义和社会主义统一的目标，也就是使中国成为自由人格的联合体那样的社会”②。

坚定的社会主义理想信念，对生活实践具有重要作用。如列宁所指出的：

> 重要的是相信道路选择得正确，这种信心能百倍地加强革命毅力和革命热情，有了这样的革命毅力和革命热情就能创造出奇迹来。③

习近平在党的十九大报告中指出：

> 中国特色社会主义道路是实现社会主义现代化、创造人民美好生活的必由之路，中国特色社会主义理论体系是指导党和人民实现中华民族伟大复兴的正确理论，中国特色社会主义制度是当代中国发展进步的根本制度保障，中国特色社会主义文化是激励全党全国各族人民奋勇前进的强大精神力量。全党要更加自觉地增强道路自信、理论自信、制度自信、文化自信，既不走封闭僵化的老路，也不走改旗易帜的邪路，保持政治定力，坚持实干兴邦，

①《冯契文集》增订版第3卷，华东师范大学出版社2016年版，第272页。

②《冯契文集》增订版第3卷，华东师范大学出版社2016年版，第271页。

③《列宁选集》第1卷，人民出版社2012年版，第607页。

始终坚持和发展中国特色社会主义。①

坚定“四个自信”是实现中华民族伟大复兴和社会主义现代化的思想保证。

第三节　生产力与生产关系的矛盾运动

唯物史观揭示了人类社会发展的根本动力和普遍规律，这就是人类自身的实践活动和实践能力推动着人本身自由而全面的发展，推动着社会形态向“真正的共同体”或“自由人联合体”演进。马克思在1859年《〈政治经济学批判〉序言》中提出：

> 人们在自己生活的社会生产中发生一定的、必然的、不以他们的意志为转移的关系，即同他们的物质生产力的一定发展阶段相适合的生产关系。这些生产关系的总和构成社会的经济结构，即有法律的和政治的上层建筑竖立其上并有一定的社会意识形式与之相适应的现实基础。物质生活的生产方式制约着整个社会生活、政治生活和精神生活的过程。②

“物质生产力”“生产关系”（或“经济结构”）与“上层建筑”之间的关系，涵盖了物质生活与社会生活、政治生活和精神生活之间的关系。其中，生产力和生产关系之间的矛盾是人类社会的基本矛盾，生产关系一定要适合生产力状况的规律是人类社会的基本规律。在这个基本矛盾、基本规律之上，有经济基础和上层建筑之间的矛盾运动，以及上层建筑一定要适合经济基础状况的规律。

①《中国共产党第十九次全国代表大会文件汇编》，人民出版社2017年版，第13-14页。

②《马克思恩格斯文集》第2卷，人民出版社2009年版，第591页。

一、生产力

马克思改造并发展了近代以来的“生产力”概念，“将生产力这个一般的描述概念，提升为政治经济学和历史唯物论的最基本的范畴，作为马克思主义整个理论体系的根基和出发点，并且对完整的生产力范畴的全面含义，作了十分明晰的规定”[①]。

（一）生产力的界定

生产力是人们改造自然，使之适应人的需要的物质力量。过去常常说“征服自然”，现在比较谦虚了。马克思在《资本论》第1卷提出：

> 劳动过程的简单要素是：有目的的活动或劳动本身，劳动对象和劳动资料。[②]

此后，有的学者把“劳动过程”等同于“生产力”，把“劳动过程”的“简单要素”等同于“生产力”的“三要素”，如“劳动者、劳动手段与劳动对象，又称为生产力的诸要素”[③]。张一兵则认为：

> 生产力是一个功能性规定，即一定的生产方式或结构在实际运作中发挥出来的程度、能力和水平。这也表明，传统哲学解释框架以马克思说明劳动过程的三个实体性的方面（即劳动者、工具和对象）来实体性地指认生产力完全是一种误读。[④]

① 段若非：《马克思主义及其在当今中国的运用和发展》，人民出版社2017年版，第127页。

② 《马克思恩格斯文集》第5卷，人民出版社2009年版，第208页。

③ 李达：《社会学大纲》，四川人民出版社2017年版，第279页。

④ 张一兵：《回到马克思：经济学语境中的哲学话语》，江苏人民出版社2014年版，第462页。

那么，如何理解生产力及其构成要素呢？还是应该到马克思、恩格斯的原著中去探讨。

马克思、恩格斯在1845—1846年《德意志意识形态》中提出：

一个民族的生产力发展的水平，最明显地表现于该民族分工的发展程度。任何新的生产力，只要它不是迄今已知的生产力单纯的量的扩大（例如，开垦土地），都会引起分工的进一步发展。

一定的生产方式或一定的工业阶段始终是与一定的共同活动方式或一定的社会阶段联系着的，而这种共同活动方式本身就是“生产力”。

受分工制约的不同个人的共同活动产生了一种社会力量，即成倍增长的生产力。

某一个地域创造出来的生产力，特别是发明，在往后的发展中是否会失传，完全取决于交往扩展的情况。

利用自然力和许多其他的生产力，例如自来水、煤气照明、蒸汽采暖等。

由于这些条件在历史发展的每一阶段都是与同一时期的生产力的发展相适应的，所以它们的历史同时也是发展着的、由每一个新的一代承受下来的生产力的历史，从而也是个人本身力量发展的历史。[①]

这里把生产力界定为“一定的共同活动方式”“受分工制约的不同个人的共同活动”，是生产劳动中的实际力量，不是实体性的概念。生产力不是单纯的个体劳动力，而是作为“一定的共同活动方式”的社会劳动力。

马克思在1847年《哲学的贫困》中说：

机器正像拖犁的牛一样，并不是一个经济范畴。机器只是一种生产力。

在一切生产工具中，最强大的一种生产力是革命阶级本身。革命因素之

①《马克思恩格斯文集》第1卷，人民出版社2009年版，第520、532-533、537-538、559、568、576页。

组成为阶级，是以旧社会的怀抱中所能产生的全部生产力的存在为前提的。[①]

马克思在1847年12月《雇佣劳动与资本》中指出：

增加劳动的生产力的首要办法是**更细地分工**，更全面地应用和经常地改进**机器**。内部实行分工的工人大军越庞大，应用机器的规模越广大，生产费用相对地就越迅速缩减，劳动就更有效率。

分工越细，劳动就越**简单化**。工人的特殊技巧失去任何价值。工人变成了一种简单的、单调的生产力，这种生产力不需要投入紧张的体力或智力。

产业地震也就越来越频繁，在每次地震中，商业界只是由于埋葬一部分财富、产品以至生产力才维持下去，……，资本不仅在**活着**的时候要依靠劳动。这位尊贵而又野蛮的主人在葬入坟墓时，也要把他的奴隶们的尸体，即在危机中丧生而成为牺牲品的大批工人一起陪葬。

工人存在的价值只不过在于他是一种单纯的生产力而已，资本家就是这样来对待工人的。[②]

马克思、恩格斯在1848年《共产党宣言》中提出：

资产阶级在它的不到一百年的阶级统治中所创造的生产力，比过去一切世代创造的全部生产力还要多，还要大。自然力的征服，机器的采用，化学在工业和农业中的应用，轮船的行驶，铁路的通行，电报的使用，整个整个大陆的开垦，河川的通航，仿佛用法术从地下呼唤出来的大量人口——过去哪一个世纪料想到在社会劳动里蕴藏有这样的生产力呢？[③]

马克思在《政治经济学批判（1857—1858年手稿）》中提出：

①《马克思恩格斯文集》第1卷，人民出版社2009年版，第622、655页。

②《马克思恩格斯文集》第1卷，人民出版社2009年版，第735-736、739、742、756页。

③《马克思恩格斯文集》第2卷，人民出版社2009年版，第36页。

节约劳动时间等于增加自由时间，即增加使个人得到充分发展的时间，而个人的充分发展又作为最大的生产力反作用于劳动生产力。从直接生产过程的角度来看，节约劳动时间可以看做生产固定资本，这种固定资本就是人本身。

在**固定资本**中，劳动的社会生产力……**既包括科学的力量，又包括生产过程中社会力量的结合，最后还包括从直接劳动转移到机器即死的生产力上的技巧**。

……物质生产力（即分工、机器、将自然力和科学应用于私人生产）……[①]

"个人的充分发展"是"最大的生产力"，是生产力的决定因素。值得注意的是，马克思在手稿中还使用了"一般科学劳动"[②]范畴。在《政治经济学批判（1857—1858年草稿）》中，马克思提出"一切生产力即物质生产力和精神生产力"[③]的重要论断。

马克思在1865年《工资、价格和利润》中提出：

除了各个人的先天的能力和后天获得的生产技能的区别，劳动生产力主要应当取决于：

首先，劳动的**自然**条件，如土地的肥沃程度、矿山的丰富程度等等；

其次，**劳动的社会力**的日益改进，引起这种改进的是：大规模的生产，资本的积聚，劳动的结合，分工，机器，改良的方法，化学力和其他自然力的应用，利用交通和运输工具而达到时间和空间的缩短，以及其他各种发明，科学就是靠这些发明来驱使自然力为劳动服务，劳动的社会性质或协作性质也由于这些发明而得以发展。

他们采用各种机器，应用更科学的方法，把一部分耕地变成牧场，增大

①《马克思恩格斯文集》第8卷，人民出版社2009年版，第203、206、267-268页。

②《马克思恩格斯文集》第8卷，人民出版社2009年版，第191页。

③《马克思恩格斯全集》第46卷（上），人民出版社1979年版，第173页。

农场的面积，同时也扩大了生产的规模，由于采取了这些方法和其他各种提高劳动生产力的措施而减少对劳动的需求，使农业人口又相对过剩了。……采用机器不过是提高劳动生产力的许多方法之一。[①]

马克思在《资本论》第1卷中提出：

劳动生产力是由多种情况决定的，其中包括：工人的平均熟练程度，科学的发展水平和它在工艺上应用的程度，生产过程的社会结合，生产资料的规模和效能，以及自然条件。

我们把劳动力或劳动能力，理解为一个人的身体即活的人体中存在的、每当他生产某种使用价值时就运用的体力和智力的总和。

劳动力只是作为活的个人的能力而存在。因此，劳动力的生产要以活的个人的存在为前提。假设个人已经存在，劳动力的生产就是这个个人本身的再生产或维持。活的个人要维持自己，需要有一定量的生活资料。……劳动力只有表现出来才能实现，只有在劳动中才能发挥出来。而劳动力的发挥即劳动，耗费人的一定量的肌肉、神经、脑等等……

谈劳动能力并不就是谈劳动，正像谈消化能力并不就是谈消化一样。大家知道，要有消化过程，光有健全的胃是不够的。谁谈劳动能力，谁就不会撇开维持劳动能力所必要的生活资料。

机器是提高劳动生产率，即缩短生产商品的必要劳动时间的最有力的手段。[②]

这些论述中谈到的生产力要素有："资本、劳动和科学的应用"；"分工"；"受分工制约的不同个人的共同活动"，"发明"；"个人本身力量"；"机器"，"生产工具"特别是"革命阶级本身"；"体力或智力"，作为劳动者的"工人"

①《马克思恩格斯文集》第3卷，人民出版社2009年版，第50、50、50-51、76页。

②《马克思恩格斯文集》第5卷，人民出版社2009年版，第53、195、198-199、201、463页。

和“农民”是“最主要的一部分生产力”，“自然力的征服，机器的采用，化学在工业和农业中的应用，轮船的行驶，铁路的通行，电报的使用，整个整个大陆的开垦，河川的通航，仿佛用法术从地下呼唤出来的大量人口”，“科学的力量，又包括生产过程中社会力量的结合，最后还包括从直接劳动转移到机器即死的生产力上的技巧”，“分工、机器、将自然力和科学应用于私人生产”；“各个人的先天的能力和后天获得的生产技能”，“劳动的自然条件，如土地的肥沃程度、矿山的丰富程度等等”，“劳动的社会力的日益改进，引起这种改进的是：大规模的生产，资本的积聚，劳动的结合，分工，机器，改良的方法，化学力和其他自然力的应用，利用交通和运输工具而达到时间和空间的缩短，以及其他各种发明，科学就是靠这些发明来驱使自然力为劳动服务”；“采用各种机器，应用更科学的方法，把一部分耕地变成牧场，增大农场的面积，同时也扩大了生产的规模”；“结合起来”的“劳动者和生产资料”（这里的“生产资料”，主要是指生产工具），等等。

可见，生产力的基本要素包括：劳动者本身及其素质（先天的能力、体力、智力、技巧或生产技能），机器等生产工具，科学的力量和技术发明，劳动的结合、分工或“共同活动”，劳动的自然条件（劳动对象的条件，而不是劳动对象本身）。

生产力是结合起来的劳动者运用一定的生产资料和技术工艺进行共同劳动的社会力量。“生产力乃是人们运用一定的劳动资料和生产技术从事物质生产的实践能力”①，它与劳动对象的品质或条件有关，但不包含劳动对象本身。类似地，毛泽东1937年在《论持久战》中剖析了军队战斗力的因素：

革新军制离不了现代化，把技术条件增强起来，没有这一点，是不能把敌人赶过鸭绿江的。军队的使用需要进步的灵活的战略战术，没有这一点，也是不能胜利的。然而军队的基础在士兵，没有进步的政治精神贯注于军队之中，没有进步的政治工作去执行这种贯注，就不能达到真正的官长和士兵的一致，就不能激发官兵最大限度的抗战热忱，一切技术和战术就不能得着

① 庞卓恒等：《史学概论》，高等教育出版社2019年版，第225页。

最好的基础去发挥它们应有的效力。我们说日本技术条件虽优，但它终必失败，除了我们给以歼灭和消耗的打击外，就是它的军心终必随着我们的打击而动摇，武器和兵员结合不稳。我们相反，抗日战争的政治目的是官兵一致的。在这上面，就有了一切抗日军队的政治工作的基础。军队应实行一定限度的民主化，主要地是废除封建主义的打骂制度和官兵生活同甘苦。这样一来，官兵一致的目的就达到了，军队就增加了绝大的战斗力，长期的残酷的战争就不患不能支持。①

毛泽东在这里论述了军队战斗力的形成条件，包括作为“基础”的“士兵”，“军制”，“进步的政治精神”或“民主化”而达到的“官兵一致”（这些相当于生产劳动中的分工和管理），“现代化”或“技术条件”，“进步的灵活的战略战术”，等。这与马克思对生产力的论述是高度一致的。显然，战斗力之中不能包含“敌人”，生产力之中也不能包含“劳动对象”。生产力与劳动对象相结合，就是现实的生产过程或劳动过程。

生产力的主要因素是劳动者及其素质、生产工具、科学技术、分工和协作等。直接生产过程中的劳动分工和协作，体现着劳动者和生产资料相结合的具体方式。科学技术不仅体现在生产工具上，也体现在劳动者的素质上，因此生产力可以进一步归纳为：劳动者及其素质、劳动分工和协作两个因素。提高生产力的基本途径，是提高劳动者的素质、优化劳动分工和协作，这就需要提高生活水准（包括提高物质生活水平、改善饮食结构等），发展教育、科学和技术，提高劳动管理水平等。

生产力的核心是劳动者，马克思把生产力看作“个人本身力量”，这种力量包括物质生产力和精神生产力两个方面。他在《哥达纲领批判》中批评“劳动是一切财富和一切文化的源泉”这句话时指出：

劳动**不是**一切财富的**源泉**。**自然界**同劳动一样也是使用价值（而物质财富

① 《毛泽东选集》第2卷，人民出版社1991年版，第511页。

就是由使用价值构成的!）的源泉，劳动本身不过是一种自然力即人的劳动力的表现。[①]

因而，生产力的要义是劳动者，是人本身。我们对生产力的理解要始终紧紧围绕劳动者本身。其他因素都要从它们与劳动者的关系中来理解，而不能孤立地去看待。

当代要特别强调生产力中的精神生产力方面，“精神生产力不仅生产自然科学、技术科学和管理科学这些精神产品，并入物质生产过程，作为生产力的关键因素，推动物质生产发展，而且还生产文化、文学、艺术、道德和法律等精神产品，满足人们的精神需要。……人们精神需要的实现，精神境界的提高，情绪的振奋，民主精神的高扬，思想自由氛围的形成，社会正气的发扬，社会秩序的安定，人际关系的和谐，又是物质生产的间接因素和外部条件，是推动社会生产力发展的无形的巨大的力量”，“在现代社会中，知识（包括哲学社会科学、人文科学知识和自然科学、技术科学、管理科学知识）是一切财富中最重要的财富，掌握先进精神生产力创造新思想新理论新知识的人，是一切生产力中最强大的生产力，是推动社会前进的一切力量中最重要的力量”[②]。提升全体劳动者的综合素质，培养德智体美劳全面发展的社会主义新人，是实现民族复兴和社会主义现代化的根本保障。

2020年《中共中央关于制定国民经济和社会发展第十四个五年规划和二〇三五年远景目标的建议》提出，“激发人才创新活力。贯彻尊重劳动、尊重知识、尊重人才、尊重创造方针，深化人才发展体制机制改革”，“健全创新激励和保障机制，构建充分体现知识、技术等创新要素价值的收益分配机制，完善科研人员职务发明成果权益分享机制”。我们说发展生产力、解放生产力，就要围绕培养和提高劳动者的全面素质、发展科学和技术、改进机器等生产工具、优化分工与协作等方面来进行。要达到这样的目的，就要调动劳

① 《马克思恩格斯文集》第3卷，人民出版社2009年版，第428页。

② 段若非：《马克思主义及其在当今中国的运用和发展》，人民出版社2017年版，第132、137–138页。

动者的积极性和创造性。调动劳动者的积极性和创造性，就要通过制度创新而不断提高劳动者的经济利益和社会地位。在共同富裕的基础上不断促进每个人的自由而全面的发展，是发展生产力的最根本途径。

（二）生产力水平的标志

1．劳动生产率或“效率”是生产力的根本标志。

劳动生产率，表现为劳动者产出满足自己及其家庭基本生存需要之外的剩余产品率，或生产一种物品所需要的劳动时间。一般采取人均GDP的形式。

马克思在《政治经济学批判（1857—1858年手稿）》中提出：

劳动生产力的增长无非是使用较少的直接劳动就能创造较多的产品。[①]

他在1865年的《工资、价格和利润》中提出：

劳动的生产力越高，在一定的劳动时间内所完成的产品也越多；劳动的生产力越低，在同一时间内所完成的产品也越少。[②]

马克思在《资本论》第1卷中说：

劳动生产力越高，生产一种物品所需要的劳动时间就越少，凝结在该物品中的劳动量就越小……相反地，劳动生产力越低，生产一种物品的必要劳动时间就越多……

生产力当然始终是有用的、具体的劳动的生产力，它事实上只决定有目的的生产活动在一定时间内的效率。

劳动生产力的提高，我们在这里一般是指劳动过程中的这样一种变化，这种变化能缩短生产某种商品的社会必需的劳动时间，从而使较小量的劳动

①《马克思恩格斯文集》第8卷，人民出版社2009年版，第207页。

②《马克思恩格斯文集》第3卷，人民出版社2009年版，第50页。

获得生产较大量使用价值的能力。[①]

2. **生产工具是生产力的重要标志。**

马克思1847年在《哲学的贫困》中说：

社会关系和生产力密切相联。随着新生产力的获得，人们改变自己的生产方式，随着生产方式即谋生的方式的改变，人们也就会改变自己的一切社会关系。手推磨产生的是封建主的社会，蒸汽磨产生的是工业资本家的社会。[②]

马克思在《资本论》第1卷中说：

各种经济时代的区别，不在于生产什么，而在于怎样生产，用什么劳动资料生产。劳动资料不仅是人类劳动力发展的测量器，而且是劳动借以进行的社会关系的指示器。[③]

生产工具对划分“经济时代”具有重要意义。但是，生产工具不是孤立存在的，它只是人的物质生产实践能力的有机组成部分。生产工具是影响劳动生产率的重要因素，但不是唯一因素。而且，同样的生产工具可以适用于不同的生产关系和历史阶段。不能孤立地、机械地以生产工具作为判断生产力水平的根本标志，并进而以生产工具作为判断社会发展阶段的根本标志。毛泽东1937年在《论持久战》中批判亡国论者、妥协论者的“唯武器论”：

这就是所谓“唯武器论”，是战争问题中的机械论，是主观地和片面地看问题的意见。我们的意见与此相反，不但看到武器，而且看到人力。武器是

① 《马克思恩格斯文集》第5卷，人民出版社2009年版，第53、59、366页。

② 《马克思恩格斯文集》第1卷，人民出版社2009年版，第602页。

③ 《马克思恩格斯文集》第5卷，人民出版社2009年版，第210页。

战争的重要的因素，但不是决定的因素，决定的因素是人不是物。[①]

这对于我们理解生产工具的地位和作用有着重要启示。

二、生产关系

(一) 生产关系的界定

生产关系，是人们在生产过程中的社会地位和相互关系、相互联系，它体现着人们在物质生产过程中的经济利益。马克思认为，人们只有在一定的社会关系中才能共同活动和交换其活动而进行生产：

人们在生产中不仅仅影响自然界，而且也互相影响。他们只有以一定的方式共同活动和互相交换其活动，才能进行生产。为了进行生产，人们相互之间便发生一定的联系和关系；只有在这些社会联系和社会关系的范围内，才会有他们对自然界的影响，才会有生产。

各个人借以进行生产的社会关系，即**社会生产关系，是随着物质生产资料、生产力的变化和发展而变化和改变的。生产关系总合起来就构成所谓社会关系，构成所谓社会，并且是构成一个处于一定历史发展阶段上的社会，**具有独特的特征的社会。[②]

一切生产都是个人在一定社会形式中并借这种社会形式而进行的对自然的占有。[③]

社会关系，从而生产当事人彼此的社会地位，即**生产关系**本身……[④]

这种生产过程中形成的社会关系是一种财产关系、利益关系。生产力的

① 《毛泽东选集》第2卷，人民出版社1991年版，第469页。

② 《马克思恩格斯文集》第1卷，人民出版社2009年版，均为第724页。

③ 《马克思恩格斯全集》第46卷上，人民出版社1979年版，第24页。

④ 《马克思恩格斯文集》第8卷，人民出版社2009年版，第548页。

诸要素如劳动者和生产工具、技术发明等，只有在一定利益关系中结合起来，才能形成有效的协作，成为实际的生产活动。

生产关系，既是劳动分工，也是利益关系，因而直接影响到劳动者的生活水平、素质提高和劳动的积极性、创造性。

（二）生产关系的构成

从动态过程来说，生产关系由生产、分配、交换、消费等环节的各种关系构成。从静态结构来说，生产关系包括生产资料所有制关系、人们在生产中的地位和相互关系、产品分配关系等。

生产资料所有制是生产关系的核心，是人们在生产过程中的最本质关系，决定着人们在生产过程中的其他关系。生产资料所有制，实质是生产资料归谁所有、由谁支配，包括生产资料的所有权、占有权、支配权、使用权等具体形式。比如，我国西周时期的封建所有制关系：

溥天之下，莫非王土。率土之滨，莫非王臣。（《诗经·小雅·谷风之什·北山》）

天子经略，诸侯正封，古之制也。封略之内，何非君土？食土之毛，谁非君臣？故《诗》曰："普天之下，莫非王土；率土之滨，莫非王臣。"……人有十等，下所以事上，上所以共神也。故王臣公，公臣大夫，大夫臣士，士臣皂……（《左传•昭公七年》）

《诗经·伐檀》形象地反映了西周时期"君子"的经济剥削地位：

不稼不穑，胡取禾三百廛兮？不狩不猎，胡瞻尔庭有县貆兮？彼君子兮，不素餐兮！

不稼不穑，胡取禾三百亿兮？不狩不猎，胡瞻尔庭有县特兮？彼君子兮，不素食兮！

不稼不穑，胡取禾三百囷兮？不狩不猎，胡瞻尔庭有县鹑兮？彼君子兮，不素飧兮！

西周的封建所有制关系与秦汉以后君主专制时代的生产关系有重要区别。秦汉以后，中国长期并存两种主要的土地所有制，一种是皇室的土地国有制，另一种是豪绅地主的私家土地所有制。这两种土地所有制中，农民都是被奴役、被剥削的地位。“春种一粒粟，秋收万颗子。四海无闲田，农夫犹饿死。”（唐•李绅《悯农》）“赤日炎炎似火烧，野田禾稻半枯焦。农夫心内如汤煮，公子王孙把扇摇。”（施耐庵《水浒传•杨志押送金银担 吴用智取生辰纲》）这些文学作品，从一个侧面反映了君主专制时代的生产关系状况。

资本主义所有制关系，是劳动者与生产资料相分离，资本家占有生产资料。劳动者要与生产资料相结合进行生产活动，就不得不接受资本家的雇佣和剥削。卓别林（Charles Chaplin，1889—1977）1936年拍摄的《摩登时代》（*Modern Times*）反映了工人成为工厂机器的残酷现实，后来人们一想到“资本家”就会浮现出卓别林在巨型齿轮缝隙中“舞蹈”的画面。影片上映后，据说曾招致国际资本势力的群体反击。

君主专制时代的土地兼并是导致社会动乱的重要根源。我国1982年宪法规定：“矿藏、水流、森林、山岭、草原、荒地、滩涂等自然资源，都属于国家所有，即全民所有；由法律规定属于集体所有的森林和山岭、草原、荒地、滩涂除外。”“任何组织或者个人不得侵占、买卖或者以其他形式非法转让土地。土地的使用权可以依照法律的规定转让。”这种土地所有制从根本上限制了土地兼并及由此引起的贫富分化，保障了广大人民群众的根本利益。

三、生产方式

什么是生产方式呢？据史学家侯外庐研究，德文“生产方式”Produktions Weise，有“生产的指导样式”之义，而英译the mode of production就失去了这个含义。

马克思在1847年《哲学的贫困》中认为“生产方式即谋生的方式”①，在1859年《〈政治经济学批判〉序言》中认为“物质生活的生产方式”是“社会生产力和生产关系之间”的矛盾运动②。《资本论》第2卷则提出：

不论生产的社会的形式如何，劳动者和生产资料始终是生产的因素。但是，二者在彼此分离的情况下只在可能性上是生产因素。凡要进行生产，它们就必须结合起来。实行这种结合的特殊方式和方法，使社会结构区分为各个不同的经济时期。③

也就是说，生产方式是“劳动者和生产资料”之间“结合的特殊方式和方法”。

一个是“社会生产力和生产关系之间”的矛盾运动；一个是“劳动者和生产资料”之间“结合的特殊方式和方法”，或“特殊生产手段与特殊的劳动力二者间的结合关系”④，对此应该如何理解呢？

实际的生产过程，既有内容，也有形式。它的内容，是一定的劳动者运用一定的生产工具（劳动手段）作用于一定的劳动对象。它的形式，就是生产资料（生产工具和劳动对象）和劳动产品的归属问题，劳动者和生产资料的所有者的社会地位、利益关系问题，也就是生产关系。如马克思在《政治经济学批判（1861—1863年手稿）》中提出“资本主义生产方式（即劳动对资本的实际上的从属）”⑤，劳动者从属于资本家的支配。生产力和生产关系都内在于具体的生产过程中。因而，这两种界定实质上是一致的。

另外，生产方式是生产力和生产关系“二者中间发生渗透作用的东西”，“不是外于生产过程的东西”⑥。生产方式渗透于生产力和生产关系的矛盾运

① 《马克思恩格斯文集》第1卷，人民出版社2009年版，第602页。
② 《马克思恩格斯文集》第2卷，人民出版社2009年版，第591-592页。
③ 《马克思恩格斯文集》第6卷，人民出版社2009年版，第44页。
④ 侯外庐：《苏联历史学界诸论争解答》，建国书店1946年版，第27页。
⑤ 《马克思恩格斯文集》第8卷，人民出版社2009年版，第390页。
⑥ 侯外庐：《苏联历史学界诸论争解答》，建国书店1946年版，第21页。

动之中，不是独立于生产力、生产关系之外的第三种事物，不能简单地认为它是生产力和生产关系之“总和”。

四、生产关系一定要适合生产力状况的规律

生产力和生产关系的矛盾运动贯穿人类社会之始终，决定人类社会不同发展阶段的根本性质。生产力和生产关系的矛盾运动中，贯穿着生产关系一定要适合生产力状况的规律。“一定适合”，是指生产关系由基本适合生产力发展，到不适合生产力发展，再到基本适合生产力发展。

生产力状况，指生产力的性质、结构、水平、发展要求等。生产力是最活跃、最革命的因素，处于经常的变化发展之中。作为制度化的经济关系，生产关系相对稳定。生产关系一定要适合生产力状况的规律包括两个方面：生产力决定生产关系；生产关系反作用于生产力。从矛盾主次方面的原理来看，一般来说生产力是矛盾的主要方面，生产关系是矛盾的次要方面；但在一定条件下，矛盾的主次方面会相互转化，生产关系成为主导方面，只有通过调整和变革生产关系，才能适应和促进生产力的进一步发展。

马克思在《政治经济学批判（1858—1859年手稿）》提出：

> 生产力和社会关系——这二者是社会个人的发展的不同方面。[①]

生产力和生产关系的矛盾运动，蕴含着生产关系一定要适合生产力状况的基本规律。生产力和生产关系，都是由“现实的人”所创造、围绕“现实的人”的利益和需要而展开的。我们要紧紧抓住这个实质内容，而不是停留于“生产力”“生产关系”名词概念本身而“见物不见人”。

（一）生产力决定生产关系

马克思在《资本论》第1卷提出：

①《马克思恩格斯文集》第8卷，人民出版社2009年版，第197页。

劳动生产力处于低级发展阶段，与此相应，人们在物质生活生产过程内部的关系，即他们彼此之间以及他们同自然之间的关系是很狭隘的。这种实际的狭隘性，观念地反映在古代的自然宗教和民间宗教中。[①]

生产力越低，劳动者自己就承担几乎全部的劳动环节。生产力越发达，分工也就越细密，生产关系也就愈复杂。马克思、恩格斯在1845—1846年《德意志意识形态》中提出：

一个民族的生产力发展的水平，最明显地表现于该民族分工的发展程度。任何新的生产力，只要它不是迄今已知的生产力单纯的量的扩大（例如，开垦土地），都会引起分工的进一步发展。[②]

比如，在生产力比较低的时候，农民自己要完成从耕地、种植、浇灌、除草、除虫、收割、晾晒、贮藏等全部生产环节。现在我国许多农村经常临时租用播种机、收割机等代替自己劳动。分工的细化提高了劳动生产率，也导致农业中的生产关系（包括利益关系）的复杂化。

生产力的发展决定生产关系的变革。生产关系是否应当变革以及变革的方向、形式，归根到底取决于生产力状况。马克思在《哲学的贫困》中说：

社会关系和生产力密切相联。随着新生产力的获得，人们改变自己的生产方式，随着生产方式即谋生的方式的改变，人们也就会改变自己的一切社会关系。手推磨产生的是封建主的社会，蒸汽磨产生的是工业资本家的社会。

生产方式，生产力在其中发展的那些关系，并不是永恒的规律，而是同人们及其生产力的一定发展相适应的东西，人们生产力的一切变化必然引起

①《马克思恩格斯文集》第5卷，人民出版社2009年版，第97页。

②《马克思恩格斯文集》第1卷，人民出版社2009年版，第520页。

他们的生产关系的变化。①

“手推磨”和“蒸汽磨”不是独立的生产工具，而是代表着由此形成的一种生产力和生产关系。使用手推磨，小农经济中的一个人、一个家庭就可以生产，这种分散的小农经济是西欧封建社会的基础；使用蒸汽磨，就有蒸汽磨的所有者（资本家）和雇佣工人的关系，要应用科学、技术发明和复杂的管理等。《资本论》第3卷中提出：

资本主义生产方式是一种特殊的、具有独特历史规定性的生产方式；它和任何其他一定的生产方式一样，把社会生产力及其发展形式的一个既定的阶段作为自己的历史条件，而这个条件又是一个先行过程的历史结果和产物，并且是新的生产方式由以产生的既定基础。同这种独特的、历史地规定的生产方式相适应的生产关系——即人们在他们的社会生活过程中、在他们的社会生活的生产中所处的各种关系，——具有一种独特的、历史的和暂时的性质。②

在物质生产过程中，劳动者运用一定的劳动资料和生产技术的实践能力不断增长，这就要求变革生产关系以解放生产力。

（二）生产关系反作用于生产力

生产关系对生产力的反作用有两种性质。

1. 生产关系促进生产力的发展。

当生产关系适合生产力发展状况、能够容纳更大的生产力时，就促进生产力的发展，成为生产力的有效形式。“经始灵台，经之营之。庶民攻之，不日克之。经始勿亟，庶民子来。”（《诗经·大雅·灵台》）描述了西周初期比较和谐的社会状态。

2. 生产关系阻碍生产力的发展。

①《马克思恩格斯文集》第1卷，人民出版社2009年版，第602、613页。

②《马克思恩格斯文集》第7卷，人民出版社2009年版，第994页。

当生产关系不适合生产力的状况、压制甚至破坏生产力时，就阻碍生产力的发展，成为生产力的桎梏。“有夏多罪，天命殛之。夏王率遏众力，率割夏邑。有众率怠弗协，曰：‘时日曷丧，予及汝皆亡！’”（《尚书·商书·汤誓》）描述了“众”对夏桀暴政的反抗。

那么，如何判断生产关系是否适合生产力状况呢？恩格斯在《反杜林论》中指出，人类历史规律就是“人们自己的社会行动的规律”[①]，是人们生活实践或物质生活、社会生活、政治生活和精神生活的内在规律和发展趋势。列宁提出：

> 以往的理论从来忽视居民**群众**的活动，只有历史唯物主义才第一次使我们能以自然科学的精确性去研究群众生活的社会条件以及这些条件的变更。……马克思主义则指出了对各种社会经济形态的产生、发展和衰落过程进行全面而周密的研究的途径，因为它考察了所有各种矛盾的趋向的**总和**，把这些趋向归结为可以准确测定的、社会**各阶级**的生活和生产的条件，……揭示了物质生产力的状况是所有一切思想和各种不同趋向的**根源**。[②]

唯物史观的出发点和归宿都是“现实的人”。“物质生产方式”或“经济发展”决定政治生活、精神生活的真正含义，要从“现实的人及其历史发展”来理解，否则就会走入“见物不见人”的误区。生产力和生产关系围绕物质生活、经济利益而展开。人类通过生产力创造的物质利益，其实际占有状况由一定的生产关系特别是生产资料所有制关系决定。在阶级社会中，一定的生产关系往往更有利于某些阶级或社会集团。

生产力的发展，最根本的是发挥劳动者的创造性。在某种生产关系中，劳动者是否具有以及具有多大的积极性，从而创造出多高的劳动生产率，是生产关系是否适合生产力状况的根本标志。判断生产关系是否适合生产力状况，是看它是否能够把生产力中的人和物的因素较好结合起来，是否能够创

① 《马克思恩格斯文集》第9卷，人民出版社2009年版，第300页。

② 《列宁选集》第2卷，人民出版社2012年版，第425页。

造出较高的劳动生产率和经济效益。怎样才能使生产力持续发展，而不至于限于停滞和衰退呢？最终取决于各种因素在多大程度上对广大劳动者的生产能力的增长发挥促进还是促退作用。归根到底，取决于各种因素在多大程度上对广大劳动者改善生产生活条件、发展生产能力的意愿发挥激励还是压抑作用。

什么是解放生产力？说到底，就是消除对劳动者改善生产生活条件、发展生产能力的要求的压制因素，使劳动者拥有改善生产生活条件、发展生产能力的自由空间。

生产关系对生产力的反作用力……是促进性还是促退性的，其衡量标准就是看它们对劳动者改善生产生活条件、发展生产能力的要求是激励还是压制，最终是从效果上看它们是否促进了劳动者生产能力的提高。

一个政府，越能创造条件使广大劳动者发展生产力的主动性、积极性和创造性得到充分发挥，它对历史的推动作用就越大；反之，它就可能成为生产力发展的障碍，最终就会被广大劳动者抛弃。①

我们要具体考察劳动者的利益是得到保障、维护、正常增长，还是相对贫穷乃至绝对贫穷；他的生活条件是得到改善、越来越宽松、越来越有保障，还是面临更大的不确定性。摆脱贫穷、不受饥饿的压迫是生存权的首要含义，物质利益的保障是人民群众追求自身解放、实现自由而全面发展的基本前提和必要手段。我们判断个人在社会发展中的地位和作用、人生价值，归根到底是看他的思想观点和实践活动是否有利于改善劳动者的生存条件、生活条件、生产条件，是否有利于促进和发挥劳动者的积极性、主动性和创造性。

在现实生活中，要调整、变革原有的生产关系以适应生产力的发展有两种情形或途径：第一，在保持生产资料所有制、基本经济制度根本性质不变的前提下，进行部分调整，也就是局部的质变；第二，从根本上变革生产资

① 庞卓恒等：《史学概论》，高等教育出版社2019年版，第235、235、236页。

料所有制，建立新的经济制度，这往往通过政治上层建筑来进行。

1981年党的十一届六中全会通过的《中国共产党中央委员会关于建国以来党的若干历史问题的决议》提出："在社会主义改造基本完成以后，我国所需要解决的主要矛盾，是人民日益增长的物质文化需要同落后的社会生产之间的矛盾。"2017年党的十九大报告提出："中国特色社会主义进入新时代，我国社会主要矛盾已经转化为人民日益增长的美好生活需要和不平衡不充分的发展之间的矛盾。"2020年党的十九届五中全会《中共中央关于制定国民经济和社会发展第十四个五年规划和二〇三五年远景目标的建议》强调"全体人民共同富裕取得更为明显的实质性进展""扎实推动共同富裕，不断增强人民群众获得感、幸福感、安全感，促进人的全面发展和社会全面进步"。我国社会主义建设始终把满足"人民日益增长的物质文化需要""人民日益增长的美好生活需要"作为中心任务，鲜明地体现了"以人民为中心"而解放生产力、发展生产力、实现共同富裕的制度优势。

第四节　经济基础与上层建筑的矛盾运动

经济基础和上层建筑之间的矛盾运动，根源于生产力和生产关系之间的矛盾运动。

一、经济基础

（一）经济基础的界定

经济基础，是与生产力的一定状况相适应的生产关系之总和，是一定社会的经济结构。马克思说：

人们在自己生活的社会生产中发生一定的、必然的、不以他们的意志为转移的关系，即同他们的物质生产力的一定发展阶段相适合的生产关系。这些生产关系的总和构成社会的经济结构，即有法律的和政治的上层建筑竖立其上并有一定的社会意识形式与之相适应的现实基础。[①]

现实社会中往往并存着多种生产关系，有着多种的劳动者与生产资料的结合方式。这些生产关系相互制约、相互影响，共同构成社会的“经济结构”或经济基础。经济基础是包含多种生产关系的复杂矛盾，有主要矛盾和次要矛盾。

（二）经济基础的性质

一定的经济基础中，居于统治地位或主导地位、起着支配作用的生产关系就是主要矛盾，决定经济基础以致整个社会形态的基本性质。马克思在《1857—1858年经济学手稿》中提出：

在一切社会形式中都有一种一定的生产决定其他一切生产的地位和影响，因而它的关系也决定其他一切关系的地位和影响。这是一种普照的光，它掩盖了一切其他色彩，改变着它们的特点。这是一种特殊的以太，它决定着它里面显露出来的一切存在的比重。[②]

2019年党的十九届四中全会通过的《中共中央关于坚持和完善中国特色社会主义制度 推进国家治理体系和治理能力现代化若干重大问题的决定》提出：

公有制为主体、多种所有制经济共同发展，按劳分配为主体、多种分配方式并存，社会主义市场经济体制等社会主义基本经济制度，既体现了社会主义制度优越性，又同我国社会主义初级阶段社会生产力发展水平相适应，是党和人民的伟大创造。

毫不动摇巩固和发展公有制经济，毫不动摇鼓励、支持、引导非公有制

①《马克思恩格斯文集》第2卷，人民出版社2009年版，第591页。

②《马克思恩格斯文集》第8卷，人民出版社2009年版，第31页。

经济发展。

二、上层建筑

上层建筑，是建立在一定经济基础之上的制度、设施及思想体系，主要包括政治上层建筑和观念上层建筑。

（一）政治上层建筑

政治上层建筑指政治法律制度、政治法律设施及其相互联系的方式，包括政权机构、军队、警察、法庭、监狱，关于政权的组织形式、立法、司法等。政治上层建筑以暴力为后盾，具有强制性。

政治上层建筑的核心是国家。国家不是纯粹的地理概念，而是社会权力的组织形式。

国家是阶级矛盾不可调和的产物，而阶级的产生和发展又源于特定的生产力水平。当人类社会分裂为奴隶主阶级和奴隶阶级后，占人口少数的奴隶主阶级为了维护其对生产资料的占有、对多数人的剥削，并使之固定化、合法化，就必须建立适合自己统治的社会政治秩序。马克思、恩格斯在《共产党宣言》中说：

过去一切阶级在争得统治之后，总是使整个社会服从于它们发财致富的条件，企图以此来巩固它们已经获得的生活地位。①

恩格斯在1883年《共产党宣言》德文版序言中说：

贯穿《宣言》的基本思想：每一历史时代的经济生产以及必然由此产生的社会结构，是该时代政治的和精神的历史的基础；因此（从原始土地公有制解体以来）全部历史都是阶级斗争的历史，即社会发展各个阶段上被剥削阶级和

①《马克思恩格斯文集》第2卷，人民出版社2009年版，第42页。

剥削阶级之间、被统治阶级和统治阶级之间斗争的历史。①

如13世纪以来英国圈地运动逐渐盛行，大批无地农民流离失所，沦为流浪者，造成社会秩序的混乱，并影响国家的税源和兵源。为此，都铎王朝从亨利八世开始颁布了一系列迫害破产农民和禁止流浪的法令，以各种手段惩治流浪者，有鞭笞、烙印、割耳、卖为奴隶乃至处死，这就把失地农民逼迫为雇佣工人。

恩格斯1884年在《家庭、私有制和国家的起源》中指出：

国家是社会在一定发展阶段上的产物，国家是承认：这个社会陷入了不可解决的自我矛盾，分裂为不可调和的对立面而又无力摆脱这些对立面。而为了使这些对立面，这些经济利益互相冲突的阶级，不致在无谓的斗争中把自己和社会消灭，就需要有一种表面上凌驾于社会之上的力量，这种力量应当缓和冲突，把冲突保持在"秩序"的范围以内；这种从社会中产生但又自居于社会之上并且日益同社会相异化的力量，就是国家。②

恩格斯在1891年为《法兰西内战》写的导言中指出：

以往国家的特征是什么呢？社会为了维护共同的利益，最初通过简单的分工建立了一些特殊的机关。但是，随着时间的推移，这些机关——为首的是国家政权——为了追求自己的特殊利益，从社会的公仆变成了社会的主人。这样的例子不但在世袭君主国内可以看到，而且在民主共和国内也同样可以看到。正是在美国，同在任何其他国家中相比"政治家们"都构成国民中一个更为特殊的更加富有权势的部分。……在那里却看到两大帮政治投机家，他们轮流执掌政权，以最肮脏的手段来达到最肮脏的目的，而国民却无力对付这两大政客集团，这些人表面上是替国民服务，实际上却是对国民进行统

①《马克思恩格斯文集》第2卷，人民出版社2009年版，第9页。

②《马克思恩格斯文集》第4卷，人民出版社2009年版，第189页。

治和掠夺。

实际上，国家无非是一个阶级镇压另一个阶级的机器，而且在这一点上民主共和国并不亚于君主国。国家再好也不过是在争取阶级统治的斗争中获胜的无产阶级所继承下来的一个祸害，胜利了的无产阶级也将同公社一样，不得不立即尽量除去这个祸害的最坏方面，直到在新的自由的社会条件下成长起来的一代有能力把这国家废物全部抛掉。[①]

在阶级社会中，“实际上，国家无非是一个阶级镇压另一个阶级的机器”，这是国家的根本性质。此外，国家还承担着一些维护社会安全稳定、治理灾害等公共事务、公共职能。恩格斯在《反杜林论》中指出：

在每个这样的公社中，一开始就存在着一定的共同利益，维护这种利益的工作，虽然是在全体的监督之下，却不能不由个别成员来担当……这些职位被赋予了某种全权，这是国家权力的萌芽。

政治统治到处都是以执行某种社会职能为基础，而且政治统治只有在它执行了它的这种社会职能时才能持续下去。不管在波斯和印度兴起和衰落的专制政府有多少，每一个专制政府都十分清楚地知道它们首先是河谷灌溉的总管，在那里，没有灌溉就不可能有农业。[②]

我国“大禹治水”传说蕴涵着国家的起源。“有邦有土”（《周书·吕刑》）、“乃穆考文王，肇国在西土”（《周书·酒诰》）及周公“制礼作乐”都包含着国家政权的建立：“先君周公制周礼，曰：‘则以观德，德以处事。’”（《左传·文公十八年》）

国家是阶级社会的产物，亦将随着阶级消亡而消亡。马克思、恩格斯在《共产党宣言》中指出：

①《马克思恩格斯文集》第3卷，人民出版社2009年版，第110、111页。
②《马克思恩格斯文集》第9卷，人民出版社2009年版，第186、187页。

当阶级差别在发展进程中已经消失而全部生产集中在联合起来的个人的手里的时候，公共权力就失去政治性质。

代替那存在着阶级和阶级对立的资产阶级旧社会的，将是这样一个联合体，在那里，每个人的自由发展是一切人的自由发展的条件。[①]

2019年爆发的新冠疫情，对世界各国的国家职能和治理模式提出了严峻挑战。中国提出从保护人民健康、保障国家安全、维护国家长治久安的高度，把生物安全纳入国家安全体系，系统规划国家生物安全风险防控和治理体系建设，全面提高国家生物安全治理能力。

（二）观念上层建筑

观念上层建筑相当于社会意识，指政治法律思想、道德、文学、艺术、宗教、哲学等思想观点。又称为意识形态上层建筑或思想上层建筑。

（三）政治上层建筑与观念上层建筑的关系

政治上层建筑和观念上层建筑之间，也有着复杂的关系。

1．二者都是一定的生产力和经济基础之反映。

马克思、恩格斯在《德意志意识形态》中指出：

思想、观念、意识的生产最初是直接与人们的物质活动，与人们的物质交往，与现实生活的语言交织在一起的。人们的想象、思维、精神交往在这里还是人们物质行动的直接产物。表现在某一民族的政治、法律、道德、宗教、形而上学等的语言中的精神生产也是这样。人们是自己的观念、思想等等的生产者，但这里所说的人们是现实的、从事活动的人们，他们受自己的生产力和与之相适应的交往的一定发展——直到交往的最遥远的形态——所制约。意识[das Bewuβtsein]在任何时候都只能是被意识到了的存在[das bewußteSein]，而人们的存在就是他们的现实生活过程。[②]

①《马克思恩格斯文集》第2卷，人民出版社2009年版，均为第53页。

②《马克思恩格斯文集》第1卷，人民出版社2009年版，第524–525页。

列宁在《马克思主义的三个来源和三个组成部分》中说：

只要人们还没有学会透过任何有关道德、宗教、政治和社会的言论、声明和诺言，揭示出这些或那些阶级的**利益**，那他们始终是而且会永远是政治上受人欺骗和自己欺骗自己的愚蠢的牺牲品。[①]

汉朝初年，鉴于秦国灭亡的教训以及经济凋敝的情况，采取“与民休息”政策，以“黄老之学”为指导思想。如曹参赞同“治道贵清静而民自定”，“其治要用黄老术。故相齐九年，齐国安集，大称贤相”（《史记·曹相国世家》）。

费孝通提出：

意识形态是从生活里生出来的。中西社会历史不同，形成人们各自不同的思想和人生观。西方的现代社会……是个动态的，充满矛盾、创造、破坏的社会，崇尚攻取追求，讲究不断探索的精神。……中国的传统社会……是个按生态循环继续下去的社会，继承的是老祖宗的传统，还要代代传下去。传统就是权威。满足于守，追求静，害怕变。……“五四”掀起的新文化的思潮，就是想跳出这个传统框子，可是这个框子有它的经济基础，生产不发展看来是不那么容易跳出的。[②]

2．观念上层建筑指导政治上层建筑的建立和发展。

恩格斯谈到启蒙思想对法国和德国的影响：

正像在18世纪的法国一样，在19世纪的德国，哲学革命也作了政治变革

①《列宁选集》第2卷，人民出版社2012年版，第314页。

② 费孝通著，王延中、张荣华整理：《社会学讲义》，华东师范大学出版社2019年版，第145-146页。

的前导。[①]

这个理性的王国不过是资产阶级的理想化的王国，永恒的正义在资产阶级的司法中得到实现；平等归结为法律面前的资产阶级的平等，被宣布为最主要的人权之一的是资产阶级的所有权，而理性的国家、卢梭的社会契约在实践中表现为，而且也只能表现为资产阶级的民主共和国。18世纪伟大的思想家们，也同他们的一切先驱者一样，没有能够超出他们自己的时代使他们受到的限制。[②]

汉朝建立后，在统治思想和意识形态的建构上有过长期探索。儒家叔孙通“采古礼与秦仪杂就之”，为汉高祖建立朝仪，促进了汉代君主专制制度的发展。

诸侯共尊汉王为皇帝于定陶，……群臣饮酒争功，醉或妄呼，拔剑击柱，高帝患之。

乃令群臣习肄。……功臣列侯诸将军军吏以次陈西方，东乡；文官丞相以下陈东方，西乡。……自诸侯王以下莫不振恐肃敬。……御史执法举不如仪者辄引去。竟朝置酒，无敢讙哗失礼者。于是高帝曰：“吾乃今日知为皇帝之贵也。”（《史记·叔孙通列传》）

毛泽东1940年在《新民主主义论》提出：

一定的文化（当作观念形态的文化）是一定社会的政治和经济的反映，又给予伟大影响和作用于一定社会的政治和经济；而经济是基础，政治则是经济的集中的表现。[③]

①《马克思恩格斯文集》第4卷，人民出版社2009年版，第267页。
②《马克思恩格斯文集》第3卷，人民出版社2009年版，第524页。
③《毛泽东选集》第2卷，人民出版社1991年版，第663-664页。

他在《新民主主义论》《论人民民主专政》等宏著中规划了新中国的蓝图：

新民主主义的政治、新民主主义的经济和新民主主义的文化相结合，这就是新民主主义共和国，这就是名副其实的中华民国，这就是我们要造成的新中国。①

总结我们的经验，集中到一点，就是工人阶级（经过共产党）领导的以工农联盟为基础的人民民主专政。这个专政必须和国际革命力量团结一致。这就是我们的公式，这就是我们的主要经验，这就是我们的主要纲领。②

3．政治上层建筑影响观念上层建筑。

政治生活、政治上层建筑一旦形成就成为一种现实力量，深刻影响精神生活、观念上层建筑。如秦始皇统一六国后，就开始加强思想控制。丞相李斯上书：

今诸生不师今而学古，以非当世，惑乱黔首。……今皇帝并有天下，别黑白而定一尊。私学而相与非法教，人闻令下，则各以其学议之，入则心非，出则巷议；夸主以为名，异取以为高，率群下以造谤。如此弗禁，则主势降乎上，党与成乎下。禁之便。臣请史官非《秦记》皆烧之。非博士官所职，天下敢有藏《诗》、《书》、百家语者，悉诣守、尉杂烧之。有敢偶语《诗》《书》者，弃市。以古非今者，族。吏见知不举者，与同罪。令下三十日不烧，黥为城旦。所不去者，医药、卜筮、种树之书。若欲有学法令，以吏为师。（《史记·秦始皇本纪》）

汉武帝和董仲舒进一步推进了思想专制，加强君主统治：

①《毛泽东选集》第2卷，人民出版社1991年版，第709页。

②《毛泽东选集》第4卷，人民出版社1991年版，第1480页。

《春秋》大一统者，天地之常经，古今之通谊也。今师异道，人异论，百家殊方，指意不同，是以上亡以持一统；法制数变，下不知所守。臣愚以为诸不在六艺之科、孔子之术者，皆绝其道，勿使并进。（《汉书·董仲舒传》）

汉武帝建元五年（前136）置五经博士，“兴太学，置明师，以养天下之士”（《汉书·董仲舒传》），“自此以来，公卿、大夫、士吏彬彬多文学之士矣”（《汉书·儒林传》）。儒学成为独尊的官学，儒生逐渐成为君主制下官僚队伍的主体。

明清之际思想文化活跃，出现黄宗羲、顾炎武、王夫之、方以智等思想大师。清代康熙、雍正、乾隆时期强化君主专制，实行文字狱。萧公权说，清政府专制政策“兼用积极笼络与消极压制之二重手段”：

笼络手段……专施于士大夫者，以征山林隐逸，举博学鸿词，兴科举，开史馆，求遗书，表章程朱，编纂书籍诸端为最要。积时既久，天下之士不为其所奴用驱使，即潜耗心力于无用之八股与无耻之理学。

笼络之手段备极巧妙，压制之手段则颇为毒辣。……为求彻底摧抑中国士气起见，顺治、乾隆间又藉故屡兴大狱，极尽残杀威吓之能事。最著者有科场、文字诸狱。屠戮牵连，动逾千百。此外复多立忌讳，严束文人。刊文结社，悉加禁止。上书言事，每获罪诛。而前代书籍，有不利于清廷者辄加毁禁删削。清代文字之祸，就其用心之深刻，影响之长远论，殆迥非始皇焚书坑儒所能企及。①

如雍正主张：“为人臣者，义当惟知有君；惟知有君，则其情固结不可解，而能与君同好恶。”乾隆在编纂《四库全书》时，发现宋代李廌《济南集》诗中直呼汉武帝刘彻的名字，就严厉抨击说：“伊祖未尝不为其臣……此等背理称名之谬，岂可不为改正以昭示方来！”于是指令四库馆臣“于校刊书

① 萧公权：《中国政治思想史》（二），辽宁教育出版社1998年版，第604、604-605页。

籍内，遇有似此者，俱加签拟改，声明进呈，毋稍忽略”。

辛亥革命废除君主专制制度，新文化运动特别是五四运动以来又否定“三纲”，中国社会和中国文化进入新的历史阶段。

三、上层建筑一定要适合经济基础状况的规律

一定的生产力、经济基础（经济结构）与上层建筑之间形成动态的有机统一体。费孝通认为：

几千年来，汉族人……种庄稼的悠久历史培植了中国的社会结构。其中的上层建筑、意识形态是用来维护这个经济基础。中国的传统文化我曾称之为“五谷文化”。①

只有从生产方式、经济基础入手，才能真正揭示中国传统文化的生成及其特质。

（一）经济基础决定上层建筑

经济基础决定上层建筑的性质，决定上层建筑的变革。马克思、恩格斯在《德意志意识形态》中提出：

统治阶级的思想在每一时代都是占统治地位的思想。这就是说，一个阶级是社会上占统治地位的**物质**力量，同时也是社会上占统治地位的**精神**力量。支配着物质生产资料的阶级，同时也支配着精神生产资料，因此，那些没有精神生产资料的人的思想，一般地是隶属于这个阶级的。占统治地位的思想不过是占统治地位的物质关系在观念上的表现，不过是以思想的形式表现出来的占统治地位的物质关系；因而，这就是那些使某一个阶级成为统治阶级

① 费孝通著，王延中、张荣华整理：《社会学讲义》，华东师范大学出版社2019年版，第143页。

的关系在观念上的表现，因而这也就是这个阶级的统治的思想。此外，构成统治阶级的各个个人也都具有意识，……他们还作为思维着的人，作为思想的生产者进行统治，他们调节着自己时代的思想的生产和分配，而这就意味着他们的思想是一个时代的占统治地位的思想。例如，在某一国家的某个时期，王权、贵族和资产阶级为夺取统治而争斗，因而，在那里统治是分享的，那里占统治地位的思想就会是关于分权的学说，于是分权就被宣布为“永恒的规律”。[①]

如鲁迅在《阿Q正传》中写道：

阿Q的耳朵里又听到这句话。他想：不错，应该有一个女人，断子绝孙便没有人供一碗饭，……应该有一个女人。夫“不孝有三无后为大”，而“若敖之鬼馁而”，也是一件人生的大哀，所以他那思想，其实是样样合于圣经贤传的，只可惜后来有些“不能收其放心”了。[②]

归根到底，政治生活和精神生活由物质生活所决定。马克思在《〈政治经济学批判〉序言》中说：

随着经济基础的变更，全部庞大的上层建筑也或慢或快地发生变革。[③]

毛泽东在《新民主主义论》中提出：

中华民族的旧政治和旧经济，乃是中华民族的旧文化的根据；而中华民族的新政治和新经济，乃是中华民族的新文化的根据。[④]

---

①《马克思恩格斯文集》第1卷，人民出版社2009年版，第550–551页。

②《鲁迅全集》第1卷，人民文学出版社2005年版，第524页。

③《马克思恩格斯文集》第2卷，人民出版社2009年版，第592页。

④《毛泽东选集》第2卷，人民出版社1991年版，第664页。

费孝通曾分析中西生产方式和文化的特点：

五谷文化的特点就是世代定居。人以在土地上种植粮食为生，土地是不能移动的，人们跟着也必须定居、聚居在一定地方，过着一种自给自足的生活。人粘在土上，只是不得已才离乡背井。所以乡土社会是富于地方性的，人口流动小，村与村都可以自成一体，互相隔绝。理想的形式用老子的话说，是“鸡犬相闻，老死不相往来”。自给自足的传统反映到现在就是“小而全”、“不求人”的封闭经济。

被土地束缚住的人的生活方式是种田种出来的。种田规定了他一定的空间流动性，规定了人同人的接触面，相互往来的人中没有陌生人，整天在熟悉人之间过生活。熟悉是人们从长时间、多方面的社会接触中所发生的亲密感觉。老是在熟悉的环境、不流动的社区里生活，人们会产生一种不善于适应而且想回避新事物的性格，就是那种老话中所谓土气十足的性格。在一个范围大、流动多而快的社会里，人们就会发生一套和乡下佬针锋相对的性格。我在《美国人的性格》里说过，美国是个移民组成的国家，……在这种社会里，人们彼此之间相处，没有什么“人情”、没有什么道义可讲，一切靠法律办事，连剥削也得按法律办。……人们一起生活应当靠个人同个人订立的契约来维持。……西方的立法精神就是从“契约”观念出发的。契约是具有“自由意志”的“法人”间缔结的。西方“自由”这个观念就是从这里生出来的，“人权”的观念也是从这诞生出来的。①

当代中国特色社会主义文化，也反映着我国经济生活、经济基础、经济制度和政治生活、政治制度的发展状况。

（二）上层建筑反作用于经济基础

一定的经济基础能够存在、巩固和发展，不仅需要强制性的政治法律制

① 费孝通著，王延中、张荣华整理：《社会学讲义》，华东师范大学出版社2019年版，均为第144页。

度和设施来规范人们的行为；而且需要意识形态来论证经济制度、政治法律制度的合理性，使人们自觉、自愿在该社会秩序内生活。

1. 政治上层建筑的能动作用。

政治上层建筑通过超经济的强制力量来控制社会生活，把人们的经济交往限制在一定范围内，从而保护自己的经济基础。当政治上层建筑为新的、先进的经济基础服务的时候，就促进生产力发展和社会进步；当它为旧的经济基础服务的时候，就束缚生产力发展、阻碍社会进步。马克思、恩格斯在《共产党宣言》中说：

> 无产阶级将利用自己的政治统治，一步一步地夺取资产阶级的全部资本，把一切生产工具集中在国家即组织成为统治阶级的无产阶级手里，并且尽可能快地增加生产力的总量。
>
> 要做到这一点，当然首先必须对所有权和资产阶级生产关系实行强制性的干涉，也就是采取这样一些措施，这些措施……作为变革全部生产方式的手段是必不可少的。[①]

当生产力受到生产关系的严重束缚、人民群众的劳动积极性被严重压制之时，就需要调整乃至摧毁旧的生产关系而建立新的生产关系。这种变革往往以变法、改革或革命的方式来进行。

中国战国时代的变法运动风起云涌，如魏国的李悝、楚国的吴起、秦国的商鞅等。商鞅变法最为彻底，公元前356年变法规定废除世卿世禄制度，按军功授田宅；奖励垦荒、重农抑商、奖励耕织等。公元前350年的第二次变法规定："民有二男以上不分异者，倍其赋。……僇力本业，耕织致粟帛多者复其身。事末利及怠而贫者，举以为收孥。"（《史记·商君列传》）废除秦国境内的井田制，正式承认土地私有和买卖的合法性。按户征收君赋，刺激一夫一妇的小农经济发展。商鞅变法为秦国统一六国和此后两千多年的君主专

①《马克思恩格斯文集》第2卷，人民出版社2009年版，均为第52页。

制社会奠定了坚实基础。唐代两税法、清代一条鞭法等，都是社会利益格局的重新调整。

中国现代史上的一个伟大变革，就是彻底废除了两千年多年来的地主土地私有制。1947年，中共中央通过的《中国土地法大纲》提出“实行耕者有其田的土地制度”。新中国成立后，按照《共同纲领》没收官僚资本、建立国营经济。到1949年底，国营经济就控制了国民经济命脉，以国营经济企业职工为主体的中国工人阶级代表着中国的先进生产力，成为国家的领导阶级。2019年党的十九届四中全会提出，必须坚持“公有制为主体、多种所有制经济共同发展，按劳分配为主体、多种分配方式并存，社会主义市场经济体制等社会主义基本经济制度”。2020年《中共中央关于制定国民经济和社会发展第十四个五年规划和二〇三五年远景目标的建议》提出“人的全面发展、全体人民共同富裕取得更为明显的实质性进展”“坚持和完善社会主义基本经济制度，充分发挥市场在资源配置中的决定性作用，更好发挥政府作用，推动有效市场和有为政府更好结合”。这些事例都充分说明了政治上层建筑对推动经济基础变革、从而解放和发挥劳动者积极性、创造性的巨大作用。

2．观念上层建筑的能动作用。

试图上升为新的统治阶级的阶级，在推翻旧的统治阶级时，不仅要进行政治斗争，而且还要摧毁旧的意识形态，代之以新的意识形态，这就发生新旧思想、新旧文化之间的冲突和斗争。观念上层建筑通过感化、说服、感染、教育等非强制力量，调控经济生活、政治生活、社会生活、精神生活，来服务于经济基础和生产力的巩固和发展。列宁指出：

工人本来**也不可能有**社会民主主义的意识。这种意识只能从外面灌输进去，各国的历史都证明：工人阶级单靠自己本身的力量，只能形成工联主义的意识，……而社会主义学说则是从有产阶级的有教养的人即知识分子创造的哲学理论、历史理论和经济理论中发展起来的。现代科学社会主义的创始人马克思和恩格斯本人，按他们的社会地位来说，也是资产阶级知识分子。[①]

著名经济学家、《资本论》的翻译者王亚南指出：

在任何一个阶级社会里面，把握着社会物质的基本生产手段的阶级，同时必定要占有或支配社会基本的精神生产手段。这已经很明显的表现为一个法则。社会基本的精神生产手段被把握着：那第一，将可能使不合理的物质生产手段的占有，逐渐取得“合理的”依据；第二，将藉此继续制造出或生产出维护那种占有的动力；第三，将用以缓和或团结同一支配阶级内部的分离力量。所以，就中国历代王朝统治的经历讲，它们对于精神生产手段的把握是否牢固、运用是否得宜，颇有关于它们历史运命的修短，虽然在实质上，它们的存亡兴废，根本的还是看它们对于物质的基本生产手段的把握方面是否发生了破绽或动摇。[②]

汉章帝建初四年（79），召集著名儒生于洛阳白虎观，讨论五经异同。这次会议由章帝亲自主持，参加者有魏应、淳于恭、贾逵、班固等。为什么儒学在中国两千多年的君主专制社会占主导地位？哲学家苏渊雷认为：

封建社会重阶级名分，君权国家重一尊之威；而老子主无名无为，不利于干涉；墨家唱兼爱，重平等，尚贤任能，尤不便于专制。

惟独孔学，严等差，贵秩序，与人民言服从，与君主言仁政，以宗法为维系社会之手段，而达巩固君权之目的，此对当时现实之社会，最为合拍，帝王驭民之术，殆莫此愈，狡猾者遂窃取而利用之，以制宰天下。[③]

美国学者乔姆斯基等认为西方国家意识形态宣传“太完美、太先进”：

---

①《列宁选集》第1卷，人民出版社2012年版，第317-318页。

② 王亚南：《中国官僚政治研究》，商务印书馆2010年版，第62页。

③ 苏渊雷：《孔学判摄》，《新政治》1943年第7卷第2期，均为第51页。

第二次世界大战以来，西方的殖民主义和新殖民主义导致了全世界范围内5000万到5500万人死亡。……它们中的大多数都打着诸如自由和民族的崇高旗号。一小部分欧洲国家，和那些主要由欧洲裔公民所统治的国家一直在推动西方的利益，也就是那些"重要"的人的利益，而不顾最大多数人的利益。人们接受了对数百万人的屠戮，并将其视为是不可避免甚至是正当的。许多西方公众似乎也受到严重的误导。[①]

为了有效应对发达资本主义国家的颠覆图谋，社会主义国家要高度重视意识形态。列宁指出：

或者是资产阶级的意识形态，或者是社会主义的意识形态。这里中间的东西是没有的（因为人类没有创造过任何"第三种"意识形态，而且在为阶级矛盾所分裂的社会中，任何时候也不可能有非阶级的或超阶级的意识形态）。因此，对社会主义意识形态的**任何**轻视和**任何**脱离，都意味着资产阶级意识形态的加强。[②]

我国当代仍然面临着继续巩固和发展社会主义基本制度的任务。

习近平2013年8月19日在全国宣传思想工作会议上指出：

我们在集中精力进行经济建设的同时，一刻也不能放松和削弱意识形态工作。在这方面，我们有过深刻教训。一个政权的瓦解往往是从思想领域开始的，政治动荡、政权更迭可能在一夜之间发生，但思想演化是个长期过程。思想防线被攻破了，其他防线就很难守住。我们必须把意识形态工作的领导权、管理权、话语权牢牢掌握在手中，任何时候都不能旁落，否则就要犯无可挽回的历史性错误。

---

①［美］诺姆·乔姆斯基、安德列·弗尔切克著，宣栋彪译：《以自由之名：民主帝国的战争、谎言与杀戮》，中信出版社2016年版，第4页。

②《列宁选集》第1卷，人民出版社2012年版，第326–327页。

我们要深刻认识经济基础对上层建筑的决定作用，深刻认识上层建筑对经济基础的反作用，既要有硬实力，也要有软实力，既要切实做好中心工作、为意识形态工作提供坚实的物质基础，又要切实做好意识形态工作、为中心工作提供有力保障；既不能因为中心工作而忽视意识形态工作，也不能使意识形态工作游离于中心工作。①

总之，不论是政治上层建筑还是观念上层建筑，都反映、服务于一定的经济基础和生产力。

第五节　社会形态及其演变

一、社会形态及其类型

马克思大概最早在1851年《路易·波拿巴的雾月十八日》中使用“社会形态”概念。②他在1845年春之前，就已经形成和确立了关于社会形态的基本思想，但可能当时还没有使用“亚细亚的”生产方式这个术语，而是在《政治经济学批判（1857—1858年手稿）》时期才正式使用这一概念。马克思在1859年《〈政治经济学批判〉序言》中提出：

人们在自己生活的社会生产中发生一定的、必然的、不以他们的意志为转移的关系，即同他们的物质生产力的一定发展阶段相适合的生产关系。这些生产关系的总和构成社会的经济结构，即有法律的和政治的上层建筑竖立其上并有一定的社会意识形式与之相适应的现实基础。物质生活的生产方式

① 中央文献研究室编：《习近平关于社会主义文化建设论述摘编》，中央文献出版社2017年版，均为第21页。

②《马克思恩格斯文集》第2卷，人民出版社2009年版，第471页。

制约着整个社会生活、政治生活和精神生活的过程。……无论哪一个社会形态，在它所能容纳的全部生产力发挥出来以前，是决不会灭亡的；而新的更高的生产关系，在它的物质存在条件在旧社会的胎胞里成熟以前，是决不会出现的。[①]

这里的“社会形态”是包括“生产力”“生产关系”（“经济结构”）、“上层建筑”，或“物质生活”和“社会生活、政治生活和精神生活”的社会有机体。马克思、恩格斯等多次论述社会形态的具体类型，很多问题需要我们继续探索。

马克思、恩格斯在1845—1846年《德意志意识形态》中提出“第一种所有制形式是部落[Stamm]所有制”“第二种所有制形式是古典古代的公社所有制和国家所有制”“第三种形式是封建的或等级的所有制”[②]，此外还谈到“现代的所有制”和“共产主义社会”。这样，“部落所有制”“古典古代的公社所有制和国家所有制”“封建的所有制”“现代的所有制”和“共产主义社会”构成西欧社会的五个经济发展阶段。这个时期，马克思、恩格斯都还没有深入研究古代社会史。

在1847年《雇佣劳动与资本》中，马克思认为：

各个人借以进行生产的社会关系，即**社会生产关系，是随着物质生产资料、生产力的变化和发展而变化和改变的。生产关系总合起来就构成所谓社会关系，构成所谓社会，并且是构成一个处于一定历史发展阶段上的社会，**具有独特的特征的社会。**古典古代**社会、**封建**社会和**资产阶级**社会都是这样的生产关系的总和，而其中每一个生产关系的总和同时又标志着人类历史发展中的一个特殊阶段。[③]

①《马克思恩格斯文集》第2卷，人民出版社2009年版，第591-592页。
②《马克思恩格斯文集》第1卷，人民出版社2009年版，第521-522页。
③《马克思恩格斯文集》第1卷，人民出版社2009年版，第724页。

这里的“古典古代”“封建”“资产阶级”都是作为限定词来使用。此处论述与《德意志意识形态》一致，都是针对西欧社会而言。马克思也是从“物质生产资料、生产力的变化和发展”所决定的“生产关系总和”，来区分“古典古代社会”“封建社会”“资产阶级社会”三个社会形态。所谓“**古典古代**社会”是指古希腊罗马奴隶社会，如马克思和恩格斯在《神圣家族》中说“**古典古代的**、只属于‘**人民大众**’的‘自由、正义、美德’。**斯巴达人、雅典人、罗马人**……”“以**真正的奴隶制**为基础的古典古代**实在论民主共同体**”[①]。马克思在《政治经济学批判（1857—1858年手稿）》提到“罗马的、希腊的（简言之，古典古代的）形式”[②]，恩格斯在《家庭、私有制和国家起源》提出“古典古代的希腊人”和“古典古代的奴隶制”[③]。在“古典古代”的内涵上，马克思、恩格斯是较为稳定而一致的。

马克思、恩格斯在1848年《共产党宣言》中谈到“自由民和奴隶、贵族和平民、领主和农奴、行会师傅和帮工”这些“压迫者和被压迫者”之间的对立斗争，“古罗马的贵族、骑士、平民、奴隶”，中世纪“封建主、臣仆、行会师傅、帮工、农奴”，“从封建社会的灭亡中产生出来的现代资产阶级社会”，以及“代替那存在着阶级和阶级对立的资产阶级旧社会的，将是这样一个联合体，在那里，每个人的自由发展是一切人的自由发展的条件”[④]，这里谈到了古罗马的奴隶社会、中世纪的封建社会、现代资产阶级社会和未来“自由人”的“联合体”四种社会形态。

在《政治经济学批判（1857—1858年手稿）》中，马克思谈到“资本主义生产以前的各种形式”包括“亚细亚的所有制形式”“古代的所有制形式”“日耳曼的所有制形式”三个阶段。其中，“部落共同体”时期的“亚细亚的所有制形式”是“土地所有制的第一种形式”[⑤]；“罗马、希腊、犹太人等”的“小的军事共同体”时期的“古代的所有制形式”是所有制的“第二种形

①《马克思恩格斯文集》第1卷，人民出版社2009年版，第322、324页。

②《马克思恩格斯文集》第8卷，人民出版社2009年版，第129页。

③《马克思恩格斯文集》第4卷，人民出版社2009年版，第69、169页。

④《马克思恩格斯文集》第2卷，人民出版社2009年版，第53页。

⑤《马克思恩格斯文集》第8卷，人民出版社2009年版，第123页。

式”[①]；“日耳曼的所有制形式”是“所有制的第三种形式”[②]；然后就是资本主义生产方式。马克思还强调：他对奴隶制、农奴制等的观点“这只是从欧洲的观点来看的”[③]，也就是限定于欧洲社会发展史。

在1859年《〈政治经济学批判〉序言》中，马克思提出：

大体说来，亚细亚的、古希腊罗马的、封建的和现代资产阶级的生产方式可以看做是经济的社会形态演进的几个时代。资产阶级的生产关系是社会生产过程的最后一个对抗形式，这里所说的对抗，不是指个人的对抗，而是指从个人的社会生活条件中生长出来的对抗，但是，在资产阶级社会的胎胞里发展的生产力，同时又创造着解决这种对抗的物质条件。因此，人类社会的史前时期就以这种社会形态而告终。[④]

在这里，马克思从生产力与生产关系的基本社会矛盾运动角度，认为“经济的社会形态”（“物质生活的生产方式”，亦即“生产力”和“生产关系”的有机统一）“大体”体现为“亚细亚的、古希腊罗马的、封建的和现代资产阶级的生产方式”依次演进的四个时代，由此构成“人类社会的史前时期”。“大体说来”，表明马克思是留有余地的。其中，“亚细亚的”生产方式，就是《政治经济学批判（1857—1858年手稿）》中的“亚细亚的所有制形式”；“古希腊罗马的”的生产方式，就是《政治经济学批判（1857—1858年手稿）》中的“古代的所有制形式”；“封建的”生产方式，就是《政治经济学批判（1857—1858年手稿）》中的“日耳曼的所有制形式”。在社会形态的演进顺序上，《政治经济学批判（1857—1858年手稿）》与《〈政治经济学批判〉序言》是高度一致的，有着严格的排序。

《资本论》第3卷提出“自然发生的共产主义占统治地位的原始公社”、

①《马克思恩格斯文集》第8卷，人民出版社2009年版，第126-128页。
②《马克思恩格斯文集》第8卷，人民出版社2009年版，第129页。
③《马克思恩格斯文集》第8卷，人民出版社2009年版，第147页。
④《马克思恩格斯文集》第2卷，人民出版社2009年版，第592页。

古代“奴隶制”、中世纪“农奴制”和“资本主义生产方式”[①]。恩格斯在1884年《家庭、私有制和国家起源》提出原始社会“共产制共同体”，到文明社会的“奴隶制”“农奴制”“近代的雇佣劳动制”三种奴役形式，再到“生产者自由平等的联合体”的发展史。

雇佣劳动制的资本主义生产方式原生于西欧，然后传播到世界其他民族和地区，以其更高的劳动生产率而摧毁了之前的手工业、小农经济等其他生产方式。马克思在1867年《资本论》第1卷第1版序言中说：

> 问题本身并不在于资本主义生产的自然规律所引起的社会对抗的发展程度的高低。问题在于这些规律本身，在于这些以铁的必然性发生作用并且正在实现的趋势。工业较发达的国家向工业较不发达的国家所显示的，只是后者未来的景象。[②]

资本主义生产的巨大生产力或劳动生产率，使“工业较不发达的国家”有着趋于资本主义的历史趋势。但是，“工业较不发达的国家”是否一定采取资本主义生产，以及采取资本主义生产的具体形态，则会依据各民族“所处的历史环境如何”而有所差异。马克思在1877年《给〈祖国纪事〉杂志编辑部的信》中说：

> 我的批评家……一定要把我关于西欧资本主义起源的历史概述彻底变成一般发展道路的历史哲学理论，一切民族，不管它们所处的历史环境如何，都注定要走这条道路，——以便最后都达到在保证社会劳动生产力极高度发展的同时又保证每个生产者个人最全面的发展的这样一种经济形态。但是我要请他原谅。（他这样做，会给我过多的荣誉，同时也会给我过多的侮辱。）[③]

①《马克思恩格斯文集》第7卷，人民出版社2009年版，第941页。

②《马克思恩格斯文集》第5卷，人民出版社2009年版，第8页。

③《马克思恩格斯文集》第3卷，人民出版社2009年版，第466页。

在这里，马克思强调他“关于西欧资本主义起源的历史概述”并不是简单地适用于“一切民族”的“一般发展道路的历史哲学理论”，必须考虑这些民族“所处的历史环境如何”。他随之指出古代罗马平民也遭遇到“生产资料和生存资料分离的运动”，但“罗马的无产者并没有变成雇佣工人，却成为无所事事的游民，……和他们同时发展起来的生产方式不是资本主义的，而是奴隶制的”，因为“极为相似的事变发生在不同的历史环境中就引起了完全不同的结果。如果把这些演变中的每一个都分别加以研究，然后再把它们加以比较，我们就会很容易地找到理解这种现象的钥匙；但是，使用一般历史哲学理论这一把万能钥匙，那是永远达不到这种目的的，这种历史哲学理论的最大长处就在于它是超历史的”[①]。

马克思1881年3月给维·伊·查苏利奇的复信初稿中提出：

在俄国，由于各种独特情况的结合，至今还在全国范围内存在着的农村公社能够逐渐摆脱其原始特征，并直接作为集体生产的因素在全国范围内发展起来。正因为它和资本主义生产是同时存在的东西，所以它能够不经受资本主义生产的可怕的波折而占有它的**一切积极的成果**。

俄国是在全国范围内把“农业公社”保存到今天的唯一的欧洲国家。它不像东印度那样，是外国征服者的猎获物。同时，它也不是脱离现代世界孤立生存的。一方面，土地公有制使它有可能直接地、逐步地把小地块个体耕作转化为集体耕作，并且俄国农民已经在没有进行分配的草地上实行着集体耕作。俄国土地的天然地势适合于大规模地使用机器。农民习惯于**劳动组合**关系，这有助于他们从小地块劳动向合作劳动过渡；最后，长久以来靠农民维持生存的俄国社会，也有义务给予农民必要的垫款，来实现这一过渡。另一方面，和控制着世界市场的西方生产**同时存在**，就使俄国可以不通过资本主义制度的卡夫丁峡谷而把资本主义制度所创造的一切积极的成果用到公社中来。[②]

①《马克思恩格斯文集》第3卷，人民出版社2009年版，第466-467页。

②《马克思恩格斯文集》第3卷，人民出版社2009年版，第571、574-575页。

马克思设想，在与西欧资本主义并存、充分汲取西方国家文明因素的历史条件下，如果俄国能够充分利用其独特的“农业公社”优势，就有可能在新的土地公有制基础上重建“劳动组合关系”，从而既汲取西欧资本主义生产方式的优势而又避免雇佣劳动制度的残酷后果。但是：

如果俄国继续走它在1861年所开始走的道路，那它将会失去当时历史所能提供给一个民族的最好的机会，而遭受资本主义制度所带来的一切灾难性的波折。[①]

1917年十月革命后，苏俄（苏联）走上不同于西欧的社会主义道路，但并没有真正发挥其“农业公社”的独特优势，也没有充分汲取现代西方文明的合理因素，特别是思想创新和制度创新不足，实际上并未成功地创造出富有活力的、实现共同富裕的更高类型的社会主义新文明，在1991年苏联解体后又重新走上资本主义道路。

总之，从以上基本文献的梳理可知，马克思、恩格斯汲取当时的科学研究成果，“大体”上提出原始社会公有制和奴隶制、农奴制、雇佣劳动制三种私有制奴役形式，以及共产主义这五种社会形态的发展阶段。

此外，在《政治经济学批判（1857—1858年手稿）》中，马克思在谈到“家长制的关系，古代共同体，封建制度和行会制度”等“共同体的力量”之后，紧接着就提出他关于社会形态的第二种观点：

每个个人以物的形式占有社会权力。如果从物那里夺去这种社会权力，那么你们就必然赋予人以支配人的这种权力。人的依赖关系（起初完全是自然发生的），是最初的社会形式，在这种形式下，人的生产能力只是在狭小的范围内和孤立的地点上发展着。以**物的**依赖性为基础的人的独立性，是第二大

① 《马克思恩格斯文集》第3卷，人民出版社2009年版，第464页。

形式，在这种形式下，才形成普遍的社会物质变换、全面的关系、多方面的需要以及全面的能力的体系。建立在个人全面发展和他们共同的、社会的生产能力成为从属于他们的社会财富这一基础上的自由个性，是第三个阶段。第二个阶段为第三个阶段创造条件。[①]

在这里，马克思从“人的生产能力”的发展程度，提出人类社会形态演变的三大阶段。其中，“人的依赖关系”就是“家长制的关系，古代共同体，封建制度和行会制度”等“共同体的力量”的历史阶段，其中包括“亚细亚的、古希腊罗马的、封建的”三种生产方式；“以物的依赖性为基础的人的独立性”，即“现代资产阶级的生产方式”的历史阶段；“建立在个人全面发展和他们共同的、社会的生产能力成为从属于他们的社会财富这一基础上的自由个性”，就是未来的共产主义社会的历史阶段。因而，第一个大的社会阶段包括原始社会、奴隶社会和封建社会，第二个大的社会阶段就是资本主义社会，第三个大的社会阶段就是未来的共产主义社会。因而，这里的论述与《政治经济学批判（1857—1858年手稿）》和《〈政治经济学批判〉序言》在实质内容上是一致的。

我们要坚持和发展马克思、恩格斯关于社会形态的基本原理和方法论，结合历史实际和最新科学成果而继续深入探索欧洲和中国等社会形态的具体演变。

二、社会形态演变的统一性与多样性

（一）社会基本规律与社会形态之间的关系

马克思、恩格斯既谈到人类社会运动的基本规律，又讲社会形态的演变，二者之间是什么关系呢？

人类社会的基本矛盾是生产力和生产关系之间的矛盾；人类社会的基本

① 《马克思恩格斯文集》第8卷，人民出版社2009年版，第52页。

规律，是生产关系一定要适合生产力状况的规律。在这个基本矛盾和基本规律之上，还有经济基础和上层建筑的矛盾、上层建筑一定要适合经济基础状况的规律。生产力与生产关系、经济基础与上层建筑的矛盾运动，推动人类社会由低级向高级运动，这也就是我们反复提到的：

人们在自己生活的社会生产中发生一定的、必然的、不以他们的意志为转移的关系，即同他们的物质生产力的一定发展阶段相适合的生产关系。这些生产关系的总和构成社会的经济结构，即有法律的和政治的上层建筑竖立其上并有一定的社会意识形式与之相适应的现实基础。物质生活的生产方式制约着整个社会生活、政治生活和精神生活的过程。①

人们首先必须吃、喝、住、穿，然后才能从事政治、科学、艺术、宗教等等；所以，直接的物质的生活资料的生产，从而一个民族或一个时代的一定的经济发展阶段，便构成基础，人们的国家设施、法的观点、艺术以至宗教观念，就是从这个基础上发展起来的，因而，也必须由这个基础来解释，而不是像过去那样做得相反。②

……根据唯物史观，历史过程中的决定性因素**归根到底**是现实生活的生产和再生产。……经济状况是基础，但是对历史斗争的进程发生影响并且在许多情况下主要是决定着这一斗争的**形式**的，还有上层建筑的各种因素：阶级斗争的各种政治形式及其成果——由胜利了的阶级在获胜以后确立的宪法等等，各种法的形式以及所有这些实际斗争在参加者头脑中的反映，政治的、法律的和哲学的理论，宗教的观点以及它们向教义体系的进一步发展。这里表现出这一切因素间的相互作用，而在这种相互作用中归根到底是经济运动作为必然的东西通过无穷无尽的偶然事件（即这样一些事物和事变，它们的内部联系是如此疏远或者是如此难于确定，以致我们可以认为这种联系并不存在，忘掉这种联系）向前发展。③

①《马克思恩格斯文集》第2卷，人民出版社2009年版，第591页。

②《马克思恩格斯文集》第3卷，人民出版社2009年版，第601页。

③《马克思恩格斯文集》第10卷，人民出版社2009年版，第591–592页。

这是一切民族生存、发展的实践活动都经历的一般规律、基本规律、普遍规律。不同民族有着自然条件、人文条件等差异性，因而其“物质生活的生产方式”（“直接的物质的生活资料的生产”）以及以此为基础的“整个社会生活、政治生活和精神生活”（“国家设施、法的观点、艺术以至宗教观念”）也都是具体的、特殊的。

历史学家庞卓恒等认为：“长期以来，人们把唯物史观揭示的人类历史发展的普遍规律误解为各个民族和国家的历史进程遵循某种统一的演进序列的规律，既不符合历史实际，也有悖于马克思、恩格斯的本意。”①人类社会发展的一般规律、基本规律、普遍规律是共性，而具体的社会形态则是个性，这里有着内容与形式、一般与特殊的辩证关系。可以说，社会形态演变更替是人类社会基本矛盾和基本规律的表现形式，而不是这个基本矛盾和基本规律本身。

（二）社会形态的多样性统一

马克思、恩格斯揭示了人类社会发展的一般规律，并探讨了这个一般规律作用下欧洲一些社会形态的产生和演进。但是，马克思、恩格斯都没有深入、系统地研究过中国历史。我们只能在他们所揭示的人类社会发展的一般规律的指导下，去具体探索中国社会形态的演进史、去探索中国文明产生和发展的具体路径，“讲清楚每个国家和民族的历史传统、文化积淀、基本国情不同，其发展道路必然有着自己的特色”②。同时，也不能简单地判定各民族社会形态及其演进之优劣，而只能在具体的自然条件和历史条件下，去探讨某种社会形态是否适合该民族生产力的发展，是否促进该民族劳动者的生产积极性和创造性。

马克思在《政治经济学批判（1857—1858年手稿）》中指出：

在奴隶制、农奴制等等之下，劳动者本身表现为服务于某一第三者个人

① 庞卓恒等：《史学概论》，高等教育出版社2019年版，第163页。

②《习近平谈治国理政》，外文出版社2014年版，第155页。

或共同体的自然生产条件之一（这不适用于例如东方的普遍奴隶制；这只是从欧洲的观点来看的）。[①]

马克思在《资本论》第1卷谈到欧洲原始公有制的多样性：

罗马尼亚各州的情形就是这样。那里原来的生产方式是建立在公有制的基础上的，但这种公有制不同于斯拉夫的形式，也完全不同于印度的形式。[②]

关于中国古代文明的起源和演进，学界还在通过考古、文献等进行研究。一般来说，中国大体上经过了原始社会、奴隶社会、封建社会、半殖民地半封建社会和社会主义社会的社会形态更替，“构成了既有人类社会发展普遍规律，又有中华民族历史发展独特性的社会形态演进与发展道路”[③]。可以肯定的是，中国在原始社会解体后的文明路径不同于西欧的古希腊罗马。早在20世纪40年代，史学家侯外庐就在《中国古代社会史论》中说：

氏族公社的解体过程和到文明世界的路径是多样的，即使是同一的经济形态上也有各种现象上的差别。问题是在分析那些具体路径顺着什么轨迹运行……[④]

侯外庐认为古希腊是从氏族、部落中逐渐演变出直接民主制的城邦国家，走了一条“革命的路径”；中国是从氏族、部落直接到中央集权的国家，国家保留了氏族血缘联系的特征，走了一条“改良的路径”[⑤]。中国进入文明社会的开端便是国家土地所有制，采取“千耦其耘”的集体耕作方式。

①《马克思恩格斯文集》第8卷，人民出版社2009年版，第147页。

②《马克思恩格斯文集》第5卷，人民出版社2009年版，第274页。

③王伟光主编：《中国社会形态史纲》，中国社会科学出版社、南开大学出版社2020年版，第5页。

④ 张岂之主编：《侯外庐著作与思想研究》第5卷，长春出版社2016年版，第10页。

⑤ 参见侯外庐：《韧的追求》，生活·读书·新知三联书店1985年版，第117页。

土地氏族国有的生产手段与集体氏族奴隶的劳动力二者间之结合关系，这一关系支配的东方古代的社会构成，它和“古典的古代”是一个历史阶段的两种不同的路径。①

史学家陈旭麓认为，中国古代封建社会中：

……土地是最基本的生产资料和主要财富。它同劳动的结合是以不平等的分配为前提的：占人口少数的地主拥有最大部分土地；占人口大多数的农民只有少量土地。

土地提供了生存资料，但被割碎了的土地同时又限制着小农的视野、活动和发展。因此，小农经济总是：以一家一户的个体农民为基本的生产单位，这种生产单位同时又是自我消费单位；周而复始的简单再生产；以家庭手工业附属于农业。三者构成了自然经济的内涵和特色，这就是支撑整个社会的基本经济构造。显然，它的稳定性就存在于它的保守性之中。②

这些理论探索表明，如果照搬马克思、恩格斯对西欧奴隶制、封建制的具体论述来硬套中国古代历史，这正是马克思所激烈批评的“现成的教条”做法。我们既要肯定人类社会基本规律的必然性和普遍性，又要考虑各民族发展过程中体现基本规律的特殊性和民族性。各个民族的自然条件和人文环境各不相同，生产方式、生活方式及其演进历程也千差万别，不可能遵循唯一的模式。规律是统一的，道路是多样的，“天下同归而殊涂，一致而百虑”（《易传·系辞下》）。当代马克思主义研究要充分汲取历史学、社会学、人类学等学科的最新成果，深化对社会形态等基本问题的探索。

① 侯外庐：《我对于“亚细亚生产方法”之答案与世界历史家商榷》，《中华论坛》1945年第1卷第7、8期合刊，第20页。

② 陈旭麓：《近代中国社会的新陈代谢》，生活·读书·新知三联书店2017年版，第3、4页。

三、社会形态演变的动力

在人类社会的发展动力问题上，马克思、恩格斯主张“合力论”：

> 历史是这样创造的：最终的结果总是从许多单个的意志的相互冲突中产生出来的，而其中每一个意志，又是由于许多特殊的生活条件，才成为它所成为的那样。这样就有无数互相交错的力量，有无数个力的平行四边形，由此就产生出一个合力，即历史结果，而这个结果又可以看做一个作为整体的、**不自觉地**和不自主地起着作用的力量的产物。因为任何一个人的愿望都会受到任何另一个人的妨碍，而最后出现的结果就是谁都没有希望过的事物。所以到目前为止的历史总是像一种自然过程一样地进行，而且实质上也是服从于同一运动规律的。但是，各个人的意志——其中的每一个都希望得到他的体质和外部的、归根到底是经济的情况（或是他个人的，或是一般社会性的）使他向往的东西—虽然都达不到自己的愿望，而是融合为一个总的平均数，一个总的合力，……每个意志都对合力有所贡献，因而是包括在这个合力里面的。[①]

马克思主义强调生产力是社会发展的最终决定力量，社会历史发展的“最后动力”或原动力是“生产力和交换关系的发展”[②]或物质生活运动。但这不是“唯经济论”，而是从社会有机体角度考察从物质生活到精神生活的多种因素、多种力量的共同作用，其他源于经济运动又反作用于经济运动的政治、思想等动力都是“直接动力”“杠杆”。在历史的合力中，劳动群众发挥着最后的决定作用。

（一）生产力是社会形态演进的最终决定力量

生产力在整个社会形态演进中发挥着最终的决定作用。马克思在1859年

①《马克思恩格斯文集》第10卷，人民出版社2009年版，第592–593页。

②《马克思恩格斯文集》第4卷，人民出版社2009年版，第306页。

《〈政治经济学批判〉序言》提出：

物质生活的生产方式制约着整个社会生活、政治生活和精神生活的过程。……随着经济基础的变更，全部庞大的上层建筑也或慢或快地发生变革。[①]

恩格斯在《反杜林论》的《劳动在从猿到人的转变中的作用》中谈道：

17世纪和18世纪从事制造蒸汽机的人们也没有料到，他们所制作的工具，比其他任何东西都更能使全世界的社会状态发生革命……[②]

列宁认为，生产力状况是“整个社会发展的主要标准”[③]，生产力发展是“社会进步的最高标准”[④]。全部社会形态的重大变革，归根到底都源于生产力的变化。这种变化，不一定都是发展，也有受压制、破坏、倒退的情形。从整体趋势来看，生产力的不断进步推动着人类社会形态由低级向高级发展。判断一个社会是进步的还是落后的，最根本的是看它是否有利于解放和发展生产力。毛泽东1945年在《论联合政府》中说：

中国一切政党的政策及其实践在中国人民中所表现的作用的好坏、大小，归根到底，看它对于中国人民的生产力的发展是否有帮助及其帮助之大小，看它是束缚生产力的，还是解放生产力的。消灭日本侵略者，实行土地改革，解放农民，发展现代工业，建立独立、自由、民主、统一和富强的新中国，只有这一切，才能使中国社会生产力获得解放，才是中国人民所欢迎的。[⑤]

① 《马克思恩格斯文集》第2卷，人民出版社2009年版，第591–592页。
② 《马克思恩格斯文集》第9卷，人民出版社2009年版，第561页。
③ 《列宁选集》第4卷，人民出版社2012年版，第466页。
④ 《列宁全集》第16卷，人民出版社2017年版，第209页。
⑤ 《毛泽东选集》第3卷，人民出版社1991年版，第1079页。

生产力是结合起来的劳动者运用一定的生产资料和科学技术进行共同劳动的社会力量，生产力的决定因素是劳动者及其体力和智力素质。近代以来，精神生产力如科学技术、管理等对促进生产力的作用日益显著。恩格斯评价马克思说：

他把科学首先看成是历史的有力的杠杆，看成是最高意义上的革命力量。①

科学技术的作用，能够改进生产工具，扩大劳动对象的范围和用途，最重要的是提高劳动者的精神生产力。

归根到底，解放生产力、发展生产力，就是提高劳动者的综合素质、发展科学和技术、改进生产工具、优化分工与协作，解放劳动者、消除阻碍劳动者发挥生产积极性的障碍和桎梏，促进劳动者的自由创造。“人本身，或者说，人的物质生产实践活动本身，是推动生产力与整个社会基本矛盾运动和与之相应的社会形态由低级向高级运动的最终动力。”②

一定个体与民族的发展程度都取决于生产力的发展水平。费孝通指出：

一个社会越是富裕，这个社会里的成员发展其个性的机会也越多；相反，一个社会越是贫困，其成员可以选择的生存方式也越有限。如果这个规律同样可以用到民族领域里的话，经济越发展，亦即越是现代化，各民族间凭各自的优势去发展民族特点的机会也越大。在工业化的过程中，各民族人民生活中共同的东西必然会越来越多，比如为了信息的交流，必须有共同的通用语言，但这并不妨碍各民族用自己的语言文字发展有自己民族风格的文学。通用的语言可以帮助各民族间的互相学习、互相影响而促进自己文学的发展。……在现代化的过程中，通过发挥各民族团结互助的精神达到共同繁荣的目

①《马克思恩格斯全集》第19卷，人民出版社1963年版，第372页。

② 庞卓恒等：《史学概论》，高等教育出版社2019年版，第88页。

的，继续在多元一体的格局中发展到更高的层次。在这层次里，用个比喻来说，中华民族将是一个百花争艳的大园圃。①

（二）阶级斗争是阶级社会发展的直接动力

1．阶级的界定。

生产力的核心要素是劳动者，劳动者在社会生产中的地位和利益关系直接影响其积极性和创造性。

在原始社会末期，随着劳动者素质和生产能力、社会分工、劳动工具等的不断发展，在氏族、部落共同体中出现剩余产品，这就为一部分人脱离直接的生产劳动、以某种方式取得这些生活资料提供了可能条件。马克思、恩格斯在《德意志意识形态》中说：

……**分工**使精神活动和物质活动、享受和劳动、生产和消费由不同的个人来分担这种情况不仅成为可能，而且成为现实，而要使这三个因素彼此不发生矛盾，则只有再消灭分工。②

剩余产品是阶级产生的经济前提。但仅有剩余产品，还不一定产生阶级。随着生产资料逐渐由氏族、部落共同体转为个人、家庭所有，私有制发展起来，个人利益、家庭利益日益与氏族、部落共同体利益相对立，导致原始社会公有制解体。从此，人类进入阶级社会。马克思、恩格斯在《共产党宣言》中指出：

在过去的各个历史时代，我们几乎到处都可以看到社会完全划分为各个不同的等级，看到社会地位分成多种多样的层次。在古罗马，有贵族、骑士、平民、奴隶，在中世纪，有封建主、臣仆、行会师傅、帮工、农奴，而且几

① 费孝通著，王延中、张荣华整理：《社会学讲义》，华东师范大学出版社2019年版，第280页。

② 《马克思恩格斯文集》第1卷，人民出版社2009年版，第535页。

乎在每一个阶级内部又有一些特殊的阶层。

不管阶级对立具有什么样的形式，社会上一部分人对另一部分人的剥削却是过去各个世纪所共有的事实。①

阶级首先是经济范畴，反映人们之间的经济利益关系。恩格斯在《共产党宣言》1888年英文版上加注说：

资产阶级是指占有社会生产资料并使用雇佣劳动的现代资本家阶级。无产阶级是指没有自己的生产资料，因而不得不靠出卖劳动力来维持生活的现代雇佣工人阶级。②

列宁说：

所谓阶级，就是这样一些大的集团，这些集团在历史上一定的社会生产体系中所处的地位不同，同生产资料的关系（这种关系大部分是在法律上明文规定了的）不同，在社会劳动组织中所起的作用不同，因而取得归自己支配的那份社会财富的方式和多寡也不同。所谓阶级，就是这样一些集团，由于它们在一定社会经济结构中所处的地位不同，其中一个集团能够占有另一个集团的劳动。③

区别各阶级的基本标志，是它们在社会生产中所处的地位，也就是它们对生产资料的关系。④

这里从生产关系角度来界定阶级，区别各阶级的基本标志是社会成员在社会生产中所处的地位或同生产资料的关系。阶级是基于对生产资料的关系

①《马克思恩格斯文集》第2卷，人民出版社2009年版，第31-32、51页。

②《马克思恩格斯文集》第2卷，人民出版社2009年版，第31页。

③《列宁专题文集·论社会主义》，人民出版社2009年版，第145页。

④《列宁全集》第7卷，人民出版社2017年版，第30页。

不同而形成的利益对立的社会集团。我们判断社会成员是否属于某个阶级，主要的不是看其家庭出身，也不是仅仅看其生活条件、富裕程度，更根本的是看其与生产资料的关系。马克思在《资本论》第1卷中说：

……他们能够扩大自己的享受范围，有较多的衣服、家具等消费基金，并且积蓄一小笔货币准备金。但是，吃穿好一些，待遇高一些，持有财产多一些，不会消除奴隶的从属关系和对他们的剥削，同样，也不会消除雇佣工人的从属关系和对他们的剥削。由于资本积累而提高的劳动价格，实际上不过表明，雇佣工人为自己铸造的金锁链已经够长够重，容许把它略微放松一点。①

阶级不仅是经济范畴，也是政治范畴。一个阶级的社会成员，往往有共同的生存条件和利益要求，体现为政治地位、生活方式、价值观念、思维方式等。阶级意识、政治组织是一个阶级是否自觉、成熟的重要标志。毛泽东在1925年《中国社会各阶级的分析》中提出：

谁是我们的敌人？谁是我们的朋友？这个问题是革命的首要问题。中国过去一切革命斗争成效甚少，其基本原因就是因为不能团结真正的朋友，以攻击真正的敌人。……我们要分辨真正的敌友，不可不将中国社会各阶级的经济地位及其对于革命的态度，作一个大概的分析。②

毛泽东也是按照“经济地位”来划分阶级，进而剖析他们的阶级利益和对革命的态度。1927年3月，毛泽东在《湖南农民运动考察报告》中，特别讲到把农民“组织起来”和“普及政治宣传”“文化运动”的重要性。

2. 阶级在社会发展中的作用。

在阶级社会中，生产力和生产关系、经济基础和上层建筑的矛盾运动，

① 《马克思恩格斯文集》第5卷，人民出版社2009年版，第714页。

② 《毛泽东选集》第1卷，人民出版社1991年版，第3页。

集中地体现为阶级矛盾和阶级斗争。阶级斗争的形式虽然多样，但归根到底都是围绕经济利益而进行的。马克思、恩格斯在《共产党宣言》中说：

过去一切阶级在争得统治之后，总是使整个社会服从于它们发财致富的条件，企图以此来巩固它们已经获得的生活地位。无产者只有废除自己的现存的占有方式，从而废除全部现存的占有方式，才能取得社会生产力。[①]

恩格斯在《社会主义从空想到科学的发展》中说：

……统治阶级一旦掌握政权就牺牲劳动阶级来巩固自己的统治，并把对社会的领导变成对群众加紧剥削。[②]

历史上的一切剥削阶级，都利用其垄断的生产资料和在社会生产中的支配地位，压迫劳动群众为主体的被剥削阶级，无偿占有其剩余产品。为此，不仅要加强他们的经济地位，而且要加强政治统治和思想控制。另一方面，劳动群众为主体的被剥削阶级，为了维持自己的生存权和发展权就不得不反抗压迫和剥削。马克思在1847年《哲学的贫困》中说：

当文明一开始的时候，生产就开始建立在级别、等级和阶级的对抗上，最后建立在积累的劳动和直接的劳动的对抗上。没有对抗就没有进步。这是文明直到今天所遵循的规律。到目前为止，生产力就是由于这种阶级对抗的规律而发展起来的。

产品的使用取决于消费者所处的社会条件，而这种社会条件本身又建立在阶级对抗上。[③]

①《马克思恩格斯文集》第2卷，人民出版社2009年版，第42页。
②《马克思恩格斯文集》第3卷，人民出版社2009年版，第562-563页。
③《马克思恩格斯全集》第4卷，人民出版社1958年版，均为第104页。

毛泽东在《贺新郎·读史》中说：

人猿相揖别。只几个石头磨过，小儿时节。铜铁炉中翻火焰，为问何时猜得？不过几千寒热。人世难逢开口笑，上疆场彼此弯弓月。流遍了，郊原血。

一篇读罢头飞雪，但记得斑斑点点，几行陈迹。五帝三皇神圣事，骗了无涯过客。有多少风流人物？盗跖庄蹻流誉后，更陈王奋起挥黄钺。歌未竟，东方白。

阶级斗争的实质，是对劳动者本身和土地等基本生产资料的控制和反控制，是对剩余产品等生活资料、生存条件的争夺。如《史记·萧相国世家》：

沛公至咸阳，诸将皆争走金帛财物之府公之，何独先入收秦丞相、御史律令图书藏之。……汉王所以俱知天下阸塞，户口多少，强弱之处，民所疾苦者，以何具得秦图书也。

刘邦、萧何控制了“户口”，就为夺取政权奠定了基础。

抗日战争胜利后，蒋介石集团接收沦陷区时大加掠夺，比如国民党财政部规定法币以1:200兑换汪伪中储券。以当时的物价指数计算，上海物价约为重庆的50倍，约为整个法币使用区的35倍，当时黑市法币与伪中储券的兑换价不过是1:80。结果，沦陷区人民手上所仅有的财产筹码——伪币，差不多已分文不值。这是国民党政权迅速垮台的重要原因。

“革命是历史的火车头。”[①]阶级斗争是人类社会形态演进的直接动力，既体现为一个社会形态内部的自我调整，也体现为不同社会形态之间的更替。《资本论》第1卷指出：

①《马克思恩格斯文集》第2卷，人民出版社2009年版，第161页。

原始积累的不同因素，……在英国，这些因素在17世纪末系统地综合为殖民制度、国债制度、现代税收制度和保护关税制度。这些方法一部分是以最残酷的暴力为基础，例如殖民制度就是这样。但所有这些方法都利用国家权力，也就是利用集中的、有组织的社会暴力，来大力促进从封建生产方式向资本主义生产方式的转化过程，缩短过渡时间。暴力是每一个孕育着新社会的旧社会的助产婆。暴力本身就是一种经济力。①

恩格斯在1888年《路德维希·费尔巴哈和德国古典哲学的终结》中提出：

自从阶级对立产生以来，正是人的恶劣的情欲——贪欲和权势欲成了历史发展的杠杆，关于这方面，例如封建制度的和资产阶级的历史就是一个独一无二的持续不断的证明。②

在《社会主义从空想到科学的发展》1892年英文版导言中，恩格斯认为：

一切重要历史事件的终极原因和伟大动力是社会的经济发展，是生产方式和交换方式的改变，是由此产生的社会之划分为不同的阶级，是这些阶级彼此之间的斗争。③

只要存在生产资料私有制、存在雇佣劳动制度，人类社会就不能彻底摆脱一部分人剥削、压迫另一部分人的命运。通过无产阶级专政为实质的社会主义社会，在劳动者不断得到解放和发展的历史进程中，人类将在生产力高度发展、剩余产品极大丰富的基础上逐渐消灭阶级对抗，“使人类进到大同境

①《马克思恩格斯文集》第5卷，人民出版社2009年版，第861页。
②《马克思恩格斯文集》第4卷，人民出版社2009年版，第291页。
③《马克思恩格斯文集》第3卷，人民出版社2009年版，第509页。

域”[①]的共产主义阶段，摆脱动物般的生存竞争，开始人类的真正历史：

共产主义并不剥夺任何人占有社会产品的权力，它只剥夺利用这种占有去奴役他人劳动的权力。[②]

如果说阶级的划分根据上面所说具有某种历史的理由，那也只是对一定的时期、一定的社会条件才是这样。这种划分是以生产的不足为基础的，它将被现代生产力的充分发展所消灭。[③]

新中国成立，使中国人民彻底摆脱了帝国主义和地主阶级、官僚资产阶级的压迫，彻底改变了中华民族的历史命运。目前来看，国际范围内资本主义制度与社会主义制度还将长期并存。邓小平指出：

社会主义社会中的阶级斗争是一个客观存在，不应该缩小，也不应该夸大。实践证明，无论缩小或者夸大，两者都要犯严重的错误。至于整个社会主义社会历史时期是否始终存在某种阶级斗争，这里包括许多理论上和实践上复杂和困难的问题，不是只靠引证前人的书本所能够解决的，大家可以继续研究。[④]

在阶级存在的条件下，历史研究和现实观察中要重视阶级分析方法。正如马克思1852年所提出的：

无论是发现现代社会中有阶级存在或发现各阶级间的斗争，都不是我的功劳。在我以前很久，资产阶级历史编纂学家就已经叙述过阶级斗争的历史发展，资产阶级经济学家也已经对各个阶级作过经济上的分析。我所加上的

①《毛泽东选集》第4卷，人民出版社1991年版，第1469页。
②《马克思恩格斯文集》第2卷，人民出版社2009年版，第47页。
③《马克思恩格斯文集》第9卷，人民出版社2009年版，第298页。
④《邓小平文选》第2卷，人民出版社1994年版，第182页。

新内容就是证明了下列几点：(1) **阶级的存在**仅仅同**生产发展的一定历史阶段**相联系；(2) 阶级斗争必然导致**无产阶级专政**；(3) 这个专政不过是达到**消灭一切阶级**和进入**无阶级社会**的过渡……[①]

列宁在《卡尔·马克思》中提出：

马克思主义提供了一条指导性的线索，使我们能在这种看来扑朔迷离、一团混乱的状态中发现规律性。这条线索就是阶级斗争的理论。只有研究某一社会或某几个社会的全体成员的意向的总和，才能科学地确定这些意向的结果。其所以有各种矛盾的意向，是因为每个社会所分成的**各阶级**的地位和生活条件不同。[②]

阶级分化、阶级斗争是生产力不充分发展的派生现象。对阶级、阶级斗争的分析，归根到底要看它是促进还是阻碍、解放还是束缚社会生产力的发展。在这个意义上，阶级斗争是手段，而不是目的。

(三) 改革的实质及其历史作用

恩格斯在1890年提出：

我认为，所谓"社会主义社会"不是一种一成不变的东西，而应当和任何其他社会制度一样，把它看成是经常变化和改革的社会。[③]

我国社会的基本矛盾运动表现为社会主义的自我调整和完善，是主动调整与生产力发展不适应的生产关系、与经济基础发展不适应的上层建筑，从而促进社会有机体更好、更快地发展，促进每个人的自由而全面的发展。我国的改革，有时候需要调整的生产关系和上层建筑是全局性、深层次的，是

①《马克思恩格斯文集》第10卷，人民出版社2009年版，第106页。

②《列宁选集》第2卷，人民出版社2012年版，第426页。

③《马克思恩格斯文集》第10卷，人民出版社2009年版，第588页。

在保持社会主义基本制度稳定的前提下的自我完善，在一定意义上也是一种“革命”。

（四）人民群众是历史的创造者

1．人民群众是社会变革和发展的决定力量。

生产力的最终动力、阶级斗争的直接动力、科学技术的杠杆作用，最终都体现为人民群众的决定作用。

“人民”是一个历史范畴，是推动社会历史前进、发展的社会群体。以体力劳动者和脑力劳动者为主体的人民群众，是人类历史的主体和创造者。

生产力和生产关系、经济基础和上层建筑不是孤立地、独立地存在的某种实体，而是存在于人民群众的生产、生活实践活动之中。人民群众是生产力的核心因素，是生产关系的主要承担者，是全部物质生活、社会生活、政治生活和精神生活的主体。人类历史，实际上就是人民群众追求自身利益、实现自身发展的曲折而前进的历程。人心向背、人民群众的生活实践最终决定历史发展的结局。列宁1905年在《社会民主党在民主革命中的两种策略》中提出：

> 革命是历史的火车头——马克思这样说过。革命是被压迫者和被剥削者的盛大节日。人民群众在任何时候都不能像在革命时期这样以新社会制度的积极创造者的身份出现。①

人民群众是物质财富和精神财富的创造者。马克思在《资本论》第1卷提出：

> 如果有一部考证性的工艺史，就会证明，18世纪的任何发明，很少是属于某一个人的。②

①《列宁选集》第1卷，人民出版社2012年版，第616页。

②《马克思恩格斯全集》第44卷，人民出版社2001年版，第428-429页。

毛泽东1942年在延安文艺座谈会上提出：

一切种类的文学艺术的源泉究竟是从何而来的呢？作为观念形态的文艺作品，都是一定的社会生活在人类头脑中的反映的产物。……人民生活中本来存在着文学艺术原料的矿藏，这是自然形态的东西，是粗糙的东西，但也是最生动、最丰富、最基本的东西；在这点上说，它们使一切文学艺术相形见绌，它们是一切文学艺术的取之不尽、用之不竭的唯一的源泉。……过去的文艺作品不是源而是流，是古人和外国人根据他们彼时彼地所得到的人民生活中的文学艺术原料创造出来的东西。①

另一方面，人民群众创造历史的实践活动，受到一定的经济、政治、文化等主客观条件限制，他们的实践活动或物质生活、社会生活、政治生活、精神生活有一个历史发展过程。恩格斯在1890年说：

我们自己创造着我们的历史，但是第一，我们是在十分确定的前提和条件下创造的。其中经济的前提和条件归根到底是决定性的。但是政治等等的前提和条件，甚至那些萦回于人们头脑中的传统，也起着一定的作用，虽然不是决定性的作用。②

马克思在《路易·波拿巴的雾月十八日》中精辟地剖析了法国农民的特征：

小农人数众多，他们的生活条件相同，但是彼此间并没有发生多种多样的关系。他们的生产方式不是使他们互相交往，而是使他们互相隔离。这种隔离状态由于法国的交通不便和农民的贫困而更为加强了。他们进行生产的地盘，即小块土地，不容许在耕作时进行分工，应用科学，因而也就没有多

①《毛泽东选集》第3卷，人民出版社1991年版，第860页。

②《马克思恩格斯文集》第10卷，人民出版社2009年版，第592页。

种多样的发展，没有各种不同的才能，没有丰富的社会关系。每一个农户差不多都是自给自足的，都是直接生产自己的大部分消费品，因而他们取得生活资料多半是靠与自然交换，而不是靠与社会交往。一小块土地，一个农民和一个家庭；旁边是另一小块土地，另一个农民和另一个家庭。一批这样的单位就形成一个村子；一批这样的村子就形成一个省。这样，法国国民的广大群众，便是由一些同名数简单相加而形成的，就像一袋马铃薯是由袋中的一个个马铃薯汇集而成的那样。数百万家庭的经济生活条件使他们的生活方式、利益和教育程度与其他阶级的生活方式、利益和教育程度各不相同并互相敌对，就这一点而言，他们是一个阶级。而各个小农彼此间只存在地域的联系，他们利益的同一性并不使他们彼此间形成共同关系，形成全国性的联系，形成政治组织，就这一点而言，他们又不是一个阶级。因此，他们不能以自己的名义来保护自己的阶级利益，无论是通过议会或通过国民公会。他们不能代表自己，一定要别人来代表他们。他们的代表一定要同时是他们的主宰，是高高站在他们上面的权威，是不受限制的政府权力，这种权力保护他们不受其他阶级侵犯，并从上面赐给他们雨水和阳光。所以，归根到底，小农的政治影响表现为行政权支配社会。①

这些论述，对分析中国君主专制社会和近现代社会的农民生活状况具有深刻的启发意义。

鲁迅毕生努力唤醒中国人的精神麻木，他在《藤野先生》《呐喊·自序》中回顾了自己在日本学医时的思想转变：

从那一回以后，我便觉得医学并非一件紧要事，凡是愚弱的国民，即使体格如何健全，如何茁壮，也只能做毫无意义的示众的材料和看客，病死多少是不必以为不幸的。所以我们的第一要著，是在改变他们的精神，而善于改变精神的是，我那时以为当然要推文艺，于是想提倡文艺运动了。②

①《马克思恩格斯文集》第2卷，人民出版社2009年版，第566-567页。

②《鲁迅全集》第5卷，人民文学出版社2005年版，第438-439页。

毛泽东在《论联合政府》中说，当前任务是“将中国建设成为一个独立、自由、民主、统一和富强的新国家”：

> 中国人民能不能实现我们在上面提出的那些基本要求呢？这要依靠中国人民的觉悟、团结和努力的程度来决定。①

因而，人民群众自身也是历史的产物，也有一个发展、成熟的过程。

2．正确认识历史人物的作用。

唯物史观肯定人民群众的历史主体地位，尊重每一个普通人在社会发展中的基础性作用。同时，也肯定历史人物的突出作用。

历史人物是在历史上发生较大影响、给历史事件打上深刻的个人烙印的人物。他们可以推动或阻碍历史进程，乃至局部改变历史进程及其面貌。历史人物之中，代表先进阶级、阶层、集团的利益和需要，反映时代要求，在历史上发挥进步作用的人物，称为杰出历史人物；阻碍、破坏社会进步的人物，称之为反动历史人物。

杰出历史人物的重要作用，与一定社会历史条件、与他们作为人民群众的先进代表是紧密联系的。恩格斯在1894年提出：

> 恰巧某个伟大人物在一定时间出现于某一国家，这当然纯粹是一种偶然现象。但是，如果我们把这个人去掉，那时就会需要有另外一个人来代替他，并且这个代替者是会出现的，不论好一些或差一些，但是最终总是会出现的。恰巧拿破仑这个科西嘉人做了被本身的战争弄得精疲力竭的法兰西共和国所需要的军事独裁者，这是个偶然现象。但是，假如没有拿破仑这个人，他的角色就会由另一个人来扮演。这一点可以由下面的事实来证明：每当需要有这样一个人的时候，他就会出现，如凯撒、奥古斯都、克伦威尔等等。如果

①《毛泽东选集》第3卷，人民出版社1991年版，第1030页。

说马克思发现了唯物史观，那么梯叶里、米涅、基佐以及1850年以前英国所有的历史编纂学家则表明，人们已经在这方面作过努力，而摩尔根对于同一观点的发现表明，发现这一观点的时机已经成熟了，这一观点**必定**被发现。①

杰出历史人物对人类社会进步发挥巨大的推动作用。恩格斯指出，马克思揭示了人类历史发展规律和资本主义生产方式和资产阶级社会运动规律，“而先前无论资产阶级经济学家或者社会主义批评家所做的一切研究都只是在黑暗中摸索”②。列宁指出：

造就一批有经验、有极高威望的党的领袖是一件长期的艰难的事情。但是做不到这一点，无产阶级专政、无产阶级的“意志统一”就只能是一句空话。③

邓小平认为：

没有毛主席，至少我们中国人民还要在黑暗中摸索更长的时间。毛主席最伟大的功绩是把马列主义的原理同中国革命的实际结合起来，指出了中国夺取革命胜利的道路。……他创造性地把马列主义运用到中国革命的各个方面，包括哲学、政治、军事、文艺和其他领域，都有创造性的见解。④

3．群众观点与群众路线。

马克思、恩格斯在《共产党宣言》中说：

过去的一切运动都是少数人的，或者为少数人谋利益的运动。无产阶级

①《马克思恩格斯文集》第10卷，人民出版社2009年版，第669页。
②《马克思恩格斯文集》第3卷，人民出版社2009年版，第601页。
③《列宁全集》第42卷，人民出版社2017年版，第108页。
④《邓小平文选》第2卷，人民出版社1994年版，第345页。

的运动是绝大多数人的，为绝大多数人谋利益的独立的运动。[①]

列宁指出：

社会主义不是按上面的命令创立的。它和官场中的官僚机械主义根本不能相容；生气勃勃的创造性的社会主义是由人民群众自己创立的。[②]

肯定人民群众是人类的主体、是历史进步的主要创造者，就要确立群众观点，坚持群众路线。群众观点，是相信人民群众能够自己解放自己，全心全意为人民服务，一切向人民群众负责，一切向人民群众学习。群众路线，是一切为了群众、一切依靠群众，从群众中来、到群众中去。毛泽东1943年在《关于领导方法的若干问题》提出：

在我党的一切实际工作中，凡属正确的领导，必须是从群众中来，到群众中去。这就是说，将群众的意见（分散的无系统的意见）集中起来（经过研究，化为集中的系统的意见），又到群众中去作宣传解释，化为群众的意见，使群众坚持下去，见之于行动，并在群众行动中考验这些意见是否正确。然后再从群众中集中起来，再到群众中坚持下去。如此无限循环，一次比一次地更正确、更生动、更丰富。这就是马克思主义的认识论。[③]

习近平多次强调：

人民是历史的创造者，是决定党和国家前途命运的根本力量。……自觉践行全心全意为人民服务的根本宗旨，把党的群众路线贯彻到治国理政全部活动之中，把人民对美好生活的向往作为奋斗目标，依靠人民创造历史伟业。

① 《马克思恩格斯文集》第2卷，人民出版社2009年版，第42页。

② 《列宁全集》第33卷，人民出版社2017年版，第57页。

③ 《毛泽东选集》第3卷，人民出版社1991年版，第899页。

人民是我们党执政的最大底气，是我们共和国的坚实根基，是我们强党兴国的根本所在。……人民是历史的创造者、人民是真正的英雄，必须相信人民、依靠人民；我们永远是劳动人民的普通一员，必须保持同人民群众的血肉联系。[①]

①《习近平谈治国理政》第3卷，外文出版社2020年版，第135、137页。

专题七　资本观

正如恩格斯所指出的，马克思发现和论证了资本主义生产方式和资产阶级社会的特殊运动规律，也就是剩余价值规律，奠定了马克思主义政治经济学、科学社会主义的理论基础。马克思主义政治经济学不仅是马克思主义的重要组成部分，而且在整个马克思主义的创立过程中具有核心地位，是准确理解马克思主义哲学和科学社会主义的思想前提。通过对资本主义生产方式的研究，对人类物质生活、社会生活、政治生活和精神生活的研究，马克思完成了辩证法与政治经济学的有机统一，创立了历史唯物主义的基本原则。

第一节　马克思主义政治经济学概述

马克思主义政治经济学，具有科学性与阶级性相统一的鲜明特征。1859年的《政治经济学批判》(第一分册)、1867年的《资本论》第1卷，标志着马克思主义政治经济学的创立。恩格斯说，无产阶级的政党的“全部理论来自对政治经济学的研究”[①]。列宁说：

使马克思的理论得到最深刻、最全面、最详尽的证明和运用的是他的经济学说。[②]

马克思主义政治经济学，是对威廉·配第（William Petty，1623—1687）、亚当·斯密（Adam Smith，1723—1790）、大卫·李嘉图（David Ricardo，1772—1823）等古典政治经济学的科学扬弃和创新发展。1776年，亚当·斯密《国民财富

①《马克思恩格斯文集》第2卷，人民出版社2009年版，第596页。
②《列宁选集》第2卷，人民出版社2012年版，第428页。

的性质和原因的研究》(*An Inquiry into the Nature and Causes of the Wealth of Nations*)标志着古典政治经济学的建立。古典政治经济学初步提出劳动价值论，接触到剩余价值，但没有考察劳动二重性、剩余价值的来源和实质、资本主义经济制度的历史性等基本问题。

一、马克思主义政治经济学的理论创新

(一) 马克思主义政治经济学的研究对象

马克思主义政治经济学的研究对象，是在生产力、生产关系、上层建筑的社会有机体的运动变化中，着重研究生产关系，侧重于制度层面的分析。马克思在《资本论》第1卷序言提出：

> 我要在本书研究的，是资本主义生产方式以及和它相适应的生产关系和交换关系。到现在为止，这种生产方式的典型地点是英国。因此，我在理论阐述上主要用英国作为例证。①

恩格斯提出：

> 经济学研究的不是物，而是人和人之间的关系，归根到底是阶级和阶级之间的关系，可是这些关系总是**同物结合着**，并且**作为物出现**。诚然，这个或那个经济学家在个别场合也曾觉察到这种联系，而马克思第一次揭示出这种联系对于整个经济学的意义，从而使最难的问题变得如此简单明了。②
>
> 马克思还发现了现代资本主义生产方式和它所产生的资产阶级社会的特殊的运动规律。③

①《马克思恩格斯文集》第5卷，人民出版社2009年版，第8页。
②《马克思恩格斯文集》第2卷，人民出版社2009年版，第604页。
③《马克思恩格斯文集》第3卷，人民出版社2009年版，第601页。

马克思主义政治经济学明确提出，政治经济学的研究对象是人与人之间的社会经济关系，但同时也要联系生产力和上层建筑。毛泽东在《读苏联〈政治经济学教科书〉的谈话》中指出：

政治经济学研究的对象主要是生产关系，但是要研究清楚生产关系，就必须一方面联系研究生产力，另一方面联系研究上层建筑对生产关系的积极作用和消极作用。[①]

马克思主义通过以生产关系为核心的生产力、生产关系、上层建筑之间的社会有机体研究，创造了生产力和生产关系矛盾运动的历史唯物主义世界观，找到了实现每个人自由而全面发展的现实道路。

（二）创立了科学的劳动价值论

马克思创立了商品的二因素、生产商品的劳动二重性、商品价值量及其决定、价值规律及其形式等学说。

（三）创立了剩余价值理论

马克思指出剩余价值规律是资本主义生产方式的绝对规律，揭示资本积累的一般规律和历史趋势。

（四）论证了资本主义生产方式的历史性

马克思阐明了资本主义生产方式的历史性和社会主义代替资本主义的客观必然性，找到了人类社会扬弃资本主义生产方式、进入更高发展阶段的正确途径，而且还预见了未来社会主义和共产主义社会的一些基本特征。马克思在1843年就提出：

新思潮的优点又恰恰在于我们不想教条地预期未来，而只是想通过批判旧世界发现新世界。……如果我们的任务不是构想未来并使它适合于任何时候，我们便会更明确地知道，我们现在应该做些什么，我指的就是**要对现存**

①《毛泽东文集》第8卷，人民出版社1999年版，第131页。

的一切进行无情的批判，所谓无情，就是说，这种批判既不怕自己所作的结论，也不怕同现有各种势力发生冲突。[1]

马克思和恩格斯在剖析资本主义社会中，发现了资本主义社会的历史过程、基本特征、基本规律和发展趋势，预测了未来新社会的一些重要特点，从而把社会主义建立在人类社会现实运动而不是道德说教的基础上，使社会主义从空想变成科学。恩格斯在《社会主义从空想到科学的发展》中阐明了马克思主义政治经济学的伟大历史意义：

社会主义现在已经不再被看做某个天才头脑的偶然发现，而被看做两个历史地产生的阶级即无产阶级和资产阶级之间斗争的必然产物。它的任务不再是构想出一个尽可能完善的社会制度，而是研究必然产生这两个阶级及其相互斗争的那种历史的经济的过程；并在由此造成的经济状况中找出解决冲突的手段。……以往的社会主义固然批判了现存的资本主义生产方式及其后果，但是，它不能说明这个生产方式，因而也就不能对付这个生产方式，它只能简单地把它当做坏东西抛弃掉。……问题在于：一方面应当说明资本主义生产方式的历史联系和它在一定历史时期存在的必然性，从而说明它灭亡的必然性；另一方面应当揭露这种生产方式的一直还隐蔽着的内在性质。这已经由于剩余价值的发现而完成了。已经证明，无偿劳动的占有是资本主义生产方式和通过这种生产方式对工人进行的剥削的基本形式；即使资本家按照劳动力作为商品在商品市场上所具有的全部价值来购买他的工人的劳动力，他从这种劳动力榨取的价值仍然比他对这种劳动力的支付要多；这种剩余价值归根到底构成了有产阶级手中日益增加的资本量由以积累起来的价值量。这样就说明了资本主义生产和资本生产的过程。

这两个伟大的发现——唯物主义历史观和通过剩余价值揭开资本主义生产的秘密，都应当归功于马克思。由于这两个发现，社会主义变成了科学，

①《马克思恩格斯文集》第10卷，人民出版社2009年版，第7页。

现在首先要做的是对这门科学的一切细节和联系作进一步的探讨。[①]

二、马克思主义政治经济学的研究任务

马克思主义政治经济学的任务，是揭示人类社会经济运动的内在规律。

人类社会的经济规律有三个层次：一是贯穿于人类社会始终的一般规律、基本规律、普遍规律，这就是生产关系一定要适合生产力状况的规律；二是贯穿于某些社会经济形态的共有的经济规律，如商品经济和市场经济中的价值规律、社会化大生产条件下的社会再生产按比例发展的规律等；三是某个社会形态所特有的规律，如资本主义社会的剩余价值规律、资本积累规律、相对剩余人口规律等；社会主义社会的按劳分配规律等。[②]

马克思主义政治经济学的研究任务，包括揭示资本主义生产关系及其发展和变化的规律、研究社会主义生产关系及其发展变化的规律，进而揭示人类社会中经济运动的一般规律。

三、马克思主义政治经济学的研究方法

马克思主义政治经济学的研究方法，包括唯物史观和唯物辩证法、科学抽象方法、历史与逻辑相统一的方法等。

（一）历史唯物主义方法

马克思最初是接受黑格尔的唯心主义辩证法和费尔巴哈的直观唯物主义，后来通过研究政治经济学而在1845年左右创立唯物主义辩证法和历史唯物主义。在1859年《政治经济学批判序言》中，马克思简明地阐述了历史唯物主义的一般原理：

---

①《马克思恩格斯文集》第3卷，人民出版社2009年版，第545、545–546页。

② 参见《马克思主义政治经济学概论》，人民出版社、高等教育出版社2017年版，第12页。

人们在自己生活的社会生产中发生一定的、必然的、不以他们的意志为转移的关系，即同他们的物质生产力的一定发展阶段相适合的生产关系。这些生产关系的总和构成社会的经济结构，即有法律的和政治的上层建筑竖立其上并有一定的社会意识形式与之相适应的现实基础。物质生活的生产方式制约着整个社会生活、政治生活和精神生活的过程。①

在创立历史唯物主义之后，马克思就运用它“在政治经济学领域进行研究”②。恩格斯指出，马克思的政治经济学“本质上是建立在**唯物主义历史观**的基础上的”③。

（二）唯物辩证法

马克思的政治经济学研究，贯彻了唯物辩证法的基本精神。他明确指出《资本论》的方法就是“辩证法”：

我的辩证方法，从根本上来说，不仅和黑格尔的辩证方法不同，而且和它截然相反。在黑格尔看来，思维过程，即甚至被他在观念这一名称下转化为独立主体的思维过程，是现实事物的创造主，而现实事物只是思维过程的外部表现。我的看法则相反，观念的东西不外是移入人的头脑并在人的头脑中改造过的物质的东西而已。

辩证法在对现存事物的肯定的理解中同时包含对现存事物的否定的理解，即对现存事物的必然灭亡的理解，辩证法对每一种既成的形式都是从不断的运动中，因而也是从它的暂时性方面去理解；辩证法不崇拜任何东西，按其本质来说，它是批判的和革命的。④

恩格斯指出：

①《马克思恩格斯文集》第2卷，人民出版社2009年版，第591页。
②《马克思恩格斯文集》第2卷，人民出版社2009年版，第594页。
③《马克思恩格斯文集》第2卷，人民出版社2009年版，第597页。
④《马克思恩格斯文集》第5卷，人民出版社2009年版，均为第22页。

……从黑格尔逻辑学中把包含着黑格尔在这方面的真正发现的内核剥出来，使辩证方法摆脱它的唯心主义的外壳并把辩证方法在使它成为唯一正确的思想发展形式的简单形态上建立起来。马克思对于政治经济学的批判就是以这个方法做基础的，这个方法的制定，在我们看来是一个其意义不亚于唯物主义基本观点的成果。①

马克思运用唯物史观和唯物辩证法研究资本主义生产方式，始终坚持从实证材料出发。他说：

英国博物馆中堆积着政治经济学史的大量资料，伦敦对于考察资产阶级社会是一个方便的地点，最后，随着加利福尼亚和澳大利亚金矿的发现，资产阶级社会看来进入了新的发展阶段，这一切决定我再从头开始，批判地仔细钻研新的材料。②

恩格斯也指出：

即使只是在一个单独的历史事例上发展唯物主义的观点，也是一项要求多年冷静钻研的科学工作，因为很明显，在这里只说空话是无济于事的，只有靠大量的、批判地审查过的、充分地掌握了的历史资料，才能解决这样的任务。③

马克思透过资本主义经济现象而揭示其内在本质和运动规律，生动地阐明了对立统一规律、质量互变规律、否定之否定规律的具体形态和运动过程，论证了资本主义生产方式的历史性、暂时性和过渡性，论证了批判继承、科

①《马克思恩格斯文集》第2卷，人民出版社2009年版，第603页。
②《马克思恩格斯文集》第2卷，人民出版社2009年版，第593页。
③《马克思恩格斯文集》第2卷，人民出版社2009年版，第598页。

学扬弃资本主义生产方式而建立更高水平生产方式的历史必然性。

（三）历史与逻辑相统一的方法

马克思的政治经济学研究，运用了历史与逻辑相统一的方法。恩格斯指出：

对经济学的批判，即使按照已经得到的方法，也可以采用两种方式：按照历史或者按照逻辑。既然在历史上也像在它的文献的反映上一样，大体说来，发展也是从最简单的关系进到比较复杂的关系，那么，政治经济学文献的历史发展就提供了批判所能遵循的自然线索，而且，大体说来，经济范畴出现的顺序同它们在逻辑发展中的顺序也是一样的。这种形式表面上看来有好处，就是比较明确，因为这正是跟随着**现实的**发展，但是实际上这种形式至多只是比较通俗而已。历史常常是跳跃式地和曲折地前进的，如果必须处处跟随着它，那就势必不仅会注意许多无关紧要的材料，而且也会常常打断思想进程，并且，写经济学史又不能撇开资产阶级社会的历史，这就会使工作漫无止境，因为一切准备工作都还没有做。因此，逻辑的方式是唯一适用的方式。但是，实际上这种方式无非是历史的方式，不过摆脱了历史的形式以及起扰乱作用的偶然性而已。历史从哪里开始，思想进程也应当从哪里开始，而思想进程的进一步发展不过是历史过程在抽象的、理论上前后一贯的形式上的反映；这种反映是经过修正的，然而是按照现实的历史过程本身的规律修正的，这时，每一个要素可以在它完全成熟而具有典型性的发展点上加以考察。

我们采用这种方法，是从历史上和实际上摆在我们面前的、最初的和最简单的关系出发，因而在这里是从我们所遇到的最初的经济关系出发。我们来分析这种关系。既然这是一种**关系**，这就表示其中包含着两个**相互关联的**方面。我们分别考察每一个方面，由此得出它们相互关联的性质，它们的相互作用。于是出现了需要解决的矛盾。①

①《马克思恩格斯文集》第2卷，人民出版社2009年版，第603、603-604页。

历史与逻辑相统一的方法，首先表现为从分析商品开始。马克思在《资本论》中提出：

资本主义生产方式占统治地位的社会的财富，表现为“庞大的商品堆积”，单个的商品表现为这种财富的元素形式。因此，我们的研究就从分析商品开始。①

恩格斯做了更详细的说明：

政治经济学从**商品**开始，即从产品由个别人或原始公社相互交换的时刻开始。

采用这个方法时，逻辑的发展完全不必限于纯抽象的领域。相反，逻辑的发展需要历史的例证，需要不断接触现实。因此这里插入了各种各样的例证，有的指出各个社会发展阶段上的现实历史进程，有的指出经济文献，以便从头追溯明确作出经济关系的各种规定的过程。②

毛泽东指出：

规律自身不能说明自身。规律存在于历史发展的过程中。应当从历史发展过程的分析中来发现和证明规律。不从历史发展过程的分析下手，规律是说不清楚的。③

（四）科学抽象的方法

逻辑的研究方法，要求运用科学的抽象方法，也就是毛泽东所说的“去

①《马克思恩格斯文集》第5卷，人民出版社2009年版，第47页。

②《马克思恩格斯文集》第2卷，人民出版社2009年版，第604、605页。

③《毛泽东文集》第8卷，人民出版社1999年版，第106页。

粗取精、去伪存真、由此及彼、由表及里”的从感性认识上升到理性认识的方法，从具体到抽象的研究过程和从抽象到具体的叙述过程。马克思指出：

分析经济形式，既不能用显微镜，也不能用化学试剂。二者都必须用抽象力来代替。而对资产阶级社会说来，劳动产品的商品形式，或者商品的价值形式，就是经济的细胞形式。

在形式上，叙述方法必须与研究方法不同。研究必须充分地占有材料，分析它的各种发展形式，探寻这些形式的内在联系。只有这项工作完成以后，现实的运动才能适当地叙述出来。这点一旦做到，材料的生命一旦在观念上反映出来，呈现在我们面前的就好像是一个先验的结构了。[①]

（五）定性分析与定量分析相结合的方法

既要把握经济现象的性质的规定性和发展变化，也要把握经济现象的数量的规定性和发展变化，从而具体、现实地揭示经济规律及其表现形态。

第二节 自然经济、商品经济、产品经济

自然经济、商品经济、产品经济是人类社会三种主要的经济形态，三者分别在不同历史时期居于主导地位。

一、自然经济

自然经济是人类最早的经济形态。它是自给自足的经济，生产活动直接满足生产者自身及其家庭或一定经济单位的消费需要。马克思在《资本论》第1卷提出：

①《马克思恩格斯文集》第5卷，人民出版社2009年版，第8、21-22页。

……一切文明民族的历史初期都有过的这种劳动的原始的形式。这里有个更近的例子，就是农民家庭为了自身的需要而生产粮食、牲畜、纱、麻布、衣服等等的那种农村家长制生产。①

自然经济是“以直接使用为目的的生产”或“以直接消费为目的的生产”②，而不是为了交换或扩大再生产。

从历史上来看，自然经济与低下的生产力水平相适应，是自给自足的封闭性经济，生产规模小，往往只有简单的劳动分工，对自然界的依赖性很大；剩余产品数量有限，而且主要用于非生产性的消费。如《诗经·豳风·七月》中：

蚕月条桑，取彼斧斨，以伐远扬，猗彼女桑。七月鸣鵙，八月载绩。载玄载黄，我朱孔阳，为公子裳。

六月食郁及薁，七月亨葵及菽，八月剥枣，十月获稻，为此春酒，以介眉寿。七月食瓜，八月断壶，九月叔苴，采荼薪樗，食我农夫。

九月筑场圃，十月纳禾稼。黍稷重穋，禾麻菽麦。嗟我农夫，我稼既同，上入执宫功。昼尔于茅，宵尔索绹。亟其乘屋，其始播百谷。

这里所描写的劳动生活就是自然经济。“农夫”及其家庭的生产劳动，都是直接满足“公”“公子”的享受需要，以及农民及其家庭的简单生存需要，而不是扩大再生产或获得利润。又如：“甘其食，美其服，安其居，乐其俗。邻国相望，鸡犬之声相闻，民至老死不相往来。”（《老子·八十章》）“不相往来”，可能是指没有商品交换的自然经济状态。

秦汉以后的中国君主专制—地主经济社会主要是以家庭为单位的男耕女织经济形式，如黄梅戏《天仙配》中牛郎织女的生活理想，就是典型的自然经济形态：

①《马克思恩格斯文集》第5卷，人民出版社2009年版，第95页。

②《马克思恩格斯文集》第8卷，人民出版社2009年版，第155、163页。

树上的鸟儿成双对，绿水青山带笑颜。随手摘下花一朵，我与娘子戴发间。从今不再受那奴役苦，夫妻双双把家还。你耕田来我织布，我挑水来你浇园。寒窑虽破能避风雨，夫妻恩爱苦也甜。你我好比鸳鸯鸟，比翼双飞在人间。

商品经济产生后，自然经济与商品经济长期并存。西欧奴隶主庄园经济和封建主庄园经济，基本性质都是自然经济。直到近现代，虽然商品经济取得主导、支配地位，但自然经济仍在不同程度上存在。1852年，英国驻广州代办密切尔（Miche）叙述英国商品在中国不能畅销的原因说：

秋收以后，农家一切人手，老老少少，全都动手清棉、纺纱、织布，他们就用这种自家织成的材料，一种厚重耐穿的布匹，自己做衣服穿，这种材料适于粗穿糙用达两三年之久。至于自用而有余，便运到最近的城市上去，城市的店铺则买下来以便城里人和水上船户之需。这个国家十分之九的人都穿这种自织的布匹，……通统都是农舍里生产出来的。

福建的农夫不独是一个农夫，而且还是园艺家、制造家合而为一的人物。①

1842年以后，西方资本主义国家通过一系列不平等条约严重破坏了中国的自然经济，使中国逐渐沦为半殖民地半封建社会。

二、商品经济

随着生产力水平的提高，在自然经济的基础上产生了商品经济。商品经

① 转引自严中平：《英国资产阶级纺织利益集团与两次鸦片战争的史料》（下），《经济研究》1955年第2期，均为第125页。

济是一个历史范畴，它不是从来就有的，而是从自然经济发展而来，是对自然经济的否定。

（一）商品经济的界定

商品是用以交换的劳动产品。商品经济，是以交换为目的而进行生产的经济形态，是商品生产和商品交换的统一。

（二）商品经济的产生条件

商品经济的产生有两个基本条件：第一，社会分工所导致的交换；第二，生产资料、劳动产品属于不同的所有者，即多种经济主体并存。这两个条件，归根到底又取决于生产力的发展水平。

马克思预测未来商品经济的消亡时指出：

随着大工业的发展，现实财富的创造较少地取决于劳动时间和已耗费的劳动量，较多地取决于在劳动时间内所运用的作用物的力量，而这种作用物自身——它们的巨大效率——又和生产它们所花费的直接劳动时间不成比例，而是取决于科学的一般水平和技术进步，或者说取决于这种科学在生产上的应用。……例如，农业将不过成为一种物质变换的科学的应用，这种物质变换能加以最有利的调节以造福于整个社会体。

劳动表现为不再像以前那样被包括在生产过程中，相反地，表现为人以生产过程的监督者和调节者的身份同生产过程本身发生关系。……工人不再是生产过程的主要作用者，而是站在生产过程的旁边。

一旦直接形式的劳动不再是财富的巨大源泉，劳动时间就不再是，而且必然不再是财富的尺度，因而交换价值也不再是使用价值的尺度。**群众的剩余劳动**不再是一般财富发展的条件，同样，**少数人的非劳动**不再是人类头脑的一般能力发展的条件。于是，以交换价值为基础的生产便会崩溃，直接的物质生产过程本身也就摆脱了贫困和对立的形式。个性得到自由发展，因此，并不是为了获得剩余劳动而缩减必要劳动时间，而是直接把社会必要劳动缩减到最低限度，那时，与此相适应，由于给所有的人腾出了时间和创造了手段，个人会在艺术、科学等等方面得到发展。[①]

"直接形式的劳动不再是财富的巨大源泉"还是非常遥远的发展阶段，商品经济还将长期存在。"社会如果是一个直接生产、直接分配和消费的社会，没有交换这个中介，即：社会是一个经济主体，产品就不是商品。……产品如果不再是劳动创造的，它也就没有劳动的凝结即价值，因而产品也就不成其为商品。……社会多种经济主体的存在，是商品经济的直接原因；产品——使用价值为劳动所创造是商品经济的根本原因。"[②]

1. 社会分工所导致的交换，是商品经济的前提条件。

社会分工的发展，使不同生产者的产品具有独特性、差异性、多样性。为了互通有无、满足彼此的生产和生活需要，就不得不进行交换。因此，马克思在《资本论》中谈到"构成一切商品生产的一般基础的社会分工"：

在家庭内部，随后在氏族内部，由于性别和年龄的差别，也就是在纯生理的基础上产生了一种自然的分工。随着共同体的扩大，人口的增长，特别是各氏族间的冲突，一个氏族之征服另一个氏族，这种分工的材料也扩大了。……不同的共同体在各自的自然环境中，找到不同的生产资料和不同的生活资料。因此，它们的生产方式、生活方式和产品，也就各不相同。这种自然的差别，在共同体互相接触时引起了产品的互相交换，从而使这些产品逐渐转化为商品。[③]

从人类早期历史来看，畜牧业和农业分离、手工业和农业分离、商业的出现，是三次主要的经济分工。

第一次大分工是畜牧业和农业（种植业）相分离，促进了牲畜与谷物相交换。如我国的自然环境复杂多样，加上战争和国家政策等因素影响，西北、

①《马克思恩格斯文集》第8卷，人民出版社2009年版，第195-196、196、196-197页。
② 段若非：《马克思主义及其在当今中国的运用和发展》，人民出版社2017年版，第40页。
③《马克思恩格斯文集》第5卷，人民出版社2009年版，第407页。

西南地区在狩猎的基础上发展出牧区畜牧业；黄河、长江中下游地区适合种植业，还发展出作为副业的农区畜牧业和养殖业。据史料记载，商代的祖先已经“立皂牢”，“皂”是喂牛的槽，“牢”是关牛羊的圈。甲骨文中有“刍”“牧”“牢”“厩”等反映畜牧业的文字。夏商周三代，已经建立畜牧业。如：“谁谓尔无羊？三百维群。谁谓尔无牛？九十其犉。”“尔牧来思，以薪以蒸，以雌以雄。”（《诗经·小雅·无羊》）

第二次社会大分工，是手工业与农业（种植业）相分离，促进了手工业品与牲畜、农产品相交换。恩格斯在《家庭、私有制和国家的起源》提出：“**第二次大分工**：手工业和农业分离了。……随着生产分为农业和手工业这两大主要部门，便出现了直接以交换为目的的生产，即商品生产；……”①我国古代手工业，主要有官营手工业和家庭手工业，还有民营的手工业作坊（明代后期有手工工场）等基本形态。夏商周到春秋前期，官府垄断经营的手工业，逐渐形成工商食官制度：“公食贡，大夫食邑，士食田，庶人食力，工商食官。”（《国语·晋语四》）韦昭注云：“工，百工。商，官贾也。《周礼》府藏皆有贾人，以知物价。食官，官廪之。”也就是说，工商业都归官府控制，从事工商业的劳动者由官府提供饮食。秦汉时代，有管理手工业的政府机构，如少府、水衡都尉、将作大匠、大司农等。大司农下设均输令、平准令、盐官、铁官、服官、铜官、工官等管理生产作坊。后来各朝各代都有相应的官方手工业管理系统。

家庭手工业，是个体农民家庭的经济活动中的家庭副业，比如采桑养蚕和纺织业，采茶、制茶业等。大约东周时期的诗歌记载：“谷旦于差，南方之原。不绩其麻，市也婆娑。”（《诗经·陈风·东门之枌》）绩麻，可能就是一种家庭手工业。“孟母三迁”故事中蕴含着对经济活动的描述：

孟子之少也，既学而归，孟母方绩，问曰：“学何所至矣？”孟子曰：“自若也。”孟母以刀断其织。孟子惧而问其故。孟母曰：“子之废学，若我断斯织也。夫君子学以立名，问则广知，是以居则安宁，动则远害。今而废之，

① 《马克思恩格斯文集》第4卷，人民出版社2009年版，第182页。

是不免于厮役，而无以离于祸患也。何以异于织绩食？中道废而不为，宁能衣其夫子而长不乏粮食哉？女则废其所食，男则堕于修德，不为盗窃则为虏役矣！”孟子惧，旦夕勤学不息，师事子思，遂成天下之名儒。君子谓孟母知为人母之道矣。（《列女传》）

孟母“绩”“织”，也是一种家庭手工业，而且这种家庭手工业与当时发达的商品经济相联系。这种经济生活环境对孟子思想产生深刻影响。

古代民营手工业获得长足发展，如秦灭赵国后，赵国的卓氏被迁家到临邛：“即铁山鼓铸，运筹策，倾滇蜀之民，富至僮千人，田池射猎之乐，拟于人君。”（《史记·货殖列传》）这位卓氏大概就是西汉卓文孙的父亲、卓文君的祖父。我国古代的瓷器、玉器、丝棉织品、茶叶、铁器等非常发达，这些都促进了商品经济的发展。

第三次社会大分工，是商业独立和商人阶层产生。周武王灭商后，商朝遗民依靠世代积累的商业技术和经验而生存，被称为“商人”，其职业为“商业”。西周时“工商食官”，商业由国家垄断。春秋战国时期，商业获得巨大发展，春秋时期的弦高、范蠡、孔子的弟子子贡等，战国时期的白圭、吕不韦、巴蜀的寡妇清等都是著名的大商人。

巴寡妇清，其先得丹穴，而擅其利数世，家亦不訾。清，寡妇也，能守其业，用财自卫，不见侵犯。秦皇帝以贞妇而客之，为筑女怀清台。（《史记·货殖列传》）

汉兴，海内为一，开关梁，驰山泽之禁，是以富商大贾周流天下，交易之物莫不通，得其所欲。（《史记·货殖列传》）

中国古代社会有士、农、工、商“四民”，一般都采取“重农抑商”的经济政策，但中国古代的商业和商品经济往往很发达。汉代形成路上和海上的丝绸之路，唐宋以后形成茶马古道，清代晋商开辟万里茶道。汉代以后，历代的城市商业都很发达。唐代出现早期金融机构的雏形——柜坊和类似于后来汇票的飞钱。北宋出现世界上最早的纸币——交子。《孟子》、明代冯梦龙《三言二拍》、《水浒传》、《红楼梦》等都有商品经济的生动故事。

2. 生产资料和劳动产品属于不同生产者，是商品经济的根本条件。

生产资料属于不同生产者，一开始是氏族共同体，后来随着氏族瓦解而出现私有制。生产者之间具有各自独立的经济利益，不能无偿取得对方的产品，只能通过对等的交换。当然，也许还有暴力掠夺和欺骗，但这不是经常的手段。

社会主义社会仍然存在诸多经济主体，也就必然存在商品经济。

（三）商品经济的形态

商品经济有简单商品经济和发达商品经济两个基本形态。马克思指出：

> 商品生产和商品流通是极不相同的生产方式都具有的现象，尽管它们在范围和作用方面各不相同。[①]

简单商品经济又称为小商品经济，主要存在于原始社会末期、奴隶社会、中西方的封建社会、中国君主专制社会等。在自然经济占主导地位的条件下的某些商品交换，如："氓之蚩蚩，抱布贸丝。匪来贸丝，来即我谋。"（《诗经·卫风·氓》）"抱布贸丝"，是用货币——"布"来购买丝的商品交换。古代一种农具叫鎛，布币形状像鎛，"鎛""布"同音。

发达商品经济又称市场经济，包括资本主义市场经济和社会主义市场经济。

（四）商品经济的特征

商品经济具有竞争性、开放性、自主性、平等性等一般特征。

1. 商品经济的竞争性。

马克思、恩格斯在《共产党宣言》中提出：

①《马克思恩格斯文集》第5卷，人民出版社2009年版，第136页。

生产的不断变革，一切社会状况不停的动荡，永远的不安定和变动，这就是资产阶级时代不同于过去一切时代的地方。[①]

马克思在《资本论》第1卷指出：

某种产品今天满足一种社会需要，明天就可能全部地或部分地被一种类似的产品排挤掉。

自由竞争使资本主义生产的内在规律作为外在的强制规律对每个资本家起作用。[②]

2．商品经济的开放性。

马克思、恩格斯在《共产党宣言》中提出：

不断扩大产品销路的需要，驱使资产阶级奔走于全球各地。它必须到处落户，到处开发，到处建立联系。

资产阶级，由于开拓了世界市场，使一切国家的生产和消费都成为世界性的了。……过去那种地方的和民族的自给自足和闭关自守状态，被各民族的各方面的互相往来和各方面的互相依赖所代替了。

资产阶级，由于一切生产工具的迅速改进，由于交通的极其便利，把一切民族甚至最野蛮的民族都卷到文明中来了。[③]

3．商品经济的自主性。

马克思在《资本论》中说：

商品不能自己到市场去，不能自己去交换。因此，我们必须找寻它的监

①《马克思恩格斯文集》第2卷，人民出版社2009年版，第34页。
②《马克思恩格斯文集》第5卷，人民出版社2009年版，第127、312页。
③《马克思恩格斯文集》第2卷，人民出版社2009年版，均为第35页。

护人，商品占有者。……为了使这些物作为商品彼此发生关系，商品监护人必须作为有自己的意志体现在这些物中的人彼此发生关系，因此，一方只有符合另一方的意志，就是说每一方只有通过双方共同一致的意志行为，才能让渡自己的商品，占有别人的商品。可见，他们必须彼此承认对方是私有者。这种具有契约形式的（不管这种契约是不是用法律固定下来的）法的关系，是一种反映着经济关系的意志关系。这种法的关系或意志关系的内容是由这种经济关系本身决定的。[①]

4．商品经济的平等性。

马克思在《资本论（1863—1865年手稿）》指出：

资本家和工人只是作为货币占有者和商品占有者相对立，他们的交易，像所有买者和卖者之间的交易一样，是等价交换。[②]

他在《资本论》第1卷中说：

劳动力占有者和货币占有者在市场上相遇，彼此作为身份平等的商品占有者发生关系，所不同的只是一个是买者，一个是卖者，因此双方是在法律上平等的人。

一大群不同职业、年龄、性别的各种各样的工人，争先恐后地向我们拥来，……即使不去参看他们腋下夹着的蓝皮书，我们也可以一眼看出他们劳动过度。现在让我们从这一大群人当中再挑出两种人来，一种是女时装工，一种是铁匠。这两种人的鲜明的对照表明，在资本面前一切人都是平等的。

平等地剥削劳动力，是资本的首要的人权。[③]

①《马克思恩格斯文集》第5卷，人民出版社2009年版，第103页。
②《马克思恩格斯文集》第8卷，人民出版社2009年版，第481页。
③《马克思恩格斯文集》第5卷，人民出版社2009年版，第195、294、338页。

商品经济的竞争性、开放性、自主性和平等性等基本属性，是资本主义社会形成“以物的依赖性为基础的人的独立性”“普遍的社会物质变换、全面的关系、多方面的需要以及全面的能力的体系”的现实基础，是西方近代以来主客二分思维方式和主体性哲学的实践根源，“真正作为独立于宇宙整体之必然性和独立于社会群体之外而又能以自己的意志主动对待它们的个体性自我，只是到近代哲学创始人笛卡尔那里，才得到充分的表现和哲学的表达”[①]。批判商品经济条件下人本身的异化现象、继承和弘扬商品经济时代的积极成就，是“建立在个人全面发展和他们共同的、社会的生产能力成为从属于他们的社会财富这一基础上的自由个性”[②]的历史条件。

三、产品经济

产品经济是未来共产主义社会的经济形态。《资本论》第1卷提出：

设想有一个自由人联合体，他们用公共的生产资料进行劳动，并且自觉地把他们许多个人劳动力当做一个社会劳动力来使用。……这个联合体的总产品是一个社会产品。这个产品的一部分重新用做生产资料。这一部分依旧是社会的。而另一部分则作为生活资料由联合体成员消费。因此，这一部分要在他们之间进行分配。……我们假定，每个生产者在生活资料中得到的份额是由他的劳动时间决定的。这样，劳动时间就会起双重作用。劳动时间的社会的有计划的分配，调节着各种劳动职能同各种需要的适当的比例。另一方面，劳动时间又是计量生产者在共同劳动中个人所占份额的尺度，因而也是计量生产者在共同产品的个人可消费部分中所占份额的尺度。[③]

按照马克思的设想，未来的共产主义社会生产力高度发达，建立全体社

①《张世英文集》第8卷，北京大学出版社2016年版，第77页。

②《马克思恩格斯文集》第8卷，人民出版社2009年版，第52页。

③《马克思恩格斯文集》第5卷，人民出版社2009年版，第96页。

会成员的生产资料公有制，全社会是一个经济主体，“自觉地把他们许多个人劳动力当做一个社会劳动力来使用”“联合体的总产品是一个社会产品”，因而不再需要交换。而且，“直接形式的劳动不再是财富的巨大源泉，……交换价值也不再是使用价值的尺度”[①]，产品的价值形式就会消失。在这样的历史条件下，社会劳动产品按照实现“每个人自由而全面发展”的原则实行按需分配。

第三节　劳动价值论

劳动价值论的基本内容，包括商品的二因素、生产商品的劳动二重性及其关系、价值及价值形式、价值量的决定、价值规律、价值形式的发展和货币、商品经济的基本矛盾等。

一、商品的二因素

商品的本来意义，是用来交换的劳动产品。马克思在《资本论》提出：

商品首先是一个外界的对象，一个靠自己的属性来满足人的某种需要的物。[②]

后来，一些并非是劳动产品的东西，也转化为商品。马克思、恩格斯在《共产党宣言》中说，资产阶级“把人的尊严变成了交换价值”“资产阶级撕下了罩在家庭关系上的温情脉脉的面纱，把这种关系变成了纯粹的金钱关系”[③]。他们还指出：

①《马克思恩格斯文集》第8卷，人民出版社2009年版，第196–197页。
②《马克思恩格斯文集》第5卷，人民出版社2009年版，第47页。
③《马克思恩格斯文集》第2卷，人民出版社2009年版，第34页。

资产阶级抹去了一切向来受人尊崇和令人敬畏的职业的神圣光环。它把医生、律师、教士、诗人和学者变成了它出钱招雇的雇佣劳动者。

这些不得不把自己零星出卖的工人，像其他任何货物一样，也是一种商品，所以他们同样地受到竞争的一切变化、市场的一切波动的影响。①

劳动力或活劳动成为商品是资本主义生产方式的必要条件。

商品的二因素是使用价值和价值，商品是包含自然属性和社会属性的矛盾统一体。商品的自然属性，就是商品的使用价值，反映人与自然之间的关系；商品的社会属性，就是商品的价值，反映人与人之间的关系。商品的本质，就是通过物（使用价值）的形式而体现的人与人之间的社会关系（价值），商品成为社会利益关系的具体承担者。

（一）商品的使用价值

物的有用性使物成为使用价值。但这种有用性不是悬在空中的。它决定于商品体的属性，离开了商品体就不存在。因此，商品体本身，例如铁、小麦、金刚石等等，就是使用价值，或财物。……使用价值只是在使用或消费中得到实现。不论财富的社会的形式如何，使用价值总是构成财富的物质的内容。②

使用价值是商品的必要而非充分条件。商品都有一定的使用价值；但是，有使用价值的物品，却不一定是商品。

研究某物的使用价值，不是马克思主义政治经济学的任务。列宁指出：

凡是资产阶级经济学家看到物与物之间的关系（商品交换商品）的地方，马克思都揭示了**人与人之间的关系**。商品交换表现着各个生产者之间通过市

①《马克思恩格斯文集》第2卷，人民出版社2009年版，第34、38页。

②《马克思恩格斯文集》第5卷，人民出版社2009年版，第48-49页。

场发生的联系。[①]

（二）商品的交换价值

商品是用于交换的，交换就有不同商品的使用价值之间数量关系或比例，这就是交换价值。马克思说：

交换价值首先表现为一种使用价值同另一种使用价值相交换的量的关系或比例，这个比例随着时间和地点的不同而不断改变。

某种一定量的商品，例如一夸特小麦，同x量鞋油或y量绸缎或z量金等等交换，总之，按各种极不相同的比例同别的商品交换。因此，小麦有许多种交换价值，而不是只有一种。既然x量鞋油、y量绸缎、z量金等等都是一夸特小麦的交换价值，那么，x量鞋油、y量绸缎、z量金等等就必定是能够互相代替的或同样大的交换价值。[②]

也就是说，在一夸特小麦、x量鞋油、y量绸缎、z量金之中，有某种等量的、共同的东西，因而它们彼此之间可以互相交换：

它说明在两种不同的物里面，即在1夸特小麦和a英担铁里面，有一种等量的共同的东西。因而这二者都等于第三种东西，后者本身既不是第一种物，也不是第二种物。这样，二者中的每一个只要是交换价值，就必定能化为这第三种东西。[③]

那么，这个等量的、共同的“第三种东西”，究竟是什么呢？

如果把商品体的使用价值撇开，商品体就只剩下一个属性，即劳动产品

①《列宁选集》第2卷，人民出版社2012年版，第312页。

②《马克思恩格斯文集》第5卷，人民出版社2009年版，均为第49页。

③《马克思恩格斯文集》第5卷，人民出版社2009年版，第50页。

这个属性。[①]

如果撇开各种商品的使用价值的不同形式，不管它是小麦、鞋油、绸缎或金子，那么就会发现，它们都是人类劳动的结晶，也就是都包含着、凝结着一定数量的人类劳动，这就是价值：

在商品的交换关系或交换价值中表现出来的共同东西，也就是商品的价值。

使用价值或财物具有价值，只是因为有抽象人类劳动对象化或物化在里面。[②]

（三）商品的价值

什么是价值呢？价值就是凝结在商品中的“无差别的人类劳动”。

如果我们把劳动产品的使用价值抽去，那么也就是把那些使劳动产品成为使用价值的物体的组成部分和形式抽去。它们不再是桌子、房屋、纱或别的什么有用物。它们的一切可以感觉到的属性都消失了。它们也不再是木匠劳动、瓦匠劳动、纺纱劳动或其他某种一定的生产劳动的产品了。随着劳动产品的有用性质的消失，体现在劳动产品中的各种劳动的有用性质也消失了，因而这些劳动的各种具体形式也消失了。各种劳动不再有什么差别，全都化为相同的人类劳动，抽象人类劳动。

它们剩下的只是同一的幽灵般的对象性，只是无差别的人类劳动的单纯凝结，即不管以哪种形式进行的人类劳动力耗费的单纯凝结。这些物现在只是表示，在它们的生产上耗费了人类劳动力，积累了人类劳动。这些物，作为它们共有的这个社会实体的结晶，就是价值——商品价值。

商品在它的价值形态上蜕掉了它的自然形成的使用价值的一切痕迹，蜕

①《马克思恩格斯文集》第5卷，人民出版社2009年版，第50-51页。
②《马克思恩格斯文集》第5卷，人民出版社2009年版，均为第51页。

掉了创造它的那种特殊有用劳动的一切痕迹，蛹化为无差别的人类劳动的同样的社会化身。[①]

这种劳动本身是无差别的、**社会必要的、一般的**劳动，同一切特殊内容完全无关。[②]

因而，商品交换中的各种交换价值，实际上体现着商品的价值。价值是交换价值的内在基础，交换价值是价值的外在表现形式。

商品的价值，包括两部分：一部分是生产过程中所耗费的生产资料的价值，这是把过去的劳动（死劳动或物化劳动）所形成的价值转移到新商品之中；另一部分，是生产过程中活劳动新创造的价值。生产资料的价值只能转移，而不能产生新价值。因而，活劳动（直接劳动）是创造商品价值的唯一源泉。

（四）商品是价值与使用价值的统一体

任何商品都同时具有使用价值和价值，这就是商品的两个因素或商品的二重属性。

使用价值反映人与自然的关系，是商品的自然属性，是人类劳动改造自然物来满足人的某种需要。价值反映人与人的关系，是商品的社会属性。

1．使用价值是价值的物质承担者。

马克思对此有详细的阐述：

一个物可以是使用价值而不是价值。在这个物不是以劳动为中介而对人有用的情况下就是这样。例如，空气、处女地、天然草地、野生林等等。[③]

自然界本来就有的东西，如空气等，虽然对人有用、有使用价值，却不是商品、没有价值，因为它们不用交换就可以得到。但是，如果这些天然资源被人为地占有和垄断，就可能转化为商品，那是一种特殊的情形：

①《马克思恩格斯文集》第5卷，人民出版社2009年版，第51、51、130−131页。

②《马克思恩格斯文集》第8卷，人民出版社2009年版，第472页。

③《马克思恩格斯文集》第5卷，人民出版社2009年版，第54页。

一个物可以有用，而且是人类劳动产品，但不是商品。谁用自己的产品来满足自己的需要，他生产的虽然是使用价值，但不是商品。①

如果某种劳动产品或使用价值没有交换，只是满足自身的消费或用于贡赋、地租、徭役、税收等，也就不是商品、没有价值。如中国古代修筑宫殿、长城、运河，都不是商品。自己建造房屋，自己做饭、拖地、洗衣服、养花、养狗、洗车，自己看护孩子……

要生产商品，他不仅要生产使用价值，而且要为别人生产使用价值，即生产社会的使用价值。[而且不只是简单地为别人。中世纪农民为封建主生产作为代役租的粮食，为神父生产作为什一税的粮食。但不管是作为代役租的粮食，还是作为什一税的粮食，都并不因为是为别人生产的，就成为商品。要成为商品，产品必须通过交换，转到把它当做使用价值使用的人的手里。] ②

"为别人生产使用价值"或"生产社会的使用价值"，是劳动产品转化为商品的必要条件。但是，如果这种使用价值是单向的实物地租或税收，没有交换，就仍然不是商品、没有价值。马克思明确指出，"要成为商品，产品必须通过交换"，进行交换，是劳动产品转化为商品的充分条件。

最后，没有一个物可以是价值而不是使用物品。如果物没有用，那么其中包含的劳动也就没有用，不能算做劳动，因此不形成价值。③

这四层意思所强调的是：第一，使用价值是价值的必要条件和物质承担

①《马克思恩格斯文集》第5卷，人民出版社2009年版，第54页。
②《马克思恩格斯文集》第5卷，人民出版社2009年版，第54页。
③《马克思恩格斯文集》第5卷，人民出版社2009年版，第54页。

者，价值不能离开使用价值。没有使用价值的东西，也就没有价值。第二，交换是价值和商品的充分条件。

一切劳动产品都具有一定的使用价值，它体现人与自然的关系，是人类社会的永恒范畴。比如，衣服在不同社会经济制度中都具有御寒等属性，粮食在任何社会制度中都可以充饥。只有劳动产品进入交换，才能转化为商品，才能具有价值。因而，价值是历史范畴，体现特定的人与人之间相互交换的物质利益关系、社会经济关系。一个劳动产品如大白菜，如果是生产者自己吃掉，那它就只有使用价值而没有价值；如果用它交换一个萝卜，那么这个大白菜就有价值，转化为商品；然后它被买者吃掉，就又成为纯粹的使用价值。

我们知道，矛盾的两个方面不能分离，一方以另一方的存在为条件。在“商品体”中，价值依赖于使用价值、不能离开使用价值，使用价值要通过价值的形式来获得实现。一旦使用价值脱离价值而独立存在，就意味着“商品体”的瓦解。

2．商品的使用价值和价值的对立性。

对商品的生产者和购买者来说，他们的需要是不同的。生产者卖掉商品，是为了获得价值；购买者获得商品，是为了获得使用价值。在交换过程中，使用价值和价值进行着相反方向的运动。商品生产者不能既占有使用价值，又同时占有价值；商品购买者，也不能既占有价值，又同时占有使用价值。

只有完成了交换，生产者获得价值、购买者获得使用价值，矛盾就解决了。矛盾的解决，也就是使用价值和价值的分离，经过“劳动产品—商品—劳动产品”的否定之否定过程。如果交换失败，商品的价值就不能实现，使用价值就不能被消费，商品生产者和购买者都会陷入困境。

二、生产商品的劳动二重性

为什么商品具有使用价值和价值两个属性呢？它们源于人类劳动的二重性。马克思在《资本论》中很自豪地说：

商品中包含的劳动的这种二重性，是首先由我批判地证明的。这一点是理解政治经济学的枢纽……①

发现和论证劳动二重性，是马克思重要的原创性贡献。

（一）具体劳动

马克思说：

上衣是满足一种特殊需要的使用价值。要生产上衣，就需要进行特定种类的生产活动。这种生产活动是由它的目的、操作方式、对象、手段和结果决定的。由自己产品的使用价值或者由自己产品是使用价值来表示自己的有用性的劳动，我们简称为有用劳动。从这个观点来看，劳动总是联系到它的有用效果来考察的。

上衣、麻布以及任何一种不是天然存在的物质财富要素，总是必须通过某种专门的、使特殊的自然物质适合于特殊的人类需要的、有目的的生产活动创造出来。因此，劳动作为使用价值的创造者，作为有用劳动，是不以一切社会形式为转移的人类生存条件，是人和自然之间的物质变换即人类生活得以实现的永恒的自然必然性。

上衣、麻布等等使用价值，简言之，种种商品体，是自然物质和劳动这两种要素的结合。……劳动并不是它所生产的使用价值即物质财富的唯一源泉。正像威廉·配第所说，劳动是财富之父，土地是财富之母。②

生产使用价值的具体劳动，体现着社会分工。人们的各种劳动都是具体的，比如制造上衣或“木匠劳动、瓦匠劳动、纺纱劳动或其他某种一定的生产劳动”都是具体劳动。具体劳动是解决人与自然的关系，满足人类的不同需要，是人类存在和发展的基础，是物质财富的重要源泉。

①《马克思恩格斯文集》第5卷，人民出版社2009年版，第54-55页。

②《马克思恩格斯文集》第5卷，人民出版社2009年版，第55、56、56-57页。

（二）抽象劳动

马克思以对缝、织等具体劳动的抽象为例说：

它们也不再是木匠劳动、瓦匠劳动、纺纱劳动或其他某种一定的生产劳动的产品了。……各种劳动不再有什么差别，全都化为相同的人类劳动，抽象人类劳动。

如果把生产活动的特定性质撇开，从而把劳动的有用性质撇开，劳动就只剩下一点:它是人类劳动力的耗费。尽管缝和织是不同质的生产活动，但二者都是人的脑、肌肉、神经、手等等的生产耗费，从这个意义上说，二者都是人类劳动。这只是耗费人类劳动力的两种不同的形式。……商品价值体现的是人类劳动本身，是一般人类劳动的耗费。①

使用价值和价值，体现了商品中劳动的质和量两个维度：

就使用价值说，有意义的只是商品中包含的劳动的质，就价值量说，有意义的只是商品中包含的劳动的量，不过这种劳动已经化为没有进一步的质的人类劳动。在前一种情况下，是怎样劳动，什么劳动的问题；在后一种情况下，是劳动多少，劳动时间多长的问题。②

不管什么样的具体劳动，都要耗费一定量的体力和智力。如果抽象掉具体劳动的特性形式，就成为无差别的人类劳动，这就是抽象劳动。具体劳动体现劳动的质的差别，抽象劳动体现劳动的量的差别。它们是同一劳动过程的两个方面，二者在时间、空间上都是不可分割的：

一切劳动，一方面是人类劳动力在生理学意义上的耗费，就相同的或抽象的人类劳动这个属性来说，它形成商品价值。一切劳动，另一方面是人类

①《马克思恩格斯文集》第5卷，人民出版社2009年版，第51、57页。

②《马克思恩格斯文集》第5卷，人民出版社2009年版，第59页。

劳动力在特殊的有一定目的的形式上的耗费；就具体的有用的劳动这个属性来说，它生产使用价值。[①]

在人类思想史上，马克思第一次明确指出：只有抽象劳动才形成商品的价值。抽象劳动是一个历史范畴，只存在于商品经济中，只有在商品交换中才能体现出来。如果没有商品交换，就不需要做这种抽象，不需要把具体劳动还原为同一的、无差别的抽象劳动来计算其劳动量。在自然经济和未来的产品经济中，劳动产品不用来交换，也就只有具体劳动而没有抽象劳动。

三、私人劳动与社会劳动

生产商品的劳动，既是个别劳动，也是社会性质的劳动（简称社会劳动）。但是，只有在一定的交换条件下，个别劳动才能真正成为或转化为社会总劳动的一部分。

商品的使用价值和价值、具体劳动和抽象劳动的矛盾，根源于私人劳动和社会劳动的矛盾。私人劳动和社会劳动的矛盾是商品经济的基本矛盾。[②]

（一）私人劳动

私人劳动即个别劳动。在商品经济中，生产资料归属于不同的生产者或经济主体，他们都是独立地进行私人劳动、具有独立的经济利益。生产什么、如何生产、生产多少等，都由其自己决定。劳动成果归自己所有，盈亏由自己承担。

这个生产者，可能是一个人、一个家庭、一个工场，或一个企业。

①《马克思恩格斯文集》第5卷，人民出版社2009年版，第60页。
②《马克思主义政治经济学概论》，人民出版社、高等教育出版社2017年版，第38页。

（二）社会劳动

人类劳动的本质属性，是劳动的社会性。在社会分工条件下，商品生产者不是孤立存在的，而是相互联系、相互依赖、相互竞争，他们之间有着分工与协作关系，发生着种种交换。

各种私人劳动都具有一定的社会性质，但是私人劳动的独立生产经营又阻碍着其作为社会劳动的实现，这就形成二者之间的矛盾。只有通过交换，私人劳动才能成为社会总劳动的一部分。马克思说：

> 这种私人劳动的总和形成社会总劳动。因为生产者只有通过交换他们的劳动产品才发生社会接触，所以，他们的私人劳动的独特的社会性质也只有在这种交换中才表现出来。换句话说，私人劳动在事实上证实为社会总劳动的一部分，只是由于交换使劳动产品之间、从而使生产者之间发生了关系。[①]

马克思进一步指出，私人劳动转化为社会劳动有两个具体条件：

> 一方面，生产者的私人劳动必须作为一定的有用劳动来满足一定的社会需要，从而证明它们是总劳动的一部分，是自然形成的社会分工体系的一部分。另一方面，只有在每一种特殊的有用的私人劳动可以同任何另一种有用的私人劳动相交换从而相等时，生产者的私人劳动才能满足生产者本人的多种需要。[②]

必须通过交换的完成，才能“证明”生产者的私人劳动是“满足一定的社会需要”，因而是“一定的有用劳动”。这就好像“鲤鱼跃龙门”，是“商品的惊险的跳跃”：

---

①《马克思恩格斯文集》第5卷，人民出版社2009年版，第90页。

②《马克思恩格斯文集》第5卷，人民出版社2009年版，第90-91页。

卖确实完成了，那么这种困难，即商品的惊险的跳跃，就渡过了。①

这个跳跃如果不成功，摔坏的不是商品，但一定是商品占有者。②

不同的私人劳动，如何才能完成交换呢？私人劳动都是一定的具体劳动，各种具体劳动只有转化为一般的抽象劳动，才能进行量的比较而完成交换：

完全不同的劳动所以能够相等，只是因为它们的实际差别已被抽去，它们已被化成它们作为人类劳动力的耗费、作为抽象的人类劳动所具有的共同性质。③

私人劳动和社会劳动之间的矛盾，是商品经济所特有的矛盾现象。马克思指出，在人类社会的其他发展阶段，这种矛盾是不存在的，或者不占主导地位。如在欧洲中世纪封建社会中：

人都是互相依赖的：农奴和领主，陪臣和诸侯，俗人和牧师。物质生产的社会关系以及建立在这种生产的基础上的生活领域，都是以人身依附为特征的。……劳动和产品……作为劳役和实物贡赋而进入社会机构之中。……徭役劳动同生产商品的劳动一样，是用时间来计量的，但是每一个农奴都知道，他为主人服役而耗费的，是他个人的一定量的劳动力。缴纳给牧师的什一税，是比牧师的祝福更加清楚的。所以，无论我们怎样判断中世纪人们在相互关系中所扮演的角色，人们在劳动中的社会关系始终表现为他们本身之间的个人的关系，而没有披上物之间即劳动产品之间的社会关系的外衣。④

欧洲封建社会是农奴对领主的依赖关系，农奴的徭役劳动、实物贡赋都

①《马克思恩格斯全集》第31卷，人民出版社1998年版，第483页。
②《马克思恩格斯文集》第5卷，人民出版社2009年版，第127页。
③《马克思恩格斯文集》第5卷，人民出版社2009年版，第91页。
④《马克思恩格斯文集》第5卷，人民出版社2009年版，第94-95页。

直接被领主等剥夺，没有进行交换。在马克思所设想的未来共产主义社会的产品经济中，也不需要进行劳动产品之间的交换：

设想有一个自由人联合体，他们用公共的生产资料进行劳动，并且自觉地把他们许多个人劳动力当做一个社会劳动力来使用。……这个联合体的总产品是一个社会产品。[①]

因而，仅仅在商品经济中，才存在私人劳动与社会劳动的矛盾运动，这是公私道德论争的经济根源。私人劳动能否“满足一定的社会需要”，或者说私人生产的商品能否被市场所承认、接受，直接决定着私人劳动能否转化为社会劳动；如果私人生产者的商品不能被市场接受，或者不能全部被市场接受，那就意味着这种私人劳动是无效或部分无效的。如果发生这种结果，私人生产者的劳动耗费就不能得到弥补，其再生产就不能进行或顺利进行，他可能因此而面临困难乃至破产。因而，商品交换能否顺利完成，私人劳动转化为社会劳动的强制压力，直接决定着生产者的命运，是促使生产者按照社会需要进行生产、提高劳动生产率的直接动力。

在资本主义生产方式中，这个基本矛盾表现为生产资料资本主义私有制和社会化大生产之间的矛盾，这是资本主义社会一切矛盾的总根源。

四、简单劳动与复杂劳动

简单劳动“是每个没有任何专长的普通人的有机体平均具有的简单劳动力的耗费”[②]，是事先不需要经过专门训练、学习就能够从事的劳动。复杂劳动是需要经过专门训练和学习、具有特定技术含量的劳动。

① 《马克思恩格斯文集》第5卷，人民出版社2009年版，第96页。
② 《马克思恩格斯文集》第5卷，人民出版社2009年版，第58页。

比较复杂的劳动只是**自乘的**或不如说**多倍的**简单劳动，因此，少量的复杂劳动等于多量的简单劳动。经验证明，这种简化是经常进行的。

比社会的平均劳动较高级、较复杂的劳动，是这样一种劳动力的表现，这种劳动力比普通劳动力需要较高的教育费用，它的生产要花费较多的劳动时间，因此它具有较高的价值。既然这种劳动力的价值较高，它也就表现为较高级的劳动，也就在同样长的时间内对象化为较多的价值。①

复杂劳动包含更多的“一般科学劳动”②或精神劳动、脑力劳动，也就需要更多的教育和培养。恩格斯在《反杜林论》中提出：

现在怎样解决关于对复合劳动支付较高工资的全部重要问题呢？在私人生产者的社会里，培养熟练的劳动者的费用是由私人或其家庭负担的，所以熟练的劳动力的较高的价格也首先归私人所有：熟练的奴隶卖得贵些，熟练的雇佣工人得到较高的工资。③

创造商品价值的劳动，不仅仅是体力劳动，还包括科技工作者的劳动、管理人员的精神劳动等。马克思在《资本论（1863—1865年手稿）》中提出“生产工人”和“总体工人”等概念，在《资本论》第1卷提出“总体工人”或“结合劳动人员”概念：

随着**劳动对资本的实际上的从属或特殊资本主义生产方式**的发展，变成总劳动过程的**实际执行者**的并不是单个工人，而是日益**社会地结合起来的劳动能力**；互相竞争的和构成为总生产机器的各种劳动能力，以极其不同的方式参加商品形成的直接过程，或者在这里不如说参加产品形成的直接过程：

①《马克思恩格斯文集》第5卷，人民出版社2009年版，第58、230页。

②《马克思恩格斯文集》第8卷，人民出版社2009年版，第191页。

③《马克思恩格斯文集》第9卷，人民出版社2009年版，第209-210页。

有的人多用手工作，有的人多用脑工作，有的人当经理、工程师、工艺师等等，有的人当监工，有的人当直接的体力劳动者或者做简单的辅助工，于是**劳动能力**的越来越多的**职能**被列在**生产劳动**的直接概念下，这些劳动能力的承担者也被列在**生产工人**的概念下，即直接被资本剥削的和**从属**于资本价值增殖过程与生产过程本身的工人的概念下。如果考察组成工场的**总体工人**，那么他们**结合起来的活动**在物质上就直接实现在同时是**商品总量**的**总产品**中，而单个工人作为这个总体工人的单纯成员的职能距直接体力劳动是远还是近，那都完全没有关系。①

产品从个体生产者的直接产品转化为社会产品，转化为总体工人即结合劳动人员的共同产品。总体工人的各个成员较直接地或者较间接地作用于劳动对象。因此，随着劳动过程的协作性质本身的发展，生产劳动和它的承担者即生产工人的概念也就必然扩大。为了从事生产劳动，现在不一定要亲自动手；只要成为总体工人的一个器官，完成他所属的某一种职能就够了。②

当代资本主义生产自动化程度越来越高，体力劳动者减少，但是科学研究、工艺设计、技术开发、经营管理等脑力劳动者在“总体工人”中的比例提高，“一般科学劳动”③或精神生产力成为决定因素，这就导致工人阶级结构及其生产方式、生活方式的重大变化。

五、商品价值量及其决定

那么，不同的私人劳动所生产的不同商品，它们的价值量如何比较呢?

（一）商品价值量

商品的价值量，是凝结在商品中的无差别的一般人类劳动量。马克思说：

①《马克思恩格斯文集》第8卷，人民出版社2009年版，第521-522页。

②《马克思恩格斯文集》第5卷，人民出版社2009年版，第582页。

③《马克思恩格斯文集》第8卷，人民出版社2009年版，第191页。

价值量是怎样计量的呢？是用它所包含的“形成价值的实体”即劳动的量来计量。劳动本身的量是用劳动的持续时间来计量，而劳动时间又是用一定的时间单位如小时、日等做尺度。①

那么，这个劳动时间，是私人劳动时间或个别劳动时间吗？马克思也分析了这个问题：

可能会有人这样认为，既然商品的价值由生产商品所耗费的劳动量来决定，那么一个人越懒，越不熟练，他的商品就越有价值，因为他制造商品需要花费的时间越多。②

但是，生产同种商品的个别劳动或具体劳动，都包含着同样的人类劳动，这些“社会的全部劳动力”生产出“商品世界全部价值”，因而就有了该商品的平均价值和“社会平均劳动力”，因而决定该商品价值的就是“平均必要劳动时间或社会必要劳动时间”：

社会必要劳动时间是在现有的社会正常的生产条件下，在社会平均的劳动熟练程度和劳动强度下制造某种使用价值所需要的劳动时间。

只是社会必要劳动量，或生产使用价值的社会必要劳动时间，决定该使用价值的价值量。……含有等量劳动或能在同样劳动时间内生产出来的商品，具有同样的价值量。一种商品的价值同其他任何一种商品的价值的比例，就是生产前者的必要劳动时间同生产后者的必要劳动时间的比例。③

简单来说，生产商品的社会必要劳动时间，决定商品的价值量。

①《马克思恩格斯文集》第5卷，人民出版社2009年版，第51页。

②《马克思恩格斯文集》第5卷，人民出版社2009年版，第52页。

③《马克思恩格斯文集》第5卷，人民出版社2009年版，第52、52-53页。

（二）商品价值量与社会劳动生产率、个别劳动生产率

如果生产商品所需要的劳动时间不变，商品的价值量也就不变。[①]

如果生产同一个商品所需要的社会必要劳动时间不变，商品的价值量也就不变。但是，生产力是不断变化的，因而生产商品的私人劳动时间和社会必要劳动时间都是不断变化的，社会必要劳动时间的变化就导致该商品的价值量也不断变化：

生产商品所需要的劳动时间随着劳动生产力的每一变动而变动。劳动生产力是由多种情况决定的，其中包括：工人的平均熟练程度，科学的发展水平和它在工艺上应用的程度，生产过程的社会结合，生产资料的规模和效能，以及自然条件。

劳动生产力越高，生产一种物品所需要的劳动时间就越少，凝结在该物品中的劳动量就越小，该物品的价值就越小。相反地，劳动生产力越低，生产一种物品的必要劳动时间就越多，该物品的价值就越大。可见，商品的价值量与实现在商品中的劳动的量成正比地变动，与这一劳动的生产力成反比地变动。[②]

劳动生产力的水平就是劳动生产率，它可以由单位时间内生产的产品数量来表示，也可以用单位产品所耗费的劳动时间来表示。商品的价值量，与生产商品所需要的社会必要劳动时间成正比，与社会劳动生产率成反比。商品的使用价值量，则与劳动生产率成正比。

马克思还进一步指出：商品价值量的变化，源于具体劳动和抽象劳动之间的矛盾运动。

---

①《马克思恩格斯文集》第5卷，人民出版社2009年版，第53页。

②《马克思恩格斯文集》第5卷，人民出版社2009年版，第53、53-54页。

随着物质财富的量的增长，它的价值量可能同时下降。这种对立的运动来源于劳动的二重性。生产力当然始终是有用的、具体的劳动的生产力，它事实上只决定有目的的生产活动在一定时间内的效率。因此，有用劳动成为较富或较贫的产品源泉与有用劳动的生产力的提高或降低成正比。相反地，生产力的变化本身丝毫也不会影响表现为价值的劳动。既然生产力属于劳动的具体有用形式，它自然不再能同抽去了具体有用形式的劳动有关。因此，不管生产力发生了什么变化，同一劳动在同样的时间内提供的价值量总是相同的。但它在同样的时间内提供的使用价值量是不同的：生产力提高时就多些，生产力降低时就少些。因此，那种能提高劳动成效从而增加劳动所提供的使用价值量的生产力变化，如果会缩减生产这个使用价值量所必需的劳动时间的总和，就会减少这个增大了的总量的价值量。反之亦然。①

也就是说，在相同的劳动时间内和商品质量不变的条件下，一定社会所生产的某种商品的价值总量是恒定的；但是，由于不同经济主体的劳动生产力不同，在同样时间内生产的商品数量不同，平均到每个商品的单个价值量也就不同。那么，这些不同生产者的商品价值量如何进行交换呢？都是按照社会平均必要劳动时间所决定的平均价值量进行交换。

比如，社会必要劳动时间是10小时生产10双鞋子，每双鞋子的价值量就是1小时劳动。但是，某个生产者的个别劳动生产力很高，是10小时生产20双鞋子，那么每双鞋子的单个价值量就是0.5个小时劳动。但是，在商品交换中，该生产者的每双鞋子仍然相当于1小时劳动。这样，他在同样劳动时间内所生产的商品数量和价值总量都增加了，就会在交换中盈利。反之，则会赔本乃至破产。

因而，实际上就发生着个别劳动时间或私人劳动时间与社会必要劳动时间的比较。商品价值量的决定，与商品价值量的实现，是不同的两个事情。

①《马克思恩格斯文集》第5卷，人民出版社2009年版，第59-60页。

六、价值形式

随着商品交换的发展，商品的价值形式也在不断发展，大致有“简单的、个别的或偶然的价值形式”“总和的或扩大的价值形式”“一般价值形式”“货币”四个阶段、四种形态。

（一）简单的、个别的或偶然的价值形式

人类社会最初的商品交换是偶然发生的，比如在“1只绵羊＝2把斧子”中。这个交换等式的左边和右边，其地位和性质不同。左边的绵羊，是相对价值形式；右边的斧子，是等价形式。

前一个商品起主动作用，后一个商品起被动作用。前一个商品的价值表现为相对价值，或者说，处于相对价值形式。后一个商品起等价物的作用，或者说，处于等价形式。

在这一关系中商品A的自然形式只是充当使用价值的形态，而商品B的自然形式只是充当价值形式或价值形态。这样，潜藏在商品中的使用价值和价值的内部对立，就通过外部对立，即通过两个商品的关系表现出来了，在这个关系中，价值要被表现的商品只是直接当做使用价值，而另一个表现价值的商品只是直接当做交换价值。所以，一个商品的简单的价值形式，就是该商品中所包含的使用价值和价值的对立的简单表现形式。①

绵羊、斧子本身都具有使用价值，这是交换的前提；交换的数量，是由双方所包含的抽象劳动或价值量所决定。斧子这种使用价值，成为绵羊的价值的表现形式；生产斧子的具体劳动，成为生产绵羊的抽象劳动的表现形式。所以说，绵羊内在的使用价值和价值的矛盾就通过交换而外在地表现出来。

① 《马克思恩格斯文集》第5卷，人民出版社2009年版，第62、77页。

（二）总和的或扩大的价值形式

一种商品与一系列商品相交换。如：1只绵羊 = 2把斧子、20斤小麦、1克黄金，或一定量的其他商品。

（三）一般价值形式

一系列商品与一种商品相交换。如：2把斧子，或20斤小麦，或1克黄金，或一定量的其他商品 = 1只绵羊。1只绵羊成为这些商品的一般等价物。

一个商品处于一般等价形式（第三种形式），是因为而且只是因为它被其他一切商品当做等价物排挤出来。这种排挤的结果最终只剩下一种独特的商品，从这个时候起，商品世界的统一的相对价值形式才获得客观的固定性和一般的社会效力。①

（四）货币

1．货币的产生。

商品交换的发展，使一般等价物逐渐固定下来。如：2把斧子，或20斤小麦，或1只绵羊，或一定量的其他商品 = 1克黄金。

等价形式同这种独特商品的自然形式社会地结合在一起，这种独特商品成了货币商品，或者执行货币的职能。在商品世界起一般等价物的作用就成了它特有的社会职能，从而成了它的社会独占权。

随着商品交换的发展，这种形式就只是固定在某些特殊种类的商品上，或者说结晶为货币形式。

随着商品交换日益突破地方的限制，从而商品价值日益发展成为一般人类劳动的化身，货币形式也就日益转到那些天然适于执行一般等价物这种社会职能的商品身上，即转到贵金属身上。②

①《马克思恩格斯文集》第5卷，人民出版社2009年版，第86页。

②《马克思恩格斯文集》第5卷，人民出版社2009年版，第86、108、108页。

我国周代以前曾经使用海贝、骨贝、石贝、玉贝、铜贝等贝类作为货币，“汉字中许多与财富相关的字都带‘贝’字，如货、财、赋、费、贾、贷、贵、贡、贪、购、贮等”[①]。此外还使用“布”，如：“既见君子，锡我百朋。”（《诗经·小雅·菁菁者莪》）“氓之蚩蚩，抱布贸丝。”（《诗经·卫风·氓》）“子贡结驷连骑，束帛之币以聘享诸侯，所至，国君无不分庭与之抗礼。”（《史记·货殖列传》）这里的“朋”和“布”（镈）、“帛”都是一般等价物，是我国货币的早期形态。

黄金、白银的自然属性，如产量少而价值量稳定、质地均匀、体积小而价值量大、易于分割、便于收藏和携带等，使其最适合成为货币。黄金等贵金属本身就是商品。当其固定为一般等价物后，就成为货币。货币是价值形式的完成形态。所谓货币，就是固定地充当一般等价物的商品。马克思指出：

> 自然界并不出产货币，正如自然界并不出产银行家或汇率一样。……金银天然不是货币，但货币天然是金银。[②]

我国战国时期，青铜制作的货币得到长足发展，形成布币、刀币、环钱三大货币系统。黄金逐渐成为贮藏和支付手段，如：“黄金刀布者，民之通货也。”（《管子·轻重乙》）秦始皇统一全国后，以黄金为上币，单位为镒；以方孔圆形的铜钱（半两钱）为下币。隋唐以后，实物充当货币仍比较常见。如白居易《卖炭翁》中：“一车炭，千余斤，宫使驱将惜不得。半匹红绡一丈绫，系向牛头充炭直。”韩愈在《论变盐法事宜状》说：“除城郭外，有现钱籴盐者十无二三，多用杂物及米、谷博易。”《册府元龟·邦计部·卷五〇四》载唐玄宗曾下令：“绫、罗、绢、布、杂货，交易皆通用。如闻市肆必消见钱，深非道理。自今已后，与钱货兼用，不遵者准法罪之。”这里，“半匹红绡一丈绫”“杂物及米、谷”“绫、罗、绢、布、杂货”，与“现钱”都有货币交易的职能。

---

① 戴建兵：《中国货币文化史》，山东画报出版社2011年版，第4页。

② 《马克思恩格斯全集》第31卷，人民出版社1998年版，第550页。

到19世纪，黄金逐渐成为单一的世界货币，主要资本主义国家建立金本位制。当黄金成为固定的货币后，不仅其他商品的价值就表现为价格，而且一些非劳动产品也具有了价格：

> 一个商品（如麻布）在已经执行货币商品职能的商品（如金）上的简单的相对的价值表现，就是价格形式。
>
> 有些东西本身并不是商品，例如良心、名誉等等，但是也可以被它们的占有者出卖以换取金钱，并通过它们的价格，取得商品形式。因此，没有价值的东西在形式上可以具有价格。在这里，价格表现是虚幻的，就像数学中的某些数量一样。另一方面，虚幻的价格形式——如未开垦的土地的价格，这种土地没有价值，因为没有人类劳动对象化在里面——又能掩盖实在的价值关系或由此派生的关系。①

2．货币的本质和职能。

货币是充当一般等价物的特殊商品，体现人们之间的社会关系。

随着商品经济的发展，货币逐渐具有了价值尺度、流通手段、贮藏手段、支付手段、世界货币五种职能。

货币出现后，商品交换表现为某种商品与货币之间的交换：

> 商品交换过程是在两个互相对立、互为补充的形态变化中完成的：从商品转化为货币，又从货币转化为商品。商品形态变化的两个因素同时就是商品占有者的两种行为，一种是卖，把商品换成货币，一种是买，把货币换成商品，这两种行为的统一就是：为买而卖。②

商品的交换过程就是：商品—货币—商品，或W—G—W。W—G或卖是商品的第一个形态变化，是私人劳动转化为社会劳动，得到社会的承认而实

①《马克思恩格斯文集》第5卷，人民出版社2009年版，第87、123页。
②《马克思恩格斯文集》第5卷，人民出版社2009年版，第126页。

现其价值。这个转化能否实现及实现的程度，直接决定生产者的命运。

商品价值从商品体跳到金体上，像我在别处说过的，是商品的惊险的跳跃。这个跳跃如果不成功，摔坏的不是商品，但一定是商品占有者。

所以我们的商品占有者发现：分工使他们成为独立的私人生产者，同时又使社会生产过程以及他们在这个过程中的关系不受他们自己支配；人与人的互相独立为物与物的全面依赖的体系所补充。

分工使这种转化能否成功成为偶然的事情。[①]

商品成功转化为货币的外在偶然性和不确定性，是“商品拜物教”产生和存在的重要原因。

七、价值规律

（一）价值规律的地位

价值规律是商品经济的基本规律。不同的商品生产者之间互相竞争，价值规律在无形中支配他们的生产和经营行为。马克思指出：

价值量不以交换者的意志、设想和活动为转移而不断地变动着。在交换者看来，他们本身的社会运动具有物的运动形式。不是他们控制这一运动，而是他们受这一运动控制。……作为自然形成的社会分工部分而互相全面依赖的私人劳动，不断地被化为它们的社会的比例尺度，这是因为在私人劳动产品的偶然的不断变动的交换比例中，生产这些产品的社会必要劳动时间作为起调节作用的自然规律强制地为自己开辟道路，就像房屋倒在人的头上时重力定律强制地为自己开辟道路一样。[②]

①《马克思恩格斯文集》第5卷，人民出版社2009年版，第127、129、129页。
②《马克思恩格斯文集》第5卷，人民出版社2009年版，第92页。

（二）价值规律的内涵

价值规律包括两个方面：商品价值量的决定；商品价值量的实现。商品的价值量由生产商品的社会必要劳动时间决定，商品交换以价值量为基础实行等价交换。

受市场的供求机制、竞争机制等影响，价值规律的作用表现为价格围绕商品的价值自发波动：

> 价格和价值量之间的量的不一致的可能性，或者价格偏离价值量的可能性，已经包含在价格形式本身中。但这并不是这种形式的缺点，相反地，却使这种形式成为这样一种生产方式的适当形式，在这种生产方式下，规则只能作为没有规则性的盲目起作用的平均数规律来为自己开辟道路。[①]

（三）价值规律的作用

价值规律既是商品价值决定的规律，又是商品价值实现的规律。既调节商品生产，又调节商品流通。

1．微观作用：自发地刺激劳动生产力的提高。

个别生产者的劳动生产率不同，有个别劳动时间高于、等于、低于社会必要劳动时间三种情形，这直接决定其实际收入低于、等于、高于平均收入。因而，商品生产者之间激烈竞争，都力求提高劳动生产率，激励创新，优胜劣汰，最终结果是提高整个社会的劳动生产率。

2．宏观作用：分配社会劳动、调节资源配置。

人类社会生产所需要的劳动力和经济资源都是有限的。这就要求按照社会需要，合理地分配劳动力和经济资源，也就是资源配置。资源配置的核心，是合理地分配一定时期劳动人口数量决定的社会总劳动时间。在商品经济中，按比例分配劳动时间的客观规律，通过价值规律来实现。在发达的商品经济

①《马克思恩格斯文集》第5卷，人民出版社2009年版，第123页。

即市场经济中，市场在资源配置中发挥基础性作用。

（四）价值规律的局限

1. 价值规律的消极作用。

亚当·斯密曾提出“看不见的手”：

由于每个个人都努力把他的资本尽可能用来支持国内产业，都努力管理国内产业使其生产物的价值能达到最高程度，他就必然竭力使社会的年收入尽量增大起来。确实，他通常既不打算促进公共的利益，也不知道他自己是在什么程度上促进那种利益。……他所盘算的也只是他自己的利益。在这场合，像在其他许多场合一样，他受着一只看不见的手的指导，去尽力达到一个并非他本意想要达到的目的。[①]

但历史证明，价值规律的自发调节有不可避免的自发性、滞后性、盲目性等局限，特别是市场信息不完善不真实、不完全不确定所导致的一系列问题，如资源浪费、阻碍科技进步、自由竞争导致垄断、社会成员的收入两极分化等。

2. 市场失灵。

价值规律有许多不能发挥调节作用的领域，如生态破坏、环境污染、社会保障、经济伦理等涉及社会公共利益的问题。

仅仅依靠价值规律、市场调节不能保证经济的正常运行和健康发展。因而，在充分发挥市场在资源配置中基础性作用的同时，必须加强国家对经济的宏观调控、完善宏观经济治理、建立现代财税金融体制、建设高标准市场体系。2020年《中共中央关于制定国民经济和社会发展第十四个五年规划和二〇三五年远景目标的建议》指出：“坚持和完善社会主义基本经济制度，充分发挥市场在资源配置中的决定性作用，更好发挥政府作用，推动有效市场和有为政府更好结合。”

① ［英］亚当·斯密著，郭大力、王亚南译：《国富论》下卷，商务印书馆2014年版，第30页。

八、商品拜物教

商品的使用价值本身是很普通的，没有什么神秘。马克思指出：

人通过自己的活动按照对自己有用的方式来改变自然物质的形态。例如，用木头做桌子，木头的形状就改变了。可是桌子还是木头，还是一个普通的可以感觉的物。①

但是，在商品经济条件下，私人劳动和社会劳动的矛盾只有在交换中才能解决。当一个普通的劳动产品转化为商品后，商品交换这种物与物的关系就直接决定生产者的命运，成为物对人的统治、支配关系。人们之间的社会关系，采取了物与物之间关系的虚幻形式。

在宗教世界中，有着宗教崇拜："人脑的产物表现为赋有生命的、彼此发生关系并同人发生关系的独立存在的东西。"②类似地，在商品经济中，生产者的命运似乎取决于外在的神秘力量：

在商品世界里，人手的产物也是这样。我把这叫做拜物教。劳动产品一旦作为商品来生产，就带上拜物教性质，因此拜物教是同商品生产分不开的。

产品交换者实际关心的问题，首先是他用自己的产品能换取多少别人的产品，就是说，产品按什么样的比例交换。当这些比例由于习惯而逐渐达到一定的稳固性时，它们就好像是由劳动产品的本性产生的。……价值量不以交换者的意志、设想和活动为转移而不断地变动着。在交换者看来，他们本身的社会运动具有物的运动形式。不是他们控制这一运动，而是他们受这一运动控制。③

①《马克思恩格斯文集》第5卷，人民出版社2009年版，第88页。

②《马克思恩格斯文集》第5卷，人民出版社2009年版，第90页。

③《马克思恩格斯文集》第5卷，人民出版社2009年版，第90、92页。

当货币产生以后，货币形式就“用物的形式掩盖了私人劳动的社会性质以及私人劳动者的社会关系”[①]，商品的拜物教性质进一步发展。

商品、货币和资本都具有拜物教的性质，人本身被人所创造的事物所支配、控制和奴役，这是人本身的异化。

九、劳动价值论的重要意义

劳动价值论，是马克思主义政治经济学的重要理论基石。

它区别商品的使用价值和价值，揭示了商品交换的实质是人与人之间相互交换劳动的社会关系；提出和论证劳动二重性，第一次区别了创造使用价值的劳动和创造价值的劳动，科学地说明了使用价值和价值、具体劳动和抽象劳动的关系，为正确揭示商品的本质、剩余价值的真正来源奠定了理论基础；指出社会必要劳动时间决定商品的价值量，个别劳动时间与社会必要劳动时间的比较直接决定商品生产者的实际收益和命运；分析价值形式，指出货币是固定地承担一般等价物的商品，货币的产生使商品内蕴的使用价值和价值的矛盾发展为商品和货币之间的矛盾；揭示商品经济中私人劳动和社会劳动之间的基本矛盾；指出价值规律是商品经济的一般规律，等等。

总之，马克思的劳动价值论，为揭示物与物的关系背后的人与人的社会关系提供了理论依据，为进一步揭示剩余价值的实质奠定了理论基础。

第四节　资本主义生产方式

资产阶级经济学家把商品、价值、货币等经济现象看作物的自然属性，把它们永恒化，以此论证资本主义生产方式的合理性和永恒性，宣扬所谓“历史终结论”。马克思主义则批判地揭示和论证了它们都是人类社会一定历

①《马克思恩格斯文集》第5卷，人民出版社2009年版，第93页。

史阶段的产物，具有时代性和暂时性。马克思指出：

不言而喻，把现代资本主义生产只看做是人类经济史上一个暂时阶段的理论所使用的术语，和把这种生产形式看做是永恒的、最终的阶段的那些作者所惯用的术语，必然是不同的。[①]

一、资本主义生产方式的产生和确立

（一）资本主义生产方式的产生时间

从历史上来看，资本主义生产方式源自西欧。14世纪末15世纪初，资本主义生产方式萌芽于西欧地中海沿岸的一些城市。马克思指出：

商品生产和发达的商品流通，即贸易，是资本产生的历史前提。世界贸易和世界市场在16世纪揭开了资本的现代生活史。

为资本主义生产方式奠定基础的变革的序幕，是在15世纪最后30多年和16世纪最初几十年演出的。[②]

《共产党宣言》描述了资本主义的产生史：

从中世纪的农奴中产生了初期城市的城关市民；从这个市民等级中发展出最初的资产阶级分子。

美洲的发现、绕过非洲的航行，给新兴的资产阶级开辟了新天地。东印度和中国的市场、美洲的殖民化、对殖民地的贸易、交换手段和一般商品的增加，使商业、航海业和工业空前高涨，因而使正在崩溃的封建社会内部的革命因素迅速发展。

①《马克思恩格斯文集》第5卷，人民出版社2009年版，第33页。
②《马克思恩格斯文集》第5卷，人民出版社2009年版，第171、825页。

以前那种封建的或行会的工业经营方式已经不能满足随着新市场的出现而增加的需求了。工场手工业代替了这种经营方式。行会师傅被工业的中间等级排挤掉了；各种行业组织之间的分工随着各个作坊内部的分工的出现而消失了。

蒸汽和机器引起了工业生产的革命。现代大工业代替了工场手工业，工业中的百万富翁、一支一支产业大军的首领、现代资产者，代替了工业的中间等级。①

马克思晚年的《历史学笔记》对早期资本主义萌芽有较为翔实的记述。

（二）资本主义生产方式的产生条件

马克思指出，原始积累是资本主义生产方式的前史：

创造资本关系的过程，只能是劳动者和他的劳动条件的所有权分离的过程，这个过程一方面使社会的生活资料和生产资料转化为资本，另一方面使直接生产者转化为雇佣工人。因此，所谓原始积累只不过是生产者和生产资料分离的历史过程。这个过程所以表现为“原始的”因为它形成资本及与之相适应的生产方式的前史。②

西欧社会资本原始积累的主要内容，是劳动者被迫与土地等生产资料分离，是用暴力剥夺农民的过程。

1. 劳动者与生产资料相分离是资本主义生产的基本前提。

马克思指出：

在真正的历史上，征服、奴役、劫掠、杀戮，总之，暴力起着巨大的作用。但是在温和的政治经济学中，从来就是田园诗占统治地位。正义和“劳动”自古以来就是唯一的致富手段，自然“当前这一年”总是例外。事实上，

①《马克思恩格斯文集》第2卷，人民出版社2009年版，均为第32页。

②《马克思恩格斯文集》第5卷，人民出版社2009年版，第822页。

原始积累的方法决不是田园诗式的东西。

货币和商品，正如生产资料和生活资料一样，开始并不是资本。它们需要转化为资本。但是这种转化本身只有在一定的情况下才能发生，这些情况归结起来就是：两种极不相同的商品占有者必须互相对立和发生接触，一方面是货币、生产资料和生活资料的所有者，他们要购买他人的劳动力来增殖自己所占有的价值总额；另一方面是自由劳动者，自己劳动力的出卖者，也就是劳动的出卖者。……商品市场的这种两极分化，造成了资本主义生产的基本条件。资本关系以劳动者和劳动实现条件的所有权之间的分离为前提。

资本主义社会的经济结构是从封建社会的经济结构中产生的。后者的解体使前者的要素得到解放。

使生产者转化为雇佣工人的历史运动，一方面表现为生产者从农奴地位和行会束缚下解放出来；对于我们的资产阶级历史学家来说，只有这一方面是存在的。但是另一方面，新被解放的人只有在他们被剥夺了一切生产资料和旧封建制度给予他们的一切生存保障之后，才能成为他们自身的出卖者。而对他们的这种剥夺的历史是用血和火的文字载入人类编年史的。

在原始积累的历史中，对正在形成的资本家阶级起过推动作用的一切变革，都是历史上划时代的事情，但是首要的因素是：大量的人突然被强制地同自己的生存资料分离，被当做不受法律保护的无产者抛向劳动市场。对农业生产者即农民的土地的剥夺，形成全部过程的基础。这种剥夺的历史在不同的国家带有不同的色彩，按不同的顺序、在不同的历史时代通过不同的阶段。只有在英国，它才具有典型的形式。

大封建主，通过把农民从土地（农民对土地享有和封建主一样的封建权利）上强行赶走，夺去他们的公有地的办法，造成了人数更多得无比的无产阶级。在英国，特别是佛兰德毛纺织工场手工业的繁荣，以及由此引起的羊毛价格的上涨，对这件事起了直接的推动作用。……把耕地转化为牧羊场就成了他们的口号。……农民的住房和工人的小屋被强行拆除，或者任其坍毁。

剥夺人民群众的土地是资本主义生产方式的基础。

资本主义的生产方式和积累方式，从而资本主义的私有制，是以那种以自己的劳动为基础的私有制的消灭为前提的，也就是说，是以劳动者的被剥夺为前提的。①

劳动者与生产资料相分离只是资本主义生存方式诞生的必要条件之一。如前所述，马克思指出古代罗马平民也曾遭遇到“生产资料和生存资料分离的运动”，但“罗马的无产者并没有变成雇佣工人，却成为无所事事的**游民**，……和他们同时发展起来的生产方式不是资本主义的，而是奴隶制的”，因为“极为相似的事变发生在不同的历史环境中就引起了完全不同的结果”②。

2. 失去土地的劳动者转变为雇佣工人是资本主义生产的又一必要条件。

马克思指出，为了迫使失去土地的农民成为雇佣工人，英国和其他西欧国家15世纪末以来颁布了大量惩治被剥夺者的血腥立法。随着资本主义生产方式的逐渐确立，暴力手段减少而经济压迫深化。

由于封建家臣的解散和土地断断续续遭到暴力剥夺而被驱逐的人，这个不受法律保护的无产阶级，不可能像它诞生那样快地被新兴的工场手工业所吸收。另一方面，这些突然被抛出惯常生活轨道的人，也不可能一下子就适应新状态的纪律。他们大批地转化为乞丐、盗贼、流浪者，其中一部分人是由于习性，但大多数是为环境所迫。因此，15世纪末和整个16世纪，整个西欧都颁布了惩治流浪者的血腥法律。

被暴力剥夺了土地、被驱逐出来而变成了流浪者的农村居民，由于这些古怪的恐怖的法律，通过鞭打、烙印、酷刑，被迫习惯于雇佣劳动制度所必需的纪律。

单是在一极有劳动条件作为资本出现，在另一极有除了劳动力以外没有东西可出卖的人，还是不够的。这还不足以迫使他们自愿地出卖自己。……

①《马克思恩格斯文集》第5卷，人民出版社2009年版，第821、821、822、822、823、825、880、887页。

②《马克思恩格斯文集》第3卷，人民出版社2009年版，第466页。

发达的资本主义生产过程的组织粉碎一切反抗；相对过剩人口的不断产生把劳动的供求规律，从而把工资限制在与资本增殖需要相适应的轨道以内；经济关系的无声的强制保证资本家对工人的统治。超经济的直接的暴力固然还在使用，但只是例外地使用。在通常的情况下，可以让工人由“生产的自然规律”去支配，即由他对资本的从属性去支配，这种从属性由生产条件本身产生，得到这些条件的保证并由它们永久维持下去。①

3.“现代的代议制国家”的确立是资本主义生产方式的重要保障。

大工业建立了由美洲的发现所准备好的世界市场。世界市场使商业、航海业和陆路交通得到了巨大的发展。这种发展又反过来促进了工业的扩展，同时，随着工业、商业、航海业和铁路的扩展，资产阶级也在同一程度上发展起来，增加自己的资本，把中世纪遗留下来的一切阶级排挤到后面去。

资产阶级的这种发展的每一个阶段，都伴随着相应的政治上的进展。它在封建主统治下是被压迫的等级，在公社里是武装的和自治的团体，在一些地方组成独立的城市共和国，在另一些地方组成君主国中的纳税的第三等级，后来，在工场手工业时期，它是等级君主国或专制君主国中同贵族抗衡的势力，而且是大君主国的主要基础；最后，从大工业和世界市场建立的时候起，它在现代的代议制国家里夺得了独占的政治统治。现代的国家政权不过是管理整个资产阶级的共同事务的委员会罢了。②

在资本主义生产在历史上刚刚产生的时期，情况则不同。新兴的资产阶级为了“规定”工资，即把工资强制地限制在有利于赚钱的界限内，为了延长工作日并使工人本身处于正常程度的从属状态，就需要并运用国家权力。这是所谓原始积累的一个重要因素。③

①《马克思恩格斯文集》第5卷，人民出版社2009年版，第843、846、846页。
②《马克思恩格斯文集》第2卷，人民出版社2009年版，第32-33、33页。
③《马克思恩格斯文集》第5卷，人民出版社2009年版，第846-847页。

4．对殖民地的残酷掠夺是西欧国家资本原始积累的重要内容。

西欧国家的资本原始积累，不仅以暴力手段直接剥夺农村居民的土地，而且通过武力征服掠夺殖民地、贩卖黑奴、实行关税保护、战争掠夺等方式，积累大量财富。

美洲金银产地的发现，土著居民的被剿灭、被奴役和被埋葬于矿井，对东印度开始进行的征服和掠夺，非洲变成商业性地猎获黑人的场所——这一切标志着资本主义生产时代的曙光。这些田园诗式的过程是原始积累的主要因素。接踵而来的是欧洲各国以地球为战场而进行的商业战争。这场战争以尼德兰脱离西班牙开始，在英国的反雅各宾战争中具有巨大的规模，并且在对中国的鸦片战争中继续进行下去，等等。①

资本主义生产方式的产生，是以西欧国家、新兴资本家对国内外人民群众的残酷掠夺为代价。这种新型奴役制度的建立和发展，始终以人民群众的巨大代价为前提。因此，马克思指出：

资本来到世间，从头到脚，每个毛孔都滴着血和肮脏的东西。②

从社会有机体角度来说，资本主义社会的产生、发展，是物质生活、社会生活、政治生活、精神生活的整体性演变过程。马克思指出：

原始积累的不同因素，……在英国，这些因素在17世纪末系统地综合为殖民制度、国债制度、现代税收制度和保护关税制度。这些方法一部分是以最残酷的暴力为基础，例如殖民制度就是这样。但所有这些方法都利用国家权力，也就是利用集中的、有组织的社会暴力，来大力促进从封建生产方式向资本主义生产方式的转化过程，缩短过渡时间。暴力是每一个孕育着新社

①《马克思恩格斯文集》第5卷，人民出版社2009年版，第860–861页。

②《马克思恩格斯文集》第5卷，人民出版社2009年版，第871页。

会的旧社会的助产婆。暴力本身就是一种经济力。[①]

顾准认为，资本主义生产方式的产生需要特殊的“法权体系和意识形态”：

资本主义并不纯粹是一种经济现象，它也是一种法权体系。法权体系是上层建筑。……资本主义是从希腊罗马文明中产生出来的，印度、中国、波斯、阿拉伯、东正教文明都没有产生出来资本主义，这并不是偶然的。

法权体系和意识形态所决定的，国家的商业本位的根本态度；欧洲古代，并且经过文艺复兴积累起来的科学技术，合理的经营（包括复式簿记）的知识；宗教革命，尤其是，16世纪英国宗教纠纷中对天主教深刻憎恶所激起的、崇尚节俭积累的清教徒的上帝选民意识。[②]

马克斯·韦伯（Max Weber，1864—1920）《新教伦理与资本主义精神》（*Die protestantische Ethik und der Geist des Kapitalismus*）和《世界经济简史》（*General Economic History*）、彼得·桑德斯（Peter Saunders）《资本主义——一项社会审视》（*Capitalism: A Social Auditby*）、于尔根·科卡（Jürgen Kocka，1940—）《资本主义简史》（*Geschichte des Kapitalismus*），及罗荣渠《现代化新论——世界与中国的现代化进程》等大量著作，都对资本主义起源和发展有所探索。

（三）资本主义生产方式的确立

马克思、恩格斯在《共产党宣言》中指出：

现代资产阶级本身是一个长期发展过程的产物，是生产方式和交换方式的一系列变革的产物。[③]

①《马克思恩格斯文集》第5卷，人民出版社2009年版，第861页。
②《顾准文稿》，中国青年出版社2002年版，第335、340页。
③《马克思恩格斯文集》第2卷，人民出版社2009年版，第33页。

17世纪中叶以后，英、法等国先后发生资产阶级革命，确立了资产阶级的政治统治，加速了资本主义制度的发展。18世纪中叶到19世纪30年代，英国率先完成工业革命，机器大工业为主体的工厂制度取代工场手工业。经济上资本主义生产方式占支配地位和政治上资产阶级占统治地位，标志着资本主义制度的确立，这是人类社会的物质生产方式和社会生活、政治生活、精神生活方式的巨大变革。

与西欧国家成为资本主义生产方式的原发地不同，中国近代资本主义是由西欧资本主义国家和日本输入的。一般认为，中国在明代中后期的16世纪中叶已经出现资本主义生产关系的萌芽，但并没有从君主专制社会的地主—自耕农经济形态中独立地发展出资本主义生产方式。19世纪60年代以后，英、法等西方国家的侵略打断了中国社会的独立发展进程。

外国资本主义为了把封建中国变为它们的商品销售市场和原料供应地，不能不在输入商品的同时，也输进新式生产工具、生产技术和资本主义经营方式，为的是更加有效地榨取中国人民的财富。这种情况使得中国封建经济在六七十年代之交，加速了自身的分解，商品货币经济相应地有了较为明显的发展。在这个基础上，与西方科学技术传播相结合，社会生产力出现了新的内容，中国终于产生了资本主义近代企业。

中国机器大工业的出现，不是资本主义萌芽自然发生的结果，而是来源于外国资本主义的先进的生产技术的引进。它对中国资本主义的产生，起了决定性的作用。①

近代中国社会一开始就面临着同时反抗国内君主专制—地主经济与外国资本主义、帝国主义双重压迫、剥削的艰巨任务。

① 严中平主编：《中国近代经济史》第3册，人民出版社2012年版，第1447、1449页。

二、资本主义生产方式的内涵与特征

（一）资本主义生产方式的界定

那么，究竟什么是资本主义生产方式呢？它的本质特征是什么？

资本主义生产方式，实际上是以生产资料私有制和雇佣劳动为基础的一种剥削制度。作为一种私有制，资本主义所有制和奴隶社会所有制、封建社会所有制都具有私有制的一般特征，比如生产资料归私人（奴隶主、封建主、资本家）所有，劳动者（奴隶、农奴、工人）与生产资料分离，私人所有者控制生产过程并无偿占有劳动者的剩余劳动或剩余产品等。同时，资本主义所有制更有其独特的特征，这就是劳动力成为商品，资本通过雇佣劳动关系来剥削劳动者的剩余劳动，这种剩余劳动就表现为剩余价值。

资本主义剥削的本质和秘密，是工人创造的剩余价值被资本家凭借生产资料所有权而无偿占有。

（二）资本主义的基本特征

马克思提出，资本主义生产方式一开始就有两个特征。

1．生产的产品是商品。

这不仅意味着资本主义生产方式是典型的商品经济，而且意味着劳动力本身也成为商品、劳动者成为资本的雇佣工人：

> 资本主义时代的特点是，对工人本身来说，劳动力是归他所有的一种商品的形式，因而他的劳动具有雇佣劳动的形式。另一方面，正是从这时起，劳动产品的商品形式才普遍化。①
>
> 使它和其他生产方式相区别的，不在于生产商品，而在于，成为商品是它的产品的占统治地位的、决定的性质。这首先意味着，工人自己也只是表现为商品的出售者，因而表现为自由的雇佣工人，这样，劳动就表现为雇佣

①《马克思恩格斯文集》第5卷，人民出版社2009年版，第198页。

劳动。[①]

资本主义生产方式的产生、确立、发展，以劳动力转化为商品为前提条件。而劳动力成为商品，也有其前提条件，这就是劳动者被迫成为一无所有的自由人：

这里所说的自由，具有双重意义：一方面，工人是自由人，能够把自己的劳动力当做自己的商品来支配，另一方面，他没有别的商品可以出卖，自由得一无所有，没有任何实现自己的劳动力所必需的东西。

自由劳动者有双重意义：他们本身既不像奴隶、农奴等等那样，直接属于生产资料之列，也不像自耕农等等那样，有生产资料属于他们，相反地，他们脱离生产资料而自由了，同生产资料分离了，失去了生产资料。[②]

（1）劳动者获得人身自由，可以自由地决定和支配其劳动力。劳动者摆脱了西欧中世纪封建社会的人身依附关系和等级限制，具有迁徙、商品交换乃至出卖自己的劳动力等权利，享有表面的“自由”“平等”等人权。马克思指出：

劳动力占有者要把劳动力当做商品出卖，他就必须能够支配它，从而必须是自己的劳动能力、自己人身的自由所有者。劳动力占有者和货币占有者在市场上相遇，彼此作为身份平等的商品占有者发生关系，所不同的只是一个是买者，一个是卖者，因此双方是在法律上平等的人。

自由！因为商品例如劳动力的买者和卖者，只取决于自己的自由意志。他们是作为自由的、在法律上平等的人缔结契约的。契约是他们的意志借以得到共同的法律表现的最后结果。平等！因为他们彼此只是作为商品占有者

①《马克思恩格斯文集》第7卷，人民出版社2009年版，第995-996页。

②《马克思恩格斯文集》第5卷，人民出版社2009年版，第197、821页。

发生关系，用等价物交换等价物。[①]

（2）劳动者与生产资料完全分离。为了生存和发展，劳动者就必须获得生活资料进行消费。但是，劳动者被迫丧失了土地、原料、生产工具等基本生产资料，他只有出卖自己的劳动力才能谋生。马克思指出：

劳动力占有者没有可能出卖有自己的劳动对象化在其中的商品，而不得不把只存在于他的活的身体中的劳动力本身当做商品出卖。

一个人要出卖与他的劳动力不同的商品，他自然必须占有生产资料，如原料、劳动工具等等。没有皮革，他就不能做皮靴。此外，他还需要有生活资料。……人从出现在地球舞台上的第一天起，每天都要消费，不管在他开始生产以前和在生产期间都是一样。[②]

因而，表面上的“自由”“平等”，实质上是资本家对工人的剥削和压迫，是工人对资本家的依赖和资本家对工人的奴役。

一离开这个简单流通领域或商品交换领域，——庸俗的自由贸易论者用来判断资本和雇佣劳动的社会的那些观点、概念和标准就是从这个领域得出的，——就会看到，我们的剧中人的面貌已经起了某些变化。原来的货币占有者作为资本家，昂首前行，劳动力占有者作为他的工人，尾随于后。一个笑容满面，雄心勃勃；一个战战兢兢，畏缩不前，像在市场上出卖了自己的皮一样，只有一个前途——让人家来鞣。

罗马的奴隶是由锁链，雇佣工人则由看不见的线系在自己的所有者手里。他的独立性这种假象是由雇主的经常更换以及契约的法律拟制来保持的。[③]

①《马克思恩格斯文集》第5卷，人民出版社2009年版，第195、204页。

②《马克思恩格斯文集》第5卷，人民出版社2009年版，均为第196页。

③《马克思恩格斯文集》第5卷，人民出版社2009年版，第205、662页。

2．剩余价值的生产是直接目的和决定动机。

马克思指出：

资本主义生产方式的**第二个**特征是，剩余价值的生产是生产的直接目的和决定动机。资本本质上是生产资本的，但只有生产剩余价值，它才生产资本。……这种为了价值和剩余价值而进行的生产，像较为详细的说明所已经指出的那样，包含着一种不断发生作用的趋势，就是要把生产商品所必需的劳动时间，即把商品的价值，缩减到当时的社会平均水平以下。力求将成本价格缩减到它的最低限度的努力，成了提高劳动社会生产力的最有力的杠杆，不过在这里，劳动社会生产力的提高只是表现为资本生产力的不断提高。①

资本主义所有制的特征，是生产资料归资本家所有。资本家拥有生产资料所有权；资本家和劳动者之间是雇佣劳动关系，资本家拥有对劳动者的支配权；资本家支配劳动产品，无偿占有劳动者工资之外的剩余劳动或剩余价值。整个资本主义的经济制度都服从和服务于资本对劳动的雇佣和剥削。资本主义私有制是雇佣劳动关系的基础，是资本家和工人之间剥削和被剥削、奴役和被奴役关系之前提。恩格斯在《家庭、私有制和国家的起源》提出：

随着在文明时代获得最充分发展的奴隶制的出现，就发生了社会分成剥削阶级和被剥削阶级的第一次大分裂。这种分裂继续存在于整个文明期。奴隶制是古希腊罗马时代世界所固有的第一个剥削形式，继之而来的是中世纪的农奴制和近代的雇佣劳动制。这就是文明时代的三大时期所特有的三大奴役形式；公开的而近来是隐蔽的奴隶制始终伴随着文明时代。②

奴隶社会，是奴隶主阶级完全占有生产资料（土地）和奴隶的人身及其劳动成果；封建社会，封建主占有土地等基本生产资料，农民处于依附地位，

①《马克思恩格斯文集》第7卷，人民出版社2009年版，第997页。

②《马克思恩格斯文集》第4卷，人民出版社2009年版，第195页。

封建主通过地租、赋税、徭役劳动等方式剥削农民的剩余劳动或剩余产品。在资本主义社会，资本家垄断生产资料，工人只有人身自由，资本家和工人是雇佣劳动关系，资本家在等价交换原则外衣掩护下剥削工人创造的剩余劳动或剩余价值，因而是一种“隐蔽的奴隶制”。

资本主义所有制的形式，有独资经营的业主制企业、私人股份所有制、法人股份所有制、国家资本，国家资本和私人资本的混合所有制等。从国家、企业、市场的关系来看，资本主义经济制度经过了自由竞争资本主义、垄断资本主义、国家垄断资本主义、国际垄断资本主义等发展阶段。

第五节　剩余价值理论

列宁指出：

剩余价值学说是马克思经济理论的基石。[①]

马克思的重大原创性贡献，是第一次揭示了剩余价值规律是资本主义生产方式的特殊运动规律。这里的问题在于：如何揭示、论证等价交换的价值规律与资本家无偿占有工人剩余价值的剩余价值规律之同时并存？因为“劳动力的买和卖是在流通领域或商品交换领域的界限以内进行的，这个领域确实是天赋人权的真正伊甸园”[②]。这个问题的核心就在于揭示劳动力商品和资本主义生产方式的特殊性质。梅林认为：

马克思不是把资本家的致富解释成对资本家的想像中的牺牲和善行的某种酬报，也不是解释成通常意义下的欺骗和盗窃，而是解释成资本家和工人之间从刑法观点看来完全合法的交易，这种交易也遵守着其他一切商品买卖

①《列宁选集》第2卷，人民出版社2012年版，第312页。

②《马克思恩格斯文集》第5卷，人民出版社2009年版，第204页。

所遵守的那些法律。……马克思彻底发展了伟大的英国古典经济学家亚当·斯密和李嘉图在18世纪末和19世纪初所发现的价值规律，换言之，就是说明了商品交换的内在规律，并把它应用于劳动力这种商品。价值规律以及马克思从这一规律推演出来的工资和剩余价值的规律，换言之，即对雇佣劳动的产品如何在没有暴力和欺骗的情况下自然地分为工人的微薄的生活费和资本家的不劳而获的财富这一事实所做的说明——这就是《资本论》第一卷的主要内容。这一卷的伟大历史意义在于，它阐明了只有消灭劳动力的出卖即雇佣劳动制度，才能消灭剥削。①

一、劳动过程与价值增殖过程的统一

资本主义生产具有双重属性：既是生产使用价值的劳动过程，也是生产剩余价值的价值增殖过程，是劳动过程和价值增殖过程的统一。

（一）劳动过程

资本家购买劳动力后，劳动力就离开流通领域而进入生产领域，与资本家购买的生产资料相结合。劳动过程，就是把人的因素和物的因素结合起来，用工人的活劳动（直接劳动）来推动生产资料或积累起来的死劳动或物化劳动。

劳动首先是人和自然之间的过程，是人以自身的活动来中介、调整和控制人和自然之间的物质变换的过程。

劳动过程的简单要素是：有目的的活动或劳动本身，劳动对象和劳动资料。

在劳动过程中，人的活动借助劳动资料使劳动对象发生预定的变化。过程消失在产品中。它的产品是使用价值，是经过形式变化而适合人的需要的自然物质。劳动与劳动对象结合在一起。劳动对象化了，而对象被加工了。在劳动者方面曾以动的形式表现出来的东西，现在在产品方面作为静的属性，

① 弗·梅林著，樊集译：《马克思传》，人民出版社1965年版，第469页。

以存在的形式表现出来。劳动者纺纱，产品就是纺成品。

劳动过程的实质在于生产使用价值的有用劳动。①

工人劳动过程的两个特点是："工人在资本家的监督下劳动，他的劳动属于资本家。""产品是资本家的所有物，而不是直接生产者工人的所有物。"②也就是说，劳动过程就是资本家监督、管理工人而生产出产品或使用价值的过程，这种劳动过程与工人的需要、利益相异化。

（二）价值增殖过程

生产过程不仅是劳动过程，还是创造劳动力价值和剩余价值的过程。而且，劳动过程只不过是价值增殖过程的手段：

在资本主义生产方式下，劳动过程只表现为价值增殖过程的一种手段。③

雇佣工人的劳动时间分为两部分：一部分是必要劳动时间，再生产劳动力的价值；一部分是剩余劳动时间，无偿地为资本家生产剩余价值。

产品——资本家的所有物——是一种使用价值，如棉纱、皮靴等等。……所以要生产使用价值，是因为而且只是因为使用价值是交换价值的物质基质，是交换价值的承担者。……他不仅要生产使用价值，而且要生产商品，不仅要生产使用价值，而且要生产价值，不仅要生产价值，而且要生产剩余价值。

劳动力的价值和劳动力在劳动过程中的价值增殖，是两个不同的量。资本家购买劳动力时，正是看中了这个价值差额。

具有决定意义的，是这个商品独特的使用价值，即它是价值的源泉，并且是大于它自身的价值的源泉。这就是资本家希望劳动力提供的独特的服务。

①《马克思恩格斯文集》第5卷，人民出版社2009年版，第207-208、208、211、227页。
②《马克思恩格斯文集》第5卷，人民出版社2009年版，第216页。
③《马克思恩格斯文集》第5卷，人民出版社2009年版，第653页。

价值增殖过程不外是超过一定点而延长了的价值形成过程。如果价值形成过程只持续到这样一点，即资本所支付的劳动力价值恰好为新的等价物所补偿，那就是单纯的价值形成过程。如果价值形成过程超过这一点而持续下去，那就成为价值增殖过程。

劳动过程在只是再生产出劳动力价值的等价物并把它加到劳动对象上以后，还越过这一点继续下去。为再生产出这一等价物，6小时就够了，但是劳动过程不是持续6小时，而是比如说持续12小时。这样，劳动力发挥作用的结果，不仅再生产出劳动力自身的价值，而且生产出一个超额价值。这个剩余价值就是产品价值超过消耗掉的产品形成要素即生产资料和劳动力的价值而形成的余额。[①]

假定生产一双皮鞋消耗生产资料价值是10元，工人一天的工资是2元。如果工人一天劳动5小时，生产一双皮鞋，所创造的价值是2元，那么这双皮鞋的价值就是所消耗的生产资料的价值加上新创造的价值，一共是12元，这刚好弥补资本家的全部成本。如果资本家强迫工人一天劳动10小时，生产两双皮鞋，创造的新价值是4元。那么，工人一天劳动的全部价值就是24元。资本家按照价值出售这两双皮鞋，就获利24元。扣除消耗的生产资料的价值20元、工人的工资2元，还剩余2元，这就是在工人延长的5小时内所创造的剩余价值。

剩余价值就是商品的总价值超过预付的生产资料和劳动力的价值总额而形成的余额；是由雇佣工人创造、被资本家无偿占有的超过劳动力价值的那部分价值。无偿占有劳动者的剩余价值，正是资本剥削的秘密。

这个过程的完整形式是G—W—G＇。其中的G＇＝G＋△G，即等于原预付货币额加上一个增殖额。我把这个增殖额或超过原价值的余额叫做剩余价值（surplus value）。可见，原预付价值不仅在流通中保存下来，而且在流通

① 《马克思恩格斯文集》第5卷，人民出版社2009年版，第217-218、225、226、227、242页。

中改变了自己的价值量，加上了一个剩余价值，或者说增殖了。

作为劳动过程和价值增殖过程的统一，生产过程是资本主义生产过程，是商品生产的资本主义形式。[①]

资本的本质，就是能够带来剩余价值的价值。

二、不变资本与可变资本

资本家为了组织生产，就需要预付资本购买生产资料和劳动力。按照它们在商品价值的形成中的不同作用，购买生产资料的资本，称为不变资本；购买劳动力的资本，称为可变资本。

转变为生产资料即原料、辅助材料、劳动资料的那部分资本，在生产过程中并不改变自己的价值量。因此，我把它称为不变资本部分，或简称为不变资本。

资本C分为两部分，一部分是为购买生产资料而支出的货币额c，另一部分是为购买劳动力而支出的货币额v，c代表转化为不变资本的价值部分，v代表转化为可变资本的价值部分。[②]

通过工人的劳动，生产资料的价值全部或部分地转移到新产品之中，所转移的价值量不会超过其原有的价值量。以生产资料的形式存在的资本，在生产过程中不改变其价值量，因此称为不变资本（c）。购买劳动力的这部分资本，在生产过程中由工人重新创造出来，不仅再生产出劳动力的价值，而且还生产出剩余价值，也就是发生价值增殖，因此称为可变资本（v）。

① 《马克思恩格斯文集》第5卷，人民出版社2009年版，第176、230页。

② 《马克思恩格斯文集》第5卷，人民出版社2009年版，第243、245页。

转变为劳动力的那部分资本，在生产过程中改变自己的价值。它再生产自身的等价物和一个超过这个等价物而形成的余额，剩余价值。这个剩余价值本身是可以变化的，是可大可小的。这部分资本从不变量不断转化为可变量。因此，我把它称为可变资本部分，或简称为可变资本。资本的这两个组成部分，从劳动过程的角度看，是作为客观因素和主观因素，作为生产资料和劳动力相区别的；从价值增殖过程的角度看，则是作为不变资本和可变资本相区别的。①

这样，劳动过程和价值增殖过程就是：

最初是C＝c＋v，例如，预付资本500镑= 410镑（c）+90镑（v）。在生产过程结束时得到商品，它的价值＝（c＋v）＋m（m是剩余价值），例如，410镑（c）+90镑（v）+90镑（m）。原来的资本C变为C'，由500镑变为590镑。二者的差额= m，即90镑剩余价值。②

马克思第一次把资本区分为不变资本和可变资本，指出只有可变资本、工人的活劳动才是创造剩余价值的唯一来源，这就揭示了资本的本质，揭示了资本家剥削劳动者的秘密，而且通过剩余价值率进一步揭示了资本家对劳动者的剥削程度。

工人在劳动过程的一段时间内，只是生产自己劳动力的价值，就是说，只是生产他的必要生活资料的价值。

因为工人在生产劳动力日价值（如三先令）的工作日部分内，只是生产资本家已经支付的劳动力价值的等价物，就是说，只是用新创造的价值来补偿预付的可变资本的价值，所以，这种价值的生产只是表现为再生产。因此，我把进行这种再生产的工作日部分称为必要劳动时间，把在这部分时间内耗

①《马克思恩格斯文集》第5卷，人民出版社2009年版，第243页。

②《马克思恩格斯文集》第5卷，人民出版社2009年版，第245页。

费的劳动称为必要劳动。

劳动过程的第二段时间，工人超出必要劳动的界限做工的时间，虽然耗费工人的劳动，耗费劳动力，但并不为工人形成任何价值。这段时间形成剩余价值，剩余价值以从无生有的全部魅力引诱着资本家。我把工作日的这部分称为剩余劳动时间，把这段时间内耗费的劳动称为剩余劳动（surplus labour）。把剩余价值看做只是剩余劳动时间的凝结，只是对象化的剩余劳动，这对于认识剩余价值也具有决定性的意义。使各种经济的社会形态例如奴隶社会和雇佣劳动的社会区别开来的，只是从直接生产者身上，劳动者身上，榨取这种剩余劳动的形式。①

剩余价值是工人劳动创造的，是可变资本而不是全部资本创造的，剩余劳动是剩余价值的唯一来源。

三、剩余价值率

剩余价值率标志着资本对劳动力的剥削程度。

剩余价值率是劳动力受资本剥削的程度或工人受资本家剥削的程度的准确表现。②

那么，剩余价值率如何计算呢？有两种计算方法，一种是剩余价值与可变资本的比率，一种是剩余劳动与必要劳动的比率。

剩余价值的相对量，即可变资本价值增殖的比率，显然由剩余价值同可变资本的比率来决定，或者用$\frac{m}{v}$来表示。……我把可变资本的这种相对的价

①《马克思恩格斯文集》第5卷，人民出版社2009年版，第249、250、251页。
②《马克思恩格斯文集》第5卷，人民出版社2009年版，第252页。

值增殖或剩余价值的相对量，称为剩余价值率。

因为可变资本的价值等于它所购买的劳动力的价值，因为这个劳动力的价值决定工作日的必要部分，而剩余价值又由工作日的剩余部分决定，所以从这里可以得出结论:剩余价值和可变资本之比等于剩余劳动和必要劳动之比，或者说，剩余价值率$\frac{m}{v}=\frac{\text{剩余劳动}}{\text{必要劳动}}$。

决定剩余价值率的，不是剩余价值同资本总额的比率，而是剩余价值同资本的可变组成部分的比率，同样，决定剩余产品的水平的，也不是剩余产品同总产品的其余部分的比率，而是剩余产品同代表必要劳动的那部分产品的比率。①

工人的劳动时间，就是必要劳动时间和剩余劳动时间之和，因此剩余价值率也可以用时间来表示：

剩余价值率$\frac{\mathrm{m}}{\mathrm{v}}=\frac{\text{剩余劳动时间}}{\text{必要劳动时间}}$，或者：剩余价值率$\frac{\mathrm{m}}{\mathrm{v}}=\frac{\text{剩余价值}}{\text{可变资本}}$。

因而，资本家提高剩余价值率的方法，就是增加剩余价值量、减少可变资本；或者减少必要劳动时间、增加剩余劳动时间。

四、剩余价值生产的两种基本形式

生产剩余价值，是资本主义生产方式的根本目的。马克思说：

剩余价值的生产是资本主义生产的决定的目的，同样，富的程度不是由产品的绝对量来计量，而是由剩余产品的相对量来计量。②

①《马克思恩格斯文集》第5卷，人民出版社2009年版，第249、251、265页。
②《马克思恩格斯文集》第5卷，人民出版社2009年版，第265页。

资本家剥削工人的具体方法很多，最基本的是绝对剩余价值生产和相对剩余价值生产：

我把通过延长工作日而生产的剩余价值，叫做绝对剩余价值；相反，我把通过缩短必要劳动时间、相应地改变工作日的两个组成部分的量的比例而生产的剩余价值，叫做相对剩余价值。[①]

（一）绝对剩余价值生产

工人的剩余劳动是剩余价值的唯一源泉，资本家为了获得剩余价值，就必须把工人的劳动时间延长到必要劳动时间以上。

工作日包括两部分：再生产劳动力价值的必要劳动时间和生产剩余价值的剩余劳动时间。

必要劳动和剩余劳动之和，工人生产他的劳动力的补偿价值的时间和生产剩余价值的时间之和，构成他的劳动时间的绝对量——工作日（working day）。[②]

绝对剩余价值，就是在必要劳动时间不变的前提下，由于延长剩余劳动时间而生产的剩余价值。显而易见，如果必要劳动时间不变，那么剩余劳动时间越长，工人生产的剩余价值就越多。资本主义早期，资本家总是力图延长工人的劳动时间；此外，还试图提高劳动强度。

从价值增殖过程来看，不变资本即生产资料的存在，只是为了吮吸劳动，并且随着吮吸每一滴劳动吮吸一定比例的剩余劳动。如果它们不这样做，而

①《马克思恩格斯文集》第5卷，人民出版社2009年版，第366页。

②《马克思恩格斯文集》第5卷，人民出版社2009年版，第266页。

只是闲置在那里，就给资本家造成消极的损失，因为生产资料闲置起来就成了无用的预付资本；一旦恢复中断的生产必须追加开支，这种损失就成为积极的损失。把工作日延长到自然日的界限以外，延长到夜间，只是一种缓和的办法，只能大致满足一下吸血鬼吮吸劳动鲜血的欲望。因此，在一昼夜24小时内都占有劳动，是资本主义生产的内在要求。[①]

马克思在《资本论》中详细引述了当时英国资本家延长劳动日的残酷剥削行径，以致迫使国家出面限制工作日：

英国的工厂法是通过国家，而且是通过资本家和地主统治的国家所实行的对工作日的强制的限制，来节制资本无限度地榨取劳动力的渴望。即使撇开一天比一天更带威胁性的高涨着的工人运动不说，也有必要对工厂劳动强制地进行限制，正像有必要用海鸟粪对英国田地施肥一样。同是盲目的掠夺欲，在后一种情况下使地力枯竭，而在前一种情况下使国家的生命力遭到根本的摧残。英国的周期复发的流行病和德法两国士兵身高的降低，都同样明白地说明了这个问题。

资本由于无限度地盲目追逐剩余劳动，像狼一般地贪求剩余劳动，不仅突破了工作日的道德极限，而且突破了工作日的纯粹身体的极限。它侵占人体的成长、发育和维持健康所需要的时间。它掠夺工人呼吸新鲜空气和接触阳光所需要的时间。它克扣吃饭时间，尽量把吃饭时间并入生产过程本身，因此对待工人就像对待单纯的生产资料那样，给他饭吃，就如同给锅炉加煤、给机器上油一样。

资本主义生产——实质上就是剩余价值的生产，就是剩余劳动的吮吸——通过延长工作日，不仅使人的劳动力由于被夺去了道德上和身体上正常的发展和活动的条件而处于萎缩状态，而且使劳动力本身未老先衰和过早死亡。它靠缩短工人的寿命，在一定期限内延长工人的生产时间。

①《马克思恩格斯文集》第5卷，人民出版社2009年版，第297页。

虽然从历史的观点看，资本主义生产几乎是昨天才诞生的，但是它已经多么迅速多么深刻地摧残了人民的生命根源。……资本是根本不关心工人的健康和寿命的，除非社会迫使它去关心。①

工作日劳动时间的长短，从根本上取决于工人阶级和资产阶级之间的力量对比和斗争。在17世纪直到19世纪的英国，工作日劳动时间长达14—16小时，甚至18小时。夏衍的《包身工》，刻画了旧中国日本纺纱企业对中国工人的剥削和压迫情形：

已经是旧历四月中旬了，上午四点过一刻，晓星才从慢慢地推移着的淡云里面消去，蜂房般的格子铺里的生物已经在蠕动了。

“拆铺啦!起来!”穿着一身和时节不相称的拷绸衫裤的男子，像生气似的呼喊：“芦柴棒，去烧火!妈的，还躺着，猪猡!”

七尺阔、十二尺深的工房楼下，横七竖八地躺满了十六七个“猪猡”。跟着这种有威势的喊声，在充满了汗臭、粪臭和湿气的空气里面，她们很快地就像被搅动了的蜂窝一般骚动起来。打呵欠，叹气，寻衣服，穿错了别人的鞋子，胡乱地踏在别人身上，叫喊，在离开别人头部不到一尺的马桶上很响地小便。成人期女孩所共有的害羞的感觉，在这些被叫做“猪猡”的生物中间，已经很迟钝了。半裸体地起来开门，拎着裤子争夺马桶，将身体稍稍背转一下就会公然地在男人面前换衣服。

两粥一饭，十二小时工作，劳动强化，工房和老板家庭的义务服役，猪一般的生活，泥土一般地被践踏的血肉造成的“机器”，终究和钢铁造成的不同；包身契上写明三年期间，能够做满的大概不到三分之二。工作，工作，衰弱到不能走路还是工作，手脚像芦柴棒一般的瘦，身体像弓一般的弯，面色像死人一般的惨，咳着，喘着，淌着冷汗，还是被压迫着做工。

在一种特殊优惠的保护之下，吸收着廉价劳动力的滋养，在中国的东洋

① 《马克思恩格斯文集》第5卷，人民出版社2009年版，第276-277、306、307、311页。

厂飞跃地庞大了。单就这福临路的东洋厂讲，光绪二十八年三井系的资本收买大纯纱厂而创立第一厂的时候，锭子还不到两万，可是三十年之后，他们已经有了六个纱厂，五个布厂，二十五万锭子，三千张布机，八千工人和一千二百万元的资本。美国一位作家索洛曾在一本书上说过，美国铁路的每一根枕木下面，都横卧着一个爱尔兰工人的尸首。那么，我也这样联想，东洋厂的每一个锭子上面都附托着一个中国奴隶的冤魂!

从19世纪初开始，欧美工人阶级为争取缩短工作日劳动时间进行了艰巨斗争。罗伯特·欧文1817年8月提出八小时工作制："8小时劳动，8小时休闲，8个小时休息。"1833年，欧文支持工厂主约翰·多赫尔蒂等人发动了一场争取八小时工作制的运动。1866年9月，根据马克思的倡议，在日内瓦召开的国际工人代表大会提出"八小时工作制"口号。1877年，美国历史上第一次全国罢工开始。1886年5月1日，美国2万多个企业的35万工人举行总罢工，迫使资本家实施八小时工作制。十月革命胜利后，苏维埃政权于1917年11月11日颁布《关于八小时工作制》的法令。第一次世界大战后，1919年10月国际劳工会议承认八小时工作制。以后资本主义各国被迫陆续确认了八小时工作制。

延长工作日劳动时间，既受到工人体力和道德等限制，也容易受到工人的反抗，因而不能充分满足资本家榨取剩余价值的贪欲。因而，资本家转向提高剩余价值率或剥削程度，这就是相对剩余价值生产。

（二）相对剩余价值生产

相对剩余价值：在工作日劳动时间不变的前提下，通过缩短必要劳动时间，来相对地延长剩余劳动时间而生产的剩余价值。

如何缩短必要劳动时间呢？必要劳动时间是再生产劳动力的价值。那么，什么是劳动力的价值呢？它如何计算呢？

劳动力只是作为活的个人的能力而存在。因此，劳动力的生产要以活的个人的存在为前提。假设个人已经存在，劳动力的生产就是这个个人本身的再生产或维持。活的个人要维持自己，需要有一定量的生活资料。因此，生产劳动力所必要的劳动时间，可以归结为生产这些生活资料所必要的劳动时间，或者说，劳动力的价值，就是维持劳动力占有者所必要的生活资料的价值。

生活资料的总和应当足以使劳动者个人能够在正常生活状况下维持自己。由于一个国家的气候和其他自然特点不同，食物、衣服、取暖、居住等等自然需要本身也就不同。另一方面，所谓必不可少的需要的范围，和满足这些需要的方式一样，本身是历史的产物，因此多半取决于一个国家的文化水平，其中主要取决于自由工人阶级是在什么条件下形成的，从而它有哪些习惯和生活要求。因此，和其他商品不同，劳动力的价值规定包含着一个历史的和道德的要素。

因损耗和死亡而退出市场的劳动力，至少要不断由同样数目的新劳动力来补充。因此，生产劳动力所必要的生活资料的总和，包括工人的补充者即工人子女的生活资料，只有这样，这种独特的商品占有者的种族才能在商品市场上永远延续下去。

为改变一般人的本性，使它获得一定劳动部门的技能和技巧，成为发达的和专门的劳动力，就要有一定的教育或训练，而这又得花费或多或少的商品等价物。劳动力的教育费用随着劳动力性质的复杂程度而不同。因此，这种教育费用——对于普通劳动力来说是微乎其微的——包括在生产劳动力所耗费的价值总和中。

劳动力的价值可以归结为一定量生活资料的价值。因此，它也随着这些生活资料的价值即生产这些生活资料所需要的劳动时间量的改变而改变。①

劳动力价值，主要包括维持劳动者及其家庭生存、发展所需要的生活资料的价值。这些生活资料，与生产它们的社会劳动生产率成反比。因而，要缩短必要劳动时间、降低生活资料的价值，就必须提高生活资料的生产部门

①《马克思恩格斯文集》第5卷，人民出版社2009年版，第198-199、199、199-200、200、200页。

的劳动生产率；或者通过国际贸易的方式，进口更便宜的生活资料。这样就能使工人以较低的工资而维持较高的生活水平，从而压缩必要劳动时间。

必要生活资料的总和是由各种商品、各个特殊产业部门的产品构成的，每一种这样的商品的价值总是劳动力价值的一个相应部分。劳动力价值随着它的再生产所必要的劳动时间的缩短而降低，这种必要劳动时间的全部缩短等于所有这些特殊生产部门中这种劳动时间缩短的总和。

在资本主义生产中，发展劳动生产力的目的，是为了缩短工人必须为自己劳动的工作日部分，以此来延长工人能够无偿地为资本家劳动的工作日的另一部分。[①]

资本家总是尽可能地同时使用绝对剩余价值和相对剩余价值这两种剥削方法，实现剩余价值最大化。

五、剩余价值规律是资本主义的绝对规律

生产关系一定要适应生产力状况的基本规律，在资本主义生产方式中就体现为剩余价值规律。

剩余价值规律：通过不断扩大或加重对雇佣劳动的剥削，获取尽可能多的剩余价值。也就是说，资本主义生产方式乃至整个资本主义生活方式，从根本上服从和服务于获得最大限度的剩余价值。

资本主义生产不仅是商品的生产，它实质上是剩余价值的生产。工人不是为自己生产，而是为资本生产。因此，工人单是进行生产已经不够了。他必须生产剩余价值。

资本主义生产的具有代表性的特征……在这里，购买劳动力，不是为了

① 《马克思恩格斯文集》第5卷，人民出版社2009年版，第367、373页。

用它的服务或它的产品来满足买者的个人需要。买者的目的是增殖他的资本，是生产商品，使其中包含的劳动比他支付了报酬的劳动多，也就是包含一个不花费他什么，但会通过商品的出售得到实现的价值部分。生产剩余价值或赚钱，是这个生产方式的绝对规律。①

在资本主义生产方式下，雇佣工人只是生产剩余价值的工具或手段（只具有外在价值或工具价值），工人及其家庭的消费，乃至其本身的生存（存在）和发展，都必须服从和服务于生产剩余价值的需要，“生产剩余价值或赚钱，是这个生产方式的绝对规律。劳动力只有在它会把生产资料当做资本来保存，把自身的价值当做资本再生产出来，并且以无酬劳动提供追加资本的源泉的情况下，才能够卖出去”②。马克思在《政治经济学批判（1861—1863年手稿）》中提出：

因为生产劳动的目的不是为了工人的生存，而是剩余价值的生产，所以一切不生产剩余劳动的必要劳动，对资本主义生产来说，都是多余的和没有价值的。这一点也适用于资本家的国家。……正如不生产纯产品或剩余价值的工人本身的生存是多余的一样，换句话说，如果工人在工业发展的一定阶段上是生产剩余价值所必要的，那么在进一步发展阶段上对生产这种剩余价值就变成多余的。或者说，只有能给资本带来利润的人数是必要的。这一点也适用于资本家的国家。③

剩余价值规律决定资本主义生产方式的一切方面和环节，决定着资本主义生产的高涨和危机，决定着资本主义生产方式的产生、发展和消亡的全过程。资本家追求和榨取工人的剩余价值，导致资本家和工人的经济利益的根本对立，这是两者之间阶级斗争的根本内容。

①《马克思恩格斯文集》第5卷，人民出版社2009年版，第582、714页。

②《马克思恩格斯文集》第5卷，人民出版社2009年版，第714页。

③《马克思恩格斯文集》第8卷，人民出版社2009年版，第381-382页。

只有通过剩余价值规律，才能从根本上说明资本主义社会的一切经济、政治和文化现象。

六、工资与利润

（一）工资

工资，是劳动力的价值或价格，不是劳动的价值或价格。马克思在《工资、价格和利润》中指出：

严格说来，劳动的价值或价格是无意义的名词，但是**劳动力的价值或价格**表面上却很像**劳动本身的价格或价值**。

虽然工人每天的劳动只有一部分是**有偿的**，另一部分是**无偿的**，这无偿的或剩余的劳动正是产生**剩余价值**或**利润**的基础，但是看起来就好像全部劳动都是有偿的劳动。

这种假象，就是**雇佣劳动**和**历史上**其他形式的劳动的不同之处。在雇佣劳动制度的基础上，甚至**无偿的**劳动也好像是**有偿的**劳动。①

他在《资本论》第1卷提出：

在商品市场上同货币占有者直接对立的不是劳动，而是工人。工人出卖的是他的劳动力。当工人的劳动实际上开始了的时候，它就不再属于工人了，因而也就不再能被工人出卖了。劳动是价值的实体和内在尺度，但是它本身没有价值。

工资的形式消灭了工作日分为必要劳动和剩余劳动、分为有酬劳动和无酬劳动的一切痕迹。全部劳动都表现为有酬劳动。……在雇佣劳动下，货币关系掩盖了雇佣工人的无代价劳动。

---

①《马克思恩格斯文集》第3卷，人民出版社2009年版，均为第59页。

因此可以懂得，为什么劳动力的价值和价格转化为工资形式，即转化为劳动本身的价值和价格，具有决定性的重要意义。这种表现形式掩盖了现实关系，正好显示出它的反面。工人和资本家的一切法的观念，资本主义生产方式的一切神秘性，这一生产方式所产生的一切自由幻觉，庸俗经济学的一切辩护遁词，都是以这个表现形式为依据的。①

工资表面上体现为工人劳动的全部报酬，模糊了工人必要劳动和剩余劳动、必要劳动时间和剩余劳动时间的界限，掩盖了资本主义剥削关系。

（二）利润

在现实中，资本家把预付购买的生产资料和劳动力都看作是生产成本，把剩余价值看作是全部预付资本的产物或增加额。在生产成本和利润的形态下，剩余价值的来源被掩盖了。这样，剩余价值好像不是工人的活劳动创造的，而是资本创造的。原来能够清楚地说明剩余价值来源的c+（v+m），就变成了（c+v）+m，剩余价值就转化为利润的形态。

剩余价值和利润实质上是一个东西。区别在于剩余价值针对可变资本，而利润针对全部资本。剩余价值是利润的本质，利润是剩余价值的表现形式。

七、资本积累

任何社会都不能停止消费，也就不能停止生产。按照生产规模来说，社会再生产分为简单再生产和扩大再生产。资本主义生产的特点，是扩大再生产。

（一）简单再生产

研究简单再生产，有助于深化对扩大再生产的认识。

如果工人创造的全部剩余价值，都被资本家占有和用于个人消费，那么这就是简单再生产。

①《马克思恩格斯文集》第5卷，人民出版社2009年版，第615、619、619页。

年生产必须提供用来补偿一年中所消费的资本的物质组成部分的一切物品（使用价值）。扣除这一部分以后，剩下的就是包含剩余价值的纯产品或剩余产品。但这种剩余产品究竟是由什么构成的呢？也许是那些供资本家阶级满足需要和欲望的物品，即加入他们的消费基金的物品吧？如果真是这样，剩余价值就会被挥霍尽，这样就只能进行简单再生产了。[①]

通过简单再生产可以看出：

1．资本家购买劳动力的可变资本，即支付给工人购买生活资料的价值，是工人自己创造的。

2．资本家的全部资本，不管它们最初是从何而来，经过一定时期后，都会变成剩余价值的积累物，变成由剩余价值积累的资本。

3．雇佣工人的消费，完全从属于资本家追逐剩余价值的需要。

4．工人不仅生产出商品，生产出剩余价值，而且还生产出资本家的全部资本和劳动者自身，即重新生产出资本主义生产关系的全部条件。

资本主义生产过程，在联系中加以考察，或作为再生产过程加以考察时，不仅生产商品，不仅生产剩余价值，而且还生产和再生产资本关系本身：一方面是资本家，另一方面是雇佣工人。[②]

因而，资本主义再生产是物质资料再生产和生产关系再生产的统一。

（二）扩大再生产

如果资本家把一部分剩余价值转化为资本，扩大生产规模，这就是资本主义扩大再生产。

把剩余价值当做资本使用，或者说，把剩余价值再转化为资本，叫做资

①《马克思恩格斯文集》第5卷，人民出版社2009年版，第670页。

②《马克思恩格斯文集》第5卷，人民出版社2009年版，第666-667页。

本积累。①

资本积累，就是剩余价值转化为资本，或剩余价值的资本化。资本积累的实质，是资本家通过无偿占有工人的剩余价值来扩大资本总量，并以此为基础而占有更多的剩余价值。

资本积累体现了资本主义占有规律：资本家用其无偿占有的已经物化的工人的劳动，不断占有雇佣工人的活劳动。

（三）资本积累的经济结果

1. 资本有机构成的影响。

全部资本中，购买生产资料的不变资本和购买劳动力的可变资本的比例，直接影响积累，并直接影响工人阶级的命运。马克思在《资本论》第1卷中提出：

资本的构成要从双重的意义上来理解。从价值方面来看，资本的构成是由资本分为不变资本和可变资本的比例，或者说，分为生产资料的价值和劳动力的价值即工资总额的比例来决定的。从在生产过程中发挥作用的物质方面来看，每一个资本都分为生产资料和活的劳动力；这种构成是由所使用的生产资料量和为使用这些生产资料而必需的劳动量之间的比例来决定的。我把前一种构成叫做资本的价值构成，把后一种构成叫做资本的技术构成。二者之间有密切的相互关系。为了表达这种关系，我把由资本技术构成决定并且反映技术构成变化的资本价值构成，叫做资本的有机构成。②

资本技术构成，是总资本中生产资料和劳动力的比例；资本价值构成，是总资本中不变资本和可变资本的比例；资本有机构成，是由资本技术构成决定并反映资本技术构成的资本价值构成。

（1）如果资本有机构成不变，那么对劳动力的需求就随着积累增加而增

①《马克思恩格斯文集》第5卷，人民出版社2009年版，第668页。

②《马克思恩格斯文集》第5卷，人民出版社2009年版，第707页。

加，这可能会改善工人阶级的生存和生活状况。

使他们能够扩大自己的享受范围，有较多的衣服、家具等消费基金，并且积蓄一小笔货币准备金。但是，吃穿好一些，待遇高一些，持有财产多一些，不会消除奴隶的从属关系和对他们的剥削，同样，也不会消除雇佣工人的从属关系和对他们的剥削。由于资本积累而提高的劳动价格，实际上不过表明，雇佣工人为自己铸造的金锁链已经够长够重，容许把它略微放松一点。①

（2）如果资本有机构成提高，可变资本就随着资本积累而相对减少。

一旦资本主义制度的一般基础奠定下来，在积累过程中就一定会出现一个时刻，那时社会劳动生产率的发展成为积累的最强有力的杠杆。

社会劳动生产率的水平就表现为一个工人在一定时间内，以同样的劳动力强度使之转化为产品的生产资料的相对量。工人用来进行劳动的生产资料的量，随着工人的劳动生产率的增长而增长。……劳动生产率的增长，表现为劳动的量比它所推动的生产资料的量相对减少，或者说，表现为劳动过程的主观因素的量比它的客观因素的量相对减少。

资本技术构成的这一变化，即生产资料的量比推动它的劳动力的量相对增长，又反映在资本的价值构成上，即资本价值的不变组成部分靠减少它的可变组成部分而增加。②

资本家之间竞争的结果，导致社会劳动生产率不断提高，每个劳动力运用的生产资料就越多，资本技术构成就越高，不变资本增多而可变资本减少，从而资本价值构成也越高，对劳动的需求则相对减少，于是必然出现相对剩余人口。

①《马克思恩格斯文集》第5卷，人民出版社2009年版，第714页。

②《马克思恩格斯文集》第5卷，人民出版社2009年版，第717、718、718页。

2．相对剩余人口过剩和失业。

在资本积累和资本有机构成不断提高的趋势下，可变资本在社会总资本中的比例下降，对劳动力的需求相对下降。这种人口过剩是由资本增殖的需要所决定的。相对剩余人口，并不是简单地表现为失业人员增多，而是随着资本主义生产周期而在不同生产部门中变动。相对剩余人口，是资本积累的必然产物，也是资本积累的重要杠杆。

过剩的工人人口是积累或资本主义基础上的财富发展的必然产物，但是这种过剩人口反过来又成为资本主义积累的杠杆，甚至成为资本主义生产方式存在的一个条件。过剩的工人人口形成一支可供支配的产业后备军，它绝对地从属于资本，就好像它是由资本出钱养大的一样。①

劳动力商品同样受价值规律和市场机制支配，资本增殖随着经济周期而波动，相对剩余人口可以满足不同时期资本对劳动力的需要。而且，通过劳动力市场的竞争，不仅对工人就业和工资水平形成压力，而且也分化了工人阶级之间的团结和组织力量。这就把劳动力市场限制在资本增殖所需要的范围之内。因而，相对剩余人口是资本主义生产方式的固有现象，是资本主义经济制度的必然产物。

相对剩余人口规律的存在，是工人阶级对资本家阶级依赖加深、阻碍工人阶级团结、资本家阶级得以维持统治地位的重要根源。

3．平均利润率下降。

资本积累的一个结果，是平均利润率下降。剩余价值在现实经济过程中表现为利润，利润率实际上是剩余价值与全部预付资本的比例。因此，利润率不能真实显示剩余价值率。

……利润率即剩余价值和预付总资本的比率。

①《马克思恩格斯文集》第5卷，人民出版社2009年版，第728-729页。

利润率是剩余价值同预付总资本的比率，而剩余价值率则是剩余价值同这个资本的可变部分的比率。假定资本（C）为500镑，分在原料、劳动资料等（c）上共400镑，分在工资（v）上为100镑；再假定剩余价值（m）＝100镑。这样，剩余价值率 $\frac{m}{v}=\frac{100\text{磅}}{100\text{磅}}=100\%$；而利润率 $\frac{m}{C}=\frac{100\text{磅}}{500\text{磅}}=20\%$。[①]

在其他条件不变的前提下，资本有机构成的提高，同一个剩余价值必然导致社会平均利润率的不断下降。平均利润率下降，并不排斥利润总量的绝对增加。

为了抵消利润率的下降，资本家只有增加资本积累，增大总资本，这又导致资本有机构成的提高，加强对工人的剥削程度，相对剩余人口问题进一步恶化，利润率进一步下降。这种循环机制推动资本主义经济发展，同时不断加深资本主义的内在矛盾。

4．资本积累的一般趋势和两极分化。

资本主义制度下的资本积累，导致社会劳动生产率不断提高，资本有机构成提高，从而资本对劳动的需求相对减少，劳动者相对于资本家的经济地位进一步恶化。

一切生产剩余价值的方法同时就是积累的方法，而积累的每一次扩大又反过来成为发展这些方法的手段。……使相对过剩人口或产业后备军同积累的规模和能力始终保持平衡的规律把工人钉在资本上，比赫斐斯塔司的楔子把普罗米修斯钉在岩石上钉得还要牢。这一规律制约着同资本积累相适应的贫困积累。因此，在一极是财富的积累，同时在另一极，即在把自己的产品作为资本来生产的阶级方面，是贫困、劳动折磨、受奴役、无知、粗野和道德堕落的积累。[②]

①《马克思恩格斯文集》第5卷，人民出版社2009年版，第467、598页。

②《马克思恩格斯文集》第5卷，人民出版社2009年版，第743-744页。

马克思揭示了19世纪资本积累的一般趋势，就是一极是财富的积累，同时另一极是相对贫困乃至绝对贫困的积累。随着资本主义国家干预、社会保障制度的建立、工会斗争的发展等，工人阶级在社会财富分配中的地位有所改善，但并没有改变劳动与资本的根本利益对立关系。

第六节　资本主义的基本矛盾、历史地位与发展趋势

一、资本主义的基本矛盾

生产力和生产关系之间的矛盾是贯穿于人类社会始终的基本矛盾。在资本主义条件下，这个基本矛盾具体表现为资本主义的基本矛盾：社会化大生产和生产资料资本主义私人占有之间的矛盾。

生产社会化，包括生产资料使用、生产过程、劳动产品、生产组织、生产管理等领域的社会化。生产社会化，客观上要求劳动者共同占有生产资料、共同组织和管理社会化的生产过程、共同占有和支配劳动产品，而这是资本主义制度本身不能根本解决的。

在资本主义制度下，社会化的生产力成为资本的生产力，成为剥削工人劳动的剩余价值、进行资本积累的能力；社会化的、由劳动者共同使用的生产资料，却被少数资本家私人占有；严密分工、深入协作的社会化生产过程，却被资本家按照追求剩余价值原则进行管理；共同劳动生产的劳动产品，却被资本家私人占有和支配，成为其私有财产；资本所有权和管理权的广泛分离，使资产阶级在社会再生产中成为多余，但他们却掌握着生产资料所有权和社会财富的分配权。

资本主义生产方式不仅在原始积累阶段直接剥夺农民的土地等生产资料、在其成长和壮大中剥削雇佣工人的剩余价值，而且在资本集中过程中不断深化资本家之间的剥夺：

> 这种剥夺是通过资本主义生产本身的内在规律的作用，即通过资本的集中进行的。一个资本家打倒许多资本家。随着这种集中或少数资本家对多数资本家的剥夺，规模不断扩大的劳动过程的协作形式日益发展，科学日益被自觉地应用于技术方面，土地日益被有计划地利用，劳动资料日益转化为只能共同使用的劳动资料，一切生产资料因作为结合的、社会的劳动的生产资料使用而日益节省，各国人民日益被卷入世界市场网，从而资本主义制度日益具有国际的性质。随着那些掠夺和垄断这一转化过程的全部利益的资本巨头不断减少，贫困、压迫、奴役、退化和剥削的程度不断加深，而日益壮大的、由资本主义生产过程本身的机制所训练、联合和组织起来的工人阶级的反抗也不断增长。资本的垄断成了与这种垄断一起并在这种垄断之下繁盛起来的生产方式的桎梏。生产资料的集中和劳动的社会化，达到了同它们的资本主义外壳不能相容的地步。这个外壳就要炸毁了。资本主义私有制的丧钟就要响了。剥夺者就要被剥夺了。[①]

恩格斯的《反杜林论》再次重申了这一观点。[②]

二、资本主义的历史地位

资本主义是一个历史现象，有产生、发展、衰亡的历史过程。马克思、恩格斯等经典作家全面评价了资本主义的历史地位和发展趋势。

（一）资本主义的进步性

马克思、恩格斯在《共产党宣言》中指出：“资产阶级在历史上曾经起过非常革命的作用。”[③]这至少有如下几个方面。

①《马克思恩格斯文集》第5卷，人民出版社2009年版，第873-874页。
②《马克思恩格斯文集》第9卷，人民出版社2009年版，第140-141页。
③《马克思恩格斯文集》第2卷，人民出版社2009年版，第33页。

1. 劳动者的相对解放。

资本主义打破了欧洲封建社会农民（农奴）对封建主的人身依附关系、等级限制等束缚，工人获得人身自由和一些基本人权，物质生活、社会生活、政治生活和精神生活条件都有很大改善。

资产阶级在它已经取得了统治的地方把一切封建的、宗法的和田园诗般的关系都破坏了。它无情地斩断了把人们束缚于天然尊长的形形色色的封建羁绊，它使人和人之间除了赤裸裸的利害关系，除了冷酷无情的“现金交易”，就再也没有任何别的联系了。

过去那种地方的和民族的自给自足和闭关自守状态，被各民族的各方面的互相往来和各方面的互相依赖所代替了。物质的生产是如此，精神的生产也是如此。各民族的精神产品成了公共的财产。民族的片面性和局限性日益成为不可能，于是由许多种民族的和地方的文学形成了一种世界的文学。

资产阶级使农村屈服于城市的统治。它创立了巨大的城市，使城市人口比农村人口大大增加起来，因而使很大一部分居民脱离了农村生活的愚昧状态。①

恩格斯在《反杜林论》中说：

大规模的贸易，特别是国际贸易，尤其是世界贸易，要求有自由的、在行动上不受限制的商品占有者，他们作为商品占有者是有平等权利的，他们根据对他们所有人来说都平等的、至少在当地是平等的权利进行交换。

社会的经济进步一旦把摆脱封建桎梏和通过消除封建不平等来确立权利平等的要求提上日程，这种要求就必定迅速地扩大其范围。……农民遭受着从十足的农奴制开始的各种程度的奴役，他们必须把自己绝大部分的劳动时间无偿地献给仁慈的封建领主，此外，还得向领主和国家交纳无数的贡税。

①《马克思恩格斯文集》第2卷，人民出版社2009年版，第33-34、35、36页。

另一方面，也不能不要求废除封建特惠、贵族免税权以及个别等级的政治特权。由于人们不再生活在像罗马帝国那样的世界帝国中，而是生活在那些相互平等地交往并且处在差不多相同的资产阶级发展阶段的独立国家所组成的体系中，所以这种要求就很自然地获得了普遍的、超出个别国家范围的性质，而自由和平等也很自然地被宣布为**人权**。这种人权的特殊资产阶级性质的典型表现是美国宪法，它最先承认了人权，同时确认了存在于美国的有色人种奴隶制：阶级特权不受法律保护，种族特权被神圣化。[①]

劳动者的人身自由和其他一些基本人权，使其摆脱了前资本主义社会的人身依附等经济和政治束缚，有利于发挥劳动的积极性和创造性，有利于推动劳动者的自由而全面的发展，这是重大的历史进步。

2. 社会生产力的高度发展。

劳动者是生产力的核心要素。相对于奴隶制度和封建制度，资本主义制度更有利于解放和发展社会生产力。

资本主义制度不仅在一定程度上促进了劳动者的解放，而且促进了科学发明和技术进步，促进了机器等生产资料的革新，促进了动力、交通等生产条件的快速发展，从而极大地提高了社会生产力，推动着生产的社会化，创造了巨大的物质财富。马克思、恩格斯在《共产党宣言》中指出：

资产阶级，由于一切生产工具的迅速改进，由于交通的极其便利，把一切民族甚至最野蛮的民族都卷到文明中来了。它的商品的低廉价格，是它用来摧毁一切万里长城、征服野蛮人最顽强的仇外心理的重炮。它迫使一切民族——如果它们不想灭亡的话——采用资产阶级的生产方式；它迫使它们在自己那里推行所谓的文明，即变成资产者。一句话，它按照自己的面貌为自己创造出一个世界。

资产阶级在它的不到一百年的阶级统治中所创造的生产力，比过去一切

①《马克思恩格斯文集》第9卷，人民出版社2009年版，第110、111-112页。

世代创造的全部生产力还要多，还要大。[①]

资本主义生产力的巨大发展，创造了越来越多的剩余劳动和剩余劳动时间、剩余产品。马克思在《1857—1858年经济学手稿》中提出：

资本的伟大的历史方面就是**创造**这种**剩余劳动**，即从单纯使用价值的观点，从单纯生存的观点来看的多余劳动，而一旦到了那样的时候，即一方面，需要发展到这种程度，以致超过必要劳动的剩余劳动本身成为普遍需要，成为从个人需要本身产生的东西，另一方面，普遍的勤劳，由于世世代代所经历的资本的严格纪律，发展成为新的一代的普遍财产，最后，这种普遍的勤劳，由于资本的无止境的致富欲望及其唯一能实现这种欲望的条件不断地驱使劳动生产力向前发展，而达到这样的程度，以致一方面整个社会只需用较少的劳动时间就能占有并保持普遍财富，另一方面劳动的社会将科学地对待自己的不断发展的再生产过程，对待自己的越来越丰富的再生产过程，从而，人不再从事那种可以让物来替人从事的劳动，——一旦到了那样的时候，资本的历史使命就完成了。[②]

马克思在《资本论》第3卷提出：

资本的文明面之一是，它榨取这种剩余劳动的方式和条件，同以前的奴隶制、农奴制等形式相比，都更有利于生产力的发展，有利于社会关系的发展，有利于更高级的新形态的各种要素的创造。因此，资本一方面会导致这样一个阶段，在这个阶段上，社会上的一部分人靠牺牲另一部分人来强制和垄断社会发展（包括这种发展的物质方面和精神方面的利益）的现象将会消灭；另一方面，这个阶段又会为这样一些关系创造出物质手段和萌芽，这些关系在一个更高级的社会形式中，使这种剩余劳动能够同物质劳动一般所占用的时

①《马克思恩格斯文集》第2卷，人民出版社2009年版，第35-36、36页。

②《马克思恩格斯文集》第8卷，人民出版社2009年版，第69页。

间的更大的节制结合在一起。[①]

恩格斯在《反杜林论》中说：

只有通过大工业所达到的生产力的极大提高，才有可能把劳动无例外地分配给一切社会成员，从而把每个人的劳动时间大大缩短，使一切人都有足够的自由时间来参加社会的公共事务——理论的和实际的公共事务。因此，只是在现在，任何统治阶级和剥削阶级才成为多余的，而且成为社会发展的障碍，也只是在现在，统治阶级和剥削阶级，无论拥有多少“直接的暴力”，都将被无情地消灭。[②]

资本家为了获得剩余价值而“肆无忌惮地迫使人类去为生产而生产，从而去发展社会生产力，去创造生产的物质条件”，客观上“为一个更高级的、以每一个个人的全面而自由的发展为基本原则的社会形式建立现实基础”[③]。

3．资本主义民主制度与文化发展。

恩格斯在《反杜林论》中说：

从资产阶级社会的经济条件中这样推导出现代平等观念，首先是由马克思在《资本论》中作出的。[④]

资本主义民主制度虽然是为推翻封建制度、维护资产阶级统治服务的，但它在经济上保护自由竞争、等价交换，政治上法律上承认自由、民主、平等，相对于奴隶社会、封建社会都是巨大的历史进步。资本主义社会推动了科学进步、技术发明和哲学、文学、教育、艺术等文化发展，为人类物质文

①《马克思恩格斯文集》第8卷，人民出版社2009年版，第69页。

②《马克思恩格斯文集》第9卷，人民出版社2009年版，第189-190页。

③《马克思恩格斯文集》第5卷，人民出版社2009年版，第683页。

④《马克思恩格斯文集》第9卷，人民出版社2009年版，第111页。

明、政治文明、精神文明等作出重要贡献。

人民群众在资本主义历史条件下所创造的、超越资本主义历史局限性的优秀成果，是人类的共同财富。全面考察、辩证分析、改造汲取“资本主义制度所创造的一切积极的成果”[①]，是社会主义社会和人类进步的重要历史任务。习近平指出：“对国外特别是西方经济学，我们要坚持去粗取精、去伪存真，坚持以我为主、为我所用，对其中反映资本主义制度属性、价值观念的内容，对其中具有西方意识形态色彩的内容，不能照抄照搬。”[②]

（二）资本主义的局限性

1．劳动者始终处于被剥削和被压迫地位。

在资本主义制度下，以工人阶级为主体的劳动者始终处于被剥削、被压迫的社会地位。马克思、恩格斯在《神圣家族》中提出：

> 在现代世界，每一个人都既是奴隶制的成员，**同时**又是共同体的成员。这种**市民社会的奴隶制**在**表面上**看来是最大的**自由**，因为这种奴隶制看上去似乎是尽善尽美的个人**独立**，这种个人把自己的异化的生命要素如财产、工业、宗教等的既不再受普遍纽带束缚也不再受人束缚的不可遏止的运动，当做**自己的**自由，但是，这样的运动实际上是个人的十足的屈从性和非人性。[③]

资本主义制度把人本身商品化，劳动者成为资本增殖的手段和工具，工人及其家庭的生存和发展都要服从和服务于资本家增殖剩余价值的需要，“资本具有独立性和个性，而活动着的个人却没有独立性和个性”[④]。资本主义雇佣劳动制度的“隐蔽的奴隶制”与古希腊罗马奴隶制、中世纪的农奴制是“文明时代的三大时期所特有的三大奴役形式”[⑤]。

资本主义的自由“不是一个人在另一个人面前享有的自由”，而是“资本

①《马克思恩格斯文集》第3卷，人民出版社2009年版，第575页。

②《十八大以来重要文献选编》（下），中央文献出版社2018年版，第6–7页。

③《马克思恩格斯文集》第1卷，人民出版社2009年版，第316页。

④《马克思恩格斯文集》第2卷，人民出版社2009年版，第46页。

⑤《马克思恩格斯文集》第4卷，人民出版社2009年版，第195页。

所享有的压榨工人的自由”[1]。马克思在《政治经济学批判（1858—1859年手稿）》中提出：

由此也产生一种荒谬的看法，把自由竞争看成是人类自由的终极发展，认为否定自由竞争就等于否定个人自由，等于否定以个人自由为基础的社会生产。但这不过是在有局限性的基础上，即在资本统治的基础上的自由发展。因此，这种个人自由同时也是最彻底地取消任何个人自由，而使个性完全屈从于这样的社会条件，这些社会条件采取物的权力的形式，而且是极其强大的物，离开彼此发生关系的个人本身而独立的物。

断言自由竞争等于生产力发展的终极形式，因而也是人类自由的终极形式，这无非是说资产阶级的统治就是世界历史的终结。——对前天的暴发户们来说这当然是一个愉快的想法。[2]

劳动者虽然摆脱了前资本主义社会的人身依附等剥削关系，但仍然受到资本的控制和剥削，实际上仍然处于人身、经济、政治和精神奴役地位。

2. 异化劳动。

社会化大生产与生产资料的资本主义私有制之间的矛盾，使资本主义生产服从于资本家追求剩余价值的需要。在生产资料私有制特别是资本主义雇佣劳动制度下，劳动者与生产资料分离，生产劳动成为与劳动者相对立的异化劳动。马克思在《1844年经济学哲学手稿》中指出：

劳动对工人来说是**外在的东西**，也就是说，不属于他的本质；因此，他在自己的劳动中不是肯定自己，而是否定自己，不是感到幸福，而是感到不幸，不是自由地发挥自己的体力和智力，而是使自己的肉体受折磨、精神遭摧残。因此，工人只有在劳动之外才感到自在，而在劳动中则感到不自在，他在不劳动时觉得舒畅，而在劳动时就觉得不舒畅。因此，他的劳动不是自

①《马克思恩格斯文集》第1卷，人民出版社2009年版，第757页。
②《马克思恩格斯文集》第8卷，人民出版社2009年版，第180-181、181页。

愿的劳动，而是被迫的**强制劳动**。因此，这种劳动不是满足一种需要，而只是满足劳动以外的那些需要的一种**手段**。劳动的异己性完全表现在：只要肉体的强制或其他强制一停止，人们就会像逃避瘟疫那样逃避劳动。外在的劳动，人在其中使自己外化的劳动，是一种自我牺牲、自我折磨的劳动。

人（工人）只有在运用自己的动物机能——吃、喝、生殖，至多还有居住、修饰等等——的时候，才觉得自己在自由活动，而在运用人的机能时，觉得自己只不过是动物。动物的东西成为人的东西，而人的东西成为动物的东西。

如果人把他自己的活动看做一种不自由的活动，那么他是把这种活动看做替他人服务的、受他人支配的、处于他人的强迫和压制之下的活动。[①]

马克思比较了奴隶劳动、徭役劳动、雇佣劳动等剥削社会中“外在的强制劳动”和“真正自由的劳动”，前者是统治和剥削生产者，“使工人畸形发展，成为局部的人，把工人贬低为机器的附属品，使工人受劳动的折磨”[②]；后者“使劳动会成为吸引人的劳动，成为个人的自我实现”[③]，劳动的内容及其方式和方法吸引劳动者，“把劳动当做他自己体力和智力的活动来享受”[④]。在异化劳动状态下，劳动者的体力、智力、道德、情趣等都被扭曲而片面发展，导致身心的畸形。这种“被迫的强制劳动”只不过是单纯的谋生手段，而且还是导致劳动者被支配、被统治、被控制的深刻原因。马克思、恩格斯批判资本主义社会，就是要扬弃劳动的异化，实现人本身的真正解放。

3．财富的两极分化。

生产资料的资本主义私有制决定资本主义社会的分配和消费，工人所创造的剩余价值被资本家无偿占有，社会财富分配呈现出两极分化趋势，一极是资本家阶级占有巨大财富，一极是工人阶级占有极少数社会财富，由此导

①《马克思恩格斯文集》第1卷，人民出版社2009年版，第159-160、160、165页。
②《马克思恩格斯文集》第5卷，人民出版社2009年版，第743页。
③《马克思恩格斯文集》第8卷，人民出版社2009年版，第174页。
④《马克思恩格斯文集》第5卷，人民出版社2009年版，第208页。

致工人阶级的消费能力远远赶不上资本主义生产无限扩张的趋势。

4. 社会矛盾的积累和激化。

生产剩余价值是资本主义的绝对规律。个别企业生产的有组织性和整个社会生产的无政府状态之间的矛盾不断加深，市场竞争的盲目性和自发性等造成巨大浪费。

> 在每次证券投机中，每个人都知道暴风雨总有一天会到来，但是每个人都希望暴风雨在自己发了大财并把钱藏好以后，落到邻人的头上。我死后哪怕洪水滔天！这就是每个资本家和每个资本家国家的口号。①

5. 资产阶级民主政治的局限性。

资产阶级国家是维护资本剥削的最好工具。列宁指出：

> 民主共和制是资本主义所能采用的最好的政治外壳，所以资本一掌握……这个最好的外壳，就能十分巩固十分可靠地确立自己的权力，以致在资产阶级民主共和国中，无论人员、无论机构、无论政党的**任何**更换，都不会使这个权力动摇。②

资本主义制度下，无产阶级和资产阶级之间的矛盾、物质生产生活和生态环境之间的矛盾、发达资本主义国家之间的矛盾、发达资本主义国家与发展中国家之间的矛盾，乃至发达资本主义国家与人类安全之间的矛盾等，都在不断深化。

不仅如此，“西方资产阶级按照自己的面貌用恐怖的方法去改造世界”③，近代以来两次世界大战都由发达资本主义国家酝酿发起，欧美、日本等资本主义国家的对外扩张、侵略、掠夺对中国等亚非拉民族造成巨大而深重的灾

① 《马克思恩格斯文集》第5卷，人民出版社2009年版，第311页。

② 《列宁选集》第3卷，人民出版社2012年版，第120页。

③ 《毛泽东选集》第4卷，人民出版社1991年版，第1513页。

难。

三、社会主义取代资本主义的必然性与曲折性

（一）社会主义取代资本主义的必然性

社会主义取代资本主义是资本主义社会基本矛盾演变的必然结果。一方面，资本主义生产方式造成资产阶级和工人阶级之间的不可调和的阶级对立和阶级斗争；另一方面，工人阶级在现实斗争中不断走向成熟，在阶级意识、革命联合、思想素养等各方面走向成熟。

1. 资本主义社会基本矛盾运动的必然结果。

资本主义制度下，生产社会化与生产资料资本主义私人占有之间的矛盾是不能彻底解决的。资本主义创造了巨大的社会生产力，但又不能容纳和驾驭这种生产力，这就必然导致经济危机的不断发生。马克思、恩格斯在《共产党宣言》中提出：

在商业危机期间，总是不仅有很大一部分制成的产品被毁灭掉，而且有很大一部分已经造成的生产力被毁灭掉。在危机期间，发生一种在过去一切时代看来都好像是荒唐现象的社会瘟疫，即生产过剩的瘟疫。社会突然发现自己回到了一时的野蛮状态，仿佛是一次饥荒、一场普遍的毁灭性战争，使社会失去了全部生活资料，仿佛是工业和商业全被毁灭了。这是什么缘故呢？因为社会上文明过度，生活资料太多，工业和商业太发达。社会所拥有的生产力已经不能再促进资产阶级文明和资产阶级所有制关系的发展；相反，生产力已经强大到这种关系所不能适应的地步，它已经受到这种关系的阻碍；而它一着手克服这种障碍，就使整个资产阶级社会陷入混乱，就使资产阶级所有制的存在受到威胁。资产阶级的关系已经太狭窄了，再容纳不了它本身所造成的财富了。①

①《马克思恩格斯文集》第2卷，人民出版社2009年版，第37页。

人类社会的运动、发展，归根到底是“现实的人”的实践活动和实践能力推动着人们自身不断实现自由而全面发展，并从而推动社会形态从低级向高级发展到真实的“自由人联合体”。生产关系一定要适合生产力状况的规律、上层建筑一定要适合经济基础状况的规律，都是“现实的人”不断推动和实现自身发展的规律。劳动者的解放程度和发展程度，是人类社会进步的根本标志。只有扬弃资本主义私有制而建立社会主义、共产主义公有制，才能从根本上解决资本主义社会的生产力和生产关系、经济基础和上层建筑等各种社会矛盾，才能真正克服劳动异化和其他异化现象，真正解放劳动者和其他一切社会成员，推进每个人的自由而全面的发展。

19世纪资本主义是尚处于早期阶段的资本主义，社会组织的不完备、社会自调节能力的薄弱，使这一社会形态的固有弊病以缺少控制的、尖锐的形式凸显出来，从而为马恩这样的天才人物剖视资本主义的基本矛盾提供了可能。①

当代西方资本主义，仍然受到其内在矛盾运动的制约。2016年5月17日，习近平在哲学社会科学工作座谈会上讲话指出：

有人说，马克思主义政治经济学过时了，《资本论》过时了。这个说法是武断的。远的不说，就从国际金融危机看，许多西方国家经济持续低迷、两极分化加剧、社会矛盾加深，说明资本主义固有的生产社会化和生产资料私人占有之间的矛盾依然存在，但表现形式、存在特点有所不同。国际金融危机发生后，不少西方学者也在重新研究马克思主义政治经济学、研究《资本论》，借以反思资本主义的弊端。

① 张光明：《布尔什维主义与社会民主主义的历史分野》，中央编译出版社1999年版，第184-185页。

对资本主义生产方式和资本主义社会本身所固有的各种弊端，社会主义国家必须保持清醒的自觉和高度的警惕。

2．社会化大生产提供了社会主义取代资本主义的物质条件。

在资本主义制度下，高度发达的社会生产力，生产资料使用、生产过程、劳动产品、生产组织、生产管理等领域的社会化，为社会主义社会实行全面的社会化管理准备了组织形式和物质手段。

资本主义生产本身已经使那种完全同资本所有权分离的指挥劳动比比皆是。因此，这种指挥劳动就无须资本家亲自进行了。一个乐队指挥完全不必就是乐队的乐器的所有者，如何处理其他演奏者的“工资”问题，也不是他这个乐队指挥职能范围以内的事情。合作工厂提供了一个实例，证明资本家作为生产上的执行职能的人员已经成为多余的了，就像资本家自己发展到最成熟时，认为大地主是多余的一样。①

3．工人阶级的成长和工人阶级政党的建立。

（1）工人阶级的组织程度。

马克思、恩格斯在《共产党宣言》中指出：

联合的行动，至少是各文明国家的联合的行动，是无产阶级获得解放的首要条件之一。②

工人阶级只能自己解放自己，工人阶级自身的联合是获得解放的前提条件。资本主义社会化大生产，交通工具的进步等物质条件，促使各地的工人彼此联系起来。工人阶级的普遍联系、联合，逐渐组织成为工人阶级政党，在组织、团结、教育工人阶级的斗争中发挥核心作用。

①《马克思恩格斯文集》第7卷，人民出版社2009年版，第434-435页。
②《马克思恩格斯文集》第2卷，人民出版社2009年版，第50页。

无产者组织成为阶级，从而组织成为政党这件事，不断地由于工人的自相竞争而受到破坏。但是，这种组织总是重新产生，并且一次比一次更强大、更坚固、更有力。

在实践方面，共产党人是各国工人政党中最坚决的、始终起推动作用的部分，在理论方面，他们胜过其余无产阶级群众的地方在于他们了解无产阶级运动的条件、进程和一般结果。

共产党一分钟也不忽略教育工人尽可能明确地意识到资产阶级和无产阶级的敌对的对立。①

建立在工人的自相竞争之上的雇佣劳动，是资产阶级生存和统治的根本条件，但现代工业进步不可避免地“使工人通过结社而达到的革命联合代替了他们由于竞争而造成的分散状态”，因而“资产阶级的灭亡和无产阶级的胜利是同样不可避免的”②。

（2）工人阶级的“政治教育和普通教育的因素”。

在资产阶级被迫要求工人阶级援助的斗争中，工人阶级增强着自身的教育素养。资产阶级成员被迫转到工人阶级队伍中，及一部分资产阶级思想家转入工人阶级队伍中，都带来工人阶级教育素养的提升。

工业的进步把统治阶级的整批成员抛到无产阶级队伍里去，或者至少也使他们的生活条件受到威胁。他们也给无产阶级带来了大量的教育因素。

在阶级斗争接近决战的时期，统治阶级内部的、整个旧社会内部的瓦解过程，就达到非常强烈、非常尖锐的程度，甚至使得统治阶级中的一小部分人脱离统治阶级而归附于革命的阶级，即掌握着未来的阶级。所以，正像过去贵族中有一部分人转到资产阶级方面一样，现在资产阶级中也有一部分人，特别是已经提高到能从理论上认识整个历史运动的一部分资产阶级思想家，

①《马克思恩格斯文集》第2卷，人民出版社2009年版，第40-41、44、66页。

②《马克思恩格斯文集》第2卷，人民出版社2009年版，第43页。

转到无产阶级方面来了。[①]

马克思在《政治经济学批判（1857—1858年手稿）》和《资本论》等著作中，多次指出人类社会的发展整体上呈现出否定之否定的发展规律。他认为，"现代资产阶级的生产方式"的"以物的依赖性为基础的人的独立性"的历史阶段，是对前资本主义社会的原始社会、奴隶社会和封建社会"人的依赖关系"历史阶段的辩证否定；而资本主义生产方式，也必将被"建立在个人全面发展和他们共同的、社会的生产能力成为从属于他们的社会财富这一基础上的自由个性"即共产主义社会历史阶段所辩证否定。[②]

从资本主义生产方式产生的资本主义占有方式，从而资本主义的私有制，是对个人的、以自己劳动为基础的私有制的第一个否定。但资本主义生产由于自然过程的必然性，造成了对自身的否定。这是否定的否定。这种否定不是重新建立私有制，而是在资本主义时代的成就的基础上，也就是说，在协作和对土地及靠劳动本身生产的生产资料的共同占有的基础上，重新建立个人所有制。[③]

在"协作和对土地及靠劳动本身生产的生产资料的共同占有的基础上，重新建立个人所有制"的新社会，每个人都能够实现自由而全面的发展，"我们的目的是要建立社会主义制度，这种制度将给所有的人提供健康而有益的工作，给所有的人提供充裕的物质生活和闲暇时间，给所有的人提供真正的充分的自由"[④]。这是人类历史发展的必然趋势。

（二）社会主义取代资本主义的曲折性

社会主义取代资本主义，是一个长期的、艰巨的、曲折的斗争过程。马

①《马克思恩格斯文集》第2卷，人民出版社2009年版，均为第41页。
②《马克思恩格斯文集》第8卷，人民出版社2009年版，第52页。
③《马克思恩格斯文集》第5卷，人民出版社2009年版，第874页。
④《马克思恩格斯全集》第21卷，人民出版社1965年版，第570页。

克思在1859年《政治经济学批判序言》中提出“两个决不会”的重要论断：

无论哪一个社会形态，在它所能容纳的全部生产力发挥出来以前，是决不会灭亡的。而新的更高的生产关系，在它的物质存在条件在旧社会的胎胞里成熟以前，是决不会出现的。所以人类始终只提出自己能够解决的任务，因为只要仔细考察就可以发现，任务本身，只有在解决它的物质条件已经存在或者至少是在生成过程中的时候，才会产生。①

1. 资本主义生产方式所容纳的生产力尚未全部发挥出来。

马克思在《资本论》第1卷第1版的序言中说：

现在的社会不是坚实的结晶体，而是一个能够变化并且经常处于变化过程中的有机体。②

资本主义社会是一个不断成长、创新和自我调整的社会有机体，经常采取各种形式的自我调整以容纳更大的社会生产力。比如19世纪后期的股份公司、19世纪末20世纪初的垄断资本主义、二战以后的国家垄断资本主义、20世纪80年代以来国际垄断资本主义的发展等，通过资本主义所有制结构、劳资关系调整、收入分配调整等国际、国内的自我调整，在一定程度上缓和了资本主义基本矛盾。但是，这些措施并没有根本改变资本主义的基本性质，也不能从根本上克服其基本矛盾。

2. 资产阶级采取各种手段维护自身的统治地位。

资产阶级不断创造各种手段，通过一系列经济、政治、文化政策，加强、巩固其经济、政治、文化等各个领域的统治地位和支配权、领导权。

在国内，资产阶级及其国家政权采取措施，强化工人阶级之间的竞争、分化工人阶级的团结、淡化工人阶级的阶级意识、压制工人阶级的斗争等。

① 《马克思恩格斯文集》第2卷，人民出版社2009年版，第592页。

② 《马克思恩格斯文集》第5卷，人民出版社2009年版，第12-13页。

在国外，美国等发达资本主义国家，对社会主义国家进行政治、军事、经济、文化等多种形式干涉，如封锁、制裁、侵略和“和平演变”等；特别是在社会主义国家内部培养和扶植代理人，支持其从事国家分裂、政治对抗、意识形态斗争等。

3．社会主义国家的艰难探索。

虽然马克思、恩格斯、列宁等对新社会的某些基本特征有所预测，但社会主义和共产主义社会是人类前所未有的新事物，没有经验可以借鉴。列宁指出：

> 马克思从社会主义和政治斗争的全部历史中得出结论：国家一定会消失；国家消失的过渡形式（从国家到非国家的过渡），将是“组织成为统治阶级的无产阶级”。但是，马克思并没有去**发现**这个未来的政治**形式**。他只是对法国历史作了精确的观察，对它进行了分析，得出了1851年所导致的结论：事情已到了**破坏**资产阶级的国家机器的地步。①

习近平在2013年指出：

> 实际上，怎样治理社会主义社会这样全新的社会，在以往的世界社会主义中没有解决得很好。马克思、恩格斯没有遇到全面治理一个社会主义国家的实践，他们关于未来社会的原理很多是预测性的；列宁在俄国十月革命后不久就过世了，没来得及深入探索这个问题；苏联在这个问题上进行了探索，取得了一些实践经验，但也犯下了严重错误，没有解决这个问题。我们党在全国执政以后，不断探索这个问题，虽然也发生了严重曲折，但在国家治理体系和治理能力上积累了丰富经验、取得了重大成果，改革开放以来的进展尤为显著。②

①《列宁选集》第3卷，人民出版社2012年版，第159–160页。

②《习近平谈治国理政》，外文出版社2014年版，第91页。

20世纪初期以来的社会主义国家，如苏联和中国等都是经济、政治、文化相对落后的国家，而不是如马克思、恩格斯所设想的在资本主义成熟国家建立社会主义制度。因而，苏联和第二次世界大战后建立的一系列社会主义国家都面临着探索“什么是社会主义、怎么建设社会主义”的历史任务，既有巨大成就，也有严重失误和曲折。列宁1919年指出：

如果从实质上来观察问题，难道历史上有一种新生产方式是不经过许许多多的失败、错误和反复而一下子就确立起来的吗？[①]

新兴社会主义国家，必须在物质生活、社会生活、政治生活、精神生活等领域全面赶超西方资本主义国家。其中，首先就面临着创造比资本主义更高的劳动生产率的艰巨任务。列宁1919年在《伟大的创举》中提出：

无产阶级专政不只是对剥削者使用的暴力，甚至主要的不是暴力。这种革命暴力的经济基础，它的生命力和成功的保证，就在于无产阶级代表着并实现着比资本主义更高类型的社会劳动组织。实质就在这里。共产主义的力量源泉和必获全胜的保证就在这里。

归根到底，战胜资产阶级所需力量的最深源泉，这种胜利牢不可破的唯一保证，只能是新的更高的社会生产方式，只能是用社会主义的大生产代替资本主义和小资产阶级的生产。

劳动生产率，归根到底是使新社会制度取得胜利的最重要最主要的东西。资本主义创造了在农奴制度下所没用过的劳动生产率。资本主义可以最终被战胜，而且一定会被最终战胜，因为社会主义能创造新的高得多的劳动生产率。这是很困难很长期的事业，但**这个事业已经开始**，这是最主要的。[②]

从历史上来看，中国错过了18世纪到19世纪中叶以蒸汽机为代表的第一

①《列宁选集》第4卷，人民出版社2012年版，第15页。

②《列宁选集》第4卷，人民出版社2012年版，第9-10、13、16页。

次工业革命、19世纪70年代到20世纪初以电力为代表的第二次工业革命；勉强抓住了二战以后以原子能、电子计算机、空间技术、生物工程的发明和应用为主要标志的第三次工业革命，但仍然处于赶超阶段；现在则在新能源、新材料、新环境技术、新生物科技、人工智能等第四次工业革命中居于相对有利地位，但仍然面临着美国等西方发达国家的压制和扼杀。我国劳动者的综合素质、创新能力、分工与协作水平等还有待进一步提升；科学技术的发明与应用、新生产工具的创造、能源和交通等生产条件等有待进一步完善，国家制度和国家治理体系的显著优势有待进一步发挥，等等。正如习近平在2013年所指出的：

我们讲要坚定道路自信、理论自信、制度自信，要有坚如磐石的精神和信仰力量，也要有支撑这种精神和信仰的强大物质力量。这就要靠通过不断改革创新，使中国特色社会主义在解放和发展社会生产力、解放和增强社会活力、促进人的全面发展上比资本主义制度更有效率，更能激发全体人民的积极性、主动性、创造性，更能为社会发展提供有利条件，更能在竞争中赢得比较优势，把中国特色社会主义制度的优越性充分体现出来。①

一方面，社会主义国家要积极批判继承和科学扬弃人类所创造的一切文明成果。如列宁所提出的"无产阶级文化应当是人类在资本主义社会、地主社会和官僚社会压迫下创造出来的全部知识合乎规律的发展"②；另一方面，中国等社会主义国家还要在马克思主义基本原理指导下，批判继承和科学扬弃本民族的一切文明成果，实现马克思主义基本原理与本国基本国情和优秀历史文化传统相结合，走有民族特色的社会主义道路。习近平指出：中国特色社会主义"不是简单延续我国历史文化的母版，不是简单套用马克思主义经典作家设想的模板，不是其他国家社会主义实践的再版，也不是国外现代

①《习近平谈治国理政》，外文出版社2014年版，第93页。

②《列宁专题文集 论无产阶级政党》，人民出版社2009年版，第281页。

化发展的翻版，不可能找到现成的教科书”[①]。中华文化是中华民族生生不息、浴火重生、发展壮大的丰厚滋养，为中国道路提供了无比深厚的历史底蕴，当代中国的伟大社会变革具有人类历史上从未有过的独创性。“坚持把马克思主义基本原理同中国具体实际相结合、同中华优秀传统文化相结合”，创造“中国式现代化新道路”和“人类文明新形态”，是中华民族复兴和中国特色社会主义的正确道路。

同时也要看到，不论是中华民族的历史遗产，还是国外文明成果，都包含着两重性，正如马克思在《资本论》第1卷第1版序言中说：

除了现代的灾难而外，压迫着我们的还有许多遗留下来的灾难，这些灾难的产生，是由于古老的、陈旧的生产方式以及伴随着它们的过时的社会关系和政治关系还在苟延残喘。不仅活人使我们受苦，而且死人也使我们受苦。死人抓住活人![②]

西方资本主义国家的表面自由、平等和拜金主义、个人主义等弊端，中国在长期君主专制社会中形成的等级观念、小农意识等诸多弊端，都需要严肃批判和认真清理。

对我国传统文化，对国外的东西，坚持古为今用、洋为中用，去粗取精、去伪存真，经过科学的扬弃后使之为我所用。[③]

新中国成立70多年来，中国共产党和中华民族找到了一条中国特色社会主义的发展道路，使中国赶上了时代步伐，实现了中国人民从站起来到富起来、强起来的伟大飞跃。习近平在庆祝中国共产党成立九十五周年大会上指出：

①《习近平谈治国理政》第2卷，外文出版社2017年版，第344页。

②《马克思恩格斯文集》第5卷，人民出版社2009年版，第9页。

③《习近平谈治国理政》，外文出版社2014年版，第156页。

中国共产党领导中国人民取得的伟大胜利，使具有5000多年文明历史的中华民族全面迈向现代化，让中华文明在现代化进程中焕发出新的蓬勃生机；使具有500年历史的社会主义主张在世界上人口最多的国家成功开辟出具有高度现实性和可行性的正确道路，让科学社会主义在21世纪焕发出新的蓬勃生机；使具有60多年历史的新中国建设取得举世瞩目的成就，中国这个世界上最大的发展中国家在短短30多年里摆脱贫困并跃升为世界第二大经济体，彻底摆脱被开除球籍的危险，创造了人类社会发展史上惊天动地的发展奇迹，使中华民族焕发出新的蓬勃生机。

我们要坚信，中国特色社会主义道路是实现社会主义现代化的必由之路，是创造人民美好生活的必由之路。我们要坚信，中国特色社会主义理论体系是指导党和人民沿着中国特色社会主义道路实现中华民族伟大复兴的正确理论，是立于时代前沿、与时俱进的科学理论。我们要坚信，中国特色社会主义制度是当代中国发展进步的根本制度保障，是具有鲜明中国特色、明显制度优势、强大自我完善能力的先进制度。

中国共产党人和中国人民完全有信心为人类对更好社会制度的探索提供中国方案。①

在中国共产党的坚强领导下，经过中国人民的不懈奋斗，中国一定能够建设成为经济、政治、社会、文化、生态等各方面协调发展、高度发达的新型社会主义社会，不断促进每个人的自由而全面的发展，为人类解放和自由作出自己的独特贡献。

①《十八大以来重要文献选编》（下），中央文献出版社2018年版，第343、349、349页。

专题八　自由观

习近平在纪念马克思诞辰200周年大会上指出："马克思主义博大精深，归根到底就是一句话，为人类求解放。"①对人本身生存状态的深切关注、反思批判、理想建构，是马克思主义的基本旨趣。马克思主义的最高宗旨，就是追求无产阶级和全人类的解放和自由。这就要求正确认识无产阶级和人类的生存状态及其成因，找到变革的途径和方法。

第一节　自由的界定与类型

一、自由的界定

自由与必然的关系，是人类永恒的基本问题，人类历史就是不断地把握必然而走向自由的进程。

唯物史观从实践活动出发来理解自由与必然的关系。必然是自然界和人类社会固有的内在规律、发展趋势及其条件，对人及其实践活动具有强制性。马克思、恩格斯都谈到"自然必然性"与"社会必然性"。自然必然性和社会必然性并非截然分离，而是相互渗透、相互制约。恩格斯在《家庭、私有制和国家的起源》中提出：

这些规律……作为异己的、起初甚至是未被认识的、其本性尚待努力研究和探索的力量，同各个生产者和交换的参加者相对立。商品生产的这些经济规律，随这个生产形式的发展阶段的不同而有所变化，但是总的说来，整个文明期都处在这些规律的支配之下。直到今天，产品仍然支配着生产者；

①《十九大以来重要文献选编》(上)，中央文献出版社2019年版，第424页。

直到今天，社会的全部生产仍然不是由共同制定的计划，而是由盲目的规律来调节，这些盲目的规律，以自发的威力，最后在周期性商业危机的风暴中显示着自己的作用。①

恩格斯还在《反杜林论》中提出：

黑格尔第一个正确地叙述了自由和必然之间的关系。在他看来，自由是对必然的认识。……自由不在于幻想中摆脱自然规律而独立，而在于认识这些规律，从而能够有计划地使自然规律为一定的目的服务。这无论对外部自然的规律，或对支配人本身的肉体存在和精神存在的规律来说，都是一样的。这两类规律，我们最多只能在观念中而不能在现实中把它们互相分开。因此，意志自由只是借助于对事物的认识来作出决定的能力。因此，人对一定问题的判断越是自由，这个判断的内容所具有的必然性就越大；而犹豫不决是以不知为基础的，它看来好像是在许多不同的和相互矛盾的可能的决定中任意进行选择，但恰好由此证明它的不自由，证明它被正好应该由它支配的对象所支配。因此，自由就在于根据对自然界的必然性的认识来支配我们自己和外部自然；因此它必然是历史发展的产物。最初的、从动物界分离出来的人，在一切本质方面是和动物本身一样不自由的；但是文化上的每一个进步，都是迈向自由的一步。②

毛泽东在1959年说：

一年一年积累经验，再过十年，客观必然性可能逐步被我们认识，在某种程度上，我们就有自由了。什么叫自由？自由是必然的认识。③

①《马克思恩格斯文集》第4卷，人民出版社2009年版，第194–195页。
②《马克思恩格斯文集》第9卷，人民出版社2009年版，第120页。
③《毛泽东文集》第8卷，人民出版社1999年版，第50页。

自由是对自然规律、社会规律及其条件的认识、把握和运用。人类对必然的认识越准确、越丰富、越深刻，其意志判断和实际行动就越自由。必然既是自由的限制，也是自由的条件和根据。马克思在《政治经济学批判（1857—1858年手稿）》谈到资本的自由：

如果说自由竞争消除了以往生产关系和生产方式的限制，那么，首先应当看到，对竞争来说是限制的那些东西，对以往的生产方式来说却是它们自然地发展和运动的内在界限。只有在生产力和交往关系发展到足以使资本本身能够开始作为调节生产的本原而出现以后，这些界限才成为限制。资本所打碎的界限，就是对资本的运动、发展和实现的限制。在这里，资本决不是废除一切界限和一切限制，而只是废除同它不相适应的、对它来说成为限制的那些界限。资本在它自己的界限内——尽管这些界限从更高的角度来看表现为对生产的限制，会由于资本本身的历史发展而变成这种限制——感到自由，没有限制，也就是说，只受自身的限制，只受它自己的生活条件的限制。正如行会工业在它的繁荣时期在行会组织中完全找到了它所需要的自由，即同它相适应的生产关系一样。行会工业正是从它自身中产生出这些生产关系并使它们作为**自己的**内在条件发展起来的，因而根本不是把它们当做外在的、束缚性的限制。资本通过自由竞争对行会制度等等所作的否定这个历史方面只不过意味着，足够强大的资本借助于与它相适应的交往方式，摧毁了束缚和妨碍与资本相适应的运动的那些历史限制。①

“外在的、束缚性的限制”是相对的、有条件的，打破限制的自由也是相对的、有条件的；自由意味着突破对人的“运动、发展和实现的限制”，从而“感到自由，没有限制，也就是说，只受自身的限制，只受它自己的生活条件的限制”。这种“自身的限制”或“自己的生活条件的限制”，也就是自由的生存状态。因而，自由总是历史的产物，个人发展与社会进步，就表现为不

①《马克思恩格斯文集》第8卷，人民出版社2009年版，第178-179页。

断突破自然界和人类社会的“外在的、束缚性的限制”，也就是不断扩展自由的历史过程。哲学家张岱年提出：

人实现其志意之作用，谓之力。而环境所加于人者，谓之命。命即环境对于人之限制，力即人对于环境之反应。人生之历程，亦即力与命相错交综之历程。力与命，即自由与必然。力由于自己，命系于必然。①

二、自由的类型

（一）积极自由与消极自由

在西方政治思想史上，一般认为英国的传统自由观倾向于“消极自由”，而欧洲大陆传统的自由观倾向于“积极自由”。后来英国学者以赛亚·柏林（Isaiah Berlin，1909—1997）明确提出“消极自由”和“积极自由”概念。

这两种自由的概念，即“摆脱……的自由”和“做……的自由”（自18世纪以来）分别称为**消极自由**和**积极自由**。它们总是同时出现；即使只说出其中一个，这一个也总是预设了另一个。②

马克思、恩格斯对两种自由都有所论述，但最为关注“积极自由”，因为当时劳动群众阶级的迫切需求的生存权和发展权，而不是维护其不存在的或极少的私有财产。

1．消极自由。

一般来说，消极自由是指不受约束、限制、强制的生活状态。马克思在1843年的《论犹太人问题》中，引述1793年法国宪法“自由是做任何不以损

① 杜运辉编：《燕赵文库·张岱年集》上册，河北人民出版社2017年版，第800页。

② 罗伯特·所罗门、凯思林·希金斯著，张卜天译：《大问题：简明哲学导论》，广西师范大学出版社2014年版，第288页。

害他人权利的事情的权利”后提出：

> 自由是可以做和可以从事任何不损害他人的事情的权利。每个人能够**不损害**他人而进行活动的界限是由法律规定的，正像两块田地之间的界限是由界桩确定的一样。这里所说的是人作为孤立的、自我封闭的单子的自由。[①]
>
> 自由这一人权不是建立在人与人相结合的基础上，而是相反，建立在人与人相分隔的基础上。这一权利就是这种分隔的**权利**，是**狭隘的**、局限于自身的个人的权利。
>
> 自由这一人权的实际应用就是**私有财产**这一人权。
>
> 这种自由使每个人不是把他人看做自己自由的**实现**，而是看做自己自由的**限制**。[②]

马克思认为，这“无非是利己的人的权利、同其他人并同共同体分离开来的人的权利”[③]。在马克思看来，自由应该“建立在人与人相结合的基础上”，但这种消极自由“建立在人与人相分隔的基础上”，其实质是保护自私自利的、狭隘的私有财产权，其结果是个人与其他人、与共同体的隔离。因而，马克思对这种“消极自由”持批评态度。

此外，恩格斯还在另外一种意义上讲到消极自由，这就是劳动者摆脱贫困、压迫、奴役、退化和剥削，“把真正的生产者、广大人民群众从雇佣奴役状态中解放出来”[④]。

我们要正确看待消极自由。从一般意义来说，消极自由也有积极意义的一面，“其积极意义在于最突出地表现在它对个人的尊重和信任，在对待个人自由的态度是，它不是把重点放在对个人自由的限制上，而是放在发明和创造新的制度来扩展个人自由上”[⑤]。消极自由意味着每个人都不同程度地拥有

①《马克思恩格斯文集》第1卷，人民出版社2009年版，第40页。
②《马克思恩格斯文集》第1卷，人民出版社2009年版，均为第41页。
③《马克思恩格斯文集》第1卷，人民出版社2009年版，第40页。
④《马克思恩格斯文集》第4卷，人民出版社2009年版，第336页。
⑤ 邹吉忠：《自由与秩序》，北京师范大学出版社2003年版，第150页。

自己的独立人格，有维护人格尊严的权利，有自己的私人王国或私人领域，在其中的行为不应受到任何他人的干涉。同时也要看到，资本主义社会的消极自由观试图在自己的“私域”之外筑起一道屏障，抵制国家权力的干预，防止社会其他阶层的侵犯，其实质是维护其私有财产权乃至垄断权。

中国古代的儒家、道家都涉及消极自由问题，如：“三军可夺帅也，匹夫不可夺志也。”（《论语·子罕》）匹夫指平民，“不可夺”的“志”即是独立的意志。“道不行，乘桴浮于海。”（《论语·公冶长》）“我不欲人之加诸我也，吾亦欲无加诸人。”（《论语·公冶长》）“举世誉之而不加劝，举世非之而不加沮。”（《庄子·逍遥游》）“君子以独立不惧，遁世无闷。”（《易传·大过·象传》）这些都肯定意志自由和独立人格。古代也有反对政治压迫和经济剥削的抗议。如：“硕鼠硕鼠，无食我黍。三岁贯女，莫我肯顾。逝将去女，适彼乐土。乐土乐土，爰得我所。”（《诗经·魏风·硕鼠》）

我国宪法的一些规定，可以说是对公民消极自由的保障，如：“公民的合法的私有财产不受侵犯。”“中华人民共和国公民的人身自由不受侵犯。”“中华人民共和国公民的人格尊严不受侵犯。”“中华人民共和国公民的住宅不受侵犯。”

2. 积极自由。

积极自由是打破限制、强制，按照自己意愿行动的自由。马克思在《1844年经济学哲学手稿》中谈道：

> 自由的有意识的活动恰恰就是人的类特性。①
>
> 人不是由于有逃避某种事物的消极力量，而是由于有表现本身的真正个性的积极力量才得到自由。②

积极自由，意味着人成为自身的主人。人本身“个性的积极力量”的全面发展就是目的，而不再是屈从于某种外在目的之手段或工具。马克思、恩

---

①《马克思恩格斯文集》第1卷，人民出版社2009年版，第162页。

②《马克思恩格斯全集》第2卷，人民出版社1957年版，第167页。

格斯最为关注这种意义上的积极自由，在批判现实世界中发现实现人类自由的物质条件。

总之，自由总有消极意义的一面和积极意义的一面。自由与必然、限制、条件相对而言，是人在一定限制（条件）下可以做什么（积极自由）或不做什么（消极自由）的生活状态。

（二）物质生活、社会生活、政治生活、精神生活的自由

按照人类主体的生活内容，自由包括物质生活上的经济自由、社会生活上的交往自由、政治生活上的政治自由、精神生活上的求真为善审美的自由等。这些生活自由紧密联系、相互渗透，如恩格斯在《社会主义从空想到科学的发展》中说：

> 人终于成为自己的社会结合的主人，从而也就成为自然界的主人，成为自身的主人——自由的人。①

1．物质生活的自由。

物质生活的自由，首先是解决人与自然的关系。自然界有着相对于人类社会的优先性，是人类存在的基础。唯物主义的一个基本观点就是坚持自然界的先在性，认为自然界对人类及其活动具有“优先地位”。历史一再告诫我们，自然界对人类生存的制约是永恒的，人类社会的存在和实践活动必须以自然界为前提，人类活动不能违背自然规律，人道不能违背天道。尊重自然、保护自然是人类生存和活动的基本前提。恩格斯在《自然辩证法》中说：

> 我们不要过分陶醉于我们人类对自然界的胜利。对于每一次这样的胜利，自然界都对我们进行报复。每一次胜利，起初确实取得了我们预期的结果，但是往后和再往后却发生完全不同的、出乎预料的影响，常常把最初的结果又消除了。……因此我们每走一步都要记住：我们决不像征服者统治异族人

①《马克思恩格斯文集》第3卷，人民出版社2009年版，第566页。

那样支配自然界，决不像站在自然界之外的人似的去支配自然界——相反，我们连同我们的肉、血和头脑都是属于自然界和存在于自然界之中的；我们对自然界的整个支配作用，就在于我们比其他一切生物强，能够认识和正确运用自然规律。

事实上，我们一天天地学会更正确地理解自然规律，学会认识我们对自然界习常过程的干预所造成的较近或较远的后果。①

自然界是物质生活资料的来源。人类自由、人类全部活动前提条件，是人的生存，也就是从自然界获得吃、喝、住、穿等生活资料和生活条件。马克思、恩格斯在《德意志意识形态》中提出：

……一切人类生存的第一个前提，也就是一切历史的第一个前提，这个前提是：人们为了能够"创造历史"，必须能够生活。但是为了生活，首先就需要吃喝住穿以及其他一些东西。②

然而，正如恩格斯在《自然辩证法》中所指出的：

动物的正常生存条件，是在它们当时所生活和所适应的环境中现成具有的；而人一旦从狭义的动物中分化出来，其正常生存条件却从来就不是现成具有的，这种条件只是由以后的历史的发展造成的。人是唯一能够挣脱纯粹动物状态的动物——他的正常状态是一种同他的意识相适应的状态，是**需要他自己来创造的**状态。③

在肯定自然界优先性的前提下，人类必须通过主动的、创造的生产劳动，来获取生活资料。因而，"生产满足这些需要的资料，即生产物质生活本身"，

①《马克思恩格斯文集》第9卷，人民出版社2009年版，第559-560、560页。

②《马克思恩格斯文集》第1卷，人民出版社2009年版，第531页。

③《马克思恩格斯文集》第9卷，人民出版社2009年版，第408页。

这种“从几千年前直到今天单是为了维持生活就必须每日每时从事的历史活动”就成为“第一个历史活动”，成为“一切历史的基本条件”[①]。

劳动首先是人和自然之间的过程，是人以自身的活动来中介、调整和控制人和自然之间的物质变换的过程。人自身作为一种自然力与自然物质相对立。

劳动过程，……是制造使用价值的有目的的活动，是为了人类的需要而对自然物的占有，是人和自然之间的物质变换的一般条件，是人类生活的永恒的自然条件，因此，它不以人类生活的任何形式为转移，倒不如说，它为人类生活的一切社会形式所共有。[②]

突破和解决自然界束缚性限制的基本途径就是发展社会生产力，通过“直接的物质的生活资料的生产”去能动地改造自然界，创造不断扩大和深化的“人化的自然”。马克思在《资本论》第3卷指出：

像野蛮人为了满足自己的需要，为了维持和再生产自己的生命，必须与自然搏斗一样，文明人也必须这样做；而且在一切社会形式中，在一切可能的生产方式中，他都必须这样做。这个自然必然性的王国会随着人的发展而扩大，因为需要会扩大，但是，满足这种需要的生产力同时也会扩大。[③]

从整个人类社会来说，要获得物质生活的自由，不仅要生产出必需生活资料，而且还必须生产出超过必需生活资料之外的剩余产品，或者说提供超出必要劳动之外的剩余劳动、必要劳动时间之外的自由时间，这就意味着人类拥有一定的剩余时间或自由时间。创造剩余劳动、剩余产品、剩余时间，是人类获得自由的物质前提。剩余劳动、剩余产品、剩余时间或自由时间及

①《马克思恩格斯文集》第1卷，人民出版社2009年版，第531页。
②《马克思恩格斯文集》第5卷，人民出版社2009年版，第207-208、215页。
③《马克思恩格斯文集》第7卷，人民出版社2009年版，第928页。

其发展程度，直接制约着全人类和每个人的自由而全面发展的水平。从一般意义上来说，节约劳动时间，是人类社会一切经济活动的最普遍、最基本的规律。从历史上来看，这是一部分人脱离直接生产劳动而从事政治生活、精神生活的基本前提，是政治、教育、科学、技术、宗教、文学、艺术等存在和发展的基本前提；从人类解放来说，这是整个人类、每个个人实现“全面而自由的发展”的基本前提和必要条件（但不是充分条件）。马克思、恩格斯对此有大量论述，如马克思在《政治经济学批判（1857—1858年手稿）》中提出：

创造出可以自由支配的时间是财富整个发展的基础。

从整个社会来说，创造**可以自由支配的时间**，也就是创造产生科学、艺术等等的时间。

满足绝对需要所必需的劳动时间留下了**自由**时间（它在生产力发展的不同阶段上是不同的），因此，只要进行**剩余劳动**，就能创造剩余产品。……物质生产也就给每个人留下了从事其他活动的剩余时间。

一旦直接形式的劳动不再是财富的巨大源泉，劳动时间就不再是，而且必然不再是财富的尺度，因而交换价值也不再是使用价值的尺度。**群众的剩余劳动**不再是一般财富发展的条件，同样，**少数人的非劳动**不再是人类头脑的一般能力发展的条件。于是，以交换价值为基础的生产便会崩溃，直接的物质生产过程本身也就摆脱了贫困和对立的形式。个性得到自由发展，因此，并不是为了获得剩余劳动而缩减必要劳动时间，而是直接把社会必要劳动缩减到最低限度，那时，与此相适应，由于给所有的人腾出了时间和创造了手段，个人会在艺术、科学等等方面得到发展。①

马克思在《经济学手稿（1861—1863）》中提出：

这种剩余劳动一方面是社会的自由时间的基础，从而另一方面是整个社

①《马克思恩格斯文集》第8卷，人民出版社2009年版，第82、86、175、196-197页。

会发展和全部文化的物质基础。

时间实际上是人的积极存在，它不仅是人的生命的尺度，而且是人的发展的空间。[①]

马克思在《政治经济学批判（1861—1863年手稿）》中提出：

这种以提高劳动强度来代替松弛劳动的趋势，只有在生产发展的较高阶段才会出现。这是社会进步的一定条件。这种办法也为工人创造了自由时间，而且一定劳动的强度，决不排除另一方面活动的可能性；相反，可以反过来表现为休息。因此，[缩短工作日的]上述过程——如统计学所证明的——对于改善英国工人阶级的体力、道德和智力的状况，产生了非常有利的影响。[②]

《资本论》第1卷提出：

……去发展社会生产力，去创造生产的物质条件，而只有这样的条件，才能为一个更高级的、以每一个个人的全面而自由的发展为基本原则的社会形式建立现实基础。[③]

在任何社会条件下，必要劳动时间总是带有一定的强制性。从根本上来说，不断发展社会生产力、提高劳动生产率或工作效率，才能缩短必要劳动时间或节约劳动时间，从而创造更多的剩余时间或自由时间。对剩余时间或自由时间的合理利用，就是尽量实现每个人的自由而全面发展。马克思在《政治经济学批判（1857—1858年手稿）》中提出：

节约劳动时间等于增加自由时间，即增加使个人得到充分发展的时间，

①《马克思恩格斯全集》第47卷，人民出版社1979年版，第257、532页。

②《马克思恩格斯文集》第8卷，人民出版社2009年版，第321-322页。

③《马克思恩格斯文集》第5卷，人民出版社2009年版，第683页。

而个人的充分发展又作为最大的生产力反作用于劳动生产力。[①]

人类自由和每个人自由而全面发展，蕴涵着劳动者素质提高、科学和技术进步，这就必然促进生产力发展。因而，发展生产力和实现人类自由，是相辅相成的辩证统一过程。

恩格斯在《反杜林论》中提出：

唯有借助于这些生产力，才有可能实现这样一种社会状态，在这里不再有任何阶级差别，不再有任何对个人生活资料的忧虑，并且第一次能够谈到真正的人的自由，谈到那种同已被认识的自然规律和谐一致的生活。[②]

只有彻底摆脱饥饿、衣物、住房、医疗等个人生活资料的压迫，获得充足无虞的物质生活，“人在一定意义上才最终地脱离了动物界，从动物的生存条件进入真正人的生存条件”[③]，这才是“真正的人的自由”之开端。只有这样，物质生活、经济财富才能真正成为人本身的手段，成为人类整体生活中很小的一部分，成为整个人类价值中的最低要素，而不再控制、支配人本身乃至使其异化为经济财富的手段。这样，从物质财富来规定人的身份、人的价值，就彻底成为历史博物馆中的陈迹。

越是贫困，个人发展就越是片面化。消除贫困之目的，是促进每个人的自由而全面发展；因而，对贫困的消除也必须在促进个人自由而全面发展中实现，而不是单纯的救助或财富转移。“摆脱贫困”首先要“摆脱意识和思路的‘贫困’，只有首先‘摆脱’了我们头脑中的‘贫困’，才能使我们所主管的区域‘摆脱贫困’，才能使我们整个国家和民族‘摆脱贫困’，走上繁荣富裕之路”[④]。因而，扶贫是以劳动者素质为核心的生产力诸因素的发展及其

①《马克思恩格斯文集》第8卷，人民出版社2009年版，第203页。
②《马克思恩格斯文集》第9卷，人民出版社2009年版，第121页。
③《马克思恩格斯文集》第3卷，人民出版社2009年版，第564页。
④习近平：《摆脱贫困》，福建人民出版社1992年版，第216页。

社会交往关系、政治参与、精神生活的发展和丰富。

剩余劳动、剩余产品、剩余时间或自由时间及其发展程度，人类自由的实现程度，不仅受到生产力发展水平的限制，更受到人们的生产资料所有制和社会关系状况的限制。马克思在《政治经济学批判（1857—1858年手稿）》中提出：

在必要劳动时间之外，为整个社会和社会的每个成员**创造大量可以自由支配的时间**（即为个人生产力的充分发展，因而也为社会生产力的充分发展创造广阔余地），这样创造的非劳动时间，从资本的立场来看，和过去的一切阶段一样，表现为少数人的非劳动时间，自由时间。①

在人类发展史上，剩余劳动是普遍存在的。人类所创造的剩余产品和自由时间，是被少数人所占有、垄断、享受，还是满足大多数人的全面发展，是由生产关系特别是生产资料所有制决定的。因而，解决人与自然的关系始终与人与人的社会关系相联结，物质生活的自由始终与社会生活的自由、政治生活的自由、精神生活的自由相互渗透和相互作用。

对个人而言，自由时间是有意义的生命历程的活动范围。对剩余时间或自由时间的合理利用，也就是尽量实现个人的自由而全面发展。在任何物质财富条件和社会关系中，个人都应该尽量追求更高的工作效率，享有更丰富的剩余时间或自由时间。鲁迅先生说：

所谓“便当”，并不是偷懒，是说在同一时间内，可以由此做成较多的事情。这就是节省时间，也就是使一个人的有限的生命，更加有效，而也即等于延长了人的生命。②

美国人说，时间就是金钱；但我想：时间就是性命。无端的空耗别人的

---

①《马克思恩格斯文集》第8卷，人民出版社2009年版，第199页。

②《鲁迅全集》第5卷，人民文学出版社2005年版，第333页。

时间，其实是无异于谋财害命的。[①]

2. 社会生活的自由。

自由本质上是人的一种社会状态，解决人与自然之间矛盾的生产活动必须在一定的社会关系中进行。马克思在《1857—1858年经济学手稿》中提出："一切生产都是个人在一定社会形式中并借这种社会形式而进行的对自然的占有。"[②]恩格斯在《社会主义从空想到科学的发展》中提出："人终于成为自己的社会结合的主人，从而也就成为自然界的主人，成为自身的主人——自由的人。"[③]不仅如此，人类还必须在社会中寻求交往自由：

那些好心的狂热者，那些具有德意志狂的血统并有自由思想的人，却到我们史前的条顿原始森林去寻找我们的自由历史。但是，如果我们的自由历史只能到森林中去找，那么我们的自由历史和野猪的自由历史又有什么区别呢？[④]

只有在共同体中，个人才能获得全面发展其才能的手段，也就是说，只有在共同体中才可能有个人自由。……在真正的共同体的条件下，各个人在自己的联合中并通过这种联合获得自己的自由。[⑤]

交往关系的发展程度，是社会成员个性的全面性和丰富性的重要内涵。在1853年《不列颠在印度统治的未来结果》中，马克思把创造普遍交往和高度发达的生产力视为资本主义的两大历史使命：

资产阶级历史时期负有为新世界创造物质基础的使命：一方面要造成以

①《鲁迅全集》第6卷，人民文学出版社2005年版，第99页。
②《马克思恩格斯文集》第8卷，人民出版社2009年版，第11页。
③《马克思恩格斯文集》第3卷，人民出版社2009年版，第566页。
④《马克思恩格斯文集》第1卷，人民出版社2009年版，第5页。
⑤《马克思恩格斯文集》第1卷，人民出版社2009年版，第571页。

全人类互相依赖为基础的普遍交往，以及进行这种交往的工具；另一方面要发展人的生产力，把物质生产变成对自然力的科学支配。[①]

在《政治经济学批判（1857—1858年手稿）》中，马克思谈到以“人的生产能力只是在狭小的范围内和孤立的地点上发展着”为基础的“人的依赖关系”是“最初的社会形式”；“普遍的社会物质变换、全面的关系、多方面的需要以及全面的能力的体系”为基础的“以物的依赖性为基础的人的独立性”是人类社会的第二个发展阶段；“建立在个人全面发展和他们共同的、社会的生产能力成为从属于他们的社会财富这一基础上的自由个性”是人类社会的第三个发展阶段。[②]马克思还指出：

生产力——财富一般——从趋势和可能性来看的普遍发展成了基础，同样，交往的普遍性，从而世界市场成了基础。这种基础是个人全面发展的可能性，而个人从这个基础出发的实际发展是对这一发展的**限制**的不断扬弃，……个人的全面性不是想象的或设想的全面性，而是他的现实联系和观念联系的全面性。[③]

生产力水平（物质财富、自由时间）与生产资料所有制，是影响人类自由的两个最根本因素。经济地位和社会地位，直接限制着人们社会交往关系的发展程度。在资本主义制度下，社会必然性对资本家和雇佣工人都是一种外在的强制。马克思在《资本论》第1卷说：

自由竞争使资本主义生产的内在规律作为外在的强制规律对每个资本家起作用。[④]

①《马克思恩格斯文集》第2卷，人民出版社2009年版，第691页。
②《马克思恩格斯文集》第8卷，人民出版社2009年版，第52页。
③《马克思恩格斯文集》第8卷，人民出版社2009年版，第171-172页。
④《马克思恩格斯文集》第5卷，人民出版社2009年版，第312页。

资本家和雇佣工人都受到自由竞争的强制。对雇佣工人而言，如马克思在1865年《工资、价格和利润》中所提出的：

时间是人类发展的空间。一个人如果没有自己处置的自由时间，一生中除睡眠饮食等纯生理上必需的间断以外，都是替资本家服务，那么，他就还不如一头役畜。他不过是一架为别人生产财富的机器，身体垮了，心智也变得如野兽一般。现代工业的全部历史还表明，如果不对资本加以限制，它就会不顾一切和毫不留情地把整个工人阶级投入这种极端退化的境地。①

进入文明时代以来，人类就陷入阶级分化和阶级对立之中。恩格斯在《家庭、私有制和国家的起源》中说：

由于文明时代的基础是一个阶级对另一个阶级的剥削，所以它的全部发展都是在经常的矛盾中进行的。生产的每一进步，同时也就是被压迫阶级即大多数人的生活状况的一个退步。对一些人是好事，对另一些人必然是坏事，一个阶级的任何新的解放，必然是对另一个阶级的新的压迫。②

在阶级存在的历史条件下，不仅被统治阶级、被剥削阶级不能获得交往自由，而且统治阶级、剥削阶级本身也不能真正获得交往自由，双方都处于异化状态，因而社会共同体就不可避免地带有虚假性质。马克思、恩格斯在《神圣家族》中提出：

在现代世界，每一个人都既是奴隶制的成员，**同时**又是共同体的成员。这种**市民社会的奴隶制**在**表面上**看来是最大的**自由**，因为这种奴隶制看上去

①《马克思恩格斯文集》第3卷，人民出版社2009年版，第70页。
②《马克思恩格斯文集》第4卷，人民出版社2009年版，第196–197页。

似乎是尽善尽美的个人**独立**，这种个人把自己的异化的生命要素如财产、工业、宗教等的既不再受普遍纽带束缚也不再受人束缚的不可遏止的运动，当做**自己的**自由，但是，这样的运动实际上是个人的十足的屈从性和非人性。[①]

在社会分裂的历史条件下，生产力水平提高所创造的自由时间，对资本家和雇佣工人有着不同的作用。通过提高劳动强度而缩短必要劳动时间、增加休息时间，可能会有利于提高"工人阶级的体力、道德和智力的状况"，但也可能会导致工人的阶段性失业，可能"为了缓解这种物化的肉体与精神，空闲时间成为工人的自我放纵时间，酗酒与性放纵成为工人缓解压力的方式。……机械劳动的强化，很可能会导致一种极端的情况，这就是马尔库塞所说的，导致人的单向度发展。与这种单向度发展相一致的，就是在空闲时间里，人沉迷于物化社会的各种消费与休闲规划中，这是福特主义之后，消费社会兴起时的一个重要问题"[②]。

交往自由的实现，不仅要克服资本家和雇佣工人之间的对立和斗争，而且还必须克服日常交往活动中的商品化、金钱化、权力化等异化现象。

3．政治生活的自由。

从历史上来看，生产力水平提高、社会财富的日益丰富，意味着人类的剩余劳动、剩余产品、自由时间的不断发展，逐渐把人们从直接生产劳动中解放出来。在人类社会利益分裂的历史条件下，政治生活成为少数人的专利。恩格斯在《反杜林论》中说：

剥削阶级和被剥削阶级、统治阶级和被压迫阶级之间的到现在为止的一切历史对立，都可以从人的劳动的这种相对不发展的生产率中得到说明。只要实际从事劳动的居民必须占用很多时间来从事自己的必要劳动，因而没有多余的时间来从事社会的公共事务——劳动管理、国家事务、法律事务、艺术、科学等等，总是必然有一个脱离实际劳动的特殊阶级来从事这些事务，

①《马克思恩格斯文集》第1卷，人民出版社2009年版，第316页。

② 仰海峰：《〈资本论〉的哲学》，北京师范大学出版社2017年版，第235页。

而且这个阶级为了它自己的利益，从来不会错过机会来把越来越沉重的劳动负担加到劳动群众的肩上。[①]

资本主义条件下雇佣工人的奴役地位不仅来自资本的控制和剥削，“而且还靠国家的力量，靠军队、官僚和法庭”[②]。无产阶级要参与国家事务、法律事务，不仅要有物质生活保障和自由时间，而且还必须“通过结社而达到的革命联合代替了他们由于竞争而造成的分散状态”，“工人革命的第一步就是使无产阶级上升为统治阶级，争得民主”[③]。无产阶级利用公共权力把社会化生产资料变为公共财产，“随着社会生产的无政府状态的消失，国家的政治权威也将消失”[④]。列宁进一步指出，“只有不从生产资料私有制、不从瓜分和重新瓜分生产资料的斗争中捞取好处的工人政权”[⑤]才能实现真正的民主。在无产阶级专政的过渡阶段，社会主义国家将不断扩大人民群众的政治参与，“通过经常吸引而且一定要吸引劳动者的群众组织参加国家管理”，逐渐实现“真正的民主即平等和自由”[⑥]。

在马克思主义看来，无产阶级、劳动群众的政治解放和政治生活的自由绝不仅仅是政治斗争的结果，归根到底还是取决于社会生产力的发展水平：

只有通过大工业所达到的生产力的极大提高，才有可能把劳动无例外地分配给一切社会成员，从而把每个人的劳动时间大大缩短，使一切人都有足够的自由时间来参加社会的公共事务——理论的和实际的公共事务。

社会分裂为剥削阶级和被剥削阶级、统治阶级和被压迫阶级，是以前生产不大发展的必然结果。只要社会总劳动所提供的产品除了满足社会全体成员最起码的生活需要以外只有少量剩余，就是说，只要劳动还占去社会大多

①《马克思恩格斯文集》第9卷，人民出版社2009年版，第189页。
②《马克思恩格斯文集》第3卷，人民出版社2009年版，第92页。
③《马克思恩格斯文集》第2卷，人民出版社2009年版，第43、52页。
④《马克思恩格斯文集》第3卷，人民出版社2009年版，第566页。
⑤《列宁选集》第3卷，人民出版社2012年版，第700页。
⑥《列宁选集》第3卷，人民出版社2012年版，第701页。

数成员的全部或几乎全部时间，这个社会就必然划分为阶级。在这被迫专门从事劳动的大多数人之旁，形成了一个脱离直接生产劳动的阶级，它掌管社会的共同事务：劳动管理、国家事务、司法、科学、艺术等等。因此，分工的规律就是阶级划分的基础。

如果说阶级的划分根据上面所说具有某种历史的理由，那也只是对一定的时期、一定的社会条件才是这样。这种划分是以生产的不足为基础的，它将被现代生产力的充分发展所消灭。的确，社会阶级的消灭是以这样一个历史发展阶段为前提的，在这个阶段上，不仅某个特定的统治阶级的存在，而且任何统治阶级的存在，从而阶级差别本身的存在，都将成为时代错乱，成为过时现象。所以，社会阶级的消灭是以生产高度发展的阶段为前提的，在这个阶段上，某一特殊的社会阶级对生产资料和产品的占有，从而对政治统治、教育垄断和精神领导地位的占有，不仅成为多余的，而且在经济上、政治上和精神上成为发展的障碍。[①]

4．精神生活的自由。

人不仅受到自然界和人类社会两种外部必然性的制约，而且还受到人的需要、欲望等内部必然的制约。人不仅要获得人身自由、物质生活的自由、政治生活的自由和交往自由，而且要获得精神自由，发展和完善其内在价值。精神自由，包括认识自然、认识社会而获得真理的思想解放、思想自由，及道德自由、审美自由等。

在现实生活中，人们对剩余时间或自由时间的利用方式多种多样。人的精神力量的自由发展，人的精神生活的丰富、崇高，就表现为人的精神境界和自由人格。人在现实生活中达到一定的精神境界，这是“精神享用着、在其中生活着、自由活动着的领域，它体现着人的精神所达到的造诣、水平”[②]。哲学家张岱年说：

①《马克思恩格斯文集》第9卷，人民出版社2009年版，第189-190、298、298-299页。

②《冯契文集》增订版第3卷，华东师范大学出版社2017年版，第72页。

人的生活，有主动的生活，有受动的生活。受动的生活即为欲所制，为物所役，为环境所束缚，得失、荣辱、毁誉、穷达，纷扰其心，而不能自宁；主动的生活即中心自有主宰，不以得失、荣辱、毁誉、穷达扰动其心，役物而不役于物，制欲而不制于欲。主动的生活即自作主宰的生活。过主动的生活，方是自由人。

人内而有生之需要，于是有欲；外而有自然之环境，复有人为之环境。人之行为常常受欲之驱使，常受自然之限制，常受制度之统驭；然人亦可主宰其欲而不为所驱使，亦可改易自然界而不为所限制，亦可变革制度而不为所统驭。人之意志之自由，莫显于此。[①]

在资本主义制度下，科学、技术异化为资本增殖和剥削雇佣工人的手段。马克思在《法兰西内战》中提出：

只有工人阶级能够……把科学从阶级统治的工具变为人民的力量，把科学家本人从阶级偏见的兜售者、追逐名利的国家寄生虫、资本的同盟者，变成自由的思想家！只有在劳动共和国里面，科学才能起它的真正的作用。[②]

在道德意义上，“真正自由的道德行为就是出于自觉自愿，具有自觉原则与自愿原则统一、意志和理智的统一的特征。……这样的德行，才是以自身为目的，自身具有内在价值”[③]。道德自由的基本要求，可以孔子“夫仁者，己欲立而立人，己欲达而达人”（《论语·雍也》）、“从心所欲不逾矩”（《论语·为政》）等来表述。审美自由“就是在人化的自然中间直观人的本质力量，这种人和自然、性与天道的交互作用要以感性形象作为中介”[④]，中国古代哲学生动地描述过这种境界：

① 杜运辉编：《张岱年集》上册，河北人民出版社2017年版，第476、800页。

② 《马克思恩格斯文集》第3卷，人民出版社2009年版，第204页。

③ 《冯契文集》增订版第3卷，华东师范大学出版社2017年版，第173页。

④ 《冯契文集》增订版第3卷，华东师范大学出版社2017年版，第223页。

子路、曾皙、冉有、公西华侍坐。……曰："莫春者，春服既成，冠者五六人，童子六七人，浴乎沂，风乎舞雩，咏而归。"夫子喟然叹曰："吾与点也！"（《论语·先进》）

如果说历史上的少数人曾经达到和享有某种程度上的物质生活、社会生活、政治生活和精神生活的自由，那么生产资料公有制和"由整个社会共同经营生产和由此而引起的生产的新发展，也需要完全不同的人，并将创造出这种人来"，整个社会共同经营生产与教育相结合将使每个成员都"能够全面发挥他们的得到全面发展的才能"[①]，扬弃资本主义分工所导致的个人的片面性。随着"自由个性"与"自由人联合体"的双向互动，每个人都能够获得生存需要、社会交往需要、精神需要等的全面发展，培养和创造出德、智、体、美、劳协调发展的完整人格。

必须从人的本质力量的自由而全面发展的原则出发，对人类文化进行批判性的再认识。比如必须克服中国君主专制时代和近代社会所遗留的权力与金钱结合的异化力量，"权力迷信和拜金主义相结合，这是旧社会遗留下来的最大祸害，是自由原则的大敌"[②]。

总之，人类解放和每个人的自由而全面的发展，既要有社会生产力的高度发展，恰当解决人与自然的关系，通过普遍的自由劳动获得物质生活的自由；更要在物质生活自由的基础上，"人以自身为目的来发展自己的创造才能、人的多方面的素质，使人得到自在而自为的发展。这就要求在高度发达的生产力的基础上，人具有充分的闲暇时间来充分继承和发展一切有价值的文化，包括科学、艺术、文明的交际方式（包括伦理关系）；并在此同时，人发展其理性、意志力和想象力，使人的各方面的创造才能都获得解放，真正达到自在而自为"[③]。因而，人类解放和每个人的自由而全面的发展，是物质生

①《马克思恩格斯文集》第1卷，人民出版社2009年版，第688、689页。
②《冯契文集》增订版第3卷，华东师范大学出版社2017年版，第272页。
③《冯契文集》增订版第3卷，华东师范大学出版社2017年版，第23页。

活、社会生活、政治生活和精神生活协调互动、均衡发展的自然结果。正如习近平所指出的，当代中国要“努力构建德智体美劳全面培养的教育体系，形成更高水平的人才培养体系”[①]，这对自由人格的培养具有重要意义。

第二节　自由人联合体

一、“个人的自由发展”与“自由人联合体”的有机统一

马克思1842年在《第179号“科伦日报”社论》提出“自由人的联合体”[②]。恩格斯1844年在《英国工人阶级状况》中提出“人类走向自由的自主联合”[③]。关于每个人的自由而全面的发展与自由人的联合体之间的关系，马克思、恩格斯有两个重要论断。

其一，马克思、恩格斯在《德意志意识形态》中说：

> 只有在共同体中，个人才能获得全面发展其才能的手段，也就是说，只有在共同体中才可能有个人自由。在过去的种种冒充的共同体中，如在国家等等中，个人自由只是对那些在统治阶级范围内发展的个人来说是存在的，他们之所以有个人自由，只是因为他们是这一阶级的个人。从前各个人联合而成的虚假的共同体，总是相对于各个人而独立的；由于这种共同体是一个阶级反对另一个阶级的联合，因此对于被统治的阶级来说，它不仅是完全虚幻的共同体，而且是新的桎梏。在真正的共同体的条件下，各个人在自己的联合中并通过这种联合获得自己的自由。[④]

其二，他们还在《共产党宣言》提出：

①《十九大以来重要文献选编》（上），中央文献出版社2019年版，第653页。
②《马克思恩格斯全集》第1卷，人民出版社1956年版，第118页。
③《马克思恩格斯文集》第1卷，人民出版社2009年版，第95页。
④《马克思恩格斯文集》第1卷，人民出版社2009年版，第571页。

代替那存在着阶级和阶级对立的资产阶级旧社会的，将是这样一个联合体，在那里，每个人的自由发展是一切人的自由发展的条件。[①]

此外，马克思在1877年给《祖国纪事》杂志编辑部的信中提出：

……在保证社会劳动生产力极高度发展的同时又保证每个生产者个人最全面的发展的这样一种经济形态。[②]

一方面，"'每个人的自由发展'，则说明社会主义的终极价值和最高目标"，"马克思没有反过来说一切人的发展是每个人发展的条件，正是要通历史上那种'虚假的共同体'假借'集体'的名义剥夺多数人的自由区别开来"[③]。各类社会共同体是达到"个人的自由发展是一切人的自由发展的条件"这一终极价值和最高目标的发展阶段或手段。"虚假的共同体"凌驾于个人之上，"真正的共同体"则是每个人自由而全面发展的社会形式。另一方面，每个人的自由而全面的发展，只能在"真正的共同体"中得到实现。因而，"个人的自由发展"与"真正的共同体"、"社会劳动生产力极高度发展"与"每个生产者个人最全面的发展"互为条件、相互作用，这也就是"一方面是个性解放，一方面是大同团结"[④]的理想境界。

二、"自由人联合体"的基本特征

从马克思、恩格斯对资本主义社会的批判和对新社会的有关设想来看，

① 《马克思恩格斯文集》第2卷，人民出版社2009年版，第53页。
② 《马克思恩格斯文集》第3卷，人民出版社2009年版，第466页。
③ 孙正聿等：《马克思主义基础理论研究》上册，北京师范大学出版社2011年版，第562、563页。
④ 《李大钊全集》第2卷，人民出版社2006年版，第283页。

未来的“真正共同体”或“自由人联合体”具有几个特征：社会生产力高度发达；生产资料公有制和按需分配；普遍的自由劳动；阶级和国家消亡，公共权力真正回归社会；人与自然、人与社会的和谐状态，等。

（一）社会生产力高度发达

人类解放和自由必须与高度发达的社会生产力和物质财富的极大丰富为前提和必要条件。资本主义生产方式的最大贡献，就是创造前所未有的巨大生产力，从而为新社会提供物质前提。未来社会，劳动生产率和社会财富富裕程度的高度发展，将使劳动者的直接劳动不再是创造物质财富的最主要手段，机器生产或自动化、智能化生产取代人力，由此创造巨大的剩余劳动或自由时间。

马克思在《政治经济学批判（1857—1858年手稿）》中提出：

资本的伟大的历史方面就是**创造**这种**剩余劳动**，即从单纯使用价值的观点，从单纯生存的观点来看的多余劳动，而一旦到了那样的时候，即一方面，需要发展到这种程度，以致超过必要劳动的剩余劳动本身成为普遍需要，成为从个人需要本身产生的东西，另一方面，普遍的勤劳，由于世世代代所经历的资本的严格纪律，发展成为新的一代的普遍财产，最后，这种普遍的勤劳，由于资本的无止境的致富欲望及其唯一能实现这种欲望的条件不断地驱使劳动生产力向前发展，而达到这样的程度，以一方面整个社会只需用较少的劳动时间就能占有并保持普遍财富，另一方面劳动的社会将科学地对待自己的不断发展的再生产过程，对待自己的越来越丰富的再生产过程，从而，人不再从事那种可以让物来替人从事的劳动，——一旦到了那样的时候，资本的历史使命就完成了。[①]

资本家“作为价值增殖的狂热追求者，他肆无忌惮地迫使人类去为生产而生产，从而去发展社会生产力，去创造生产的物质条件，而只有这样的条

①《马克思恩格斯文集》第8卷，人民出版社2009年版，第69页。

件，才能为一个更高级的、以每一个个人的全面而自由的发展为基本原则的社会形式建立现实基础”[①]。未来的“真正共同体”或“自由人联合体”将积极扬弃人类在资本主义阶段取得的巨大生产力，进一步巩固和扩大物质生活的自由。马克思分别在《资本论》第3卷和《哥达纲领批判》中提出：

> 社会化的人，联合起来的生产者，将合理地调节他们和自然之间的物质变换，把它置于他们的共同控制之下，而不让它作为一种盲目的力量来统治自己；靠消耗最小的力量，在最无愧于和最适合于他们的人类本性的条件下来进行这种物质变换。[②]
>
> 在共产主义社会高级阶段，在迫使个人奴隶般地服从分工的情形已经消失，从而脑力劳动和体力劳动的对立也随之消失之后，在劳动已经不仅仅是谋生的手段，而且本身成了生活的第一需要之后，在随着个人的全面发展，他们的生产力也增长起来，而集体财富的一切源泉都充分涌流之后，——只有在那个时候，才能完全超出资产阶级权利的狭隘眼界，社会才能在自己的旗帜上写上：各尽所能，按需分配！[③]

社会生产力的高度发达、劳动生产率的极大提高，实质是极大地缩短人的必要劳动时间或工作日，创造越来越丰富的自由时间。这样，“作为目的本身的人类能力的发挥，真正的自由王国，就开始了”[④]，为每个人的自由而全面发展提供前提条件，为人类文明的进步提供充分保障。

（二）生产资料公有制与按需分配

要突破资本主义制度对社会生产力的束缚，就必须变革资本主义生产资料所有制为核心的生产关系和整个经济基础。马克思、恩格斯在《共产党宣言》中提出：

①《马克思恩格斯文集》第5卷，人民出版社2009年版，第683页。
②《马克思恩格斯文集》第7卷，人民出版社2009年版，第928-929页。
③《马克思恩格斯文集》第3卷，人民出版社2009年版，第435-436页。
④《马克思恩格斯文集》第7卷，人民出版社2009年版，第929页。

共产党人可以把自己的理论概括为一句话：消灭私有制。[①]

1867年，马克思在《资本论》第1卷设想了一个按社会主义原则组织起来的社会共同体："设想有一个自由人联合体，他们用公共的生产资料进行劳动，并且自觉地把他们许多个人劳动力当做一个社会劳动力来使用。"[②]马克思1880年在《法国工人党纲领导言（草案）》中再次重申："生产者只有在占有生产资料之后才能获得自由。"他同时还指出：资本主义社会本身的发展为集体形式的生产资料公有制"创造了物质的和精神的因素"，"这种集体占有只有通过组成为独立政党的生产者阶级或无产阶级的革命活动才能实现"[③]。废除资本主义生产资料所有制，意味着"现代社会回复到'古代'类型的集体所有制和集体生产的高级形式"[④]。

在《社会主义从空想到科学的发展》《反杜林论》等著作中，恩格斯颇为翔实地论证了生产资料公有制的必要性和重要意义：

生产资料的扩张力撑破了资本主义生产方式所加给它的桎梏。把生产资料从这桎梏下解放出来，是生产力不断地加速发展的唯一先决条件，因而也是生产本身实际上无限增长的唯一先决条件。但是还不止于此。生产资料由社会占有，不仅会消除生产的现存的人为障碍，而且还会消除生产力和产品的有形的浪费和破坏，这种浪费和破坏在目前是生产的无法摆脱的伴侣，并且在危机时期达到顶点。此外，这种占有还由于消除了现在的统治阶级及其政治代表的穷奢极欲的挥霍而为全社会节省出大量的生产资料和产品。通过社会化生产，不仅可能保证一切社会成员有富足的和一天比一天充裕的物质生活，而且还可能保证他们的体力和智力获得充分的自由的发展和运用。

①《马克思恩格斯文集》第2卷，人民出版社2009年版，第45页。
②《马克思恩格斯文集》第5卷，人民出版社2009年版，第96页。
③《马克思恩格斯文集》第3卷，人民出版社2009年版，均为第568页。
④《马克思恩格斯文集》第3卷，人民出版社2009年版，第576页。

一旦社会占有了生产资料……社会生产内部的无政府状态将为有计划的自觉的组织所代替。个体生存斗争停止了。于是，人在一定意义上才最终地脱离了动物界，从动物的生存条件进入真正人的生存条件。人们周围的、至今统治着人们的生活条件，现在受人们的支配和控制，人们第一次成为自然界的自觉的和真正的主人，因为他们已经成为自身的社会结合的主人了。……只是从这时起，人们才完全自觉地自己创造自己的历史；只是从这时起，由人们使之起作用的社会原因才大部分并且越来越多地达到他们所预期的结果。这是人类从必然王国进入自由王国的飞跃。①

重建生产资料公有制不仅是解放生产力、保留人类物质文明的积极成果、巩固和发展物质生活自由的必要条件，而且是重建新型社会生活、政治生活和精神生活的基本前提。

（三）普遍的自由劳动

废除资本主义生产资料私有制和雇佣劳动的异化形式，才能使“劳动会成为吸引人的劳动，成为个人的自我实现”的“真正自由的劳动”②。人类的自由劳动，是“**积极的、创造性的活动**”③。只有这种劳动才能真正成为人本身的内在需要，才是未来共产主义社会的深厚基础。

自由劳动把“教育同物质生产结合起来”④，劳动本身才能成为个人全面发展的必要条件。马克思在《政治经济学批判（1857—1858年手稿）》中谈道：

自由时间——不论是闲暇时间还是从事较高级活动的时间——自然要把占有它的人变为另一主体，于是他作为这另一主体又加入直接生产过程。对于正在成长的人来说，这个直接生产过程同时就是训练，而对于头脑里具有积累起来的社会知识的成年人来说，这个过程就是[知识的]运用，实验科学，

① 《马克思恩格斯文集》第3卷，人民出版社2009年版，第563-564、564-565页。
② 《马克思恩格斯文集》第8卷，人民出版社2009年版，第174页。
③ 《马克思恩格斯文集》第8卷，人民出版社2009年版，第177页。
④ 《马克思恩格斯文集》第2卷，人民出版社2009年版，第53页。

有物质创造力的和对象化中的科学。对于这两种人来说，只要劳动像在农业中那样要求实际动手和自由活动，这个过程同时就是身体锻炼。①

未来的“真正共同体”或“自由人联合体”不仅实现自由劳动，而且实现自由劳动的普遍化：

在劳动强度和劳动生产力已定的情况下，劳动在一切有劳动能力的社会成员之间分配得越平均，一个社会阶层把劳动的自然必然性从自身上解脱下来并转嫁给另一个社会阶层的可能性越小，社会工作日中用于物质生产的必要部分就越小，从而用于个人的自由活动，脑力活动和社会活动的时间部分就越大。从这一方面来说，工作日的缩短的绝对界限就是劳动的普遍化。②

自由劳动彻底超越了人类谋生手段的强制属性，“本身成了生活的第一需要”③。在这个意义上，正如冯契所言：“归根到底，自由劳动是人的最本质的要求。”④

（四）阶级和国家消亡

阶级、国家都是一定历史阶段的特殊现象，有着产生、发展和消亡的运动过程。马克思、恩格斯在《共产党宣言》中指出：

当阶级差别在发展进程中已经消失而全部生产集中在联合起来的个人的手里的时候，公共权力就失去政治性质。⑤

恩格斯在《家庭、私有制和国家的起源》中提出：

①《马克思恩格斯文集》第8卷，人民出版社2009年版，第204页。
②《马克思恩格斯文集》第5卷，人民出版社2009年版，第605页。
③《马克思恩格斯文集》第3卷，人民出版社2009年版，第435页。
④《冯契文集》增订版第3卷，华东师范大学出版社2017年版，第25页。
⑤《马克思恩格斯文集》第2卷，人民出版社2009年版，第53页。

国家并不是从来就有的。曾经有过不需要国家，而且根本不知国家和国家权力为何物的社会。在经济发展到一定阶段而必然使社会分裂为阶级时，国家就由于这种分裂而成为必要了。现在我们正在以迅速的步伐走向这样的生产发展阶段，在这个阶段上，这些阶级的存在不仅不再必要，而且成了生产的真正障碍。阶级不可避免地要消失，正如它们从前不可避免地产生一样。随着阶级的消失，国家也不可避免地要消失。在生产者自由平等的联合体的基础上按新方式来组织生产的社会，将把全部国家机器放到它应该去的地方，即放到古物陈列馆去，同纺车和青铜斧陈列在一起。①

列宁在《国家与革命》中更具体地提出：

国家完全消亡的经济基础就是共产主义的高度发展，那时脑力劳动和体力劳动的对立已经消失，因而现代**社会**不平等的最重要的根源之一也就消失，而这个根源光靠把生产资料转为公有财产，光靠剥夺资本家，是决不能立刻消除的。

当社会实现“各尽所能，按需分配”的原则时，也就是说，当人们已经十分习惯于遵守公共生活的基本规则，他们的劳动生产率已经极大地提高，以致他们能够自愿地**尽其所能**来劳动的时候，国家才会完全消亡。那时，就会超出“资产阶级权利的狭隘眼界”，……分配产品就无需社会规定每人应当领取的产品数量；每人将“按需”自由地取用。

伟大的社会主义者在**预见**这个阶段将会到来时所设想的前提，既不是现在的劳动生产率，也**不是现在的**庸人。

当社会全体成员或者哪怕是大多数成员**自己**学会了管理国家，自己掌握了这个事业，……对任何管理的需要就开始消失。民主愈完全，它成为多余的东西的时候就愈接近。②

①《马克思恩格斯文集》第4卷，人民出版社2009年版，第193页。

②《列宁选集》第3卷，人民出版社2012年版，第197、198、198、203页。

阶级和国家的逐渐消亡，既需要社会劳动生产率的极大提高，同时也需要每个人物质生活、社会生活、政治生活和精神生活的自由而全面发展，二者的相互促进、相互渗透就体现为社会进步和每个人自由创造的有机统一。

随着阶级和国家的消亡，“一旦公共权力逐步由少数社会成员中转到大多数乃至全部成员手中并为其自觉运用时，国家又将实现与社会的结合，国家的政治权力已失去其存在的意义”①。未来的“真正共同体”或“自由人联合体”将失去国家的政治职能，而保留其社会公共服务职能。

（五）人与自然、个人与社会的高度和谐

物质生活的自由意味着人与自然之和谐，社会生活、政治生活和精神生活的自由意味着个人与社会、个人与自身之和谐。

通过在社会生产力高度发达的基础上废除资本主义生产资料私有制，建立更高水平的生产资料公有制，“在资本主义时代的成就的基础上，也就是说，在协作和对土地及靠劳动本身生产的生产资料的共同占有的基础上，重新建立个人所有制”②，从而实现对“对**私有财产**即**人的自我异化的积极的**扬弃”③。劳动本身及土地、矿藏、林地、湖泊沼泽等将失去其作为个人发财手段的商品、资本属性：

> 这种共产主义，作为完成了的自然主义，等于人道主义，而作为完成了的人道主义，等于自然主义，它是人和自然界之间、人和人之间的矛盾的**真正**解决。④

冯契认为：

① 王沪宁主编，林尚立、孙关宏副主编：《政治的逻辑》，上海人民出版社2016年版，第162页。

②《马克思恩格斯文集》第5卷，人民出版社2009年版，第874页。

③《马克思恩格斯文集》第1卷，人民出版社2009年版，第185页。

④《马克思恩格斯文集》第1卷，人民出版社2009年版，第185页。

人与外在的自然界要达到和谐一致，人们内在的自然即人性得到自由的发展，这样才感到最自由自在，这就是古代哲学家经常讲的“天人合一”的境界。①

人类社会有机体演变是物质生活、社会生活、政治生活和精神生活的整体互动过程。“个人的自由发展”与“自由人联合体”有机统一的美好理想，需要不懈奋斗才能逐渐实现。恩格斯在《自然辩证法》中说：

工人阶级知道，他们必须经历阶级斗争的几个不同阶段。他们知道，以自由的联合的劳动条件去代替劳动受奴役的经济条件，只能随着时间的推进而逐步完成（这是经济改造）；他们不仅需要改变分配，而且需要一种新的生产组织，或者毋宁说是使目前（现代工业所造成的）有组织的劳动中存在着的各种生产社会形式摆脱掉（解除掉）奴役的锁链和它们的目前的阶级性质，还需要在全国范围内和国际范围内进行协调的合作。他们知道，这一革新的事业将不断地受到各种既得利益和阶级自私心理的抗拒，因而被延缓、被阻挠。②

恩格斯还在《劳动在从猿到人的转变中的作用》提出：

如果说我们需要经过几千年的劳动才多少学会估计我们的生产行为**在自然方面的**较远的影响，那么我们想学会预见这些行为**在社会方面的**较远的影响就更加困难得多了。……但是，就是在这一领域中，我们也经过长期的、往往是痛苦的经验，经过对历史材料的比较和研究，渐渐学会了认清我们的生产活动在社会方面的间接的、较远的影响，从而有可能去控制和调节这些影响。

但是要实行这种调节，仅仅有认识还是不够的。为此需要对我们的直到

①《冯契文集》增订版第3卷，华东师范大学出版社2017年版，第276页。

②《马克思恩格斯文集》第3卷，人民出版社2009年版，第198-199页。

目前为止的生产方式，以及同这种生产方式一起对我们的现今的整个社会制度实行完全的变革。[①]

习近平指出：

尽管世界社会主义在发展中也会出现曲折，但人类社会发展的总趋势没有改变，也不会改变。

前进道路上，我们要继续高扬马克思主义伟大旗帜，让马克思、恩格斯设想的人类社会美好前景不断在中国大地上生动展现出来！[②]

由此，我们能够更深切地体会和理解马克思、恩格斯在《共产党宣言》中的伟大号召：

全世界无产者，联合起来![③]

①《马克思恩格斯文集》第9卷，人民出版社2009年版，均为第561页。

②《十九大以来重要文献选编》（上），中央文献出版社2019年版，第425、435页。

③《马克思恩格斯文集》第2卷，人民出版社2009年版，第66页。

专题九　价值观

人的实践活动，是真理与价值相统一的历史过程。为了生存、生活的需要，人们改变世界的实践活动不仅要按照真理办事，而且还必须有正确的价值导向。社会学家费孝通以“生火”为例指出：“在人类社会中，我们并不是为生火而生火的。生火是为了达到另外的目的：煮饭、取暖、照明……于是发生了另外一套问题：为了某种用处应当在什么时候、地点、场合、由谁去生怎么样的火？生火在这里已不是一件孤立的活动，而是整个社会制度中的一部分。在和生活的关联上，生火的活动附着了价值观念，有着应当不应当的问题。”①发现真理是揭示客观事物、客观对象的本质和规律，是揭示“物”本身的尺度。按照人的目的、人的需要去评价客体，则体现着“人”本身的尺度。真理和价值都是贯串人类实践活动的基本内容，获得价值、实现价值是人类实践活动之最终目的。

如果说哲学是人类思想的精华，那么价值观就是哲学的核心。正确的价值观，来自对自然界、人类社会和思维发展的普遍规律的准确把握，建立于唯物史观和对人类社会发展状况、科学研究的基础之上。另一方面，先进价值观又引导人类物质生活、社会生活、政治生活和精神生活的进程，是文化观和人生观的核心因素。

价值现象是普遍存在的，我们经常问的“为什么”，有“是什么原因”和“为了什么价值（意义）”两种含义。日常生活中的得失、祸福，经济上的盈亏，政治上的成败、功过，道德上的善恶、荣辱，法律上的罪与非罪、正当与不正当，科学上的真假、优劣，审美上的美丑、雅俗，等等，都包含着价值问题。中国古代哲学很早就讨论价值问题，如：

鱼，我所欲也；熊掌，亦我所欲也。二者不可得兼，舍鱼而取熊掌者也。

① 费孝通等著：《皇权与绅权》，华东师范大学出版社2015年版，第11页。

生，亦我所欲也；义，亦我所欲也。二者不可得兼，舍生而取义者也。生，亦我所欲；所欲有甚于生者，故不为苟得也。死，亦我所恶；所恶有甚于死者，故患有所不辟也。（《孟子·告子上》）

宋之鄙人，得璞玉献之子罕，子罕不受。鄙人曰："此宝也，宜为君子器，不宜为细人用。"子罕曰："尔以玉为宝，我以不受子之玉为宝。"是鄙人欲玉，而子罕不欲玉。故曰："欲不欲，而不贵难得之货。"（《韩非子·喻老》）

我们实践活动中所遇到的困惑，往往都是出于价值选择之艰难。很多时候，人们已经发现了真相、揭示了真理，但面对真相、真理的态度、行为却不一样：有的人拥护真相、坚持真理；有的人躲躲闪闪、首鼠两端；有的人掩盖真相、歪曲真相、否认真相、抹杀真理，甚至捏造事实，睁着眼说瞎话。这是为什么呢？这除了人们的认识还需要深化、确信之外，很大程度上是因为有各种各样的利益考虑，"它们是好还是坏、是利还是弊"，也就是有着价值选择的问题。

人生在世，都要追问：人生的意义是什么？我们可能生活很富足、学习很优秀、很会和别人交往，但却不能忍受片刻的孤独。面对现实生活中的种种选择，又该如何考虑呢？这都需要我们立足于人类实践活动，探索价值的本质、特征和规律，确立以劳动人民为本位的马克思主义价值观。"马克思主义既是严整的科学体系，又是崇高的价值体系；并且两者是内在地统一的——崇高的价值体系置于严整的科学体系的基础之上。"马克思主义"确立了一个真正适合人类生存和发展的价值目标，即社会主义价值目标，……创造一个让每个人能够得到全面而自由发展的社会环境和自然环境，人才能成为真正自由的人"[①]。

① 段若非：《马克思主义及其在当今中国的运用和发展》，人民出版社2017年版，第56-57、57页。

第一节　价值的界定

哲学上的“价值”范畴，是对现实生活中人的价值、物的价值等具体价值现象的抽象、概括，反映其共同本质和普遍特征。

价值的界定复杂多样，这里探讨两种观点。

一、价值：客体满足主体的需要

价值的第一种界定，是“从客体与主体需要的关系出发理解价值”[①]。主体是一定历史条件下的人本身。客体的情况比较复杂，既包括外在事物（自然物和人造物），也包括人本身（自我和他者）；既有物质形态，也有精神、意识形态。“主体的需要”是一个很复杂的问题：主体有不同的层次，最基本的是个体、群体；群体又有家庭、家族、阶级、国家、民族、人类等层次，有学校、企业、军队等具体形式。需要，有物质需要、精神需要、交往需要；有低级需要，有高级需要；等等。因而，价值的具体形态是多种多样的，比如有真、善、美和利，有物质价值、精神价值、交往价值。

马克思1859年在《〈政治经济学批判〉序言》中提出：

人们在自己生活的社会生产中发生一定的、必然的、不以他们的意志为转移的关系，即同他们的物质生产力的一定发展阶段相适合的生产关系。这些生产关系的总和构成社会的经济结构，即有法律的和政治的上层建筑竖立其上并有一定的社会意识形式与之相适应的现实基础。物质生活的生产方式制约着整个社会生活、政治生活和精神生活的过程。不是人们的意识决定人

① 王玉樑：《当代中国价值哲学》，人民出版社2004年版，第56页。

们的存在，相反，是人们的社会存在决定人们的意识。[①]

这里谈到人的物质生活、社会生活、政治生活和精神生活。物质价值、交往价值、政治价值、精神价值，可以说是客体对主体的物质生活需要、交往生活需要、政治生活需要、精神生活需要的满足。恩格斯在1883年指出：

人们首先必须吃、喝、住、穿，然后才能从事政治、科学、艺术、宗教等等；所以，直接的物质的生活资料的生产，从而一个民族或一个时代的一定的经济发展阶段，便构成基础，人们的国家设施、法的观点、艺术以至宗教观念，就是从这个基础上发展起来的，因而，也必须由这个基础来解释，而不是像过去那样做得相反。[②]

“吃、喝、住、穿”是物质价值，“政治、科学、艺术、宗教等等”蕴含着政治价值、交往价值和精神价值。物质需要是人与动物所共同具有的，只是满足需要的方式有所不同。动物是直接依赖自然界，人在依赖自然界之外，更能够通过生产劳动或各种剥削、压榨、掠夺抢劫等手段获得物质生活资料。根基于生产劳动的物质价值是人生价值的基础，政治价值、交往价值和精神价值则是每个人自由而全面发展的重要内容。

人们为了从事社会活动、发展自身的能力、满足自己的物质和精神需要等，就必须进行社会交往。马克思、恩格斯在《德意志意识形态》提出：

生命的生产，无论是通过劳动而生产自己的生命，还是通过生育而生产他人的生命，就立即表现为双重关系：一方面是自然关系，另一方面是社会关系，社会关系的含义在这里是指许多个人的共同活动，不管这种共同活动是在什么条件下、用什么方式和为了什么目的而进行的。[③]

①《马克思恩格斯文集》第2卷，人民出版社2009年版，第591页。
②《马克思恩格斯文集》第3卷，人民出版社2009年版，第601页。
③《马克思恩格斯文集》第1卷，人民出版社2009年版，第532页。

社会关系实际上决定着一个人能够发展到什么程度。[①]

马克思说：

人的本质不是单个人所固有的抽象物，在其现实性上，它是一切社会关系的总和。[②]

人们在社会交往中形成社会制度，通过制度来规范人们的行为、调节人们之间的关系，这既有正式的经济制度、政治制度、法律制度等，也有非正式的风俗习惯等。古代对交往关系的探讨是非常丰富的，如：

子曰："弟子入则孝，出则悌，谨而信，泛爱众，而亲仁。行有余力，则以学文。"（《论语·学而》）

己欲立而立人，己欲达而达人。（《论语·雍也》）

子贡问曰："有一言而可以终身行之者乎？"子曰："其恕乎！己所不欲，勿施于人。"（《论语·卫灵公》）

益者三友，损者三友。友直，友谅，友多闻，益矣。友便辟，友善柔，友便佞，损矣。（《论语·季氏篇》）

子曰："君子成人之美，不成人之恶。小人反是。"（《论语·颜渊篇》）

曾子曰："吾日三省吾身：为人谋而不忠乎？与朋友交而不信乎？传不习乎？"（《论语·学而篇》）

父母呼，应勿缓；父母命，行勿懒。父母教，须敬听；父母责，须顺承。（《弟子规》）

中国古代哲学最崇赞的还是精神价值。如："士志于道，而耻恶衣恶食者，未足与议也。"（《论语·里仁》）"恶衣恶食"是物质价值，"志于道"主

①《马克思恩格斯全集》第3卷，人民出版社1960年版，第295页.

②《马克思恩格斯文集》第1卷，人民出版社2009年版，第501页。

要是追求精神价值。“朝闻道，夕死可矣。”（《论语·里仁》）“闻道”是追求智慧的精神价值。“饭疏食，饮水，曲肱而枕之，乐亦在其中矣。不义而富且贵，于我如浮云。”（《论语·述而》）“饭”“富”是物质价值，“贵”是政治价值，“义”是精神价值（道德价值）。“富与贵，是人之所欲也。不以其道得之，不处也。君子无终食之间违仁，造次必于是，颠沛必于是。”（《论语·里仁》）“富与贵”是物质价值和政治价值，“道”“仁”是精神价值。“子在齐闻《韶》，三月不知肉味，曰：‘不图为乐之至于斯也！’”（《论语·述而》）“闻《韶》”是审美的精神价值，“肉味”是物质价值。“贤哉，回也！一箪食，一瓢饮，在陋巷。人不堪其忧，回也不改其乐。贤哉，回也！”（《论语·雍也》）“一箪食，一瓢饮，在陋巷”是物质价值，“孔颜之乐”则是精神价值。又如：“子适卫，冉有仆。子曰：‘庶矣哉！’冉有曰：‘既庶矣，又何加焉？’曰：‘富之。’曰：‘既富矣，又何加焉？’曰：‘教之。’”（《论语·子路》）“庶”和“富”大致是物质价值，“教”是精神价值。“莫春者，春服既成。冠者五、六人，童子六、七人，浴于沂，风乎舞雩，咏而归。”（《论语·先进》）这主要是一种精神境界。“告子曰：‘食、色，性也。’”（《孟子·告子上》）“食”和“色”都是物质价值。

主体的需要是多种多样的，其间有高低层次之不同。如果一种需要能够包容其他需要，它就高于被包容的需要。在物质需要和精神需要之间，作为基础的物质需要是人与其他生物（禽兽）共同具有的，而精神需要是人所特有的，因而，在一定意义上特异性的精神需要高于基础性的物质需要。孟子认为：“体有贵贱，有小大。无以小害大，无以贱害贵。养其小者为小人，养其大者为大人。……饮食之人，则人贱之矣，为其养小以失大也。饮食之人无有失也，则口腹岂适为尺寸之肤哉？……先立乎其大者，则其小者不能夺也。”（《孟子·告子上》）追求“饮食”“口腹”则成为“小人”，践行道义、善养“浩然之气”则成为“大人”。

与需要相联系的是兴趣，趣味也有高低、雅俗之分。毛泽东在《纪念白求恩》中指出：

我们大家要学习他毫无自私自利之心的精神。从这点出发，就可以变为大有利于人民的人。一个人能力有大小，但只要有这点精神，就是一个高尚的人，一个纯粹的人，一个有道德的人，一个脱离了低级趣味的人，一个有益于人民的人。①

二、内在价值与外在价值

价值的第二种界定，是区分内在价值（Intrinsic Value）与外在价值（Extrinsic Value），或目的价值（Terminal Value）与手段价值（Instrumental Value）。

一般来说，内在价值由事物的内在性质决定，是事物本身所固有、以自身为目的的价值。外在价值，是达到一定目的之手段或工具。孔子说："仁者安仁，知者利仁。"（《论语·里仁》）"仁"可能是"仁者"的内在价值，也可能是"智者"利用"仁"来达到某种目的之外在价值。孔子倡导"仁"的内在价值："人而不仁，如礼何？人而不仁，如乐何？"（《论语·八佾》）"礼云礼云，玉帛云乎哉？乐云乐云，钟鼓云乎哉？"（《论语·阳货》）这里的"仁"是内在价值，而"礼""乐"和"玉帛""钟鼓"都是实现、呈现"仁"的手段。

孟子讲过一个生动事例：

人皆有不忍人之心。……所以谓"人皆有不忍人之心者"，今人乍见孺子将入于井，皆有怵惕恻隐之心。非所以内交于孺子之父母也，非所以要誉于乡党朋友也，非恶其声而然也。……恻隐之心，仁之端也；羞恶之心，义之端也；辞让之心，礼之端也；是非之心，智之端也。人之有是四端也，犹其有四体也。有是四端而自谓不能者，自贼者也。（《孟子·公孙丑上》）

在孟子看来，抢救小孩子的行为表明人都固有"不忍人之心"或"四端"的内在价值，"仁义礼智"不是达到"内交于孺子之父母""要誉于乡党朋友"

① 《毛泽东选集》第2卷，人民出版社1991年版，第660页。

的外在价值。

（一）事物的外在价值与内在价值

按照“需要—满足”的价值界定，“物为人而存在”，客体、事物（自然物和人造物）以其属性、功能满足主体的一定需要，因而仅仅具有外在价值。主体从工具、手段的角度，以自己的利益为中心、为尺度来看待其他事物，对主体有用的事物就有价值，对主体没用的事物就没有价值。这种价值观是以人为中心来看待其他事物，带有人类中心论的浓重色彩。

从客体满足主体的需要来说，外在价值近似于政治经济学上商品的“使用价值”。马克思说：

> 《评政治经济学上若干用语的争论》一书的作者、贝利和其他人指出，“value，valeur”这两个词表示物的一种属性。的确，它们最初无非是表示物对于人的使用价值，表示物的对人有用或使人愉快等等的属性。事实上，“value，valeur，Wert”这些词在词源学上不可能有其他的来源。使用价值……实际上是表示物为人而存在。①

value这个词的英文解释是quality of being useful or desirable，是有用性、重要性。如果某物、某事能够满足人的需要，就是有价值的、有意义的；不能满足人的需要，就是没有价值的、没有意义的；损害人的需要，就是负价值、负面意义的。价值的大小，取决于客体满足主体需要的程度。如前所述，马克思指出，在资本主义生产方式下：

> 生产剩余价值或赚钱，是这个生产方式的绝对规律。劳动力只有在它会把生产资料当做资本来保存，把自身的价值当做资本再生产出来，并且以无酬劳动提供追加资本的源泉的情况下，才能够卖出去。②

① 《马克思恩格斯全集》第26卷Ⅲ，人民出版社1974年版，第326页。

② 《马克思恩格斯文集》第5卷，人民出版社2009年版，第714页。

在资本主义雇佣劳动制度中，工人的劳动力只具有对资本家有用的外在价值。

中国古代以“利”等表示这种外在价值，如：

孟子见梁惠王，王曰：“叟，不远千里而来，亦将有以利吾国乎?”孟子对曰：“王何必曰利？亦有仁义而已矣!”（《孟子·梁惠王上》）

从事物的外在价值来说，自然物或者作为“资源”被人类加工利用而具有物质价值或经济价值，或由于人类的“移情”而具有审美价值，等等。总之，自然物只具有为人所用的外在价值或工具价值。

那么，生命（包括人和其他生物）本身仅仅具有外在价值吗？张岱年认为：

生的价值，即生命的价值，也不在于能满足人们的需要，而在于具有较无生物更高级的属性。对于无生物而言，生命具有优异的属性，因而具有价值。唯心主义目的论认为各种生物都是为了人而产生的，显然荒谬。生命的价值在于具有优异的特性。

人的价值、生命的价值，不仅仅是指人的使用价值或生命的使用价值。

人本身、生命本身，不但在一定条件下可以具有功用价值，而且具有内在价值。[①]

这个论断具有重要的启示。“曾子曰：‘戒之，戒之！出乎尔者，反乎尔者也。’”（《孟子·梁惠王下》）在人与自然的关系上，确实是“出乎尔者，反乎尔者也”。在今天生态危机日益危重的情形下，也许我们应该重新反思和界定自然界的价值。即使仅仅把自然界视为外在价值，也要从人类社会的整体利益、从实现“每个人自由而全面发展”的视野来看待自然界，而不能从狭隘的个人利益、少数人利益出发来看待自然界。要反思和超越人类中心主

①《张岱年全集》第7卷，河北人民出版社1996年版，均为第258页。

义，自觉追求天人之间的广大和谐。“人与外在自然界要达到和谐一致，人们内在的自然即人性得到自由的发展，这样才感到最自由自在，这就是古代哲学家经常讲的‘天人合一’境界。……在社会实践的基础上，通过性与天道的交互作用，达到天和人之间动态的统一。”[①]

（二）人本身的内在价值与外在价值

个人与人类既有内在价值，也有外在价值。

1．个人的内在价值与外在价值。

独立人格，是人本身的内在价值、目的价值。个人满足社会的需要，为社会进步作出积极贡献，这是一种功用价值、工具价值。

（1）个人的内在价值。

张岱年认为，个人的内在价值是人本身的“优异的特性”[②]。人的优异特性，可以理解为“每一个个人的全面而自由的发展”[③]，“使人的性格和智慧得到全面的合理的发展，……进行自由的生命活动”[④]，形成德智体美劳协调发展的自由人格，实现物质生活、社会生活、政治生活和精神生活的全面发展。

按照“客体满足主体的需要”的价值界定，人本身既是主体又是客体，人的内在价值似乎可以说是主体满足自己的需要。比如创造性的自由劳动成为人的第一需要，又如：“在艺术欣赏和艺术创作的过程中间，对欣赏者和创作者来说，艺术本身有它的内在价值”，“对于从事科学研究的人以及受科学教育的人，科学理论也有它本身固有的内在价值。……哲学的智慧的活动是一切活动中最愉快的活动。智慧的活动本身就是一种价值”，“德行本身有内在的价值，如果把名教看作仅仅是工具，不是出于本性的表现，那就成为虚伪的东西”[⑤]。艺术、科学、道德都是人的本质力量之发展和体现，这些活动本身就是目的。在这个意义上，“为艺术而艺术”“为学术而学术”“为道德而

①《冯契文集》增订版第3卷，华东师范大学出版社2016年版，第276页。
②《张岱年全集》第7卷，河北人民出版社1996年版，第258页。
③《马克思恩格斯文集》第5卷，人民出版社2009年版，第683页。
④《马克思恩格斯文集》第9卷，人民出版社2009年版，第278页。
⑤《冯契文集》增订版第3卷，华东师范大学出版社2017年版，第60、60-61、61页。

道德”是有一定道理的。古代的“孔颜之乐”，也可以说是追求人的内在价值。

中国古代哲学有倡导意志自由和道德实践的优秀传统，如：

上九，不事王侯，高尚其事。(《周易·蛊卦》)

《象》曰：“不事王侯，志可则也。”

孔子讲“三军可夺帅也，匹夫不可夺志也”(《论语·子罕》)，肯定每一个普通人都具有独立意志。孟子引述曾子的言论：“曾子曰：‘晋、楚之富，不可及也。彼以其富，我以吾仁。彼以其爵，我以吾义，吾何慊乎哉？’”(《孟子·公孙丑下》)表现了不屈服于权势的独立人格。孟子还说：

有天爵者，有人爵者。仁义忠信，乐善不倦，此天爵也；公卿大夫，此人爵也。古之人修其天爵，而人爵从之。今之人修其天爵，以要人爵；既得人爵，而弃其天爵，则惑之甚者也，终亦必亡而已矣。

欲贵者，人之同心也。人人有贵于己者，弗思耳。人之所贵者，非良贵也。赵孟之所贵，赵孟能贱之。(《孟子·告子上》)

孟子更提出大丈夫的伟岸人格：

以顺为正者，妾妇之道也。居天下之广居，立天下之正位，行天下之大道。得志，与民由之；不得志，独行其道。富贵不能淫，贫贱不能移，威武不能屈。此之谓大丈夫。(《孟子·滕文公下》)

中国古代儒家重视人之为人，主张保持作为“人”的人格。孟子讲“人之所以异于禽兽者”(《孟子·离娄下》)，荀子提出“人之所以为人者”(《荀子·非相》)，都把道德自觉作为崇高人格的核心内涵。

《庄子》讲："古之所谓得志者，非轩冕之谓也，谓其无以益其乐而已矣。今之所谓得志者，轩冕之谓也。……故不为轩冕肆志，不为穷约趋俗，其乐彼与此同，故无忧而已矣!……故曰：丧己于物，失性于俗者，谓之倒置之民。"（《庄子·缮性》）深受道家影响的陶渊明作《归去来兮辞》："归去来兮，田园将芜胡不归？既自以心为形役，奚惆怅而独悲？悟已往之不谏，知来者之可追。实迷途其未远，觉今是而昨非。"这都表现了对精神自由、"真人"人格的高度肯定。

（2）个人的外在价值。

一般来说，个人的外在价值是个人满足他人、社会的一定需要。这又可以分为两种情形：一种是自由而自愿地、自然而然地为社会进步作出积极贡献；一种是通过强制、欺骗等方式把人本身作为手段。

关于第一种情形，个人的外在价值体现为自觉、自愿的自由劳动对社会的积极贡献。马克思提出：

> 如果我们选择了最能为人类福利而劳动的职业，那么，重担就不能把我们压倒，因为这是为大家而献身；那时我们所感到的就不是可怜的、有限的、自私的乐趣，我们的幸福将属于千百万人，我们的事业将默默地、但是永恒发挥作用地存在下去……①

个人在外在价值上完全不同于自然物，是理性自觉和意志自愿的统一，在物质生活、社会生活、政治生活、精神生活各个领域做出创造性的贡献。这种健康的个人外在价值是社会进步的真正因素，我们党的宗旨"全心全意为人民服务"，鲁迅的"俯首甘为孺子牛"（《自嘲》），甘愿做"革命的螺丝钉"，在长期革命、建设实践中涌现出来的"井冈山精神""长征精神""延安精神""西柏坡精神""铁人精神""雷锋精神""红旗渠精神"等等，都充分体现了这种为社会进步而勇于贡献、奋斗牺牲的崇高品质，自觉担负促进社

① 《马克思恩格斯全集》第1卷，人民出版社1995年版，第459页。

会进步的历史使命，这是人生价值的重要内涵。毛泽东指出：

人总是要死的，但死的意义有不同。中国古时候有个文学家叫做司马迁的说过："人固有一死，或重于泰山，或轻于鸿毛。"为人民利益而死的，就比泰山还重；替法西斯卖力，替剥削人民和压迫人民的人去死，就比鸿毛还轻。①

"两弹元勋"邓稼先，就具有这种崇高的价值追求：

1958年8月，原子能研究所所长钱三强找邓稼先谈话："稼先同志，国家要放一个大炮仗，调你去做这项工作，怎样?"回到家后，邓稼先对妻子许鹿希说："我要调动工作了。""调到哪里呢?""还不知道。""干什么工作呢?""不知道，也不能说。"邓稼先又说："我今后恐怕照顾不了这个家了，这些全靠你了。""我的生命就献给未来的工作了。做好了这件事，我这一生就过得很有意义，就是为它死了也值得。"②

关于第二种情形，如马克思在《资本论》第1卷中说：

创造资本关系的过程，只能是劳动者和他的劳动条件的所有权分离的过程，这个过程一方面使社会的生活资料和生产资料转化为资本，另一方面使直接生产者转化为雇佣工人。③

资本主义制度中，雇佣劳动是资本所奴役的外在价值、工具价值，这导致人本身的物化和异化。中国君主专制时代"君为臣纲、父为子纲、夫为妇纲"，是一种单向的外在价值形态。商品经济中，"每一个人都把另一个人当

①《毛泽东选集》第3卷，人民出版社1991年版，第1004页。
② 参见许鹿希等：《邓稼先传》，中国青年出版社2019年版，第55-57页。
③《马克思恩格斯文集》第5卷，人民出版社2009年版，第822页。

作自己的手段互相利用”[①]；君主专制社会也有“君臣异心，君以计畜臣，臣以计事君”（《韩非子·饰邪》）。冯契认为：

异化的力量，从社会发展史来看，主要是两个：一个是基于人的依赖关系的权力迷信，另一个是基于对物的依赖关系的拜金主义。……归根到底，这种异化力量是违背人的自由发展要求的。

品质的异化使人失去了爱心，失去了正义感，表现为对人的残忍、迫害等恶行。[②]

把他人仅仅看作实现自己之手段的工具主义价值观，表现了“民之父母”的统治心态、“敲门砖”式的投机心态、“精致的利己主义”等错误取向，对此必须进行严肃批判。

（3）个人内在价值与外在价值的关系。

个人的内在价值和外在价值，既可能相统一，也可能相分离、分裂而发生异化。

就个人的内在价值和外在价值的互为条件、辩证统一来说，古代“内圣外王之道”（《庄子·天下》）的“体用”思维方式对此有所启示。

第一，个人的内在价值是其外在价值之基础。

人类社会历史的第一个前提就是有生命的个人存在，只有个体的内在价值、“个人本身力量”得到实现，才能为社会创造和奉献。马克思、恩格斯在《德意志意识形态》中说：

由于这些条件在历史发展的每一阶段都是与同一时期的生产力的发展相适应的，所以它们的历史同时也是发展着的、由每一个新的一代承受下来的生产力的历史，从而也是个人本身力量发展的历史。[③]

①《马克思恩格斯全集》第30卷，人民出版社1995年版，第198页。

②《冯契文集》增订版第3卷，华东师范大学出版社2017年版，第189–190、190页。

③《马克思恩格斯文集》第1卷，人民出版社2009年版，第576页。

马克思还指出：

后来的每一代人都得到前一代人已经取得的生产力并当做原料来为自己新的生产服务，由于这一简单的事实，就形成人们的历史中的联系，就形成人类的历史，这个历史随着人们的生产力以及人们的社会关系的愈益发展而愈益成为人类的历史。由此就必然得出一个结论：人们的社会历史始终只是他们的个体发展的历史，而不管他们是否意识到这一点。①

马克思主义认为“人本身”“个体发展”“个人本身力量发展”就是历史之目的，社会财富、社会关系等归根到底都是实现每个人自由而全面发展的手段和方式。另一方面，个人自由而全面发展的程度，又直接制约着个人对社会的贡献能力和水平：

节约劳动时间等于增加自由时间，即增加使个人得到充分发展的时间，而个人的充分发展又作为最大的生产力反作用于劳动生产力。②

马克思在《资本论》第3卷指出：

这个领域内的自由只能是：社会化的人，联合起来的生产者，将合理地调节他们和自然之间的物质变换，把它置于他们的共同控制之下，而不让它作为一种盲目的力量来统治自己；靠消耗最小的力量，在最无愧于和最适合于他们的人类本性的条件下来进行这种物质变换。但是，这个领域始终是一个必然王国。在这个必然王国的彼岸，作为目的本身的人类能力的发挥，真正的自由王国，就开始了。③

①《马克思恩格斯文集》第10卷，人民出版社2009年版，第43页。
②《马克思恩格斯文集》第8卷，人民出版社2009年版，第203页。
③《马克思恩格斯文集》第7卷，人民出版社2009年版，第928-929页。

中国古代哲学讨论内在价值与外在价值的关系，如孟子说：

有天爵者，有人爵者。仁义忠信，乐善不倦，此天爵也；公卿大夫，此人爵也。古之人修其天爵，而人爵从之。今之人修其天爵，以要人爵；既得人爵，而弃其天爵，则惑之甚者也，终亦必亡而已矣。（《孟子·告子上》）

欲贵者，人之同心也。人人有贵于己者，弗思耳。人之所贵者，非良贵也。赵孟之所贵，赵孟能贱之。（《孟子·告子上》）

“天爵”“良贵”或“人人有贵于己者”的“仁义忠信”是人的内在价值，“人爵”“赵孟之所贵”的“公卿大夫”是人的外在价值。中国古代哲学主张人应首先追求、修养其内在价值，在此基础上追求外在价值。如果没有真诚切己的道德修养，就会流于虚伪欺诈。

第二，个人的外在价值是其内在价值之体现。

人在本质上是社会动物，个人是在社会中并通过社会才能成为现实的个体。马克思在中学毕业论文就认识到：

人只有为同时代人的完美、为他们的幸福而工作，才能使自己也达到完美。①

《论语》中有个故事：

长沮、桀溺耦而耕，孔子过之，使子路问津焉。……夫子怃然曰：“鸟兽不可与同群；吾非斯人之徒与而谁与？”（《论语·微子》）

中国古代哲学讲“诚于中，形于外”（《礼记·大学》），认为“诚意”“修

①《马克思恩格斯全集》第40卷，人民出版社1982年版，第7页。

身”是“齐家、治国、平天下”之根基，而“齐家、治国、平天下”是“诚意”“修身”之完成，这是很理想的一种设想。孔子说：“君子之德风，小人之德草。草上之风，必偃。”（《论语·颜渊》）“其为人也孝弟，而好犯上者，鲜矣！”（《论语·颜渊》）“未有仁而遗其亲者也，未有义而后其君者也”（《孟子·梁惠王上》）这些都肯定了“孝悌”“仁义”之由内及外的价值功能。

习近平指出：

坚定理想信念，坚守共产党人精神追求，始终是共产党人安身立命的根本。对马克思主义的信仰，对社会主义和共产主义的信念，是共产党人的政治灵魂，是共产党人经受住任何考验的精神支柱。[①]

我们一些同志之所以理想渺茫、信仰动摇，根本的就是历史唯物主义观点不牢固。要教育引导广大党员、干部把践行中国特色社会主义共同理想和坚定共产主义远大理想统一起来，做到虔诚而执着、至信而深厚。[②]

这其中蕴涵着个人的理想信念等内在价值与投身于中国特色社会主义建设实践之间的内在统一。只有把马克思主义、社会主义和共产主义信念信仰转化为主体的内在品质而“根于心”，“其生色也，睟然见于面、盎于背、施于四体，四体不言而喻”（《孟子·尽心上》），或“入乎耳，箸乎心，布乎四体，形乎动静。端而言，蝡而动，一可以为法则”（《荀子·劝学》），才能成为个人全面而自由发展的固有素养，才能经受各种考验而为人民做出积极贡献。

个人对社会的积极贡献，是其自身优异特性，即其自身的道德、智慧、体力、美感、劳动等本质力量的体现。只有个人得到自由而全面的发展，才能为社会进步做出积极贡献；也只有在为他人服务、为社会奉献、为人类造福中，才能实现个人的自我完善。

但是，在人类历史上，个人的内在价值和外在价值也可能被分离、分裂。

① 《习近平谈治国理政》，外文出版社2014年版，第15页。

② 《十八大以来重要文献选编》（上），中央文献出版社2014年版，第116-117页。

马克思、恩格斯批判资本主义雇佣劳动制度的奴役本质，把活生生的人本身异化为资本的工具，阻碍人性自由而全面的发展。“德薄而位尊，智小而谋大，力小而任重，鲜不及矣。”（《易传·系辞传》）意味着外在价值缺乏内在价值之根基；“英雄无用武之地”，意味着个人的内在价值不能实现为外在价值。

个人的内在价值与外在价值相统一的理想境界，也就是“个人的自由发展”与“真正的共同体”的互为条件、良性互动。我们对生命、生活的热爱，既表现为仁民爱物、理性智慧、审美情趣、体魄健康、自由劳动的独立人格，又体现在全心全意为人民服务，推进社会进步与人类解放的崇高事业。

2．人类的内在价值与外在价值。

人类的内在价值，是其在宇宙中的特殊地位。“水火有气而无生，草木有生而无知，禽兽有知而无义。人有气有生有知亦且有义，故最为天下贵也。”（《荀子·王制》）这既是一种宇宙层次论，也是一种价值论。

人类的内在价值，在于具有其他物类所没有的特异性质，这不仅包括“义”的道德价值，还有对真、美的追求。德国哲学家康德（Immanuel Kant，1724—1804）认为：

> 人所愿欲的和他能够支配的一切东西都只能被用作手段；唯有人，以及与他一起，每一个理性的创造物，才是目的本身。所以，凭借其自由的自律，他就是道德法则的主体。①

人类的外在价值，表现为对其他物类、生态系统乃至整个宇宙的影响，这既可能是发挥人之优异特性而主动创造、自觉协调宇宙中的各种价值关系，也可能是把其他物类只看作满足人类利益的外在价值而肆意掠取、野蛮破坏。

当代要重新反思和建构人类社会在宇宙中的地位和作用，实现自然主义与人道主义之有机统一，在更高水平上确立“天地万物为一体”（《河南程氏遗书》卷二上）的生产方式和生活境界。

①［德］康德，韩水法译：《实践理性批判》，商务印书馆1999年版，第95页。

第二节　价值的特征

从“客体满足主体需要”的价值界定来说，价值具有主体性、客观性等特征，其中最根本是价值的主体性。

价值因主体而不同。判断任何价值，首先要搞清楚它是对谁的价值，也就是价值的主体是谁。主体不同，对同一事物的需要、评价也不同。据说唐代崔护赴京赶考，途中向一村女讨水喝，颇有情意。第二年再去，没有见到那位村女，颇为感慨，就写了一首《题都城南庄》：“去年今日此门中，人面桃花相映红。桃面不知何处去，桃花依旧笑春风。”他的书童见状，也写了一首：“去年今日此门左，人面桃花红似火。今年桃面如还在，凉水活活灌死我。”

从外在价值来说，价值是客体满足主体需要、是客体对主体的意义，价值的形成、特点、变化取决于主体。

一、价值关系依赖于主体的存在和创造

人是价值关系的主体，没有主体也就没有价值。一个事物是否具有价值，由主体所决定。一个客观事物、客观对象有没有价值，要看它是否符合、满足主体的需要和利益，是否进入主体的实践活动之中。

自然物如离开人，它的属性本身就无所谓价值。价值是出于人的创造，是人对自然物加工的结果。[①]

世间万事万物的价值及其等级次序都是由作为主体的人按照自己的需要的尺度排列的。[②]

①《冯契文集》增订版第3卷，华东师范大学出版社2017年版，第70页。

②《马克思主义哲学》，高等教育出版社、人民出版社2009年版，第297页。

在货币发展史上，最早的货币是天然海贝，一直使用到商周时期，后来出现金属货币。“菁菁者莪，在彼中陵。既见君子，锡我百朋。”（《诗经·小雅·菁菁者莪》）这里的“朋”是海贝。现在人们还会把天然海贝当作货币吗？天然海贝对人们的意义或价值，发生了什么变化？

不仅自然物是这样，人类所创造的精神文化也是如此。唐代章碣在《焚书坑》说：“竹帛烟销帝业虚，关河空锁祖龙居。坑灰未冷山东乱，刘项原来不读书。”这里的历史事实是：刘邦建立汉朝之后，开始并没有意识到文化的价值，经陆贾劝谈后才有所转变：

陆生时时前说称《诗》《书》。高帝骂之曰：“乃公居马上而得之，安事《诗》《书》！”陆生曰：“居马上得之，宁可以马上治之乎？且汤、武逆取而以顺守之，文武并用，长久之术也。昔者吴王夫差、智伯极武而亡；秦任刑法不变，卒灭赵氏。乡使秦已并天下，行仁义，法先圣，陛下安得而有之？”高帝不怿而有惭色。乃谓陆生曰：“试为我著秦所以失天下，吾所以得之者何，及古成败之国。”（《史记·陆贾列传》）

刘邦原来认为《诗》《书》对他的统治地位并没有价值，后来才认识到“文武并用，长久之术也”，开始重视利用儒家文化来维护统治。公元前195年，刘邦在鲁地以太牢祭孔子，成为第一个祭祀孔子的皇帝。

电影《月光宝盒》中有至尊宝的一句话：“曾经有一份真诚的爱情放在我面前，我没有珍惜，等我失去的时候我才后悔莫及，人世间最痛苦的事莫过于此。”《流浪猫鲍勃》（*A Street Cat Named Bob*）中，这只流浪猫本来对詹姆斯没有价值，但在相处中却逐渐改变了詹姆斯的人生态度和生活方式，对他有了崭新的意义。

明代王阳明南镇看花这个故事，教科书中一般把它放到认识论部分，作为主观唯心主义的典型事例：

> 先生游南镇，一友指岩中花树问曰："天下无心外之物。如此花树，在深山中，自开自落，于我心亦何相关？"先生曰："你未看此花时，此花与汝心同归于寂。汝来看此花时，则此花颜色，一时明白起来。便知此花不在你的心外。"（《传习录》）

但是，在一些学者看来，这应该是一个价值论的问题，是讲山花对人的意义或价值关系。马克思在《1844年经济学哲学手稿》中说：

> 从主体方面来看：只有音乐才激起人的音乐感；对于没有音乐感的耳朵来说，最美的**音乐**毫无意义，**不是**对象，因为我的对象只能是我的一种本质力量的确证，就是说，它只能像我的本质力量作为一种主体能力自为地存在着那样才对我而存在，因为任何一个对象对我的意义（它只是对那个与它相适应的感觉来说才有意义）恰好都以**我的**感觉所及的程度为限。[①]

"南镇看花"故事中的"寂"与"明白起来"并不是"不存在"与"存在"的意思，而是"寂然不动"之"寂"。王阳明还说：

> 天没有我的灵明，谁去仰他高？地没有我的灵明，谁去俯他深？……今看死的人，他这些精灵游散了，他的天地万物尚在何处？（《传习录》）

这里的"他的天地万物尚在何处"一句，一定要注意"他的"这个限定词，主要是讲"天地万物"对"他"的特定价值或意义。但是，在王阳明的表述中，价值论和认识论两层意思往往含混在一起。如他说"天地鬼神万物离却我的灵明，便没有天地鬼神万物了"（《传习录》），这种说法就导致了唯心主义。

①《马克思恩格斯全集》第3卷，人民出版社2002年版，第305页。

二、同一客体对同一主体具有不同的价值

作为主体的人具有无限多方面的规定性和需要、利益。人本身的发展越全面，客体对主体的意义就越丰富、越多样。在一定意义上，客体对人的价值和意义，取决于人本身的发展程度。

同样一片森林，对人有什么意义呢？孟子讲过一个故事：

牛山之木尝美矣，以其郊于大国也，斧斤伐之，可以为美乎？是其日夜之所息，雨露之所润，非无萌蘖之生焉，牛羊又从而牧之，是以若彼濯濯也。人见其濯濯也，以为未尝有材焉，此岂山之性也哉？虽存乎人者，岂无仁义之心哉？（《孟子·告子上》）

“牛山之木”被当作“斧斤伐之”的木材，烧火做饭或者盖房子；而树木“萌蘖”的幼苗，又被放牧牛羊，结果青山成了光秃秃的荒山。这里就仅仅把牛山当作满足眼前利益的手段。但是，如果人的发展更全面、素质更高，就会发现森林还有更重要的生态价值，还有更高的审美价值。

“绿水青山就是金山银山”（Clear waters and green mountains are invaluable assets.）。著名的塞罕坝农场，“塞罕”是蒙语，意为“美丽”。这里曾经是青山绿水，但随着清王朝腐败，同治二年（1863）开围放垦，后来又遭日本侵略者的掠夺采伐和连年山火，原始森林已荡然无存，出现“飞鸟无栖树，黄沙遮天日”的荒凉景象。1962年林业部组建塞罕坝机械林场总场，两代知青用青春和汗水营造起万顷林海，1993年建立塞罕坝国家森林公园，“河的源头、云的故乡、花的世界、林的海洋、珍禽异兽的天堂”，既有多种多样的经济价值如林木资源、旅游资源等，又有生态价值，还有深厚的人文精神价值，还可以初看是“绿水青山”，再看是“金山银山”，又看还是“绿水青山”，是人与自然和谐相处的典范。

在客体不变的情况下，由于主体的认识能力提高、生活体验丰富，客体就呈现出不同的价值和意义。比如宋代禅宗大师青原行思提出修养的三重境界：

参禅之初，看山是山，看水是水；禅有悟时，看山不是山，看水不是水；禅中彻悟，看山仍然山，看水仍然是水。

因而，要真正懂得客体对主体究竟有什么价值、什么意义，不仅要深入、全面地认识客体，更重要的是认识主体自身的需要、利益和能力。如果人是片面发展的，那就不可能建立、享有丰富的价值关系。人们的价值体验，往往只能呈现出最直接、最切近的部分，而更深层、更丰富的价值关系可能被遮蔽了。古人鄙薄"小聪明"而讲"大智慧"，就包含这样的意思。

人类历史的发展，在一定意义上就是人的本质、人的需要、人的能力的全面而自由发展的历史。在历史条件的制约下，人类的生存和生活往往是片面的甚至是畸形的，人的心态是扭曲的甚至是丑陋、黑暗的，人往往崇拜金钱、权力，成为各种各样外在势力的奴隶。马克思在《资本论》中揭示了资本主义制度下人的片面性：

在那些尚未受工厂法约束的工厂和手工工场里，在所谓旺季，由于突如其来的订货，周期性地盛行着骇人听闻的过度劳动。……这个领域，正系统地培育着一支随时可供支配的产业后备军，这支后备军在一年的一部分时间里由于被迫从事非人的劳动而遭到摧残，在另一部分时间里则由于没有工作而穷困堕落。①

在这样悲惨的劳动条件下，儿童、少年得不到充分的休息，也没有机会接受教育，他们只能成为机器的奴隶而从事极其片面的活动，不可能建立起

①《马克思恩格斯文集》第5卷，人民出版社2009年版，第550页。

丰富的价值关系。

弗罗姆（Erich Fromm，1900—1980）谈到资本主义社会的人格结构：

现代人与其同胞的关系如何？这是一种两种抽象体、两个活机器之间互相利用的关系。雇主利用雇员，推销商利用顾客。每个人都是除己之外的别人的一个商品，总是受到一定友好的对待，因为即使他现在没有用处，也许将来会有用。现在的人际关系中，再也找不到多少爱和恨，人们有表面上的友好和更多表面上的公平。但在表面之下是人与人之间的距离与相互的冷漠，以及大量的难以捉摸的互不信任。[①]

人类社会的进步，归根到底体现为每个个体的自由而全面的发展。只有在社会生产力和社会交往发展的基础上，才能建立和享有丰富而充实的价值关系。另一方面，在既定的历史条件下，我们每个人都应该尽最大努力发展自己的天赋和潜力，使自己成为全面发展的个人。中国传统哲学强调个人的主观努力，倡导修养崇高的精神生活："其为人也，发愤忘食，乐以忘忧，不知老之将至云尔！"（《论语·述而》）、"子曰：'仁远乎哉？我欲仁，斯仁至矣。'"（《论语·述而》）这都是弥足珍贵的优秀传统。

三、同一客体对不同主体具有不同的价值

现实生活中的主体是多样的，不同主体的需要、利益也是多样的，每一种具体价值都有鲜明的个性特征。判断任何价值，首先要看价值主体是谁，看是对谁的价值，是对一般人和社会的价值，还是对具体的某个人、某个群体的价值。

俗语"萝卜白菜，各有所爱"，是说萝卜、白菜对不同主体具有不同的价值。旧中国的地主所有制，对地主和农民有不同的价值。毛泽东1927年在

① ［美］埃里希·弗罗姆：《健全的社会》，国际文化出版公司2003年版，第120-121页。

《湖南农民运动考察报告》中指出：

目前农民运动的兴起是一个极大的问题。很短的时间内，将有几万万农民从中国中部、南部和北部各省起来，其势如暴风骤雨，迅猛异常，无论什么大的力量都将压抑不住。他们将冲决一切束缚他们的罗网，朝着解放的路上迅跑。一切帝国主义、军阀、贪官污吏、土豪劣绅，都将被他们葬入坟墓。一切革命的党派、革命的同志，都将在他们面前受他们的检验而决定弃取。站在他们的前头领导他们呢？还是站在他们的后头指手画脚地批评他们呢？还是站在他们的对面反对他们呢？每个中国人对于这三项都有选择的自由，不过时局将强迫你迅速地选择罢了。①

美国作家欧·亨利（O.Henry，1862—1910）的小说《麦琪的礼物》（*The Gift of the Magi*）中，Della和James善意的谎言不是让我们很感动吗？又如孔子说"自古皆有死，民无信不立"（《论语·颜渊》），孙武却说"兵者，诡道也"（《孙子兵法·谋攻》）。《左传》讲到宋襄公的一个故事：

冬十一月己巳朔，宋公及楚人战于泓。宋人既成列，楚人未既济。司马曰："彼众我寡，及其未既济也，请击之。"公曰："不可。"既济而未成列，又以告。公曰："未可。"既陈而后击之，宋师败绩，公伤股，门官歼焉。国人皆咎公。公曰："君子不重伤，不禽二毛。古之为军也，不以阻隘也。寡人虽亡国之余，不鼓不成列。"（《左传·僖公二十二年》）

庄子讲过如何对待生命自由与荣华富贵的故事：

楚威王闻庄周贤，使使厚币迎之，许以为相。庄周笑谓楚使者曰："千金，重利；卿相，尊位也。子独不见郊祭之牺牛乎？养食之数岁，衣以文绣，

①《毛泽东选集》第1卷，人民出版社1991年版，第12-13页。

以入大庙。当是之时，虽欲为孤犊，岂可得乎？子亟去，无污我。我宁游戏污渎之中自快，无为有国所羁，终身不仕，以快吾志焉。”（《史记·老子韩非列传》）

庄子钓于濮水。楚王使大夫二人往先焉，曰：“愿以境内累矣！”庄子持竿不顾，曰：“吾闻楚有神龟，死已三千岁矣，王以巾笥而藏之庙堂之上。此龟者，宁其死为留骨而贵乎？宁其生而曳尾于涂中乎？”二大夫曰：“宁生而曳尾涂中。”庄子曰：“往矣！吾将曳尾于涂中。”（《庄子·秋水》）

“千金”之重利的经济价值和“卿相”之尊位的政治价值，在庄子看来不如“生”的生命价值和“快吾志”的精神价值。又如庄子和惠施对“相”的不同看法：

惠子相梁，庄子往见之。或谓惠子曰：“庄子来，欲代子相。”于是惠子恐，搜于国中三日三夜。庄子往见之，曰：“南方有鸟，其名鹓鶵，子知之乎？夫鹓鶵，发于南海而飞于北海，非梧桐不止，非练实不食，非醴泉不饮。于是鸱得腐鼠，鹓鶵过之，仰而视之曰吓！’今子欲以子之梁国而吓我邪？”（《庄子·秋水》）

同样是梅花，对陆游和毛泽东的意义就不同：

驿外断桥边，寂寞开无主。已是黄昏独自愁，更著风和雨。无意苦争春，一任群芳妒。零落成泥碾作尘，只有香如故。（《卜算子·咏梅》）

风雨送春归，飞雪迎春到。已是悬崖百丈冰，犹有花枝俏。俏也不争春，只把春来报。待到山花烂漫时，她在丛中笑。（《卜算子·咏梅》）

同样是杨柳，给人的感受却有异：

昔我往矣，杨柳依依。今我来思，雨雪霏霏。(《诗经·采薇》)

杨柳青青江水平，闻郎江上踏歌声。东边日出西边雨，道是无晴却有晴。(唐·刘禹锡《竹枝词》)

有人喜欢喧哗热闹、车水马龙，有人喜欢清静独处、志向高洁：

结庐在人境，而无车马喧。问君何能尔？心远地自偏。采菊东篱下，悠然见南山。山气日夕佳，飞鸟相与还。此中有真意，欲辨已忘言。(东晋·陶渊明《饮酒》)

因而，要判断任何价值，首先就要看这是对谁的价值。不同利益的主体的价值感受、价值判断是有极大差异乃至根本对立的。

那么，由于主体不同而产生的价值的多元性，其间有没有统一性？这可以分为两种情形：

第一，如果主体之间是对立关系，那么符合历史发展趋势、代表社会前进方向的主体的价值将取得主导地位；而失去历史根据的主体则被历史所淘汰。

第二，部分服从整体是人类社会的发展规律。如果主体之间是从属关系，那么个人价值从属于群体价值，群体价值从属于社会价值，社会价值从属于人类价值。毛泽东在1942年谈到“仁政”问题：

有些同志不顾战争的需要，单纯地强调政府应施“仁政”，这是错误的观点。因为抗日战争如果不胜利，所谓“仁政”不过是施在日本帝国主义身上，于人民是不相干的。反过来，人民负担虽然一时有些重，但是战胜了政府和军队的难关，支持了抗日战争，打败了敌人，人民就有好日子过，这个才是革命政府的大仁政。①

① 《毛泽东选集》第3卷，人民出版社1991年版，第894页。

主体有个人、群体、阶级、党派、民族、社会、人类，而且这些主体都是在一定历史条件的具体主体，因而价值具有多元性、多层次性，有着人们现实利益的差别和对立。既要肯定对某个或某类主体的特殊价值，也要肯定包含一定范围的人类的共同价值。习近平倡导建立人类命运共同体（Community of Shared Future for Mankind），他说：

宇宙只有一个地球，人类共有一个家园。……到目前为止，地球是人类唯一赖以生存的家园，珍爱和呵护地球是人类的唯一选择。……我们要为当代人着想，还要为子孙后代负责。[①]

（There is only one Earth and we humans have only one home. ……For the time being Earth is still the only home we have，so to care for and cherish it is our only option. ……We should not only think about our own generation，but also take responsibility for those to come.）

我们为什么要有责任意识，要有担当？根本的还是自觉到个人对家庭、学校、社会、民族乃至人类的价值。我们是中国人，热爱我们的国家和人民，热爱人类和平事业。

价值的主体性，不能误解为主观随意性。价值的主体性与价值的客观性是不能分离的。在一定条件下，主体的存在、需要、利益是客观的，客体的存在、属性、功能也是客观的。马克思说：

使用价值对人来说是财富，但是一物之所以是使用价值，因而对人来说是财富的要素，正是由于它**本身的属性**。如果去掉使葡萄成为葡萄的那些属性，那末它作为葡萄对人的使用价值就消失了；它就不再（作为葡萄）是财富的要素了。作为与使用价值等同的东西的财富，它是人们所利用的并表现了对人的需要的关系的**物的属性**。[②]

①《习近平谈治国理政》第2卷，外文出版社2017年版，第538页。

②《马克思恩格斯全集》第26卷Ⅲ，人民出版社1974年版，第138-139页。

价值是客观存在的社会现象，价值形成的基础和结果都是客观的。价值产生于一定的主客体关系之中，主体、客体、主客体的相互作用都是客观存在的。因而，在一定条件下，某一客体对某一主体有没有价值、有什么价值、有多大价值是客观存在的，不以该主体是否认识为转移。不管主体是喜欢还是不喜欢，这种价值关系都是客观存在的。

第三节　价值观的形成、功能和选择

习近平在2015年指出：

> 注重解决好世界观、人生观、价值观这个“总开关”问题，真正做到对马克思主义虔诚而执着、至信而深厚。[①]

价值观是世界观的重要组成部分。世界观是人们对整个世界的根本观点，包括自然观、历史观、人生观，其中都贯穿着真理观和价值观两种内容。世界观不仅追求客观真理，回答人与世界的实际关系；而且要追寻价值，确立人之生活意义，回答人与世界的关系应该怎么样。

一、价值观及其形成

（一）价值观的界定

价值观，是人们对于价值的根本观点。人们在生活实践中，基于生存需要、享受需要和发展需要，形成对某类事物的价值、普遍价值或共同价值的根本看法，区分好与坏、对与错、应该做什么和不应该做什么。价值观有先进与落后、积极与消极之分。

①《习近平谈治国理政》第2卷，外文出版社2017年版，第142页。

价值观的内容，包括价值原则、价值规范和价值理想等方面。价值原则，主要是关于价值界定、价值的层次等观点。价值规范是价值原则的具体化，通过风俗习惯、伦理道德、法律等，规定人在一定情景中如何行动。价值理想是价值原则的目标，是对未来应然状态的设想，具有强烈的感召力和凝聚力。在价值理想的基础上，进一步形成价值信念和价值信仰。价值信念，是人们对价值理想的深刻认同和信任。价值信仰，不仅有对价值理想的认同和确信，而且还有情感的皈依、忠诚的信持，成为人生的终极关怀。

价值原则、价值规范、价值理想是一个有机整体。马克思、恩格斯在《共产党宣言》中提出：

代替那存在着阶级和阶级对立的资产阶级旧社会的，将是这样一个联合体，在那里，每个人的自由发展是一切人的自由发展的条件。[①]

马克思主义价值观以“每个人的自由发展”与真实“联合体”相统一为基本原则，李大钊表述为“……完成一切个性脱离了旧绊锁，重新改造一个普通广大的新组织。一方面是个性解放，一方面是大同团结。这个性解放的运动，同时伴着一个大同团结的运动。这两种运动似乎是相反，实在是相成”[②]。这种新型价值原则，也就规定了相应的价值规范和价值理想。在长期的革命和建设中，汲取了中华优秀传统精华的马克思主义价值观激励着先进的中国人前赴后继地英勇奋斗。1928年4月28日年仅38岁的李大钊被奉系军阀杀害，时任京师高等审判庭推事何隽在《李大钊殉难目睹记》（《革命人物》1985年第1期）中写道：

李大钊意气轩昂，胸襟爽朗，不知其为铁窗人也。指挥行刑官告之：“……你等对于家属如何处分事件，可缮函代为转交。”李大钊云：“我是崇信共产主义者，知有主义不知有家，为主义而死兮也，何函为？”旋经行刑人拥

①《马克思恩格斯文集》第2卷，人民出版社2009年版，第53页。

②《李大钊全集》第2卷，人民出版社2006年版，第283页。

登绞台左绞绳下铁盖上，面南而立，一位行刑人反接两手，缠缚全身并折绳结环，神色自若不变。

方志敏在《可爱的中国》中说：

朋友，我相信，到那时，到处都是活跃的创造，到处都是日新月异的进步，欢歌将代替了悲叹，笑脸将代替了哭脸，富裕将代替了贫穷，康健将代替了疾病，智慧将代替了愚昧，友爱将代替了仇恨，生之快乐将代替了死之忧伤，明媚的花园将代替了暗淡的荒地!

习近平在庆祝中国共产党成立95周年大会上指出：

革命理想高于天。中国共产党之所以叫共产党，就是因为从成立之日起我们党就把共产主义确立为远大理想。我们党之所以能够经受一次次挫折而又一次次奋起，归根到底是因为我们党有远大理想和崇高追求。①

任何一种价值观，都含有价值原则、价值规范和价值理想三个要素。在中国影响深远的儒家讲“仁”，也是如此。大体上来说，“仁者安仁，知者利仁”（《论语·里仁》）、“夫仁者，己欲立而立人，己欲达而达人”（《论语·雍也》）可谓价值原则；“孝弟也者，其为人之本与?”（《论语·学而》）、“恭，宽，信，敏，惠”（《论语·阳货》）、“老吾老，以及人之老；幼吾幼，以及人之幼”（《孟子·梁惠王上》）可谓价值规范；“君子去仁，恶乎成名？君子无终食之间违仁，造次必于是，颠沛必于是”（《论语·里仁》）、“其为人也，发愤忘食，乐以忘忧，不知老之将至云尔”（《论语·述而》）可谓价值理想。这些都需要我们批判总结和传承创新，如刘少奇在《论共产党员的修养》中提出：

①《十八大以来重要文献选编（下）》，中央文献出版社2018年版，第347页。

他“先天下之忧而忧，后天下之乐而乐”。在党内、在人民中，他吃苦在前，享受在后，不同别人计较享受的优劣，而同别人比较革命工作的多少和艰苦奋斗的精神。他能够在患难时挺身而出，在困难时尽自己最大的责任。他有“富贵不能淫、贫贱不能移、威武不能屈”的革命坚定性和革命气节。

共产党员应该具有人类最伟大、最高尚的一切美德，……“杀身成仁”、“舍生取义”，在必要的时候，对于多数共产党员来说，是被视为当然的事情。①

因而，我们看到一种价值规范、价值理想，就要追问其中的价值原则是什么，这是价值观的前提或依据。价值观的形成和变化，最深刻的、最彻底的都在价值原则。

（二）价值观的形成

主体在一定的社会环境和实践活动中，通过自我意识对社会存在、社会生活进行创造性把握，逐渐形成具体的价值观。

1．社会生活和文化传统是形成价值观的社会条件。

价值观属于社会意识，归根到底是社会物质生活过程及其条件的观念反映。每一特定时代的价值观，都是一定社会的物质生活方式、政治法律制度、观念文化传统等因素潜移默化地濡染、熏陶和塑造的结果。

悠久而深厚的中国文化传统具有历史的延续性和传承性，已经成为一种客观存在和现实力量，直接影响到价值观的形成和现实生活方式的选择。正如习近平所指出的：“独特的文化传统，独特的历史命运，独特的基本国情，注定了我们必然要走适合自己特点的发展道路。”②

自从新文化运动和五四运动以来，中国思想界就呈现出马克思主义、中国传统文化和西方文化三种思潮对立互动的基本格局，形成革命文化传统和社会主义先进文化。中华优秀传统文化、革命文化和社会主义先进文化深刻影响着当代中国价值观的形成和变化。习近平在党的十九大报告中指出：

① 刘少奇：《论共产党员的修养》，人民出版社1980年版，第46、48-49页。

② 《习近平谈治国理政》，外文出版社2014年版，第156页。

文化自信是一个国家、一个民族发展中更基本、更深沉、更持久的力量。必须坚持马克思主义，牢固树立共产主义远大理想和中国特色社会主义共同理想，培育和践行社会主义核心价值观，不断增强意识形态领域主导权和话语权，推动中华优秀传统文化创造性转化、创新性发展，继承革命文化，发展社会主义先进文化，不忘本来、吸收外来、面向未来，更好构筑中国精神、中国价值、中国力量，为人民提供精神指引。

中国特色社会主义文化，源自于中华民族五千多年文明历史所孕育的中华优秀传统文化，熔铸于党领导人民在革命、建设、改革中创造的革命文化和社会主义先进文化，植根于中国特色社会主义伟大实践。①

当代价值观的形成还需要世界眼光和人类情怀。习近平指出：

文明因交流而多彩，文明因互鉴而丰富。文明交流互鉴，是推动人类文明进步和世界和平发展的重要动力。

我们应该从不同文明中寻求智慧、汲取营养，为人们提供精神支撑和心灵慰藉，携手解决人类共同面临的各种挑战。②

社会学家费孝通在1990年提出“各美其美，美人之美，美美与共，天下大同”的价值理念，来概括人类的文化自觉历程：

“各美其美”就是不同文化中的不同人群对自己传统的欣赏。这是处于分散、孤立状态中的人群所必然具有的心理状态。“美人之美”就是要求我们了解别人文化的优势和美感。这是不同人群接触中要求合和共存时必须具备的对不同文化的相互态度。“美美与共”就是在“天下大同”的世界里，不同人

①《中国共产党第十九次全国代表大会文件汇编》，人民出版社2017年版，第18–19、33页。

②《习近平谈治国理政》，外文出版社2014年版，第258、262页。

群在人文价值上取得共识以促使不同的人文类型和平共处。总而言之，这一文化价值的动态观念就是力图创造出一个跨越文化界限的“席明纳”，让不同文化在对话、沟通中取长补短。

首先要承认各人群的“各美其美”，然后要使具有不同价值观点的人群去互相理解别人的价值观点；首先要以容忍的态度来尊重别人与自己不同的观点，最后在共同合作和思想交流中逐步地认同于相同的价值观点。这个过程中，必然要有一个时期使不同的价值观点在相互的容忍中共同存在，不相排斥。我相信在有利于各方的和平共处和共同合作中，不同的观点是可以相互接近和融合的。①

2．自我意识和主体需要是形成价值观的基本前提。

价值观的形成，首先要有自我意识的形成和对自身需要的自觉。自我意识是关于主体自身存在的意识，其中包括对人类在宇宙中的位置、对自身在社会中的位置等理解。中国古代“故人者，天地之心也”（《礼记·礼运》）、“人之所以异于禽兽者”（《孟子·离娄下》）、“人之所以为人者”（《荀子·非相》）、“人有气有生有知亦且有义，故最为天下贵也”（《荀子·王制》），都包含着对人本身的深刻觉醒，自觉到人要有不同于其他物类的崇高价值追求。

价值观的形成，还要有自身需要之自觉，如物质需要、精神需要、交往需要；生存需要、享受需要和发展需要，及马斯洛的生理需求、安全需求、社会需求、尊重需求和自我实现需求（《人类动机的理论》，*A Theory of Human Motivation Psychological Review*）等。明确了自身的各种需要及其层级，还要寻求满足这些需要的对象、途径和方式等。

主体对各种价值关系进行判断、反思、选择、整合，才能形成价值观。人的需要和自我意识的多样性、多层次性、社会历史性，决定价值观的多样性、多层次性、社会历史性。

3．主体的实践活动是形成价值观的现实根据。

① 费孝通著，王延中、张荣华整理：《社会学讲义》，华东师范大学出版社2019年版，第324、326页。

实践活动是创造价值、实现价值的活动，人们也是在实践活动中认识、评价和体验价值的。如果一个人关于某类事物的价值判断一旦被实践所证实，他的价值体验、价值情感就会得到强化，就会成为一种稳定的态度和看法。

北京语言大学是在毛泽东主席、周恩来总理亲自关怀下设立的。周恩来祖籍浙江绍兴，后来他的祖父迁居淮安。4岁时母亲就教他识字，5岁进私塾，每天黎明母亲就亲自在窗前教他读书，背唐诗，讲《天雨花》《再生缘》等故事。他后来深情地回忆说："直到今天，我还得感谢母亲的启发。没有她的爱护，我不会走上好学的道路。"[①]1910年12岁时，周恩来去奉天投奔伯父，他后来说："十二岁的那年，我离家去东北。这是我生活和思想转变的关键。没有这一次的离家，我的一生一定也是无所成就，和留在家里的弟兄辈一样，走向悲剧的下场。"[②]沙俄、日本对东北的侵略，使周恩来开始关心国事，有一天在报纸上看到贩卖黑奴的消息，他大声说："黑奴总有一天要解放！"一次老师在课堂上问读书是为了什么，周恩来坚决地回答："为了中华之崛起！"他在课余喜欢读《史记》《汉书》《离骚》，接受了章太炎和邹容的《革命军》等资产阶级民主思想。他的作文常常被老师批上"传观"，贴在学校的成绩展览处。1913年考入天津南开学校，开始读清初思想家顾炎武、王夫之的著作，及卢梭《民约论》、孟德斯鸠《法意》、赫胥黎《天演论》等。当时南开的校董严修十分器重周恩来，托人提亲，想把女儿许配给他，但他拒绝了，对朋友说："我是个穷学生，假如和严家结了亲，我的前途一定会受严家支配，因此辞却了。"周恩来怀着炽热的爱国激情，寻求救国之路。1917年东渡日本求学，临别时赠言说："愿相会于中华腾飞世界时。"他在日本阅读反映十月革命的《震动环球的十日》、河上肇《贫乏物语》和《马克思主义的理论体系》、幸德秋水《社会主义神髓》、片山潜《我的社会主义》等，开始接触马克思主义世界观。在1919年5月，他提出"做为社会开路的事"[③]。1919年9月，周恩来等成立"觉悟社"，日益受到李大钊等马克思主义者的影

① 金冲及主编：《周恩来传》，中央文献出版社、人民出版社1989年版，第3页。

② 金冲及主编：《周恩来传》，中央文献出版社、人民出版社1989年版，第5页。

③《周恩来书信选集》，中央文献出版社1988年版，第3页。

响。1920年1月29日到7月17日被反动当局逮捕下狱，他后来说："思想是颤动于狱中。"他的革命意识的萌芽"是从这个时候开始的"。1920年11月，周恩来到欧洲勤工留学，"求实学以谋自立，虔心考查以求了解彼邦社会真相暨解决诸道，而思所以应用之于吾民族间者"。他在法国研究英文版《共产党宣言》《社会主义从空想到科学的发展》《国家与革命》等马克思主义经典著作，以及《卡尔·马克思的生平与教导》等书，比较无政府主义、法国工团主义、英国基尔特主义等，最终确立了共产主义信念。他说："我们当信共产主义的原理和阶级革命与无产阶级专政两大原则，而实行的手段则当因时制宜！""我认的主义一定是不变了，并且很坚决地要为他宣传奔走。"他在《生别死离》诗中说：

壮烈的死，苟且的生。
贪生怕死，何如重死轻生。
没有耕耘，哪来收获？
没播革命的种子，却盼共产花开！
梦想赤色的旗儿飞扬，却不用血来染他，天下哪有这类便宜事？

1921年3月，周恩来在张申府、刘清扬介绍下加入中国共产党，从此把自己的全部精力和才华毫无保留地献给共产主义事业，直到生命的最后一刻。

从周恩来的人生经历，我们可以清楚地看到他是如何逐渐清醒地认识到中华民族、中国人民的悲惨遭遇，如何逐渐确立救国救民的人生理想；他如何受到中国优秀传统文化的影响，受到欧洲启蒙思想和近现代社会思潮影响，又是如何逐渐接触、研究、接受、信仰马克思主义和共产主义，走上一条通过共产主义解放中国人民和人类的人生正道。这对我们今天仍有巨大的启发意义。

人们接受社会价值观的过程，也是通过自己的实践活动加以选择和内化的过程。没有经过实践活动的认同、内化和吸收，社会所提供的价值观仅仅是外在的规范，不能成为主体自觉的价值意识。在各种具体的实践活动过程中，主体不断形成对社会物质生活方式、政治法律制度以及文化传统的理解和体会，基于自己的经验选择、接受和认同它们所内涵的价值观。

（三）价值观的特点

根基于人类实践活动的价值观，具有鲜明的时代性、民族性、阶级性等基本性质。

1．价值观的时代性。

马克思和恩格斯在1850年提出：

非常明显，随着每一次社会制度的巨大历史变革，人们的观点和观念也会发生变革。[①]

恩格斯在《反杜林论》中提出：

从动产的私有制发展起来的时候起，在一切存在着这种私有制的社会里，道德戒律一定是共同的：切勿偷盗。这个戒律是否因此而成为永恒的道德戒律呢？绝对不会。在偷盗动机已被消除的社会里，就是说在随着时间的推移顶多只有精神病患者才会偷盗的社会里，如果一个道德说教者想庄严地宣布一条永恒真理：切勿偷盗，那他将会遭到什么样的嘲笑啊!

我们拒绝想把任何道德教条当做永恒的、终极的、从此不变的伦理规律强加给我们的一切无理要求，这种要求的借口是，道德世界也有凌驾于历史和民族差别之上的不变的原则。相反，我们断定，一切以往的道德论归根到底都是当时的社会经济状况的产物。[②]

人们的价值观在社会革命、社会制度剧烈变动中的变化最迅速、最鲜明。但即使没有这种巨变，社会也是不断变迁的。价值观回应着特殊的时代课题，表现着一定时代人们的需要和利益诉求，表征着特定的时代精神。超历史的、

①《马克思恩格斯全集》第7卷，人民出版社1972年版，第240页。

②《马克思恩格斯文集》第9卷，人民出版社2009年版，均为第99页。

抽象的、一成不变的价值观是不存在的。比如，中国汉代以来的专制社会把“三纲”看作天经地义，但1911年辛亥革命特别是五四运动后，“三纲”思想就被中国人民抛弃了。

2．价值观的民族性。

恩格斯在《反杜林论》中说：

善恶观念从一个民族到另一个民族、从一个时代到另一个时代变更得这样厉害，以致它们常常是互相直接矛盾的。[①]

一个民族在长期的共同生活和共同实践的基础上，逐渐形成具有该民族特色的价值观，积淀和升华为民族文化传统的核心和灵魂。中国传统价值观，就具有鲜明的中华民族特色。比如在“天人之辨”“义利之辨”“理欲之辨”“群己之辨”等领域讨论价值问题，倡导“文明以止”“天人合一”的生态智慧、“民为邦本”“仁者爱人”的人文关怀、“协和万邦”“以德服人”的天下思想、“自强不息”“厚德载物”的民族精神等。

3．价值观的阶级性。

一定的价值观根源于一定的现实生活，反映一定的物质利益。

人类社会迄今还没有彻底走出阶级对立、阶级斗争的时代。在阶级社会中，价值观总会自觉或不自觉地反映人们的经济利益关系、社会地位。恩格斯在《反杜林论》中说：

现代社会的三个阶级即封建贵族、资产阶级和无产阶级都各有自己的特殊的道德，那么我们由此只能得出这样的结论：人们自觉地或不自觉地，归根到底总是从他们阶级地位所依据的实际关系中——从他们进行生产和交换的经济关系中，获得自己的伦理观念。

社会直到现在是在阶级对立中运动的，所以道德始终是阶级的道德；它

①《马克思恩格斯文集》第9卷，人民出版社2009年版，第98页。

或者为统治阶级的统治和利益辩护，或者当被压迫阶级变得足够强大时，代表被压迫者对这个统治的反抗和他们的未来利益。……我们还没有越出阶级的道德。只有在不仅消灭了阶级对立，而且在实际生活中也忘却了这种对立的社会发展阶段上，超越阶级对立和超越对这种对立的回忆的、真正人的道德才成为可能。①

费孝通提出：

我总是认为各群体间价值观念和意识形态上存在的一些差别不应成为群体冲突和战争的根据。如果用比较方法去具体分析人类各群体所向往的美好社会，基本上总是离不开安全和繁荣这两项基本愿望。这两项基本愿望只有通过群体和平协作来实现，没有引起你死我活相对抗的理由。因此我总是倾向于认为历史上群体间所有意识形态之争，不论是宗教战争、民族冲突以至结束不久的“冷战”，实质上都是群体间物质利益的争夺，意识形态的水火不相容原是物质利益争夺的借口和掩饰。②

价值观的阶级性，突出地表现在每一时代占统治地位的价值观都是统治阶级的思想。恩格斯在《英国工人阶级状况》中说：

这里还进行以自由竞争为偶像的国民经济学的说教；工人从中得出的唯一结论是，对他们来说，最明智之举莫过于默默地驯服地饿死。这里的一切都是教人俯首帖耳地顺从占统治地位的政治和宗教，所以工人在这里听到的只是劝他们唯唯诺诺、任人摆布和听天由命的说教。③

---

①《马克思恩格斯文集》第9卷，人民出版社2009年版，第99、99-100页。

② 费孝通著，王延中、张荣华整理：《社会学讲义》，华东师范大学出版社2019年版，第341页。

③《马克思恩格斯文集》第1卷，人民出版社2009年版，第473-474页。

马克思、恩格斯在《德意志意识形态》中指出：

统治阶级的思想在每一时代都是占统治地位的思想。这就是说，一个阶级是社会上占统治地位的**物质**力量，同时也是社会上占统治地位的**精神**力量。支配着物质生产资料的阶级，同时也支配着精神生产资料，因此，那些没有精神生产资料的人的思想，一般地是隶属于这个阶级的。[①]

中国古代有很多揭示价值观之阶级性的思想资料，如：

坎坎伐檀兮，置之河之干兮。河水清且涟猗。不稼不穑，胡取禾三百廛兮？不狩不猎，胡瞻尔庭有县貆兮？彼君子兮，不素餐兮！（《诗经·魏风·伐檀》）

刘邦《大风歌》与汉代《乐府·十五从军征》就很不同：

大风起兮云飞扬。威加海内兮归故乡。安得猛士兮守四方！

十五从军征，八十始得归。道逢乡里人，家中有阿谁？遥看是君家，松柏冢累累。兔从狗窦入，雉从梁上飞。中庭生旅谷，井上生旅葵。舂谷持作饭，采葵持作羹。羹饭一时熟，不知贻阿谁！出门东向看，泪落沾我衣。

要评价、判断一种价值观，就要看价值主体是谁，其中就包含有不同的阶级主体。

二、价值观的功能

价值观是哲学和文化之精髓，是人的自我意识之核心。它渗透于社会生

① 《马克思恩格斯文集》第1卷，人民出版社2009年版，第550页。

活的各个领域，贯穿于个人实践活动之始终，直接而深刻地影响着个人命运和社会运行。

（一）导向功能

在现实生活中，主导价值观引导个体的价值取向和社会的发展方向，具有定向和引导作用。人们总是根据其特定的价值观，来区分事物有没有价值、价值高低，明确自己应该追求什么、应该避免什么，作出自己的选择。

美国为首的西方国家对苏联的“和平演变”、对许多国家的“颜色革命”、对中国的文化渗透和意识形态斗争，最核心的都是价值观问题。

（二）规范功能

价值观规定和约束主体的行为。任何社会都为其成员提供特定的价值观，通过法律、教育、公众舆论，或风俗习惯、社会心理等形式，促使个人价值观与社会价值观相协调。习近平在党的十九大报告中提出：

> 广泛开展理想信念教育，深化中国特色社会主义和中国梦宣传教育，弘扬民族精神和时代精神，加强爱国主义、集体主义、社会主义教育，引导人们树立正确的历史观、民族观、国家观、文化观。深入实施公民道德建设工程，推进社会公德、职业道德、家庭美德、个人品德建设，激励人们向上向善、孝老爱亲、忠于祖国、忠于人民。①

其中“向上向善、孝老爱亲、忠于祖国、忠于人民”都是明确的价值要求。

中国古代儒家“孝弟也者，其为人之本与！”（《论语·学而》）、“道千乘之国，敬事而信，节用而爱人，使民以时”（《论语·学而》）、“为政以德，譬如北辰，居其所而众星拱之”（《论语·为政》）、“人而无信，不知其可也”（《论语·为政》）等，“孝悌”等都明确规定了社会成员的行为规范。

① 《中国共产党第十九次全国代表大会文件汇编》，人民出版社2017年版，第34–35页。

（三）价值观的凝聚功能

人是社会存在物，社会共同体是人类存在和活动的基本形式。价值观是社会认同、国家认同、民族认同、人类认同的核心内容。社会共同体都有其独特的价值观，为自身的存在进行合理性和合法性论证，使人们在整体利益和根本利益上具有共同的价值追求，形成一种亲和力、感召力、向心力。这种共同价值观的形态多样，如家庭观念、宗族观念、政党观念、民族观念、阶级观念等。“仁者爱人”（《孟子·离娄下》）、“礼之用，和为贵”（《论语·学而》）、“先天下之忧而忧，后天下之乐而乐”（《岳阳楼记》）等价值观，几千年来成为中华民族凝聚力的重要内核。习近平在党的十九大报告中提出：

意识形态决定文化前进方向和发展道路。必须推进马克思主义中国化时代化大众化，建设具有强大凝聚力和引领力的社会主义意识形态，使全体人民在理想信念、价值理念、道德观念上紧紧团结在一起。①

（四）价值观的激励功能

价值观反映并强化主体的需要和利益，激励主体的情感和意志，激发主体的潜力和行动。在生活实践中，人们往往会遇到许多困难和挫折，坚定的价值理想、价值信念和价值信仰能够使主体保持饱满的热情、坚强的意志、卓绝的精神力量而奋斗不息。比如毛泽东1936年在《论反对日本帝国主义的策略》中指出：

我们中华民族有同自己的敌人血战到底的气概，有在自力更生的基础上光复旧物的决心，有自立于世界民族之林的能力。②

中国古代儒家非常强调价值观的激励作用：

---

①《中国共产党第十九次全国代表大会文件汇编》，人民出版社2017年版，第33页。

②《毛泽东选集》第1卷，人民出版社1991年版，第161页。

君子去仁，恶乎成名？君子无终食之间违仁，造次必于是，颠沛必于是。（《论语·里仁》）

舜发于畎亩之中，傅说举于版筑之间，胶鬲举于鱼盐之中，管夷吾举于士，孙叔敖举于海，百里奚举于市。故天将降大任于是人也，必先苦其心志，劳其筋骨，饿其体肤，空乏其身，行拂乱其所为。所以动心忍性，曾益其所不能。（《孟子·告子下》）

无论是对个人还是对社会，价值观都具有极其重要的意义。因而，我们要重视价值观的选择，注重社会主义核心价值观建设。

三、价值观的选择

任何一个社会都存在着多种多样的价值观，它们反映了复杂的经济利益、社会地位和文化传统。在效率与公平、自由与平等、利益与道义、政治利益与经济利益、环境保护与经济开发等一系列重要问题上，不同主体常常得出不同的乃至截然相反的看法；同一个主体在不同领域、不同方面的价值取向也往往呈现出多变性与矛盾性。传统价值观与现代价值观、本土价值观与外来价值观、主流价值观与非主流价值观等都有着一系列的矛盾、冲突与交流、融合。

对价值观的选择，往往就是一种生活方式、生活态度之宣示。马克思主义人民本位的基本立场和人民性的基本特征，都包含着价值问题。中国传统哲学注重价值选择问题，如：

厩焚。子退朝，曰：“伤人乎？”不问马。（《论语·乡党》）

子贡问政。子曰：“足食足兵，民信之矣。”子贡曰：“必不得已而去，于斯三者何先？”曰：“去兵。”曰：“必不得已而去，于斯二者何先？”曰：“去食。自古皆有死，民无信不立。”（《论语·颜渊》）

志士仁人，无求生以害仁，有杀身以成仁！（《论语·卫灵公》）

鱼，我所欲也；熊掌，亦我所欲也，二者不可得兼，舍鱼而取熊掌者也。生，亦我所欲也；义，亦我所欲也。二者不可得兼，舍生而取义者也。生亦我所欲，所欲有甚于生者，故不为苟得也。死亦我所恶，所恶有甚于死者，故患有所不辟也。（《孟子·告子上》）

虎门销烟的民族英雄林则徐（1785—1850），1842年8月被清政府充军去伊犁，在途经西安时写道："苟利国家生死以，岂因祸福避趋之？"（《赴戍登程口占示家人》）翻译家王智量在《一生历尽苦难却是个快乐的翻译家》访谈中，谈到母亲对他的人生教育。那么，我们在现实生活中应该如何处理复杂的价值关系呢？关键是看这种价值是否促进"每个人的自由发展"与"自由人联合体"之统一。

正确的价值选择，建立在客观认识的基础上。具体来说，要注意三个方面。

（一）真理与价值相统一

真理与价值是人们实践活动中相互关联的两个尺度。服从真理是价值追求的前提条件，违背真理的价值追求不可能实现。马克思说：

动物只是按照它所属的那个种的尺度和需要来构造，而人却懂得按照任何一个种的尺度来进行生产，并且懂得处处都把固有的尺度运用于对象；因此，人也按照美的规律来构造。①

一般来说，"任何一个种的尺度"是指外部对象、客体自身的规定性和规律，"固有的尺度"是指主体自身的价值追求。体现着真理的尺度和价值的尺度之有机统一的实践活动，就达到审美的自由创造境界。

价值和真理在实践基础上的辩证统一，是人类社会进步发展的内在条件，

①《马克思恩格斯文集》第1卷，人民出版社2009年版，第163页。

也是我们选择正确价值观的基本依据。

（二）人道原则与自然原则相统一

马克思在《1844年经济学哲学手稿》中提出：

> **共产主义**是对**私有财产**即**人的自我异化的**积极的扬弃，因而是通过人并且为了人而对**人的**本质的真正**占有**，因此，它是人向自身、也就是向**社会的**即合乎人性的人的复归，这种复归是完全的复归，是自觉实现并在以往发展的全部财富的范围内实现的复归。这种共产主义，作为完成了的自然主义，等于人道主义，而作为完成了的人道主义，等于自然主义，它是人和自然界之间、人和人之间的矛盾的真正解决，是存在和本质、对象化和自我确证、自由和必然、个体和类之间的斗争的**真正**解决。它是历史之谜的解答，而且知道自己就是这种解答。[①]

自然主义与人道主义的有机统一，意味着正确解决人与自然、人与人之间的对立统一关系，在社会生产力高度发达的条件下达到“天人合一”的理想境界。

（三）自我价值与社会价值相统一

价值观的核心内容是人的价值问题。个人价值包括互相依存、互为条件的自我价值和社会价值，也就是人的内在价值和外在价值。也就是说，既要把人本身看作目的，具有独立人格和做人的尊严，追求每个个人的自由而全面发展；又要弘扬个人对社会进步的积极贡献。

（四）物质价值与精神价值相统一

物质生活是基础，物质价值或功利价值是保障人们生存和发展的基本价值，也是创造和实现精神价值的前提。如我们已经熟知的：

> 人们首先必须吃、喝、住、穿，然后才能从事政治、科学、艺术、宗教

① 《马克思恩格斯文集》第1卷，人民出版社2009年版，第185-186页。

等等。[①]

精神生活则是人所特有的，精神价值包括真、善、美三种基本形式。

要促进物质价值和精神价值之统一。既要肯定物质价值的基础地位，又要以崇高的精神价值来引导物质价值，在功利与真、善、美的结合与统一中，最终达到自由这一最高层次的人生境界。

中国古代的“义利之辨”“理欲之辨”中，也包含着物质生活与精神生活的关系问题。

仓廪实，则知礼节；衣食足，则知荣辱。（《管子·牧民》）

子适卫，冉有仆。子曰：“庶矣哉！”冉有曰：“既庶矣，又何加焉？”曰：“富之。”曰：“既富矣，又何加焉？”曰：“教之。”（《论语·子路》）

今也制民之产，仰不足以事父母，俯不足以畜妻子，乐岁终身苦，凶年不免于死亡。此惟救死而恐不赡，奚暇治礼义哉？（《孟子·梁惠王上》）

这都肯定物质生活是精神生活的基础，治国应先“富之”而后“教之”。然而，物质生活问题的解决是精神生活的必要条件，尚非其充足条件，精神生活的提高还有待于人伦之教。孟子还强调：“人之有道也，饱食暖衣，逸居而无教，则近于禽兽。”（《孟子·滕文公上》）儒家强调精神生活具有比物质生活更高的价值。在生与死的重大问题上，儒家提出：

志士仁人，无求生以害仁，有杀身以成仁。（《论语·卫灵公》）

生，亦我所欲也，义，亦我所欲也，二者不可得兼，舍生而取义者也。生亦我所欲，所欲有甚于生者，故不为苟得也。死亦我所恶，所恶有甚于死者，故患有所不辟也。……一箪食，一豆羹，得之则生，弗得则死，呼尔而与之，行道之人弗受，蹴尔而与之，乞人不屑也。（《孟子·告子上》）

① 《马克思恩格斯文集》第3卷，人民出版社2009年版，第601页。

任何主体都是有限的存在者，我们所遇到的价值选择困境往往都是新发生的、没有先例的。人的一生注定了要在各种价值之间选择、取舍，要在各种生活需要和需要的满足方式之间选择、取舍，因而人生必然充满了各种价值选择的困惑，这就要求我们坚持“每一个个人的全面而自由的发展”[①]与“真正的共同体”[②]相统一、“一方面是个性解放，一方面是大同团结”[③]的基本原则，践行“富强、民主、文明、和谐，自由、平等、公正、法治，爱国、敬业、诚信、友善”的社会主义核心价值观。

习近平指出：

> 马克思科学揭示了人类社会最终走向共产主义的必然趋势。马克思、恩格斯坚信，未来社会“将是这样一个联合体，在那里，每个人的自由发展是一切人的自由发展的条件”，“无产者在这个革命中失去的只是锁链。他们获得的将是整个世界”。马克思坚信历史潮流奔腾向前，只要人民成为自己的主人、社会的主人、人类社会发展的主人，共产主义理想就一定能够在不断改变现存状况的现实运动中一步一步实现。[④]

我们要在马克思主义指导下批判继承古今中外优秀文化而综合创新，“使中国达到个性解放和大同团结统一、人道主义和社会主义统一的目标，也就是使中国成为自由人格的联合体那样的社会”[⑤]。像马克思所预言的那样：“这种共产主义，作为完成了的自然主义，等于人道主义，而作为完成了的人道主义，等于自然主义，它是人和自然界之间、人和人之间的矛盾的真正解决”[⑥]，我们要“以中华文明为主体，汲取西方文明和世界其他文明的一切优

---

①《马克思恩格斯文集》第5卷，人民出版社2009年版，第683页。

②《马克思恩格斯文集》第1卷，人民出版社2009年版，第571页。

③《李大钊全集》第2卷，人民出版社2006年版，第283页。

④《十九大以来重要文献选编》（上），中央文献出版社2019年版，第428页。

⑤《冯契文集》增订版第3卷，华东师范大学出版社2017年版，第271页。

⑥《马克思恩格斯文集》第1卷，人民出版社2009年版，第185-186页。

质成分，创造出一种充分发展了的人本主义和充分发展了的自然主义完美融合的新型文明”[1]。在中国共产党领导下，坚定不移地推进和完善中国特色社会主义实践，是实现这一崇高理想的现实道路。创造“中国式新型现代化”和“人类文明新形态”，推进“人类命运共同体”，是中华民族与中华文明伟大而艰巨之使命。

① 段若非：《马克思主义及其在当今中国的运用和发展》，人民出版社2017年版，第223页。

后　记

1993—1997年在河北师范大学政法系读书期间，我曾初步学习中共党史、毛泽东思想概论、哲学、哲学原著选读、欧洲哲学史、政治经济学、经济学说史、科学社会主义、政治学、社会学、伦理学等课程，这对我此后的生活和学术求索有着深刻影响。1997—2005年我在河北无极师范学校、石家庄实验中学任教时，曾讲授中学程度的哲学和政治经济学等。2005年到南开大学哲学系读书，2010年博士毕业到河北师范大学法政学院工作以来，我主要从事以张岱年先生、侯外庐先生、张申府先生等为重心的中国哲学史、中国思想史研究。按照学校调整，我在2016年由法政学院转到独立建制的马克思主义学院，接触到思想政治理论课教学。2019年，我调到北京语言大学马克思主义学院工作。在马克思主义学院的经历使我再次深切认识到：完整、准确地理解马克思主义，既是马克思主义理论学科健康发展的基本前提、是思想政治理论课教师的立身之本，也是中国哲学史、中国思想史等其他学科研究的重要指导。准确理解马克思主义基本原理，是一件极其艰巨的事情；而把马克思主义基本原理与现实生活和中国历史文化紧密结合、解释和回答时代问题，则是更为艰难的任务。当代马克思主义理论之探讨，既要准确理解和诠释马克思主义经典文本之真实面目，又要与中国哲学史、历史学、社会学等多学科及实证研究紧密结合，面向历史（过去的现实生活）与当代（当下的现实生活）去发现问题、分析问题、解决问题。

习近平总书记在庆祝中国共产党成立一百周年大会上指出“坚持把马克思主义基本原理同中国具体实际相结合、同中华优秀传统文化相结合”、创造“中国式现代化新道路”与“人类文明新形态”，这是中国共产党和中华民族对近代以来中国社会转型历程的科学总结、对人类文明发展路径的高度自觉。从历史上来看，马克思主义与中国传统文化的关系问题是中国现当代哲学和文化之主潮，毛泽东同志在1938年指出“马克思主义必须和我国的具体特点结合并通过一定的民族形式才能实现”，我们党在1943年提出“中国共产党人是我们民族一切文化、思想、道德的最优秀传统的继承者，把这一切优秀的传统看成和自己血肉相连的东西，而且将继续加以发扬光大。……使得马克思列宁主义这一革命科学更进一步地和中国革命实践、中国历史、中国文化深相结合起来”。诸多学者对此作出积极探索，如郭沫若先生1925年探讨马克思与孔子思想之异同，此后张申府先生提出“辩证唯物本是中国真正传统的见解”，张岱年先生主张“将现代唯物论哲学与中国古代哲学的优秀传统结合起来”。20世纪80年代后，马克思主义基本原理与中华优秀传统文化相结合始终是张岱年先生学术思想的核心主题，如他在1986年提出“指导中国革命达到成功的是与中国革命实际相结合的马克思主义；指导中国社会主义文化发展的应是与中国优秀传统相结合的马克思主义”；1987年正式提出“文化综合创新论”，同年还提出“把马克思主义的普遍真理与中国哲学的优秀传统结合起来”；1988年提出“马克思主义的中国化，不仅包括马克思主义与中国革命实际的结合，还意味着马克思主义与中国哲学的优秀传统的结合”；1990年提出“中国新文化的主导思想应是马克思主义的普遍真理与中国优秀传统的正确思想的综合”；1991年提出“在中国，有一个马克思主义与中国固有的优秀文化传统相结合的问题。马克思主义必须与中国的优秀传统相结合，才能在中国土地上生根，生根然后才能真正开花结果；中国的文化传统也必须与马克思主义的普遍真理密切结合，才能提升到更高的水平。……马克思主义的普遍真理与中国的优秀传统中的基本真理必将融为一体，共同构成社会主义中国新文化的理论基础”；1998年提出“中国传统文化与马克思主义的关系问题是一个十分重大的问题”等。正如陈卫平先生2015年所说，张岱年先生的论断在21世纪“愈发显示出其具有的预见性”，产生着重大而深远的影响。此外，冯契先生提出“运用辩证法于中国哲学史研究”“马克思主义哲学已经与中国的优秀传统结合”等重要观点，在史论结合中创造“智慧说”新哲学。这里有一个问题需要探讨：如果说郭沫若先生、侯外庐先生等是公认的“马克思主义史学家”，那么同样运用唯物史观和辩证唯物论研究中国传统哲学、推动马克思主义与中华优秀传统哲学和文化相结合的张岱年先生、冯契先生等是不是“马克思主义哲学家”？我们应如何更好地界定“马克思主义中国化”“马克思主义哲学”“马克思主义理论学科”等基本概念呢？

书稿得到方克立先生的关心和指导。20世纪80年代以来，方克立先生积极支持和大力弘扬马克思主义综合创新文化观，1990年提出“马克思主义的‘古为今用，洋为中用，批判继承，综合创新’派（可简称‘综合创新派’）”，2006年提出“马学为魂，中学为体，西学为用，三流合一，综合创新”，2010年提出“以马克思主义与中华文化精华相结合为终生职志”“如何把马克思主义的革命和科学精神与中国哲学和文化精华相结合是我的终生职志”。他在2010年建议成立“河北师范大学张申府张岱年研究中心”；2019年建议成立“北京语言大学马克思主义与中外文化综合创新研究中心”，2020年4月2日“北京语言大学中国文化综合创新研究中心”正式成立。书稿力求贯彻马克思主义综合创新文化观[①]的基本精神。马克思主义指导下的中外文化比较融通、综合创新之旨趣，即在于探索和创造“每个人的自由发展是一切人的自由发展的条件”的“自由人联合体”、“以每一个个人的全面而自由的发展为基本原则的社会形式”。方克立先生曾阅读部分书稿内容及课件，并于2020年2月12日指导我“连缀原理与例证之间的话，既要有学理性，又要有可读性”。今书稿粗就，而无缘再呈他老人家教诲，思之泫然。

《马克思主义基本原理概论》（2021年改版为《马克思主义基本原理》）主要是面向大学一、二年级学生。因性拙识薄，我在备课和教学实践中遇到许多难题和困惑，长期对“物质”“社会存在”“实践”“社会基本矛盾”“生产力”“生产方式”“社会形态”等日用耳熟的基本概念之界定而困心内热。于是，我在继续研究中国哲学史和中国思想史的同时，努力研读马克思主义经典著作和习近平总书记的重要论述，研读庞卓恒等《史学概论》（高等教育出版社2006年版、2019年版）、段若非《马克思主义及其在当今中国的运用和发展》（人民出版社2017年版）、张一兵《回到马克思：经济学语境中的哲学话语》（江苏人

① 关于马克思主义综合创新文化思潮的发展概况，参见杜运辉：《百年来中国马克思主义文化研究的主流学派》，程恩富、吴文新主编：《马克思主义文化研究》2018年第1期（创刊号），社会科学文献出版社2018年6月版。

民出版社2014年版）等，特别是段若非、庞卓恒、张雷声等诸先生的亲切指导使我对马克思主义世界观、唯物史观、劳动价值论等加深了悟解。我在备课和教学实践中逐渐形成一些读书札记，在2019年底完成书稿的主体内容，主旨是“把读马克思主义经典、悟马克思主义原理当作一种生活习惯、当作一种精神追求，用经典涵养正气、淬炼思想、升华境界、指导实践”，探讨“站在人民的立场探求人类自由解放的道路”的世界观、价值观和方法论，并在教材基础上补充一些马克思主义经典著作、中国传统文化等相关资料，追求独立自得的理解。除已注明的引文外，书稿还参考、借鉴了学界的诸多成果，如肖前主编，黄楠森、陈晏清副主编《马克思主义哲学原理》（上下册，中国人民大学出版社1994年版）；张岱年、方克立主编《中国哲学与辩证唯物主义》（高等教育出版社1998年版）；顾海良、张雷声《马克思劳动价值论的历史与现实》（人民出版社2002年版）；高清海《找回失去的“哲学自我”——哲学创新的生命本性》（北京师范大学出版社2004年版）；陈学明《永远的马克思》（人民出版社2006年版）；“马克思主义理论研究和建设工程重点教材”《马克思主义哲学》（高等教育出版社、人民出版社2009年版、2020年版）；何中华《重读马克思：一种哲学观的当代诠释》（山东人民出版社2009年版）；宁可《中国封建社会的历史道路》（北京师范大学出版社2014年版）；“马克思主义理论研究和建设工程重点教材”《马克思主义政治经济学概论》（人民出版社、高等教育出版社2017年版）；程恩富等《现代政治经济学新编》（上海财经大学出版社2017年版）；陈先达《马克思主义十五讲》（人民出版社2017年版）；张宇等《中国特色社会主义政治经济学》第2版（高等教育出版社2018年版）；逄锦聚等《政治经济学》第6版（高等教育出版社2018年版）；靳辉明《思想巨人马克思》（中国社会科学出版社2018年版）；［英］埃里克·霍布斯鲍姆（Eric Hobsbawm）著、吕增奎译《如何改变世界：马克思和马克思主义的传奇》（中央编译出版社2014年版）；［英］戴维·麦克莱伦（David McLellan）著、王珍译《马克思传》（中国人民大学出版社2016年版）；［英］戴维·麦克莱伦（David McLellan）著、臧峰宇译《恩格斯传》（中国人民大学出版社2017年版），等等，谨此致谢。另外，在书稿基本完成时，我偶然读到陈雷先生的《马克思》（中国财政经济出版社2006年版），该书前言有“按照中国古人的标准，人生事业有‘三不朽’……这三项马克思都做到了”之语，书稿专题一的部分内容与此相契，这使我颇受鼓励。

本书的出版得到北京市“人才培养共建项目——优质本科课程”、“河北省百名优秀创新人才支持计划”（SLRC2019015）、北京语言大学教育教学改革项目（XJGZ201906）资助，得到河北人民出版社荆彦周总编辑、李成轩副总编辑与北京语言大学王瑞烽处长、孙琪老师、谢业海老师等同志的大力支持，责任编辑王琳、校对付敬华、排版李冉等同志付出艰辛劳动，谨此致以衷心的感谢！

书稿对马克思主义世界观的阐释还是初步的，许多理论问题还需深入考索。不足之处，恳请读者批评指正。

杜运辉

2021年8月于北京语言大学客寓诚明居